U0932909

太平草木萌芽录

易翰鼎 撰
项旋 校订

岳麓書社

易翰鼎遗像

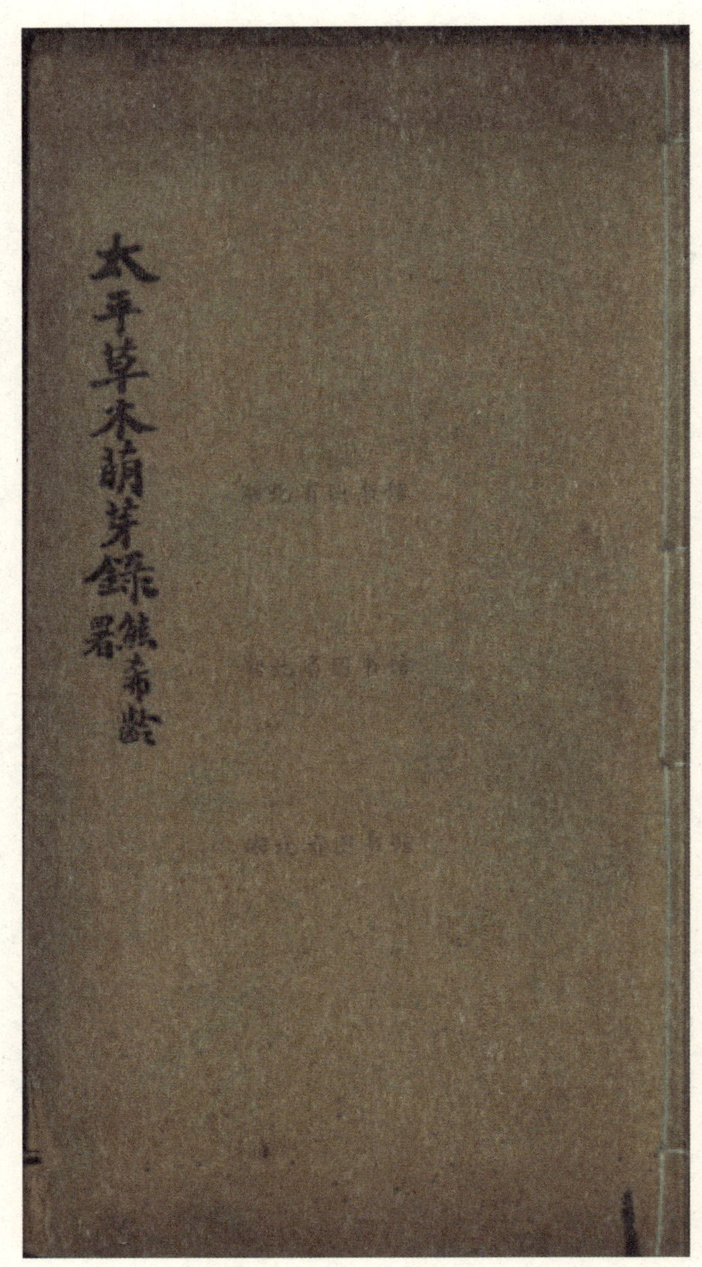
太平草木萌芽錄
熊希齡署

襍序

吾老友吳香梓先生輯舉言警摩堂節記及各種詩文雜警其於吾儕小子存心養性之功未嘗無[illegible]
良以樂群賢傳人且於心作為以授生徒卒之賢者感泣其布帛菽粟而甘之然為高深者[illegible]
矩學鋼而醫拐為狂關竊乎口論無所得於心若言警雜記皆人方以為游戲之文而不知之無一語
發聾振大聵披露刺心沁骨之言乃令人有動於中而不自覺由於如獅吼霹靂上乎聞仁術之言而我心
感感聽者爽之午夜日[illegible]披靦之餘而惕然動省且如太夫人勸節時承一紙作告慚不可消而聞者惕然
失聲號器滿堂遂歸太上虛思見經下計亦如宦興之念公主而聞者茫然自失而識聞聽龍覺是皆
一針見血之言也言警之編亦猶是爾耳聞者果能沙而練金葬寫孝弟之心可以油然而生孔子曰
回也其心三月不違仁其餘則日月至焉而已矣假令顏子及諸賢日各有記載各有言論在顏子滿
腔天理固實踐語動人而在諸賢之言如顏淵日至月至之時必且同歸於善今言警雜記同多瑣事
然其精神煥發之處每在日至月至之時一片血忱沛然滿紙中學識業慘惻芬芳是亦可供讀人之
採擇者也培劫頻年變亂山所閱歷萬種捉讀吾友雜記詩文各稿移壞為之一滿老病餘生竊時寶[illegible]
孫為剞劂數謂來錄言警以為闔家子弟農發之一助有天下之責者未遑注意世道人心固已耳如
欲挽人心而厚風俗言警之書其亦太平草木之萌動者歟倘賢孫子云為天地立心為生民立命為

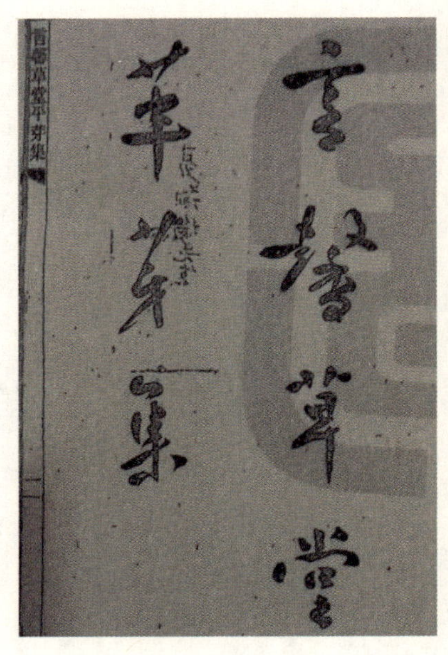

1928年长沙湘益公司铅印本《言馨草堂苹芽集》扉页书影（中国国家图书馆藏，易翔伦赠书）

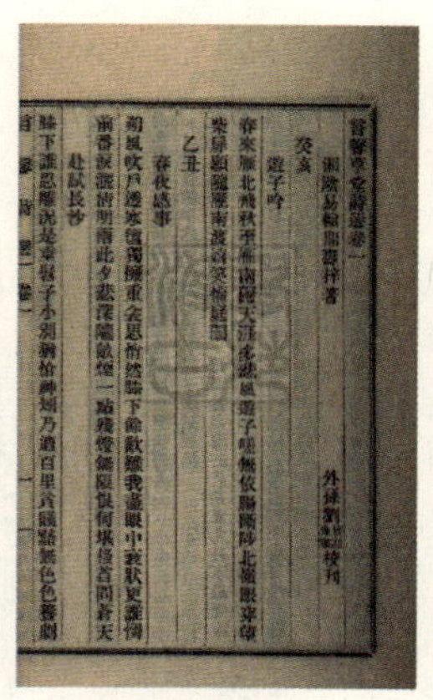

言馨草堂詩選卷一

外孫劉□□校刊

癸亥

遊子吟

乙丑

春夜感事

赴試長沙

1928协成印刷局铅印本《言馨草堂诗选》

内页书影（南开大学图书馆藏）

照片摄于1952年。老者为易翰鼎四子易甲猊。（易复刚提供）

易荷锄
易椒栏
易屏飞
黄瑱华
黄集贤（抱）
屈君梅
易庭源
易瑱音
韩萃云
谭双纪
黄淑宜
易岭梅
易沽怀
伏衡英
易翔伦
易馨远
易颂颐
黄湘漪
刘彬如
易雨徕
易畏民

刘俊荣
易涛昀
易黄中
周金怡
易德瑜
吴舜英
易棣荣（抱）
易君乾（抱）
易思嶙
易晴薰
易敬威
刘季弢
刘玉璇
易嬗柔（抱）
易厚甫
易仁荄
易稚宣
伏大嫂
易纫兰
黄廉泉

盛潄芬
易劲贤（抱）

说明：

（一）左起。按由上而下成单行的顺序名单如上：

（二）这行照片共计四十三人，系一九四〇年春节摄于安化兰田五车堂寄寓堂门前。

当时整个言馨堂尚有易尧绥因病；易特之、易苹萌、易润华、易畅春、易欢联、易经香、易陲安、刘敬环在外地未参加。

说明：

易翰鼎三子易甲鹏及家人合影（1957年摄于北京）

第一排左起：易翰鼎重孙易祖辉、重孙女易颂辉、重孙女易丹辉

第二排左起：易翰鼎三子易甲鹏、易翰鼎外孙女（刘善涵之女）刘豫璇

第三排左起：易翰鼎孙媳唐耀昂（易陲安夫人）、易翰鼎之孙易陲安（易甲鹏四子），抱着者为易翰鼎重孙易继辉

前言

《太平草木萌芽录》十六卷为晚清湖南士人易翰鼎所著笔记，首先有必要向读者扼要介绍作者家世生平以及本书的史料价值。

易翰鼎，字伯沌，一字寿梓，湖南湘阴县营田人，生于清道光三十年（1850），卒于民国十八年（1929），享年八十。易翰鼎所在的营田易氏家族是比较典型的书香世家，元末易景旻（1321—1388）从江西吉水避战乱迁居湖南湘阴，是为易氏迁湘始祖。二世祖易斗北（1342—1405），好读书，于经史子集无不淹贯。三世祖易先（1369—1427），曾任交阯谅山府知府，事迹载入《明史》。清代曾国荃所修《光绪湖南通志》对其记载甚详："易先，字太初，湘阴人。永乐中，由国子生授交阯谅山知府，有善政，岁满当迁，士民相率乞留，诏晋三秩遗任。黎利叛，陷谅山，先婴城固守，粮尽力竭，阖家十八口同日死。事闻，赠广西右参政，谥忠节，复其家。"易翰鼎父亲易冕章（1823—1858），能文工诗，著有《今悟楼遗诗》《杂文》《志异》。

易翰鼎出生于道光三十年（1850）九月十二日，是家中长子，胞弟易晶鼎。他们幼年失怙，七岁生母周氏去世，九岁父亲易冕章去世，兄弟二人由祖母郑氏抚养。易翰鼎少年时先后受业于胡绥堂、李心皆、杨笠青等先生，熟读传统经籍，学识大进，同时对诗学产生浓厚兴趣，"始悟诗学之本源"（《太平草木萌芽录·乙卷》）。营田易氏派世为"乾元焕文章，鼎甲有辉光。忠孝治谋远，诗书世泽长"，寄予了先祖对子孙诗书传家，获取功名的期望。易翰鼎自十八岁开始参加科考，但是屡试不中，心灰意冷，曾自记"一夜梦中，独坐一室，悲歌感慨，涕泗纵横。既而拍案大呼曰：湘阴易翰鼎，有古侠士风，久欲为当世效驰驱之力，乃至今沈埋草野，岂不悲哉？"（甲卷）作为中国传统知识分子，仕途不畅的易翰鼎仍然葆有对事功的人生追求，即便“三次大病之后，精神渐减于壮年，然犹壮心未已”（丑卷）。当他回顾自己的人生轨迹时，亦曾自嘲只做过充衢塞巷、不能见用的“佐杂小吏”（丑卷）。根据《太平草木萌芽录》，我们可以梳理出易翰鼎三段短暂的“佐杂小吏”职业生涯：1882—1888年任职厘金局；1895—1896年任职湖北官场；1915—1917年任职临湘盐务局。但即便只是做小吏，易翰鼎也有自己的做人做事原则。例如，光绪八年（1882）正月，易翰鼎初至湘阴厘金分局任收支，前任收支杨某亏空甚多，与他密谈，欲将新征得的厘金填补亏空，遭到易翰鼎严词拒绝，之后又查到杨某中饱私囊的分账记录，杨某派人意图收买易翰鼎，再次遭拒。郭嵩焘听闻此事，大为赞扬：“寿梓坚持定力，不可撼摇！”（子卷）易翰鼎坚持“非义之财，君子勿取”的信条，认为“同寅所营求，不过一时之薪金差缺。吾心所羡慕，颇在百年之俎豆馨香”（丙卷），“每年所得馆金，但求可供全家终岁之要需，则可安分而止矣，不必营营求多”（己卷），展现了传统知识分子的坚守和气节。

易翰鼎久居湖南乡下，曾自述三十七岁以前“足迹未尝一至邻省”。直到晚年，还时常自我提醒要开阔见闻：“山居僻左，孤陋寡闻，不堪度日。然暮年每思日与谈友接见，亦非必讲道论德以求自廓见闻。”（乙卷）易翰鼎在乡里颇具民望，乡人对其兄弟有“寿梓重梓一对孝子”的美称。他一生亦重视朋友，交友甚多，尝自谓“朋友一途为最宽”（庚卷）。易翰鼎与晚清名臣郭嵩焘的君子之交就是其中一段佳话。同治七年（1868）十月，易翰鼎与郭嵩焘初识于湘阴。光绪二年（1876），郭嵩焘奉命出使英国，临行前嘱咐家人访聘“仁慈忠信之儒生”，来家坐馆，训课儿孙。其弟郭崑焘、郭仑焘极力举荐易翰鼎，认为其品行端正、循循善诱，若能获聘而来，定会“无异家人之体贴周至”（乙卷）。郭嵩焘大悦，立即礼聘易翰鼎至其家坐馆教书，时间长达四年，也由此奠定了易翰鼎与郭嵩焘亦师亦友的深厚情谊。郭嵩焘常将出使日记抄稿从伦敦寄给易翰鼎先睹为快，易翰鼎亦自记“计自丁丑以迄辛卯，翰鼎寄养知书函不下百十”（庚卷），彼此书信往来频繁。《郭嵩焘日记》中提及经常邀请来家小酌的“易寿梓”“易伯朓”即易翰鼎。郭嵩焘去世后，易翰鼎挽词有“十二年亲炙龙门”（午卷）之句，可见二人相知相交甚深。这段与“湘中近今豪杰”郭嵩焘的交往经历在一定程度上开拓了易翰鼎的眼界，也正是由于郭嵩焘的推荐，已经四十二岁的易翰鼎和女婿刘善涵得以于光绪十七年（1891）一起入学两湖书院，成为两湖书院的第一批学员。两湖书院是由张之洞创办于光绪十六年（1890）的新式学堂，专取两湖士子入学肄业。它是湖南近代人才的摇篮，培养造就了黄兴、章士钊等大批人才。易翰鼎次子易甲鹇后来也到两湖书院读书，从书院被选派至日本陆军士官学校学习军事，成为营田易氏家族走向鼎盛的一个重要转折点。

易翰鼎在营田易氏家族中的地位颇为重要，正是由他创立了言馨堂，深刻影响了家族后辈，培养的四子一女均各有建树（如次子易甲鹇为陆军少将、四子易甲猊任代理道县县长等）。易翰鼎晚年曾寄语儿孙：“自叙平生至愿：荣华富贵，皆在所后，惟望子孙留心正学，他年得蔚为名儒，则真使吾九原含笑矣。群孙勉乎哉！”（乙卷）表达了对子孙治学成才的殷切期待。

易翰鼎留存于世的著作不多，主要为《太平草木萌芽录》十六卷（1920年铅印本）、《言馨草堂萌芽集》六卷（1928年长沙湘益公司铅印本）、《言馨草堂诗选》三卷（1928年协成印刷局铅印本）。这些著作中，最有代表性、最具史料价值的当推《太平草木萌芽录》。

《太平草木萌芽录》为易翰鼎所著笔记，曾在易翰鼎生前，于民国九年（1920）在天津自费铅印出版，全书一套四册十六卷。原名《言馨草堂笔记》，节录出版时方改今名，“期以感一隅之人心，而厚一隅之风俗”。是书记载上自道光三十年（1850），下迄民国九年（1920），时间横跨七十年（部分笔记为追忆）。名曰笔记，实际上是根据其日记整理删削而成，因此有一定的连续性，各条笔记的记载时间亦多半明确可考。据相关资料，《太平草木萌芽录》民国六年（1917）以前各稿皆由好友蔡培勐删繁就简，采录菁华。其自民国七年（1918）以下各稿，则由易翰鼎胞弟易晶鼎、女婿刘善涵续抄，增入各卷中。铅印本《太平草木萌芽录》流传甚稀，国内仅有国家图书馆、上海图书馆、湖北省图书馆、湖南省图书馆等少数几家图书馆藏有全帙。

2014年，整理者受邀参加了中央电视台寻根纪录片《客从何处来》的节目前期调研和录制工作，和厦门大学易中天教授一起探寻其曾祖父易翰鼎的故事。当时在调研文献过程中发现，研究易翰鼎可供凭借的资料并不多，笔记体的《太平草木萌芽录》对于理解易翰鼎生平事迹显得尤为关键，整理者也从中顺利提炼出了展现人物性情和人生转折的关键节点。节目播出后，观众纷纷感叹，了解到易翰鼎的故事，发现所谓祖先、家风都不再是一个个冷冰冰的词汇，祖先的血脉遗产是能影响到后世的。也正是有此机缘，经易翰鼎后人委托、授权，整理者现以湖北省图书馆所藏《太平草木萌芽录》为底本，进行点校整理，以飨读者。

历史研究者大都重视笔记、日记等文献，因为它们记叙个人经历和亲见亲闻的世界，比较真实、具体，治史者常可据此考证若干历史事件发生的时间、地点和人物关系，更因往往记载正史、官书所忽略的细节，可补正史之缺。易翰鼎所著《太平草木萌芽录》虽为笔记，实从其数十年日记整理删削而成，颇具价值。《太平草木萌芽录》虽早已整理出版，由于是自印本，当时的发行量本就极其有限，经历近百年的岁月沧桑，至今存留无几，自然没有得到应有的关注。仅有少数学者对《太平草木萌芽录》记述较多的灾害、民谣等方面有所研究和引用。易翰鼎曾自言《太平草木萌芽录》于“愈琐屑处，愈见真挚”，此书所记看似芜杂琐屑，但其内容不仅记录了易翰鼎的个人经历、所见所闻和与同时代人物的交往，也记载了大量读书心得和对时局、时人的看法，是易翰鼎八十年人生的真情独白。特别是《太平草木萌芽录》所记载的普通士绅日常生活、清末灾荒资料、社会民情等方面，都极具史料价值，是一座有待发掘的清末民初社会史料宝库。《太平草木萌芽录》记述浩繁，下文兹举数例说明。

一、如实记录了近代水旱灾害。近年来灾荒史研究方兴未艾，笔记等文献中的灾荒史资料颇受重视。《太平草木萌芽录》对近代水旱灾害多有载录。例如，同治八年（1869）、同治九年（1870）长江发生了千年一遇的大洪灾，湖南地区连发大水，大量稻田被淹，导致百姓流离失所。易翰鼎耳闻目见，详细记录了当时的惨状："己巳湖湘大水，逾于道光己酉。不特伤苗甚广，而且圮屋最多，伤心惨目，前所未有。而不意明岁庚午，湖湘大水又逾于己巳，绝后空前，营田伤苗圮屋益多。"（乙卷）再如，光绪十三年（1887）八月十四日，黄河在河南郑州十堡桥决口，夺淮入海，对于这次重大历史事件，《太平草木萌芽录》留下了珍贵的记录："黄河以八月决口，漫淹数十州县，死者不乏其人，而生者流离转徙，冻饿呼号。"易翰鼎又记载此时发生的湖南旱灾："湘中官绅正筹办赈捐接济，有作歌刊贴城市者，标题曰《求雨妙法》。歌曰：'不助赈捐天不雪，捐赈些微雪现白。天意分明教拯人，无奈世人不思寻。于今要想求雪雨，奉劝大家思此语。再过几月雨不来，怕要求人来赈灾。他人一般也不出，请问我们向谁哭。'"（甲卷）《太平草木萌芽录》对黄河决口造成的巨大灾难以及湖南社会流传的《求雨妙法》，都是难得的第一手近代灾荒史资料。

二、反映了清末民初地方社会民情。易翰鼎一生主要寓居湖南乡下，对下层社会生活有较多的接触，对普通百姓疾苦体察颇深，亲怀"康济斯民之愿"，常以不得行其志为恨。易翰鼎多次提及自己对"有关人心风俗之事也，不忍不大书特书"（乙卷）。对于官吏贪污与政治腐败，则多有谴责，这些均见诸《太平草木萌芽录》，可与其他史料所载互相补正。如《太平草木萌芽录·甲卷》记载，清末士民感慨时政、讽刺贪官污吏，常编成谚语、民谣等加以传播。光绪十七年（1891），汉川王某乘知县授受之际，以三百金贿赂会审委员包大令，请求圆通结案。当时的汉川童谣颇为流行："包老爷，睡龙床。替百姓，雪冤枉。定某刘，文山王。蠢主意，太荒唐。三百银，劝贪赃……"（甲卷）这首童谣反映了当时底层士民的思想和诉求，无疑是研究近代社会史的重要史料。晚清吏治之败坏，亦多载录于《太平草木萌芽录》，如记述清末某省社会情状：“彼处杀人犯法，习为故常。而富者犯法论死，往往买人以身代。买者公然无忌，卖者甘心就戮，相习成风，不以为骇。官吏虽阴知之，而亦听之，佯为不知也。有老人年七十余，有男儿三人，适富家买人代死，三子者遂卖其父以与之。”（甲卷）《太平草木萌芽录》所记地方社会民情，不同于地方志等文献中的泛泛而谈和溢美之词，不虚美、不隐恶，将当时的社会民情刻画得入木三分。

三、是管窥清末民国诸多历史事件的一扇窗口。易翰鼎生活的年代正处于中国由传统社会向近代转型的重要时期，古老中国逐渐走向停滞，面临着“数千年未有之大变局”，危机四伏，同时一些带有鲜明时代特色、具有近代性质的新鲜事物（如厘金局等）应运而生。从某种意义上说，易翰鼎的人生际遇、他的观察体会是我们细致观察历史事件的“显微镜”。例如，光绪二十一年（1895），清廷被迫与日本签订丧权辱国的《马关条约》，易翰鼎对此有独特的观察视角：“在长沙城，友人谈及东方兵事及近日条议，太息痛恨，不堪言状。且曰：士民坐视草野，心其何以安乎？予答曰：入则躬行孝悌，俾闾里有所矜式。出则本忠诚以为天下倡，此吾党之责也。和议大计，枢廷主持，外臣如将军、督抚尚难尽参末议，士民自无可言。至于补救世道人心，则顾亭林先生所云‘匹夫之贱，与有责焉’者也，吾辈何多让焉？今日之务，正人心，急于攘外患也。”（甲卷）光绪二十二年（1896）五月，清廷计划修筑粤汉铁路（广州至汉口），光绪三十一年（1905）七月，张之洞奉旨督办粤汉铁路。《太平草木萌芽录》对张之洞修粤汉铁路轶事多有载录：“熊君传述南皮督宪言，粤汉铁路接通京汉铁路，欲求灵捷，必须于大江中造成高平宽稳之桥，而后可使行程无阻。其有鉴于风涛险恶，尝累日不能飞渡者欤。……将来粤汉铁路告成，不知南皮先生犹得乘坐火车巡历湖南辖境否？在南皮心期远大，功在天南，于美味之得否亲尝，俯视无关轻重。惟湖南部民如翰鼎者，近年志衰气沮，将来晚景无多。既得偕百万湘民，幸托帡幪有年矣。如或湘路鄂路告成，而独未能及身亲见，甲日由湘赴鄂，丙日由鄂还湘，一被火车飞行之泽，岂非终古恨事哉？”（丙卷）从这一记述中，可以了解到张之洞当时的粤汉铁路筹划方案以及时人对粤汉铁路是乐观其成的。易翰鼎还记载了辛亥革命爆发前夜的状况：“今岁辛亥八月十九日夜，武昌城突起战事。湖广总督实有以激成之，以致转速其行。”（丁卷）又如，易翰鼎记载义和团运动起因：“儿辈侍坐夜话，询及咸丰、同治、光绪三朝掌故。予略举其大者以示之，而因太息痛恨于庚子拳祸之竟同儿戏也。语云：‘国以一人兴，国以一人亡。’彼端郡王载漪者，竟以昏迷狂妄，贻毒百万生灵，诚万死不足以蔽其辜也。而犹幸邀议亲议贵之条，得保首领，可胜慨哉？”（辛卷）易翰鼎将义和团之乱的原因归结于端郡王载漪，符合历史实情。

此外，《太平草木萌芽录》所载的易翰鼎所作诗文，亦有一定价值。易翰鼎早年即学作诗，其诗学成就可圈可点，自成一家。民国张翰仪所编《湘雅摭残》卷十一收录其七首诗文，如《丙戌七夕浏阳馆中书感》《营田在望》《题三闾祠壁》《汉口客中感怀》，张翰仪评价：“其为诗初无汉魏六朝唐宋大学之见，抒写怀抱，尚能有独到处。”

以上仅就整理者所关注的一些内容做了简要介绍，实际上《太平草木萌芽录》中还有很多宝贵的资料有待发掘，例如易翰鼎对于厘金局的叙述，对湖湘学派相关人物的品评等都具有较高的史料价值。总之，《太平草木萌芽录》内容涉及面广泛，既可以从中了解易翰鼎的人生轨迹、读书治学和思想人格，所谓“七十年之道德精神，已荟萃于是书之字里行间”（易晶鼎序），又可管窥清末民初社会生活的各个侧面，值得重视和研究。

此次点校整理，不当之处，恳请方家不吝教正。

整理者

整理体例

本次整理出版，主要是重新标点、校勘，并予以注释。点校原则说明如下：

1.点校以湖北省图书馆所藏1920年铅印本《太平草木萌芽录》为工作底本。

2.铅印本原书仅有圈点句读，今改用新式标点。原书为竖排繁体，现整理为横排简体，并按现行行文规范对原书进行合理分段。

3.整理者对文中出现的生僻字词及特殊人名、地名、人物关系、史实、典制、诗文用典以及其他有必要加以说明、帮助读者理解之处，以页下注的形式，予以简要注释。有的注文还据他书相关记载，详考史实，补充史料，使一些人物、史事本末之迹，更加清晰地呈现给读者。同类名词首次出现加注，以后多次出现者一般不再加注，或简要注释。

4.为保持全书体例统一，将原书异体字、古今字改为规范用字。原书有个别错字，点校时加以改正，并一律出校。原书漫漶不清之字，用□号表示，不作猜测臆断。原书使用序号与现行标准不一，点校时按现行语体文规范一并改正。

5.需要说明的是，铅印本原书卯卷（第十二卷）收录了易翰鼎启蒙老师杨世俊的《舜葱园诗草》，原书辰卷（第十三卷）收录了易翰鼎父亲易冕章的《今悟楼遗诗》，二卷虽非易翰鼎本人所撰，但因1920年原书铅印出版时已收录其中，“以慰寿梓先生后海先河之意”。为了保留原貌，本次整理继续收录。

6.为保持资料的历史性、完整性，整理过程中坚持保持原貌而不作删节的原则。铅印本《太平草木萌芽录》十六卷，按照天干地支之次序命名卷次。此次整理，仍遵照原书，予以保留。

7.整理者根据《太平草木萌芽录》《湖南湘阴营田易氏族谱》等文献，勾稽整理了《易翰鼎年谱》，作为本书附录。

整理者

2017年10月

重刊《太平草木萌芽录》记

公讳翰鼎，字伯肫，又字寿梓[1]，号肫叟[2]，又号适园居士，清道光三十年（1850）生于湖南湘阴，民国十八年（1929）驾鹤西去，享年八十。考公之一生，命运多舛而自强不息，艰难度日而克己奉公。自幼怙恃俱失，赖继慈[3]慈以抚育；及长屡试不中，幸养知[4]知而垂青。设教席于郭府[5]，识新学于两湖[6]，哀民生于衙署[7]，悲身世于旅途[8]。一钱不妄取，视为本分；万事不辞劳，终身是为[9]。

1，寿梓公兄弟二人。弟讳晶鼎，又讳炳仑，字叔愉，又字重梓。晶鼎与翰鼎相对应，皆“鼎甲有辉光”之派名也。然重梓公有讳炳仑，可知寿梓公于翰鼎之外必另有名讳，与炳仑类，惜无从稽考，暂付阙如。

2，肫有二读音。一读如谆，禽类之胃。二读如纯，通惇，诚挚貌。以重梓公之字叔愉，可知寿梓公伯肫之肫应读如纯。要言之，先祖之命字，于寿梓曰伯肫则愿其诚挚，于重梓曰叔愉则愿其欢乐也。

3，继慈即继母。《诗·小雅·蓼莪》云：无父何怙，无母何恃。寿梓公六岁丧母，八岁丧父，可谓怙恃俱失。兄弟二人由祖母郑恭人、继母黄恭人抚育成长，而黄恭人视如已出，故曰：赖继慈，慈以抚育。

4，养知即郭嵩焘。嵩焘乃晚清名臣，湘军创建者之一，中国首位驻外使节，退出政坛后筑养知书屋，人称养知先生。先生长寿梓公三十二岁，而许以忘年，盖知寿梓公之为人也。故曰：幸养知，知而垂青。

5，寿梓公于1876年底结识郭嵩焘，并在郭嵩焘出使伦敦时到其家任塾师四年。从此两人成为终生挚友，曾书信往来百余封，影响一生。

6，两湖即湖广总督张之洞创办之两湖书院。寿梓公于四十一岁时放弃税官肥缺，由郭嵩焘与黄石珊推荐携女婿刘善涵就读于此，后又将次子甲鹇送入该书院接受新式教育，并作为大清帝国首批公费留学生入日本陆军士官学校，为中日两国诸多军事家之先。

7，寿梓公于岳父黄石珊知汉川县时任书记，办案不动刑威，案牍减少，民咸谓百年不遇之仁政。故曰：哀民生于衙署。

8，据《太平草木萌芽录》卷甲记载，光绪二十一年（1895）春，寿梓公客居湘潭时，曾于梦中大呼：湘阴易翰鼎，有古侠士风，久欲为当时效驱驰之力，至今沉埋草野，岂不悲哉！故曰：悲身世于旅途。

9，据《太平草木萌芽录》卷丁记载，寿梓公与子从容论国是，甲鹇有疆吏“亦不必其才其学之果超迈群伦也，惟能一钱不妄取，万事不辞劳”之语。公闻是言，慨然叹曰：万事不辞劳，吾平生盖优为之。至云一钱不妄取，此本分中固有之天也。

武昌首义，革故鼎新。稻植营田，堂立言馨[10]。人微言轻，无复隆中之对；兵荒马乱，但作颜氏之吟[11]。儿孙绕膝，趣在天伦；桑麻共话，事必躬亲[12]。安身立命于经典，寄望明志于后人：唯助人以为乐，实恻隐之宅心[13]。

是书者，则公之心路也。

噫！慎终追远，古之美德；继往开来，我等难辞。故重刊是书，并作兹文以记之。

赞曰：

天因重寄，降我寿梓。幼则失怙，壮则失时。[14]

岂有高官？聊供有司。岂有厚禄，借米魏斯。[15]

心系家国，身困鱼池。傲雪凌霜，铁骨雄姿。

服务乡里，孳孳孜孜。传承经典，如醉如痴。

育子育婿，亦友亦师。耳提面命，雨润露滋。

言馨堂立，茂叶繁枝。五世之泽，四海横驰。

庭生玉树，阶满兰芝。因刊是卷，以寄追思。[16]

秋风飒飒，春日迟迟。世世代代，念兹在兹。

戊戌（2018）年重阳节群孙敬记，曾孙易中天执笔

10，言馨乃寿梓公于太原堂下所建之分支堂号。其居则或曰言馨草堂，或曰言馨堂，初无定所。民初卜地营田上边山，乃成规模而不移。该大宅战时毁于日军轰炸，荡然无存。

11，颜氏之吟即《颜氏家训》也，寿梓公《太平草木萌芽录》类之。

12，寿梓公心细如发，家务多亲力亲为，事亲更不敢稍有差池。据《太平草木萌芽录》卷丁记载，人每笑其琐屑迂拘，公则曰：予终弗能改也。又寿梓公极以子婿乐于农事为然，故曰：桑麻共话，事必躬亲。

13，寿梓公助人为乐，时时培养子孙恻隐之心，在《太平草木萌芽录》书中比比皆是，不胜枚举。

14，赞词首句取《孟子·告子下》“天将降大任于是人也”之意。

15，魏斯即魏文侯，传庄子曾向其借米。

16，芝兰玉树即佳子弟，好儿孙，语出《晋书·谢安传》：芝兰玉树，欲使其生于庭阶耳！

蔡培勍序

吾老友易寿梓[1]先生翰鼎《言馨草堂笔记》及各种诗文杂著[2]，其于吾党小子存心养性之功，不无补助。良以圣经贤传，人且矜心作意，以授生徒。卒之，贤者或忘其布帛菽粟，而徒视为高深。愚者或惮其规矩准绳，而谬指为迂阔，穷年口诵，无所得于心。若《言馨笔记》者，人方以为游戏之文而忽视之。偶一展卷，辄遇天真流露，刺心沁骨之言，乃令人有动于中而不自觉也。殆如齐宣王乍闻仁术之言，而我心戚戚。墨者夷之乍闻掩亲之说，而怃然动容。且如太夫人捐馆[3]时，求一缣作衾褛不可得，而闻者恸哭失声，尽彻满堂罗绮。太上皇思见陛下，计亦如宸衷之念公主，而闻者茫然自失，亟谋问寝龙楼。是皆一针见血之言也。言馨之书，亦犹是焉耳。阅者果披沙而拣金焉，则孝悌之心，可以油然而生矣。子曰："回也，其心三月不违仁，其余则日月至焉而已矣。"假令颜子及诸贤，日各有纪载，各有言论，在颜子满腔天理，固宜语语动人，而在诸贤之言，如适当日至月至之时，必且同归于善。今《言馨笔记》固多琐事，然其精神焕发之处，每在日至月至之时，一片血忱，沛然满纸，中平淡素，悱恻芬芳，是亦可供圣人之择者也。培勍频年避乱山居，闲愁万种，接读吾友笔记诗文各稿，梦境为之一清。老病余生，敢辞衰朽？亟为删繁就简，采录菁华，以为两家子弟蒙养之一助。有天下之责者，未遑注意世道人心则已耳。如欲感人心而厚风俗，言馨之书，其亦太平草木之萌动者欤。横渠张子[4]云："为天地立心，为生民立命，为往圣继绝学，为万世开太平。"大哉言乎！如日月经天，万古常新，后学可望而不可即。培勍未敢以此期吾

---

1. 寿梓：易翰鼎字寿梓。
2. 易翰鼎著有《太平草木萌芽录》十六卷（1920年铅印本）、《言馨草堂萌芽集》六卷（1928年长沙湘益公司铅印本）、《言馨草堂诗选》三卷（1928年协成印刷局铅印本）等。
3. 捐馆：指抛弃居所，比喻去世。
4. 横渠张子：即张载（1020—1077），北宋学者，字子厚，凤翔郿县（今陕西眉县）横渠镇人，世称横渠先生。理学创始人之一，与周敦颐、邵雍、程颢、程颐并称"北宋五子"。

友，恐令人诧为谀词。惟忆长沙徐君定生[1]光绪乙亥冬《麓山题壁》诗云："手携鸦嘴划青苔，移得芭蕉处处栽。寄语诸君好培护，补天终有绿阴来。"则吾尝为吾友三复之，而深有味乎其言。用敢题言馨之书，曰《太平草木萌芽录》，而商请印行，以广流传。至韵语一门，拟为冠以《舜葱园》[2]、《今悟楼遗诗》[3]者，特以慰寿梓先生后海先河之意云尔。

戊午[4]孟春，世愚弟蔡培劼[5]谨序

范源廉序

自环球开杀伐之机，举世竞崇武德、侈谈事业者辄曰："语言文字之为功，抑末矣。"然古来挟此以拨乱反正、移风易俗者，功每不在禹下。征之历史，往迹昭垂，而文化实尚焉。吾国数十年来，所恃以张四维者，或几不知为何物。道德沦丧，国乃灭亡，不须外侮之乘。识者早有万劫不复之惧。芸芸众生，茫茫苦海，安得有如古君子者？苦口说法，发愤著书，膺继往开来之任，回剥极必复之阳哉。适邑前辈易寿梓先生，及时而有《太平草木萌芽录》发现于著作之林。受而读之，仁者之言蔼如也。语大天下莫能载焉，语小天下莫能破焉。宇宙精诚，得所附丽，足以见天地之心乎。澄清有日，此种根荄，愿书万本，公之天下。近闻将付剞劂[6]，国之福欤。先生令嗣[7]鹤雏健者，推留学先进，为当年旧交，清介纯笃，素深

---

1. 徐定生，生平不详，《郭嵩焘日记》曾提及徐定生为"席山靖港局办局务者"。
2. 《舜葱园》：全名为《舜葱园诗草》，易翰鼎启蒙老师、清代举人杨世俊撰。
3. 《今悟楼遗诗》：易翰鼎之父易冕章撰。
4. 戊午：即民国七年（1918）。
5. 蔡培劼：湖南湘阴人，生卒年不详，为易翰鼎友人，曾选编《太平草木萌芽录》。著有《旱梅阁诗集》七卷、《诗余》一卷、《戆庐文集》三卷等。
6. 剞劂：原指刻版所用刀，后一般指刷印书籍。
7. 此处"令嗣"指易翰鼎次子易甲鹇。易甲鹇（1873—1956）曾在两湖书院读书，接受了新式教育，并成为清末第一批被选派至日本陆军士官学校的公费留学生。该校是日本著名军校，东条英机、冈村宁次、土肥原贤二、蒋百里、阎锡山等中日高级将领，皆为该校毕业生。

景仰。迄绎此录，知其学有渊源，信为语言文字之收功可也。迹其已见功于家庭，尤信其必奏功于社会也。喜有关于世道人心之大，不揣无文，弁言自诩。

世晚范源廉[1]谨序

适园居士辛亥自序

或问《言馨草堂笔记》者，私书也，无关当世之轻重也。乃作者自同治己巳，迄光绪丁丑，日日有恒而笔之。其上自道光庚戌，历咸丰一朝，下迄同治戊辰，旋自光绪戊寅，达丙戌春初，厥后越数岁，又偶于壬辰秋冬，皆略有所记载。近复自光绪甲辰，迄今岁宣统辛亥，又日日有恒而笔之。何许子之不惮烦也，闻者不能答。以问于予，予曰："翰鼎少孤，未能悉见我先君行事，而又无先世笔记可考，其于我高、曾历代之轶事，尤仅得之传闻仿佛焉。翰鼎盖尝引以为歉事，而知吾子若孙，他日之必有同情也。郑康成[2]先生云：'今我不言，小子何述焉？'翰鼎之频年日记，琐碎繁冗，亦可厌之书也。然以吾子若孙，他日寻求往迹，未必不于其中有二三策之取焉。吾友汨罗黄锐之钦颖有言：'日记各有体裁，随人性之所近。'叔父罗西先生[3]重议论，钦颖重感慨，寿梓则于家庭愈琐屑处，愈

1.范源廉（1875—1927），字静生，湖南湘阴人，近代教育家。戊戌变法失败后流亡日本，入东京高等师范学校学习，民国以后曾任教育部次长、中华书局总编辑部部长、北洋政府教育总长等职。1917年与蔡元培等人组织中华职业教育社。1923年赴英与英政府商洽将庚子赔款用于教育事业。回国后，历任北京师范大学校长、中华教育文化基金委员会董事长、南开大学董事、北京图书馆代理馆长。

2.郑康成：即郑玄（127—200），字康成，北海高密（今山东省潍坊市）人，东汉末年儒家学者、经学大师。

3.罗西先生：即黄世崇，字石珊，号罗西先生，湖南湘阴人，清光绪元年（1875）乙亥恩科举人。从光绪四年起，即被委任为湖北兴山县知县，后历宰黄陂、钟祥、汉川、恩施等县。光绪十四年(1888)戊子科湖北乡试，任协同主考官阅卷的同考官。光绪二十五年(1899)由利川县知县以同知衔调任归州（今秭归县）知州。至光绪二十六年，黄世崇宦鄂二十有三年，先后纂修了《兴山志》《利川志》和《归州志》。

见真挚也。知己之言，深中窾要。若吾子孙敬循斯言，注意寻求，则孝悌之心，可以油然而生矣。”闻者唯唯而退，予因笔诸简端，以告吾后来之秀、后起之英云。

宣统三年辛亥夏四月甲午，湘阴易翰鼎自序

适园居士丙辰自序

《言馨笔记节录》一书，予拟及身手自编成，盖有年矣。庚戌夏初，甲鹇儿尝另储囊金以待，用备高堂印刷之需。乃适家人修葺住宅，土木工繁，一时倾囊借用。迄辛亥八月，武昌差馆顿失，遂无从取偿矣。壬、癸、甲、乙[1]，我躬连岁家居，颇多暇日。然而是书犹未能节录成帙者，则以苦无缮手耳。霖、翚诸儿，米盐纷逐，奔走未遑，岂能分身役此哉？今岁幸得鄂境铁路退还股款，重阳时节甫得领归缗钱，挹注[2]有资。今后可聘士人，来任缮校矣。自维子孙虽众，尚皆罕读吾书。若不及吾身一息之存，自殚心力，披沙拣金，示以要领，则诸子群孙虽欲奉为家训，以自药其身心，而对兹琐屑繁冗之篇，不终望洋兴叹耶？呜呼！日暮途远，假年难必，摘要成编之举，岂容再缓须臾哉？抑翰鼎窃因之有感焉。大抵刊书之役，必先赖良师益友，严加指摘，涤荡瑕疵，然后可期于洁净。每忆少壮时，师友多人，文字因缘，浑如昨梦。其先辈如养知[3]、梅根[4]、武冈、樗全[5]、舜葱、罗西、瞑庵[6]诸老，前后多沾教泽者，今皆杖履空存。

---

1. 壬癸甲乙：指壬子、癸丑、甲寅、乙卯四个年份，即1912年至1915年。
2. 挹注：把液体从容器中舀出，倒入另一容器。此处用引申义，以有余来弥补不足。
3. 养知：即郭嵩焘（1818—1891）：湖南湘阴人，字伯琛，号筠仙，又号养知，晚年更号玉池老人，学者称养知先生。道光二十七年（1847）进士，选庶吉士。因功授编修，累官兵部左侍郎。出任驻英、法大臣。晚年乞病归，筑养知书屋，主讲城南书院。
4. 梅根：即傅绍岩，字梅根，宁乡人。监生，捐资为知县，著有《东池精舍诗集》等。
5. 樗全：即郭崑焘（1823—1882），字仲毅，号意城，晚年自号樗叟，湖南湘阴人。郭嵩焘大弟。
6. 瞑庵：即朱克敬(1792—1887)，字香荪，号瞑庵、餐霞翁，甘肃皋兰人。

而同辈如锐之、伯昂、虞笙、砺仲诸君，或相依颇久，或家居甚近，多承日夕切磋琢磨者，亦皆山阳笛冷，沙鸥天地，四顾苍茫，药石无声，自伤孤陋，能勿悲哉？屈指文字道义之交，旧时旅次相亲，今日可承教益者，落落晨星。厥惟倦知[1]、巨年、葆初[2]、复初、湘蕖、淞芙[3]耳，而又云山远隔，晤对无期。频年俗累纷心，且至鱼沈雁渺，言念君子，温其如玉，如之何勿思？

丙辰重阳后，易翰鼎自序

愉叟[4]庚申序

呜呼！《太平草木萌芽录》者，吾友蔡葆初先生摘录吾伯兄笔记、诗文杂稿，而诚求有补人心风俗之书也。其关系岂浅鲜哉？今吾友溘然长逝矣，而是书又因吾伯兄近岁戊午、己未家累频仍，致储存之印书经费，移挪亏空，未能克日印行，以早慰吾友九原之盼切。岂不令人难安寝馈哉？是书托始于道光庚戌，下迄于今岁庚申。其丁巳以前各稿皆为蔡君删繁就简，采录菁华，以为子弟蒙养之一助。其自戊午以下各稿，则炳仑仰体吾友善与人同之至意，而敬谨续钞，以增入卷中也。窃尝统玩全书，无违心媚世之谈，而亦无信口伤时之语。无取怒招尤之疵累，而亦无虚夸过奖之

1. 倦知：即余肇康（1854—1930），湖南长沙人，字尧衢，晚号倦知老人。光绪十二年成进士，累官至江西按察使，因教案降职，旋起用为外务部参议，又因姻谊受累丢官。暮年息影沪江，寄情诗酒，诗名官职，均不甚彰。

2. 葆初：即蔡培劼，生平详见前注。

3. 淞芙：即刘善涵（1867—1920），字淞芙，斋名蛰庐、蛰云雷斋，易翰鼎女婿。光绪十七年入武昌两湖书院。戊戌变法期间，在长沙筹办维新书局，参与创办《湘报》，又在浏阳倡设不缠足会。后随熊希龄赴吉林清理财政，任科员。辛亥革命后在浏阳创办县立女子学校。后历任热河盐务局科长、财政部佥事等职。著有《蛰云雷斋诗文集》等。

4. 愉叟：即易晶鼎（1853—1927），字仲愉，一字重梓，名炳仑。易翰鼎之弟。蓝翎五品衔，江苏补用州判，诰封奉直大夫，历任湖北新关、广关、藕池关、调关等处专办委员，湖南粤汉铁路总局度支委员，靖港木厘专局主任。

浮辞。无迂谈阔论之陈陈相因，而亦无是己非人之硁硁自囿。匪直[1]此也。近世正人君子，不乏遏淫戒盗之书，何一非苦心孤诣？惟往往于淫盗之机谋险怪，叙述详明，以见秘密弥缝之巧，而后述其终罗显报，以示欺人而未可以欺天。此在作者之婆心苦口，惟专借果报，以格非心。而在宵小之熟读深思，转取法机谋，以资进步。是遏淫而反致导淫，戒盗而转滋引盗也。今观是书劝戒之言，差信可免于流弊。良以从容叙事，淡写轻描，亦若无心与人为善。惟本一己之慈祥恻怛，沛然流露于字里行间，而语挚情真，油然善入，则人之见之者，自不觉愀然有动于中也。其亦蔡君所云，一针见血之言欤。然则吾兄七十年之道德精神，已荟萃于是书之字里行间矣。大致善谈明理，而辞意新鲜。欣传德政，而见闻确实。曲陈民隐，而肺肝如见。乐道人善，而齿舌生津。是亦顾亭林[2]先生所云："此种文章，多一篇，即多一篇益人之具者也。"而可听其久沈草莽哉？炳仑[3]近犹艰窘，无力以助吾兄，良深自歉。惟有亟望吾兄子辈，努力筹资，俾得及时印行，以广流传。愚意窃计人无远迩，心理皆同。出是书以请益高明，必邀四海内外大雅君子之青睐矣。庶几无负亡友蔡君之厚望也夫。

庚申仲秋月，寒露节前三日丁酉，同怀弟炳仑谨序

1. 匪直：不只。
2. 顾亭林：即顾炎武（1613—1682），江苏昆山人，字宁人，因仰慕文天祥学生王炎午的为人，改名炎武。因故居旁有亭林湖，学者尊为亭林先生。明末清初著名思想家、经学家、史地学家和音韵学家。
3. 炳仑：即易晶鼎。

甲卷

《春秋左氏传》“介葛卢闻牛鸣”[1]一事，尝读之而恻然哀矜。壬子秋杪[2]，客湘阴城，偶闻人言：城中居人昔年有略识鸟音者，一日闲坐窗前，乍见一雀飞来檐端，大呼迎秀门外，晒有麦子，群雀遂蜂拥而去。其人急出迎秀门视之，果然。呜呼！观乎此者，爱物之心，可以油然而生矣。群鸟日无他图，惟勤勤以觅食为事。不觅，则无以自养，无以哺其群雏。而反哺之慈鸟，且无以仰供孝养。彼夫守麦之人，偶见一鸟啄食，或且淡焉若忘。嗣见群雀飞来，势必执竿以逐。然而见食则呼，与群共乐，而不暇虑及犯人大忌者，无机心故也。观此古今二事，可知鸟兽之情，处处视人情无异。惟知音者少，是以鸣之而不能通其意，以恤其灾耳。悲夫！

语云：“一卷文情流悱恻，满腔生意遍瀛寰。”此盖指古人立言之不朽也。曰：天地万物一体。曰：鸟兽龟鳖咸若。曰：与民同乐。曰：飞潜动植，各适其天。此皆古人之仁也。曰：君子之于物也，爱之而弗仁。于民也，仁之而弗亲，亲亲而仁民，仁民而爱物。此则古人之义也。非仁无以固其体，非义无以妙其用，二者必不可以偏废也。子曰：“好仁不好学，其蔽也愚。”学也者，学其制事之宜也，盖格物穷理之功也。愿我后起之英、后来之秀，涵泳深之。

古诗云：“春鸟意多哀。”又云：“山树高，鸟鸣悲。”闻声而知

1. 介葛卢闻牛鸣：春秋时介为东夷小国，葛卢为其国君之名，鲁僖公二十九年曾朝拜鲁国。《左传》载：介葛卢能知牛鸣，尝朝于鲁国，闻牛鸣，曰：“是生三牺，皆用之矣，其音云。”问诸鲁人，果信。
2. 杪：指年月或四季的末尾。

其悲哀，究不知其所以悲哀之故。然而以己之心，度鸟之心，虽不中，不远矣。陶渊明诗云："孟夏草木长，绕屋树扶疏。众鸟欣有托，吾亦爱吾庐。"吾爱吾庐，不期而慨及禽鸟。其欣其爱，心理同源。人与鸟贵贱虽殊，而欣戚悲愉，岂有异致哉？故惟静观万物者，为能通万物之情也，学者可勿勉乎哉？

青草山人吴日京先生景运[1]，湘阴岁贡生，年四十，无丈夫子[2]。夫人张氏，自度生男不可必，力劝先生娶妾他乡。于归之夕，先生入房将就寝，诧见新妇坐灯前，泣涕如雨，其容甚惨。先生恻然心动，急叩所以，妇不之告。固问之，乃曰："妾自髫龄[3]即归某氏，赖姑恩抚育者，十有余年矣。完婚后，又与夫君甚好合也。今因年饥，家无隔宿粮，夫不得已鬻妾，以供菽水资。妾念旧恩，心如割也。"先生慨然曰："有是哉，胡不速以答我？明日决以肩舆送尔归，百金之聘币，用以赠尔夫子，以佐旨甘之奉可也。"遂呼张夫人，挈妇同寝。明日送归其家，缴还婚书，且手致其夫一函以为信。未逾年，而张夫人孕而生男，即今佳士吴君耀章是也。为善之报，抑何不爽如是哉？今岁癸酉，先生长卧山邱矣。老成凋谢，可胜悲哉。此一逸事耳，亟志之，以充忠厚之端云。易翰鼎曰：朱子有言，人惟色、货两关，最难超越。吴公却正色而悬崖勒马，拯极贫而捐金如泥。世人之所难，竟皆为先生之所易。呜呼，岂有他道哉！古之勇于为义者，惟在当机立断，无待踌躇，乃得自全其心之所安耳。

大司马衡阳彭公玉麟[4]，清风劲节，名冠群僚。凡有馈盛馔嘉肴者，概从谢绝，始终持之甚坚，人第知其清廉不取耳。有时为旧友所馈，则谊

---

1. 吴日京：字景运，湖南湘阴人，贡生，著有《思诒堂文集》等。
2. 丈夫子：儿子，男孩。古代子女通称子，男称丈夫子，女称女子子。
3. 髫龄：指幼年。
4. 彭公玉麟：即彭玉麟（1816—1890），字雪琴，晚年号退省庵主人，晚清湘军水师统帅，湖南衡州（今衡阳）人。

不容辞，然必邀幕客多人同食，促令肆啖以尽欢。而己则竟不下箸，托辞腹疾，仅啖园蔬，往往如是。幕客屡见而疑之，私相谓曰："彭公岂真厌弃肉食者耶？"有老将者，彭公同里之故人也，私语客曰："彭公微时，孝养太夫人，每求肉食一盂而不可得，辄自引以为歉，愀乎其容。厥后，家食渐饶，而亲不在。恒对我辈言之欷歔。然则今之箸不忍下也，又何疑焉？"呜呼！昔常不足，而今有余。其何及也？祭而丰，不如养之薄也。岂非万古伤心之语哉？夫彭公玉麟者，浩气弥六合，忠勇冠三军之名将也。而孰知有本之木，有源之水，端自赤子之心来也。悲夫！

县东白鹤洞人刘某，予家故旧也。壬申岁暮，以事来营田，问讯予家小儿女，呼曰胖子。胖子云者，盖乡俗以称体气三腴之子也。夫凡人父母之心，望其子之富贵者犹后，望其子之肥健者最先。然则胖子之称，诚高出寻常少爷小姐之称也。即此想见山村古风，穆然意远。

善恶吉凶之报，往往捷如影响。愚谓匪徒报之，亦吉凶之必各从其类耳。

贤祖父得有贤子孙，持躬清正，居家孝友，畀以一官一邑，立见泽沛苍生。人以为乃祖乃父，积善无不报，天之佑之也，必生贤子孙。愚尤谓其贻谋之善，薰陶渐染，宜乎成此伟器，而非徒报应之不爽也。

慈亲念子之诚，已满圣人至诚之量。亲心无所欠缺，圣心无所增加矣。惟圣人云者，全体也。慈亲云者，一端耳。

予妻坤凝[1]尝喟然叹曰："世间惟有一父母，恒钻入小儿胸间，看透小儿心事，他人岂能洞悉艰苦哉？"此语奇而确，淡而有味。虽圣人复起，无

1. 坤凝：即黄坤凝（1848—1917），易翰鼎之妻。

以易也。当夫王室如毁时，以周之民视殷民，苦乐奚啻云泥之别，而文王且犹视民如伤。一“如”字，妙不可言。人惟体玩古人“如伤”二字是何情状，当能领会吾家父母念子之诚，历历迫于目前，而凄然不能自已云。

仁者生之理，春者生之气。草木之根伏于土中，虽隆冬亦饱含生理。故春气一感，即萌芽矣。若本无生理，则虽感以春气，无以应之。从未闻坚石中生出草木来，只以无根可含生理故也。此殆未有小人而仁之一证也。程子谓心如谷种，生之性便是仁，阳气发处乃情也。窃计小人之自暴自弃，以斫丧其天，殆如谷种已蒸熟，而生性断绝也。不然，圣人民胞物与，一视同仁，惟望人人共登道岸，岂忍下此斩钉截铁之语，以绝群小之生路哉？

光绪丁亥夏秋冬，湘中亢旱半年，乡村池塘至无水以供炊爨。庖人皆远汲于湘滨，省城竭诚求雪。十一月十六日，下雪少顷。时黄河以八月决口，漫淹数十州县，死者不乏其人，而生者流离转徙，冻饿呼号。湘中官绅正筹办赈捐接济，有作歌刊贴城市者，标题曰《求雨妙法》。歌曰：“不助赈捐天不雪，捐赈些微雪现白。天意分明教拯人，无奈世人不思寻。于今要想求雪雨，奉劝大家思此语。再过几月雨不来，怕要求人来赈灾。他人一般也不出，请问我们向谁哭。”眼前指点，悚切动听。予过市中见之，高诵数十遍不休，因睪然于至哉圣言。“恕”字终身可行，诚无以出其范围矣。

大程子[1]少年好猎，横渠张子[2]少年好兵。猎与兵皆古制，未足为二先生疵，惟病在一“好”字耳。“好”字根于气质之偏，几乎濒于残忍酷烈，以视后来造诣。满腔生意，高下不啻天渊。可知儒生吃紧工夫，全在变化

1. 大程子：即程颢（1032—1085），字伯淳，学者称明道先生。北宋哲学家、教育家、诗人。
2. 横渠张子：即张载，生平参见前注。

气质。

为谋而忠，要使吾心不留歉恨耳。究之，成功则天也。谋事如行舟然，得水则易，失水则难。

己亥正月家居，霖儿、甲鹇、翚儿、甲猊侍坐闲话。两儿慕古剑侠风，问如何乃能成侠，何处寻师。应之曰："称剑侠者，就达用处言耳，吾勿敢知也。但知古侠士见重于人，全在立体。"问立体如何，曰："吾圣人数语尽之矣。见利思义，见危授命，久要不忘平生之言。"两儿聆此，悠然意远。

同治辛未正月，家泗洲老人招饮，砺仲兄金鼎[1]在坐。偶以墨晶眼镜置黑漆几上，水天一色，混然莫辨。适厨人迁几，堕镜于地，铿然有声，满座皆惊，厨人尤骇然色变。砺仲坦然曰："无损无损，此物固甚坚也。"徐起拾之，绝不一视，即入囊中，而口慰厨人不已，颜色怡然，始终不变。厨人亦改容谢之，无复惊惧。吁！此全人体面之要道也。其绝不一视者，惟恐见有破痕，使厨人终不自安耳。翰鼎旁窥而深契之，亟志之，以为藐躬涵养之一助。

语云：令人有初交之欢，不如令人无久交之厌。愚谓令人无久交之厌，尤莫如使人动去后之思。古人则唐明皇之于张曲江九龄，今人则左文襄[2]之于虞恺仲太守绍南[3]。其去后之思，皆发于至诚而不容已也。

---

1. 金鼎：即易金鼎，湖南湘阴人，著有《吟香阁遗诗》四卷。

2. 左文襄：即左宗棠（1812—1885），字季高，一字朴存，号湘上农人，湖南湘阴人。晚清军政重臣，湘军统帅之一，洋务派重要首领。

3. 虞恺仲太守绍南：即虞绍南（1828—1879），字恺仲，湘阴人，同治年间从左宗棠转战浙、闽、甘等地，保绍兴知府。伉直敢言，不稍阿回。在甘肃时因事争执，意见不被采纳，愤而请归，受左宗棠呵斥，当日即束装骑驴行五十里。左宗棠遣人追及，赠以二百金，不顾而去。归后，课耕种树度日，旋卒。

里人田少鲁，甲午冬同饮邻家。谈及某省风俗之坏，疾首蹙颁，至不能言。少鲁客某省十年，闻见既多，更仆难数。略述其大者，诚哉不堪听闻。彼处杀人犯法，习为故常。而富者犯法论死，往往买人以身代。买者公然无忌，卖者甘心就戮，相习成风，不以为骇。官吏虽阴知之，而亦听之，佯为不知也。有老人年七十余，有男儿三人，适富家买人代死，三子者遂卖其父以与之。父不愿往，谕其子曰："吾有子三人，命不为薄，汝曹皆能自食其力。吾虽老，尚能操作以助汝。汝曹何必贪图小利，使吾老人不保首领乎？"三子力促其行，并托亲朋劝之。父泣，坚持不往。三子者怒甚，竟持梃以击毙之。邻人白其事于地方官，官亦知积习之难穷也，终置之不究。呜呼！诚不料人心风俗之坏，一至于斯也。方望溪[1]生康雍之世，去闯献[2]之祸，才数十年。其《原人下》一文，论战国至元明，二千年间，兵祸之惨，而推本于人道之失。为天所绝，上之人任其失而不为之所。其积也，遂足以干天祸，而几尽其类。今以予所闻人心风俗如此，苟非传之过甚，则再积数十年，其流极更将何如乎？天若不复生圣人整饬万方，恐将来天理尽灭，势不至人类尽绝，使两间空洞无人，不止也。岂不悲哉？岂不悲哉？

汉川童谣云："包老爷，睡龙床。替百姓，雪冤枉。定某刘，文山王。蠢主意，太荒唐。三百银，劝贪赃。包清官，岂肯当。侧船山，修堤防。万家命，免水伤。王家田，在此方。出亩费，如放账。年年收，岁岁偿。何不好，受众商。欲骗费，反诬良。阻大工，田永荒。收渔利，利在王。众失望，断米粮。好毒手，贼心肠。刘定中，老苍苍。人极好，性太刚。待小人，喜骂娘。得罪他，告上状。诬尔话，莫心怆。正直人，众素

1. 方望溪：即方苞（1668—1749），字灵皋，亦字凤九，晚年号望溪，亦号南山牧叟。江南桐城（今安徽省桐城市）人。清代散文家，桐城派散文创始人，与姚鼐、刘大櫆合称桐城三祖。

2. 闯、献：分别指李自成、张献忠。李自成（1606—1645），陕西米脂人，明末农民起义领袖，号称"闯王"。张献忠（1606—1647），字秉吾，延安人。崇祯三年（1630）于米脂起事，自号八大王，人称"黄虎"。

仰。日月也，庸何伤。但亩费，莫放让。田高低，同一样。定某刘，文山王。蠢主意，太荒唐。三白银，劝贪赃。不秘密，反言扬。包清官，岂肯当。过堂时，定泼汤。定某刘，混官场。不见面，尚无妨。文山王，受锦囊。充好手，喜洋洋。狡骗费，陷桑邦。犯众怒，到公堂。上帝板，尔须防。包清官，万民望。贤邑宰，钟与黄。同看堤，烛奸肠。秉公断，照王章。惩讼痞，以安良。百万家，仰甘棠。包清官，美名扬。承家学，守官常。结此案，享馨香。包孝肃[1]，祖有光。”案是时为光绪辛卯春暮，汉川莠民王某，乘黄、钟两大令授受之际，公事断续之交，悍然以三百金赂会审委员包大令，请求圆通结案。事将垂成，忽闻此歌一出，家弦户诵。而奸人悚然，不敢代进贿赂矣。先儒有言，人心风俗虽坏，而清议尚存，犹足以维持一二。良然。

楚悼王[2]素闻吴起[3]贤，使为相。吴起捐不急之官，废公族疏远者，以抚养战士。故楚之贵戚，尽欲害吴起。及悼王死，宗室大臣作乱而攻吴起。吴起走之王尸而伏之。击起之徒，因射刺吴起，并中悼王。太子立，乃使令尹尽诛射吴起而并中王尸者。噫，诸臣诚可诛也！明燕王[4]兵，攻某郡城，炮火轰击，声震山谷。太守自度力不能支，乃大书高皇帝[5]神牌，恭置城上，燕兵遂不敢复攻。吴起之走伏王尸，其智谋与此同，而所挟者尤重。楚诸臣竟置君尸不顾，而悍然波及之。盖先有无君之心，而后动于恶也。其伏诛也，不亦宜乎？

幼时闻父老言：左文襄公微时家居，部署田园事业，欲雇夫以资耕

1. 包孝肃：即包拯（999—1062），字希仁，庐州合肥（今安徽合肥肥东）人，北宋名臣。嘉祐七年（1062），包拯逝世，追赠礼部尚书，谥号孝肃，后世称为“包孝肃”。有《包孝肃公奏议》传世。
2. 楚悼王（？—前381）：楚国国君，名疑（一作类）。公元前401年至公元前381年在位。
3. 吴起（前440—前381）：卫（今河南濮阳一带）人，战国初期著名军事家、政治家。
4. 明燕王：即朱棣（1360—1424），朱元璋第四子，生于应天府（今南京），明朝建立后被封为燕王，后发动“靖难之役”，于1402年登基，年号永乐。
5. 高皇帝：即明太祖朱元璋。

种。闻乡人某贤，招致来家数旬，察其所为称意，议雇之。山村雇值例甚廉，岁不过七八缗钱而止。其人请曰：“既任事，宜专心，但望主人增值，以纾内顾忧耳。”文襄唯唯，问需钱几何，其人以十缗对。文襄作色曰：“子而不贤，值虽廉，不愿雇。今知其贤矣，岂可徇俗例以薄待贤者乎？岁给钱二十缗可也。”其人大喜过望。嗣是竭诚任事，久而勿去，卒为左家得力之人。狮子搏兔，具见全神。他年奔走群英，借以先定东南，后平西北。是岂无道以致者哉？名臣作用，即此琐琐逸事，亦可窥豹一斑矣。

“大将筹边不肯还，湖湘子弟满天山。新栽杨柳三千里，惹得春风度玉关。”此甘肃诗人咏左文襄公道旁官柳诗，借以自摅其生死肉骨之感也。昔闻乡先正论曾忠襄[1]克复金陵大功，固赫赫在人耳目，犹不若山西巡抚任内办赈救荒一案，足以千古也。由此观之，则左文襄之廑恤甘民，至今令人沦肌浃髓。以视生平百战功高，孰为优胜，亦必有能辨之者。

人之分量不同，故所志大小各判。其量一族者，以安一族为慊。其量一乡者，以安一乡为慊。大而一国者，以安一国为慊。量周天下者，以安天下万国为慊。虽大小有不同，要之专注之精神，其坚确同也。志蕴于中，必得权位，而后能发于事业，泽及苍生。其立达情深，肠热如炽者，半生坐待已久。而权不我属，必且皇皇汲汲，情见乎辞。旁观者遂哂为不度德、不量力，甚或疑为越分侵官。而于翛然忘世之人，则盛称其安分知足。盖未深悉乎志士暮年之矜重也。

有门下士问于予曰：“尝闻吾师称某先生谦冲和蔼。昨有遇之广坐中者，则见其严肃有余，始终缄默，如木偶然，何也？”予应声曰：“此

1. 曾忠襄：即曾国荃（1824—1890），字沅甫，号叔纯，又名子植，谱名传恒，谥忠襄。清长沙府湘乡县荷叶塘（今属湖南双峰县）人，曾国藩九弟，湘军重要将领。

亦遭际使然耳。譬如东邻牧童刘四者，吾自昔见其状貌蠢愚，又家贫未能从师，至今不识一字，殊可怜也，自问无以胜人矣。一旦驱牛食草湖中，百十其群，尽为兽类。而俯仰四顾，惟我区区小子，可称万物之灵。因而短笛横吹，自鸣得意。虽欲谦恭贬损，无所施之。今某先生混迹屠沽，在坐无一可与言者，亦何从施其谦抑乎？呜呼！苍茫独立，徙倚何依，古今一辙，岂不悲哉？”

杨忠愍[1]、王船山[2]二公，皆严霜烈日、光焰逼人。所谓姜桂之性，老而弥辛者也。而忠愍自号曰椒山，船山自号曰姜斋，亦乐取其性之所近耳。

古之君子，在在因实而得名。盖韬光沈馨，阒然无迹，充实于中，而后光辉外著也。今之君子，又往往因名得实。盖偶有微长，辄得丈人先生奖励，遂欢欣鼓舞，欲罢不能，而渐几于道也。此曾文正[3]、郭养知、胡文忠[4]诸公，宏奖风流之有裨于后进者欤。

人有受病之处，本于气质而不自知，则全赖旁观之指摘也。而旁观之指摘，亦有两种：一则爱我之人，剀切言之，俾知所以变化；一则怨我之人，痛快言之，借以寓其讥訾。其用心不无悬殊，而其益我则一也。今幸本两君之言，得知用药之方。其规我者，固深感之。其诮我者，亦不宜衔之。况其为亡者乎？当年偶尔仇予，聊以快一时之口。今日九原可作，未

---

1. 杨忠愍：即杨继盛（1516—1555），字仲芳，号椒山，谥号忠愍，容城（今属河北）人。明代嘉靖二十六年（1547）进士，后授南京吏部主事，改兵部员外郎。

2. 王船山：即王夫之（1619—1692），字而农，号姜斋，别号梼杌外史、瓠道人等，湖南衡阳人。崇祯十五年（1642）中举人。明亡时，曾在衡山举兵抗清，兵败后退居肇庆，任南明桂王朝官员。后隐遁，终居衡阳之石船山，人称“船山先生”，是明末清初著名思想家、文学家。

3. 曾文正：即曾国藩（1811—1872），初名子城，字伯涵，号涤生。中国近代政治家、理学家、文学家，湘军的创立者。官至两江总督、直隶总督、武英殿大学士，封一等毅勇侯，谥号文正，后世称“曾文正”。

4. 胡文忠：即胡林翼（1812—1861），字贶生，号润芝，湖南益阳县泉交河人。晚清中兴名臣之一，湘军重要首领，谥号文忠。

必不深喜故人之能用其言。而有日新又新之渐也，亦何莫非可感之人哉？书至此，怆然于中者久之。

流光易逝，此为学者惟日不足之言。至若深闺孀母，辛苦摒挡家政，立望其孤儿长大成立，转觉日长如小年也。悲夫！

途中遇瞽者，或遇衰老人，我若行值其后，切宜缓步无声，勿令斯人知后有来者。恐彼疾行让避，致跌仆也。愿与同人肺腑铭之。

读书闻古人之风，不如目睹者之尤为亲切也。即如今人阅善书，聆其嘉言懿行，未尝不怦怦有动，然其感之也犹浅。迄观优伶演古事，忠孝节义之状，历历迫于目前，则顽懦同声泣涕矣。夫以孔子之于帝舜，两大圣心心相印。一切美善，早应洞见秋毫。而在齐闻《韶》[1]，乃曰：“不图为乐之至于斯也。”然则尽美尽善之赞，当在斯时，前此尚未尽悉也。此以知目睹者之尤为亲切也。由此推之，彼以言教者讼，以身教者从，亦以历历呈露目前，心迫于无所避也。

古人但云诗言志，后世论诗则曰“情、景”两大宗。愚谓景之于情，势不能并峙称雄。画疆而王，景之美恶，随情之哀乐为转移者也。“景”之一字，第可附于情耳。不然，吾眼中千态万状，何以吟哦脱口？偏举此景一二端，无他，适与吾心之哀乐相投也。其不相投者，虽见如不见耳。故乐则眷恋清风明月，悲则流连苦雨凄风。虽欲强之易而为言，不相入也。诗之写景，岂特后人为然？即“三百篇”中凡注释家所称为兴体者，实皆当日诗人适叙眼前之景，与一时之哀乐相投者也。抑愚尤有说焉。情无定，则景亦因之无定。人心而哀，虽遇清风明月，转助悲怀，则写此美景，亦成凄清之

1. 在齐闻《韶》：见《论语·述而》篇第十四：子在齐闻《韶》，三月不知肉味，曰：“不图为乐之至于斯也。”

句也。人心而乐，虽当苦雨凄风，不挠至趣，则拾此恶景，亦供啸傲之资也。然则诗家情景两端，岂非一而二，二而一，而要以情为主者哉？

汉人诗云："鸡鸣高树颠，狗吠深宫中。"陶诗则云："狗吠深巷中，鸡鸣桑树颠。"自浅人视之，直似陶公袭取古人旧句，而窜易"高宫"二字耳。不知陶公静与天游之士，胸中洒落，纯是一片化机。眼前佳景，无心值之，信口吟之，何尝记忆古人有此旧句？而字字天然，究与古人貌合而神离也。

沈选《古诗源》[1]，于古逸抉择维精。愚谓尚遗老子二语："良贾深藏若虚，盛德容貌若愚。"亦警句也。

《湘中渔歌》："帆随湘转，望衡九面。"沈云："《禹贡》'夹右碣石入于河'，简而能达，不图此复遇之。"愚亦喜《禹贡》"九江孔殷"四字，括尽今日湖南全省水道。古人笔墨简而赅，大率类此。

古人因所都之地，以为国号。商邑翼翼[2]，周原膴膴[3]是也。后世颇有称殷汤者，蒙以为非。盘庚迁殷，始易国号。似盘庚以前之君，必称商王。盘庚以后之君，始可称殷王也。

《商书》："说筑傅岩之野。"蔡注云："筑，居也。今言所居，犹谓之卜筑。"蔡意殆以为傅说，未必躬亲贱役，而未思大舜耕稼陶渔，皆贱役也。古人大抵不辞贱役，所资以为养然也。孟子明言"傅说举于版筑

---

1. 沈选《古诗源》：指由清人沈德潜选编的一部唐以前的历代诗歌选集——《古诗源》。该书选辑先秦至隋各个时代的诗歌共计七百余首。

2. 出自《诗经·商颂》："商邑翼翼，四方之极。赫赫厥声，濯濯厥灵。"形容商邑的繁荣景象。商邑是商朝最早的建都之地。

3. 出自《诗经·大雅·绵》："周原膴膴，堇荼如饴。"周原即周人的发祥地，西周故都。

之间"，当是铁板注脚。

《夏书·五子之歌》"予视天下"一段[1]，蔡注以为五子之言，申结祖训之义。愚谓此亦祖训之词。曰："为人上者，奈何不敬。"恰是垂戒后王语气。曰："予视天下。"曰："一能胜予。"自是大禹战兢居位之神，现身指点语气。至"若予临兆民"一语，尤于五子口吻，殊为不合。

读杜少陵[2]《观画马》诗三复，"顾视清高气深稳"七字，以为摹写成德君子，酷肖全神也。岂特区区画马云乎哉?

江水东流，经武昌城而北折。湘水北流，经湘潭城而东折。而汉口为百货所辏，湘潭亦阛阓崇墉，滚滚财源。宜皆水势之停蓄使然也。戊子冬记。

汨罗黄可轩公，予妻坤凝之王父[3]，是为方村公之仲子，而罗西先生世崇[4]之本生父也。家世孝友，门庭太和。方村公尝置磊石钟灯，河塘义渡，尤拯溺亿万人，至今泽国赖之。积善诒谋，宜乎子孙蓄道德，擅文章。今且发于事业，泽及苍生也。其家素重文人，所藏诸名士屏联，充盈笥箧。迄经咸丰兵燹后，散佚多矣。时可轩公已前卒，其仲子海航丈[5]，一日归自湘阴县城，中途遇小儿，持物一束乞买。海丈自舆中顾之，则红联之佚其半者也，哂而却之。小儿尾追数里，固请买受。海丈笑曰："是儿需钱市饼饵，其情迫矣。微此物交易，吾犹当资助之，况有此乎？"解囊市之，及启视，则题可轩二兄属。海丈大惊，视其文，曰："万卷古今寻旧

1. 按：铅印本此处原文作"叚"，应是"段"之误，后同。
2. 杜少陵：即杜甫（712—770），字子美，本襄阳人，后徙河南巩县，自号少陵野老。
3. 王父：即祖父。
4. 罗西先生世崇：即黄世崇，字石珊，号罗西，生平参见前注。
5. 海航丈：即黄海航，易翰鼎岳父。

友。"语意奇奥。视其字，秀劲可爱，而不辨为何人手书也。欣然持归，出示群季。互相记忆，向所见先世家藏，实无此联。倘所谓天授，非耶。邑人毛雅林广文英卓，为跋而存之，以为黄氏人文发祥之兆。由今思之，斯言谅哉。翰鼎幼时往来黄宅，早闻锐之、钦颖津津以此事见告，既而于海丈处得亲见是联。

同治一朝，湖南乡试凡五次。湘阴登贤书者：壬戌八人，甲子三人，丁卯二人，庚午四人。惟癸酉仅一莫君丙其，且本长沙县人，家居靖江。壬申秋，始占籍湘阴者也。人以文场寂寞，疑为县运之衰，而不知左恪靖伯[1]旋于是年冬以勋劳入阁。萃一邑山川灵淑之气，悉钟于一将相，更安有余波，以溉及其他乎？此正县运之极盛者也。

今悟楼一名槐亭，亭屋高墙后有小园。自昔环以土墙，中无他物，惟修竹数竿而已。每岁春霪过久，墙辄倾颓。雨霁放晴，旋复修筑，前后所费不赀，家人苦之。丁卯在家，客问予曰："年年倾圮，年年修筑，劳力伤财，伊于胡底。子岂竟无长策，可保一劳永逸乎？"余应声曰："有之。惟年年倾圮，则需年年修筑。若年年竟勿修筑，则年年不至倾圮矣。"众客相顾大笑，一浅语耳，然即此可悟自古安边之法。

舜禹之德，同归无间，皆宜有天下。而禹功尤为震世惊人，虽一旦跨越同僚，人无勿服。且舜之受禅也创，创则骤膺大宝，其心或有难安。禹之受禅也因，因则上践成规，其心或无所震。然而大禹再三固辞者，不敢自信其德冠群僚，惟我躬足承大统也。圣人之虚衷，有固然者。独不识尧之禅舜，舜乃一辞之后，不闻多言。旋即受终文祖，何哉？光绪丙戌暮春，予以馆甥家居。一日，为甲鹇儿讲《虞书》。予妻在坐，偶以此意问

1. 左恪靖伯：指左宗棠。左宗棠因镇压太平天国有功，被封为一等恪靖伯，后因收复新疆晋升二等恪靖侯。

予。予喜其论古得闲，而亦莫解其何故。既而思之，恍悟甥舅之亲，去父子未远。以甥承舅而君临天下，天下可视若吾君之子，而非臣邻受禅者比也，是以圣人亦坦然忘形也。即以面示刘甥淞芙善涵，善涵颇称为别具只眼云。

予以光绪乙未秋八月六日，始报到鄂省官场。先一日秋分，偶得古画一幅，俨然日暮倚修竹图，敬瞻不胜自慰。因走笔而题其额曰："在山泉水清，出山泉水浊。侍婢卖珠回，牵萝补茅屋。摘花不插鬓，采柏动盈掬。天寒翠袖薄，日暮倚修竹。"数语写出颜子、陶公二贤身分，胸中洒落，人品最高，非少陵大笔，不足以润色贤媛也。自古忠臣良将，未有不从寂寥淡泊中来。今翰鼎以末职初入仕途，复于风尘市井间得此古画，亦天赐之模范也。岂偶然哉？

同治壬申九月，予母一日谕厨人曰："吾家畜犬已老，每见闻声起吠，甚有勉强撑持之状。盖自知责无旁贷，人何以堪？"翰鼎聆母言，不胜恻然增感。

予性素畏犬，今岁丙戌，在浏阳榷舍，本未养犬。忽近日常有外犬入厨中，畏人击逐，见人辄作抵触状。予益畏而逐之。今日甲鹇儿请于予，嗣后勿令厨人逐犬。尝见厨人以梃击之，恐伤之也。予亟以戒厨人，厨人曰："二犬常至，终无法以绝之。盖二犬近皆产子，而其主人皆家贫，食不得饱，其子吸饮乳汁，则母腹益空虚，迫于饥，故常来此觅食耳。"予陡闻斯言，恻然心伤，鹄立移时不能去。因重属厨人："嗣后切宜饲以余馂，吾当有以津贴汝也。"厨人唯唯受命。噫嘻！此益见物情之不可不时加体察也。予惟未加体察，故蔽于一已之私。惟知我之畏犬，不愿二犬之来，而不悟其所以常来之故。微鹇儿言，则亦无从一戒厨人，而更无从得闻厨人之语也。大凡人之有子，生于其家。富贵贫贱，惟其所值，有命存焉。若猫与犬，非定生于其家者，或乞怜而得，或市买而来。而主人之贫富，惟其所值，不亦命乎？昔人诗云："可怜最是牵衣女，哭说邻家午饭香。"此种情状，路人闻之，且为心酸，况其父母乎哉？夫父母之心，亲亲之心也，行路而亦动怜贫之念。仁民之心也，推是心而悯恤贫家之猫犬。爱物之心也，而仁恕之道，不且于此基之乎？忆幼时家畜一猫，日食既饱而有余。邻猫迫于饥，时来窃其余以食。其畏人之状，甚为觳觫。悄窥无人而后入，一闻履声，辄堕地奔走。其情形甚可怜也，乃童子竟执而挞之。一日且执走原上，投之以触原下之高墙，坠而又触之石上，猫始得脱难而奔。此非无心之过，实则濡染恶习，而血气自逞，甘为残忍也。然而童子旋亦悔之。习俗移人，良可惧哉。

今夜因二犬事，追忆此事，益不自安。合并志之，以示儿辈及我同门，俾懔然于残忍之习，不可不痛加湔除。因物情尤不可不时加体察，俾得随时随事，以自善其处置也。其亦君子亲亲而仁民，仁民而爱物之一助也欤。

汉川县令陈南州先生豪，通知政要，廑恤民隐。至今汉川父老犹言之泣下者也。昔尝闻安徽士人，群聚扶乩。神至，自署曰某府城隍。诸人亦各自署职衔姓名，求示所问。其一人问事毕，神忽书问曰："汝在湖北需次，曾面识汉川县令陈豪否？"其人对以时与往来，颇相契好。神书曰："烦汝为吾致意，陈豪心病已剧，务宜屏除思虑，静养二三年，以期复元，再出而尽心民事。此良有司也，切望为苍生珍重金躯。"其人亟函告陈公，陈遂自请卸篆养病，而代摄者适为罗西先生黄公世崇。汉川连任得良有司，殊关县运所致。而良有司能见赏于聪明正直之神，且承殷勤护恤如此，尤非实心实政，莫能幸致者也。今日为我孙男有诒[1]受经馆师之始，午饮席中，予偶对淡永、伴琴诸君，闲谈及此。亟志之，以广师资之益，以增吾党之光。

---

1. 有诒：易翰鼎之孙，易甲鹏长子，字栗娱，娶刘氏。

或问曰："同一竭劳任事也，而中有诚伪之分，何以辨之？"予应之曰："或安而行之，或勉强而行之是也。"又问曰："凡勉强而行者，终日一无诚意耶？"应之曰："事或变起仓卒，情景逼真，亦足令其有专一迫切之诚矣。如今人乍见孺子将入于井，皆有怵惕恻隐之心是也。近年尝见军中野操，逐北追亡，动至数里或十数里之外，未尝不身劳而气竭。然毕竟是循例而行，非同诚意。一日路遇水龙救火，其绳牵奔赴之状，人人出于专一迫切之诚，乃恍然于诚伪之分，不可得而假也。虽然，吾吕子有言'伪礼文，不如真爱敬。真简率，不如伪礼文'。窃谓为学者，务期由勉强以渐进于自然，不可以其无诚实之心而忽之也。"

昨日午坐消闲，对儿孙及坐客谈及昔闻两事，理趣盎然。亟志之，以充忠厚之端。蛟水陡涨，人物奔流，此人生最惨之事也。而乘机夺财害命者，抑何如此太无人心。一少年荡舟中流，见上游一人，头出水面，如飞而下，亟拨舟以迎救之。及近，则见为一女子，手持红木箧，举高于顶，惟恐沾湿。窃意其为宝物也，遂一念之转，欲杀而夺之。女以一手攀船，先投木箧于舱，将纵身而上。舟子以竹竿击其手，堕而随流以去。旋启箧，竟无他物。乃知女心所珍重者，藏有婚书一函耳。谛视之，乃即己身之聘妻也。一老人贸易江湖，一日远归，咫尺里门矣。忽风涛大作，亟拨舟逃命。及泊岸，回顾中流，两渡船将濒于危，坐客不下百余人。老人急呼左右渔舟奔救，救得百余人，按数酬钱百余贯。闻者各相顾踌躇，未有应者。老人乃变计大呼曰："请以奔救之人纪数，如去者千人，即酬钱千贯可也。"群划乃蜂拥而去，全师而还。甫离渡船数丈，而两艘被浪皆沈，如稍缓须臾，则无济矣。救困扶危之间不容发，若此哉。迄渔划抵岸，老人如约酬金毕。其被救之百余人，鱼贯分班，登老人舟拜谢，往过来续，络绎不绝。既而一人甫登舟，望见老人，奔跪膝下，牵衣仰面悲号。老人视之，则己子也。老人盖年已六十，仅生一丈夫子云。呜呼！心术之微，岂不险哉。少年一念之差，无意而自杀其妻。老人一念之诚，无心而自全其嗣。此两事也，先后不同时，远近不同方，今为合而记之，不亦千秋金鉴，万金良药哉。愿吾子若孙，各书万本诵万遍可也。

出武昌东城散步，过洪山岳忠武[1]、罗忠节[2]二贤祠，小憩园亭。语从者曰："壮者以暇日，修其孝悌忠信，入以事其父兄，出以事其长上，可使制梃以挞秦楚之坚甲利兵矣。其言似近于夸。得罗忠节公泽南部下孝子悌弟三百八十有五人，而大败奸淫焚杀之兵数千人于层峦叠嶂间。乃令亚圣之言，坚如金石矣，必不得已而去。于斯二者何先？"曰："去食，自古皆有死。民无信不立，其言亦觉难能。得张许南雷之苦守睢阳，效死而民弗去。乃令亚圣之言，炳如日星矣。贤者之有功圣教，若此哉。"

"是何等襟怀，江汉为池，天地为囿。问先生位置，众人之母，王者之师。"此光绪丁亥暮春之初，上养知先生郭公嵩焘寿联也。似此胸襟，似此德望，养知既没，其有适当此联者乎？藐躬鹄俟道旁久矣，不知君子至止，亦许末士可堪执鞭为役否乎？念此不胜自惧。

先儒有言："有所为而为者，利也。无所为而为者，义也。"又云："为己而行者，私也。为世而行者，公也。"浏中讲友云南张伯昂进士瑞麐[3]，一日诵此语。予笑谓之曰："为义者，亦有所为而然也。"伯昂问何所为，答曰："为己。"伯昂惊问何说，曰："君子欲自全其心之所安，是以勇于为义，非为己而何？"伯昂拍案叫绝，极赞戏言而含精理云。

---

1. 岳忠武：指岳飞（1103—1142），字鹏举，相州汤阴（今属河南）人，南宋时期的著名将领。孝宗时追谥武穆，宁宗时追封鄂王，理宗时改谥忠武。
2. 罗忠节：即罗泽南（1807—1856），湖南湘乡人，字仲岳，号罗山，谥忠节。湘军统领。
3. 张伯昂进士瑞麐：即张瑞麐，云南太和人，光绪十九年（1893）进士。

壬申秋七月，在湘阴城馆，展诵辛未八月黄谦翰[1]致奠家樾珊先生[2]文，涕泗纵横，情不自禁。诸生在旁，怅然顾盼，不知何为。抑我公孝友至性之感于吾心者，为独深欤？翰鼎生颇晚，侍公之日又无多，不能悉知其行事。然即此所见一二端，已足令人歔欷不能释也。公同祖兄弟多人，公于雁序行三。其行四、行六、行七、行八者，皆公同怀弟也，家苦赤贫。其四弟连年失馆谷，虽孑身无以自养。其六弟、七弟、八弟颇能自食其力。然惟六弟有室，儿女繁多，俯畜之资，日恒不足。是以公怜四弟、六弟，倍切于诸弟。自昔授徒乡里，稍得馆谷，供养母夫人，即令其四弟依母共食，而分财以润其六弟。皆历数十年无以易也。厥后，执事榷舍，岁得薪水亦无多。而每次寄钱赡家，函示家人，酌分兄弟，必加批其旁曰："六弟体气羸弱，人口嗷嗷，非资助无以自活，必须如数以与之。"加圈其语再四。此吾先君晋清公[3]所屡见，而屡告吾大母[4]者也。戊辰春，公车北上，途中寄书归，谕诸弟诸儿："凡有缓急，总宜合家设法通用，以图混过一时。我归后，当有调度。母老矣，毋使有不乐。"盖其七弟、八弟，连年力役所得，一身食用无多。至近日，微有储积。四弟亦依己得食，皆可无忧。则所一意专注者，一六弟也。至虽礼闱揭晓之日，登第者莫不狂喜，万虑俱空。而公闻报后，闭户缮家书，仍复缠绵恳挚。自念出门已四阅月，不知六弟近日尚能度日否也。此非有固结于中，而不可解者耶。庚午春，丁忧在籍。一日，予仲弟晶鼎诣省之，见所食仅白粥一瓯，淡如水。晶鼎叹曰："家人食苦惯，尚可耐。伯父在榷舍久，骤食此，何堪？请日备饭一盂。"公惕然曰："吁，吾兄弟妻子皆食此，六弟食此且不足，吾忍独从厚乎？"晶鼎闻言，泪珠泉涌，感之深也。既而观察道陆莘农殿撰增祥，以公久谙厘金局务，檄委赴澧州津市局，襄办公事。濒行，对诸兄

1. 黄谦翰：易翰鼎伯父易鉴章之女婿。

2. 樾珊先生：即易鉴章，易翰鼎三伯父，同治七年（1868）进士。据《郭嵩焘全集》载："易鉴章，同治七年洪钧榜，江西即用知县。"

3. 晋清公：即易翰鼎父亲易冕章。

4. 大母：即祖母。

弟流涕久之，悲无母也。既出门，又回顾其六弟，不忍正视，睨而呼之曰："六弟，其奈之何？"情真语促，至今犹闻哽咽之声。当时闻者，莫不泣下。呜呼！何片言之沈痛也。是年冬，还家度岁，与诸兄弟聚首数旬，恋恋弗去。至暮春之初，始挈其第三子宝仁，赴澧伴读，而公不复返矣。悠悠苍天，其何极哉？今去公之卒一年矣。其冢子恺伯，尚未得馆，家益窘迫，而犹自恨无以资助六叔父，以安泉下之灵。翰鼎尝过其庐，伯母黄孺人与谈近况，令人怆然。而独供给其四叔衣履饮食，力之可及，尽情尽礼，一无改于当年。吾益叹我公之委曲调停，至诚动物者，至深且远矣。悲夫！公讳鉴章，生于道光壬午，卒于同治辛未七月廿二日巳时。依考妣葬西山三塘屋之西。葬时，治丧诸公仓卒撰墓志数行，泐石以瘗，但称其为宋纯孝公明忠节公之苗裔，生而聪慧旷达而已。既举其末节，而徒引先世之贤以光其身，则竟似本身言行，别无可纪者然，所失不亦多乎？他年如撰述成章，宜换瘗之。公以同治甲子中乡试，戊辰中会试，以知县用，自喜得禄养亲，可偿素愿。但念母老，既未可迎奉远行，又必不忍身离膝下，因呈请改近迎养，分发江西。自京还家已数月，将赴南昌需次，公犹恋母久之，含泣而行。惟期履任，遣迎母氏。岂意过百日而终天永诀耶？而公仕进之心，于是灰矣。方公得官之初，屡诫家人曰："凡是切宜照常俭约，不可稍从丰腴。儿辈切须安常力学，不可稍染纨绔习气。弟辈勿以汝兄忝博微名，不屑为他人役。农圃乃人生大本，衣食须从中领取，方足以养生。若州县衙门非分之财，得之诚易。然悖而入者，必悖而出也。兄弟子侄，各努力常业。慎毋以我'仕宦'二字，置在心头。人谓得官可得多财，我则于义有未安者，必不妄受。但求得禄，买田一顷。俾年年不少食谷，以纾老母数十年怜贫之意，且使我兄弟得有田耕种，不至有力无所施，足矣。"将赴江西，遍访亲朋，急欲得一深明州县防弊之人，聘为幕友。久之未得，心如悬旌。到省后，又屡致书求之。及丁忧，决计起复后，改就教职，亲朋多力挽之。公怃然叹曰："人生世间，总宜自量，总宜知足。今天下险幻多端，州县官非有明镜高悬者，恐不能无所冤蔽。我而清夜扪心，能堪其事乎？负国误身，将在此也，吾不忍为也。客犹有以见利不取为歉者，为公踌躇再四，而公卒坦然谢之。翰鼎初闻此议，心以为然。及屡闻答人之言，肃然其容，益服我公忠厚之意之诚也。当公需次江西时，囊橐萧然，甚形窘促。人有愿贷公以数千金者，请随任派执收发案牍事，未履任，必不索偿。公知若辈舞弊无穷，固却之。而稍贷其旧戚杨姓钱，以供省中食用。其侍者言于公曰："此项虽来，尚有不足。不如舍此，取彼数千金，犹可分寄家中，早买膏腴田数顷。虽未履任，家已致富。既履任，偿此何难？"公再三叱之。寻丁忧回籍，家无隔宿粮，左支右绌。人或咎公此举为失策，公以正言谢之，而或犹笑公为迂。及公卒，其旧戚杨某追逋甚急，家人出衣服以偿之。人愈咎公曰："若从侍者言，不特今日免受重累，且能使其子孙坐享丰厚。至谓此公当日，若逆知将来履任不成，必不却此。"呜呼！抑何不知公之甚也。世俗不诚之心，岂足以度君子腹耶？

附录黄谦翰祭易公鉴章文

呜呼！甥不敏，不能述公之盛德。惟忆幼时缔婚后，家伯叔父尝举公之素行见示，以为小子师承有幸，而于公孝友大节，尤言之切切，不忍释然。甥虽幼不更事，而天性感触，早深钦慕之忱。及毕婚，登公堂，时见依依太夫人之侧，不减孩提倚膝时也。伯仲相亲，怡怡翼翼。甥每于拥炉侍坐时，窥其意言所在，惟冀户庭和辑，不忍稍伤堂上之心。甥观之熟，感之深，不觉亦步亦趋，望尘恐后。而于家庭之内，日益蔼然相亲，亦有不容自薄者，公之至性动人如是哉。甥每乐道其善，卒有莫罄名言者。然尝于人所易忽之处得公一节，而愈知公之至诚矣。昔闻公家窘促时，虽园蔬野蔌，必与兄弟同尝，不忍独食。近年司榷常德，岁获薪水亦无多，而分润兄弟，始终绝无吝惜叮嘱家人，至再至三。戊辰春，公车北上，途中寄函归，望诸兄弟切宜交相扶持，毋稍推诿，必令老母私衷一无隐忧。一篇之中，三致意焉。未几，公捷南宫。公之族子翰鼎，闻报自汨罗步归。甥与偕来，登庭叩贺。阅公家报，肫肫然以服官邻省，迎养太夫人为志。而书中最为刺骨沁心之语则曰："我出门已四个月，不知六弟近日尚能过得日子否？"读之再三流涕。诚以昆季中，惟此公食指繁多，故忧之弥切也。然是书作于礼闱揭晓之日，人虽系情骨肉之饥寒，当此狂喜之际，或有暂忘之者，而公眷眷于此，外至之荣，不足稍撄其忧悃。非所谓如饥渴之于饮食，欲须臾忘而不可得，如水之湿，如火之热，其天性有不得不然者哉。公之大本之固结如此，其他复何论哉？今者再见无期，吾将奚适，輀车将驾，聊奠酒浆。若不知涕泗之何从，盖不仅半子之私痛也。呜呼哀哉！

古今隐语成趣，往往令人解颐。东坡问坐客多人曰："何物味美，可称绝唱？"一老僧答云："惟鸡味美，令人甘食。"东坡莞尔而笑曰："茹素人，亦嗜鸡肉耶？"老僧笑而不答，东坡乃恍然曰："鸡者饥也，饥者甘食，至论不磨。"相士语淮阴侯曰："相君之面，不过封侯。相君之背，贵不可言。面者，北面以向汉王也。背者，背汉而身自王也。"此则当时不得已之言也，而以隐语出之，盖求自免于祸患也。即此亦见吐词之妙。

诸生某，素行不检，而心忌循谨者之相形见绌也。一日，语邑人杨恕斋曰："吾不解某君之一尘不染，何以始终坚持若是。是难能也。"恕斋曰："惟君最难，某君易易耳。某君端坐一室，寂然无求，心不劳，力不惫。惟率其性，行其所安，何难之有？君则心怀彼美，百计经营，钻穴窬墙，鞠躬尽瘁。昨经窥破，雪夜奔逃，惊魂未定，寒已入骨。而君方且有志未坠，舍己芸人，力行不懈也，不亦难乎？"吁！在杨君特一戏言耳，而亦可为醒世之文。《书》云："作德心逸日休，作伪心劳日拙。"大小一辙，可胜慨然。

仲弟晶鼎告予曰："尝检曾祖时买田契券，得数十百纸。立契人多于契尾余纸书吉祥成语，以志颂祷。因仰见我曾祖彩臣公，一生忠厚待人。其于因贫鬻产之家，矜怜倍切，所求善贾，必且如愿以偿之，不忍稍事刻减。是以人皆悦服，而爱敬祝祷之诚，不禁流溢于楮墨间也。"翰鼎闻此恻然，亟志之，以为传家至宝。

甲午仲春在家，适仲弟炳仑归自成都。入门乍见，举家惊喜，绕炉围坐，听谈蜀事。仲弟盖从余公肇康拥护钦差查办事件而还也。叙及余公奉派分途巡视，所历各州县，入署即升座调案。立命劈毁非刑最酷之猫笼，查照案情，分别留遣。得蒙昭雪奇冤、立释缧绁者，先后凡数百人。举家击节称快，而予独悲不自胜，泪如泉涌。盖家居抑郁已久，一旦闻同心人湔除虐政，不俟终日，深惬平生大旱霖雨之怀，不觉喜极而悲耳。

乙未春，客湘潭。一夜梦中，独坐一室，悲歌感慨，涕泗纵横。既而拍案大呼曰："湘阴易翰鼎，有古侠士风，久欲为当世效驰驱之力。乃至今沈埋草野，岂不悲哉？"旁皇四顾间，忽醒，则果泪流湿枕矣。而记忆梦中呼号数语，历历分明，一字莫能增减。呜呼！其亦热血所激而凝者欤。

辛卯春，在汉川县署，罗西先生解任有日矣。念翰鼎处馆未久，又将赋闲回湘，引以为歉。适所亲调摄监利，向罗西密求良友，以妥司征收。且云："罗山一柜，辛资例得巨金，而责任甚重，尤需端人。"罗西遂举翰鼎以应，翰鼎始终力辞，盖有他故，不愿就也。罗西以为无妨，敦促再四。既而且作色曰："寒士以馆为生涯，求人且不惜，况遇童蒙求我乎？非义之财，则君子勿取。今例得巨金，皆正款也。竟以他故而弃此，汝心独无所抱歉耶？”对曰：“一有所歉，在负长者厚意耳。至于巨金未取，视之坦然。诚为我家食禄，横直暂存上帝天厨，任其随时支应。早取、迟取，取于此、取于彼，皆无殊也。小子何必汲汲乎？尝论人生食禄有定数，而多寡不得自知。但宜随遇顺受，以济一时之需。不必竭虑殚精，以营求多利。苟为分内所应有，万一终身领享未尽，冥冥主宰，犹当补给于吾后人。苟分内之财不丰，而网利过数，销耗已多，且恐中年禄尽，难以自乐余年矣。此皆就正款而言也。若夫悖入悖出之财，更何庸论及哉？”罗西欣然而喜曰：“有是哉，吾子信理之深也。吾亦可无抱歉矣。”既而奉督宪南皮先生文牍，知两湖书院[1]文会在即。罗西遂欣然备文，申送翰鼎及翰鼎之女婿刘善涵就试武昌，而皆得邀内课之选。辛壬之间，翰鼎虽馆居未久，而获师友之益已多。即所受膏奖川资，亦近二百金矣。一日谈及此，仲弟炳仑笑曰：“此即所谓天厨存款耶？不于监利开支，而卒于两湖给领耶？”

友问国家倏盛倏衰，毕竟孰难孰易。予应声曰：“二者皆可转移于旦夕。枢廷之间，一旦用君子当权，衰即转盛矣。一旦用小人当权，盛即转衰矣。一二人之转移，果得如此神速哉？良以君子当权，必擢众君子起而任事，而庶事康矣。小人当权，必引众小人出而同谋，而万事堕矣。而愚且谓君子之羽翼，较小人为更多。小人当权，众小人固闻膻蚁附矣。其君子，断无一人附和之。和平者，犹或见几而去位。刚健者，必且面折而廷争。小人畏其阻挠把持，虽欲亟行稗政，尚难速如风驰。君子则不然，一旦当权，众君子之弹冠相庆，不待言矣。而为小人者，除元恶不悛外，凡悠悠者，必皆转能从善，以迎合之。何也？小人所求者，富贵而已矣。今

1. 两湖书院：光绪十六年（1890）四月，张之洞于武昌营坊口都司湖畔创建两湖书院。经费主要出自湘、鄂两省茶商捐资，故名“两湖书院”，专取两湖士子入学肄业，每省员额两百名，另为报答茶商资助，专录商籍学生四十人。光绪二十九年（1903），两湖书院改为文高等学堂，亦称两湖大学堂。不久又称为两湖总师范学堂。

则舍此为善，别无求富求贵之路，亦何必不转而从同哉？以是知君子之羽翼较多，而成功甚速也。

壬辰就学两湖书院。斋舍盖以干支二十二字名之，予与刘甥善涵淞芙同居“子”字斋。共爨而食者十数人，有为父子者，有为同怀兄弟者，有为师弟朋友者，有携仆从而为臣主者。一日，芙甥笑谓同人曰：“区区十数人耳，而五伦中人，自夫妇而外，无所不周。”一友正言以晓之曰：“妻父女婿，正夫妇之见端也，何谓五伦缺一哉？”芙甥憬然，敛容起敬而退。

乙未五月，在长沙城，友人谈及东方兵事及近日条议，太息痛恨，不堪言状，且曰：“士民坐视草野，心其何以安乎？”予答曰：“入则躬行孝悌，俾闾里有所矜式。出则本忠诚以为天下倡，此吾党之责也。和议大计，枢廷主持，外臣如将军、督抚尚难尽参末议，士民自无可言。至于补救世道人心，则顾亭林先生所云‘匹夫之贱，与有责焉’者也，吾辈何多让焉？今日之务，正人心，急于攘外患也。”

缄口谨言，圣人垂戒多矣。在圣人原教人以养心，而吾人尤借此以远祸。窃维入世之难，不特论人之短，在所必戒。即称人之善，亦贵审机。吕子云：“对奸人发正论，不问有心无心，总是不磨之恨。”《礼》：“入门问讳。”此亦当讳者。愚谓称人之善，在我固发于好善之诚，别无他意。倘有异趣之人在坐，闻之或忸怩难安。且恐疑为有意相形，而因羞成恨，不特恨我，甚至心怀忌嫉，或将迁怒于斯人。而我与斯人，皆未之知也。可不惧哉？可不慎哉？

凡事得失有无关命，迟速关时，故曰时命。时之为义大矣哉！凡事无分巨细洪纤，莫不有时。夫事之至大至重者，莫如均平天下，奠安生民。

时未至，则虽以孔孟周流，唇焦舌敝，而仍抱歉终身。况群儒乎？时已至，则以汉高草泽豪雄，五年之间，崛起而平定海内。况汤武乎？是以古君子养晦待时，非因循也。惟恐徒劳无功，或尤有害耳。予言至此，侍者难予曰："然则人事可不尽乎。"予应之曰："否，不然也。吾所谓有害者，揠苗助长之类也。至于春而耕、夏而耘，人事之当然，而不可失时者也。岂有自惜人力，而坐待秋成之礼乎？里人有巨舟，冬天滞于古东町湖港之淤泥，欲推之十数里外而入于湘，以资运物贸易。集壮者多人，用力三日，而卒莫能及远，只得置之。迄春天，湖水方生，又适大雨数日，其家一老人别有所往。偶过湖心，喜见舟浮水面，乃独力引绳而牵之，竟出兔耳港而达于湘。归告其家，其子趋而往视之，则已缆系湘滨矣。似此今昔殊形，难易有天渊之别。水为之也，实则时为之也。待时之义，顾不重哉？是以古君子必养晦以待，而未敢躁竞以从事也。时之为义大矣哉！"

乙卷

吾乡自古以农事为生涯。然村落万家，有自服先畴者；有赁田耕种而纳租田主者；有人力单微，资本不足，而不能赁田者；有耕作既久，资本渐亏，而还田主人者。是以乡中无田可耕，而别谋生计者，亦不乏人。幸耕作之家，尚能分地利以与人。每年纳禾后，不复自种晚稻，辄以其田备与辍耕之家，种红薯以代饭。薯本易生之物，费省而工不烦。无力之人，往往赖之，孤儿寡妇尤赖之。此吾乡第一美俗也。不知始自何年，盖相承已久矣。后之君子，如作营田竹枝词，当推此风为首唱。孟子曰："乡田同井，出入相友，守望相助，疾病相扶持，则百姓亲睦。"不雍雍乎太平之盛事也哉?

节届端阳，犹遇有报春之人，鸣金高歌于市。予诧然曰："春归已久，奈何尚闻此声乎？"答者曰："此报来年春信耳。"予曰："若是其早乎？"答者莞尔而笑曰："若辈四时皆春，无日不报。一日不报春，则将饥饿随之矣。夫报春云者，乞食之别名也。若辈自幼至长，体弱无能，无以自养，惟执此业，尚可以度日。君犹未之体察耶？"予闻，愀然动容，既而太息曰："平生妄自期许，力求知民疾苦，而今犹有此疑异。岂得谓之廑悉民隐耶？"此亦学者所当留意也。

新吾吕子[1]有言："尧舜禹汤文武，全从不自满假做出。孔子一生谦退，只觉世间有无穷之义理，己身有未尽之分量。孟子则自任太勇，自视

---

1. 新吾吕子：即吕坤（1536—1618），字叔简，号新吾，晚号抱独居士、了醒亭居士，河南宁陵人。明代文学家、思想家。著有《实政录》《夜气铭》《招良心诗》等。

太高，似不见有孜孜向学，歆歆自歉之意。”识见已与圣人作用不同，如何到得圣人地位？愚谓此亦运会遭际使然耳。中天景运，圣哲盈庭，上下交修，赓扬规赞。商周之兴，伊莱周召，劻勷主德，警诫时闻。圣人本虚衷，得此当更忧勤惕厉，何有满盈？孔子虽无此，而颜曾冉闵之徒，方兴未艾，所至莫测。圣人对镜相形，尤觉诣力无穷，自增黾勉。若孟子之世，天下士品，沦于卑污，徒使触目而唾。即及门诸子，如万章、公孙乐正，亦皆识力远不相侔，而何有于箴言助我？孟子殆四顾寥天，不觉自珍其当世一人，而忘乎歆歆自歉也。孔子曰：“君子哉若人，鲁无君子者，斯焉取斯。”横渠张子云：“士君子入治朝，则德日进。入乱朝，则德日退。”此事关系吾人学问，良非浅鲜。可勿惧哉？可勿痛哉？

唐山之觅见我族七世祖妣黎夫人墓。询明商定，一举成功，鸣谦侄甲汝之全功也。癸丑孟春廿七日甲申，鸣谦引翰鼎及少循兄焯鼎、晓楼弟鸣鼎、犨仞侄万鹏、阜薰侄兆谦，乘舟省墓唐山。至则骇见圹砖暴露，剥落摧残，不堪言状。盖子孙失此墓所者，垂三百年矣。伤心惨目，有如是耶？天将暝，投宿唐山团舍仓。犨仞、阜薰以南针置圹砖正中测视，正为壬山丙向。丙戌日惊蛰，宴客社仓。唐姓父老子弟就饮者，凡十有九人。邻里士绅就饮者，凡十人。酒后议事，我族则惟以己度人，推心置腹，面面俱到，处处皆圆。听者大悦，益无违心矣。各姓客冒雨临视墓山，乘夜为两姓明定约券。更深，起大北风，万物震动。晦日[1]丁亥，风狂雨密，严寒削面。而戴、秦、曾、宋、张、钱诸君，忍苦西走墓山，为我族划定墓地，以凭克日兴工掩修。诸君尽心耐劳若此，良可感哉。一夜风雪交战，天地动摇。枕上追忆翰鼎庚午诗云：“今宵得伴孤山宿，枕簟差分地下寒。”循环讽诵，声泪俱下。盖同治庚午十二月初四日，翰鼎偕从者三人，在长沙清泰都，修培高祖耕南公墓。遇雪停工，拥炉山家闲话。因念

1. 晦日：即农历每月的最后一天，此处指正月三十。

平日家居遇雪，倚门东望，辄谓庐墓相依者，易为走省。惟我耕南公远卧他乡，距家约二百里而近，孤山雪冷，岑寂奚如。子孙虽欲与同尝，不可得也。兹乃会逢其适，得与先灵分受严寒，岂非畴昔之至愿也哉？语在庚午日记中，班班可考。而孰意今年今夜，又得偕我族众，伴宿唐山，凄凉午夜，雪景相同。而此地先茔，三百年孤悬之惨，山崩后暴露之悲，尤足增人沈痛。窃尝论之，大凡坟茔距家略远者，虽仅十里内外，亦须旁有余地，可供守墓之家种植桑麻，而子孙借以岁收其租，斯为善后之长策。此固尽人而知者也。而岂知匹夫无罪，象齿焚身，其贻祸即胎源于此种地利哉？自古论者，多以一山族葬为安，尤以庐墓相依为善。我族凤山牛山，其明效也。而我七世祖妣黎夫人，独由凤山改葬唐山，岂得谓为幸事哉？由后而观，通族人丁繁衍，非此来，即宜彼往，何得至于挂扫疏虞？而在当时，则一零丁孤苦之家也。盖我七世祖考营庄公，甫由东港冲迁居营田。亲属固皆远隔，而营庄公仅生一男，曰禄山公。禄山公始得生有三男，而其中亦有无后者。其第三子曰镇麓公，则我之支祖也。镇麓公亦仅生二男，曰春生公，曰茂林公。谨案：七世妣黎夫人之弃养[1]，为有明万历三十有八年。其改葬唐家山，当亦在有明之末造。转瞬即值干戈离乱之年也。崇祯一朝，闯献之祸最烈。而营田孔道，适当长沙、岳州往返之冲。顺治一朝，连年攻取湖南广西各省。迄极边之云南归附，已达顺治末年。则营田一隅，正为北兵往还、风鹤频惊之地。又未几，而吴三桂之兵复以康熙十有二年由滇东下，而营田又当衡州岳州来去之冲。是以翰鼎幼时尝得之父老传闻：我春生公之邹夫人，每闻门外有人呼报吴王兵至，辄挈其子，避匿今西山老屋后园之深林，战栗达旦。由此观之，可知自崇祯以至康熙数十年间，我家零丁孤苦，寥寥数人，恒苦逃生之无路也。今日乡邻诸君，如早得闻当年情状，不且谅其省墓疏虞之咎乎？彼守墓之某姓人者，乃得以乘其离乱，盗卖山场。且平其冢，而灭其碑，以绝其子孙追寻

1. 弃养：婉指尊者、长者死亡。

之路。呜呼，亦毒矣哉！向使一墓之外，别无地利，自绝觊觎之萌。即有之，亦非与墓地相连，而山水各别。人虽贪其地利，可仅盗其产业以入怀中，而不必使一墓同归于尽，犹得免于平冢灭碑之惨也。然非经乱离之久，虽为孤苦之家，亦未必至于此甚也。今若此，悲夫！厥后，自康雍以迄同光，我族历代当事诸公，时恒走访墓所。溯游从之，宛在中央，而不见有祖茔痕迹，旁人亦谁得而确指之乎？顷值山崩，圹砖暴露，而未见有字迹。鸣谦侄甲汝，过而睨之，惊问于山主康德富。幸唐君义友，古道照人，慨然出示咸丰八年戊午蔡姓卖山之券，确加指点。遂令营田通族之苗裔，得为母子如初。是诚没存均感之人也。凡为黎夫人之远孙者，允宜心版铭之。至于盗卖山场之某姓守者，其人已物化于二百年前。后嗣之有无，且无从确访。即有之，而传历数代，后人已不知前事，尚得责其取还土地乎？又况谁肯认为当年守者之嫡嗣乎？倘或如乡谚所云“耙齿落田中，但向田中索”，则将向今日管业之唐姓争论索还，此尤荒谬之为也。查此山自经某姓人盗卖，以迄于今，其间已迭更数姓之主，最后始归于唐姓。是说也，在我小彦公文博托访墓所之杨大山、小山两先生，及我子筠公章誉就访往迹之蔡云辉、唐福升二叟，皆早经历历言之，不约而同也。今若以多年失业之易姓，而争唐人执契久管之山业，揆之情理，能取胜乎？不胜，而徒开罪于墓邻，使我先灵抱歉九原，无颜以对墓邻父老。诚于养志之道，大有所亏。而况逼使墓邻坚持，勿许认为祖墓，不终弃此先茔骸骨哉？是则罪之大者，虽至愚者不为，而谓明眼人为之乎？

古人知己之感，没世不忘，良有以也。翰鼎一生感恩知己者，实不乏人。而郭氏三先生，颇形奇特。中国遣使长驻欧洲，自光绪丙子养知先生之驻伦敦始。其叔弟东山先生，以冬十月，送行沪上。养知重嘱归后，访聘仁慈忠信之儒生，训课两孤孙、一稚子[1]。谓其身在数万里外，念家

1. 稚子：指幼子。

弥切，更甚于寻常子弟之托也。东山亟举翰鼎以对，而谓其人端方恺悌，酬应少而善诱灵机。如能应聘而来，弟能保其悯恤生徒，无异家人之体贴周至也。其仲弟樗全先生在坐，亦交口力赞之。养知大悦，立促东山以礼为罗，罗而致之其家四年。然后出司会计湘阴城榷舍，又逾三年。而樗全之冢子[1]子瀞[2]观察[3]庆藩，来寓湘阴城数月。一夜，歔欷太息，倾诚以告予曰："我先君在时，尝问庆藩远近交游凡数百人，其能患难相顾，亦有其人否？庆藩方默尔以思，尚未有以为对。先君乃示以眼前一佳士，不可不倾诚以结纳之。如易寿梓者，其穷达一心，始终不变者欤。今庆藩为大力者所轧，门衰祚薄，满目炎凉。而君独悲我先人，友助扶持，不遗余力。察其恳勤接待之意，视往日尤加十倍焉。愚于是益服我先君知人之明。"而追忆防护小子之遗言，殊令我悲恸欲死也。是岁为光绪甲申，有某氏子者，于予不相容，密谮予于养知曰："易寿梓在榷舍，昼夜勤劳公事，了无懈容。而银钱公私界限，尤觉严明不苟，可为我公荐士之光矣。惟有一秘密事，不无玷辱我公。而共事之总政及诸绅，又皆不敢轻举，以上渎清聪也。小子至亲，不忍不告。"养知惊问何事，某对以渔猎男色。养知勃然大怒曰："汝何识见卑陋至此，而信此不伦之毁谤乎？"其人对曰："小子非轻信也，实见有少年美男子，执事榷舍耳。"养知睁目厉声曰："羊叔子不鸩人[4]，敌国且深信之。况吾与易寿梓，近岁同堂已久乎？无论秽亵之言至此，疑谤极为不伦。即有少年美妇人，日在寿梓之前，周旋进退，吾亦能保其始终不乱也。人或知其守礼必无邪行也，吾尤抉本探源，而知其自不忍人之心来也。"其人大惭，唯唯而退。今追忆三先生往事，凄怆感泣。然卒不知其眼光识力，何以一至于此哉。今翰鼎行年七十矣，

1. 冢子：指长子。
2. 子瀞：即郭子瀞，字庆藩，郭崑焘长子，生于道光二十四年（1844），江苏道道员。
3. 观察：清朝道员的俗称。
4. 羊叔子不鸩人：《三国志》《晋书》典故，陆抗为东吴大将军，羊祜（字叔子）为晋国司马家族的大将，负责剿灭东吴。双方在长江两岸对峙，但是一直僵持不下。陆抗病了，羊祜赶忙送药来，陆抗手下东吴将领齐劝陆抗不要吃。陆抗答道："岂有鸩人羊叔子哉，汝众人勿疑。"遂服之。陆抗和羊祜由此成为知音典范。

一息尚存，此志讵容稍懈？惟有临深履薄，自保残晖，以求无忝在天之灵而已矣。我先君晋青公《今悟楼诗》云：“死争知己气，生怕受人恩。”小子三复，其味无穷。

己未春天多雨，一日放晴，黄花鲜明。予散步原上，达槐北新庐，适仲弟晶鼎偶闲，得与久话。仲弟迭承族众催促，满拟今秋倡修族谱。予闻言，极口鼓励之。屈指吾族谱帙失修，盖百有三年矣。平时环顾宗支，恒愀然不安之甚。其读书识字者，犹能纪载源流，静俟采录。最可念者，未能识字之家耳。敬宗收族，此非切要之事哉？夫吾族切要之事本多端。少壮时，恒闻父老私忧窃叹者凡五：一、县城忠节公祠，多年失修，行将栋折榱崩也。二、唐山祖墓，被人盗碑平冢。二三百年未能觅见也。三、凤山石磡，频年为巨浪所伤，殊难一劳永固也。四、宗堂产业甚微，岁修亦苦难继，历年既久，甚虑墙屋倾颓也。五、族谱失修。其时已周花甲，而续办尚迟迟无期。其穷檐孤寡，尤为望眼欲穿也。今则忠节公祠、唐山祖墓、凤山石磡，幸已次第告厥成功。则族众之精神，专注于谱帙矣。至于祠产之宜加购置，亦非可缓图。一息尚存之年，犹甚望得于吾身亲见之也。再有一说，则从兄静存先生[1]之夙愿所存也。营田市家庙前隙地一所，静存兄拟请倡建工业大厂。如犹以为地小，不足以回旋。静兄自拟割私业环垣内菜土，捐以益之。新厂落成，则延聘各项工师，招通族贫苦子弟入厂，各视其性之所近，教成一艺，俾作终身生计，则族中可无闲民矣。光绪乙巳孟夏，静兄特举此说，以示翰鼎。且曰：“闻吾弟常言，能养人，然后能教人。能教人，然后能责人。吾甚以为名言。今吾此说，亦养人之具也。吾弟如能竭意倡修，吾当效蔡节母倡建兴贤堂故事，首自乐捐巨款，以为倡建艺厂之资。如果尽通族贫苦子弟，一一成材，则当厘正家规，严施约束。期令贫富贵贱，人人勿敢为非，通族皆纯良安分，是又

1. 静存先生：即易静存，字绍准，易翰鼎堂兄。

恰如吾弟所示。湘乡循吏陈仰山明府继良《留别词》云：‘无多言，祝吾民，但愿吾民家家吃饱饭，个个做好人也。’则吾与子，不真他年含笑九原哉。”翰鼎聆此，拍案叫绝，唯唯受命。盖当壮志未衰，励精求治之年也。今吾老矣，无能为也，特书以告我后来之秀、后起之英，无忘静老之良法美意，而力图有成可也。

笔歌墨舞之场，藐躬无能为役。偶一搦管，不过泄其心之欲言而已。方今作者如林，予何足以追逐诸君之后乎？今岁丙戌在浏阳，某君未知予底蕴，辱承垂问曰：“君精选学乎？寝馈六朝乎？”此一问也，殊令人爽然若失矣。因语刘甥淞芙曰：“吾于诗文一事，如居肆然。以为非商非贾，亦恒鬻物以作生涯。以视大贾富商，吾仍不足与之同席。盖诸君挟拥巨资，奇赢操胜。所鬻者，山珍海味也，锦绣珠玉也，或外洋奇货也。吾则米盐而已，布棉而已，药饵而已，膏油薪炭而已。岂得与诸君并驱争胜哉？然而饥寒疾病之家，日用有所急需，吾犹得资接济。故虽欲罢业，或且改图，而心有所未慊也。”

咸丰九年己未，家寿山先生授翰鼎《诗经》。一日，诵至“十月蟋蟀入我床下”，翰鼎悲不自胜，泣涕移时。先生惊问何故，对曰：“吾父在时，一夜侍坐，闻蟋蟀声，偶举此诗见示，曰‘迟日儿当诵及也’。今果诵及，而吾父不及见矣。万古伤心之事，孰有甚于此者哉？”先生聆此，黯然久之。

明岁庚申，一日天气阴沈，翰鼎侍谈大母侧。大母忧伤之余，自嗟衰老，度难久存人世。聆之悄然以悲。旋入馆读书，涕泗滂沱，哀音不断，倍令一庭黯淡苍凉。馆师因命掩卷罢读，归侍大母。一刻千金。

是岁立夏日，天气阴沈。偶罢读，侍大母，心殊蔼然恻然。乡村故事，视立夏为佳节，肴馔必列多珍也。而我家未之能行。晚天，有村妪来家，极口艳称邻家食品。翰鼎悲不自胜，泫然泪下，自念贫贱之亲可怜也。同治戊辰立夏日，汨罗友人招饮，席中《感赋》诗云："家居菽水强承欢，盛馔躬逢下咽难。堂上今朝一盂肉，尚怜游子未同餐。"其源盖发于此。

是岁凉秋九月，一夜将适馆读书，乍闻西邻角声悲号，寒风飒飒。翰鼎偕仲弟晶鼎，皆为之怯慑而悽怆，旁皇不忍去。因即罢读，依依大母。一刻千金。

是岁冬十月，翰鼎始作客湘阴县城郭宅。初出家庭，思亲甚切。众方谈笑，予独默尔神伤，恍如梦寐。平时未见之事，辄留心览记，俟归后以语高堂。同治乙丑夏六月，《早发长沙诗》云："乡心流水共茫茫，四面云山乱眼光。多记长沙好风景，归家夜话慰高堂。"其源盖发于此。在郭宅留居数日，肩舆北归。途中天气阴沈，顾盼短树萧疏，蔼然怵惕。因念及家中弱弟瘦削，恻恻难安。迄到家，仲弟趋迎舆前。望见敝衣黯淡，心更悯之。同治丁卯诗云："嗟嗟予弟，衣薄号寒。予体独暖，予心何安。亟语缝人，纫功早完。衣我同根，共度岁阑。"其源盖发如此。

同治二年癸亥，受学李心皆先生。翰鼎自幼小依宿大母床头，至是，移宿馆中。思亲甚切，夜夜枕衾泪湿。先生日讲《孟子》，翰鼎得闻性善之言，深惬于中，以为先得我心也。极慕古圣贤人，妄思追逐翱翔。先生甚嘉其志。秋闲，乍见《古孝子》一诗，油然心动，三复流连。始悟诗学之本源，端自赤子之心来也。至冬，渐解吟咏。酷爱古今孝子悌弟之诗，展卷搜罗，朝夕讽诵，心常蔼然。日中不减于清夜，清水落宝珠，未足以喻其妙也。其惟天地之初乎？

明岁甲子，李师馆中读书余暇，辄走谒杨笠青先生于今悟楼，或值月明高阁，或逢雨滴寒窗。追忆先君，不胜悲感。而笠青先生假馆初至时，登今悟楼，亦尝悄然题诗志感：“白玉堂前旧主人，风流儒雅迈群伦。文追司马多奇气，诗学渔洋得远神。短剑残樽豪侠剧，长沙秋雨笑谈亲。我来怕听山阳笛，徙倚危楼怅暮春。”小子三复，黯然销魂。

翰鼎渴慕圣人之道，若有至大至高之物，时悬心目之间。每当清夜出游，仰视明月，如或遇之。

新秋闲居，甚饶逸趣。俯仰啸傲，乐依林泉，日日承欢大母膝下。清夜闻蟋蟀声，蔼然亲爱。

乙丑受学杨笠青先生。闰五月，从先生就试长沙城，往返三旬。初次远游，思亲甚迫，莫可名状。归后侍大母夜坐，一庭寥廓。听蟋蟀鸣秋，心清如水。大母凝神壹志，默筹家计，心血将枯。翰鼎亦低垂无语。大母曰：“吾与汝各思其所思也。”闻之怆然。

戊辰闰四月，偕黄达观表兄观汨罗胭脂塘及义马冢，凄然久之。武学生员黄战，前明义士也，奉委练团河塘市。明灭后，尝率团兵拒战。兵败，单骑力敌，身受重伤，涤血池塘而死。水染血色，久而不变，故俗呼胭脂塘。黄公既殉难，其马亦自甘绝食而死，人义而埋之，距胭脂塘约数百武。

己巳湖湘大水，逾于道光己酉。不特伤苗甚广，而且圮屋最多，伤心惨目，前所未有。而不意明岁庚午，湖湘大水又逾于己巳，绝后空前，营田伤苗圮屋益多。予家西山一隅之地，四围皆水，直同海岛河洲。其自土星港而北而东，沿古东町湖岸，约二十里。凡当风之古墓，万冢累累，尽为巨浪所掘。见者莫不心胆俱寒。吾族有冠者易锦初，贫家子也。冬日偶过其地，目击而心伤。归而自出米粟资财，雇土夫数人，荷锄荷篑以往。已则身任炊爨，终日负甑随行，尽掩二十里湖滨白骨，累日告成。此亦有关人心风俗之事也，不忍不大书特书，以资观感。

庚午仲冬中旬，家警吾兄铎鼎修复西山老屋前门，见者大悦。盖我族自前明洪武中，始祖仁覆公，由江西迁湘阴，卜居东港冲。传五六代，至龙桥公、营庄公父子，乃于嘉靖中分居营田，筑室西山之下，迄于今三百余年矣。居其中者，近多贫窘。咸同间，倾其前楹二栋，而前门亦废。翰鼎常恻念此屋为通族渊源所出。过其门者，地上如见先人足迹，惕然动追远之诚。今岌岌不可保如此，可悲也。近年，警吾兄司事榷舍，获有薪资。遂起修复前门，以徐图其成，其志甚可嘉也。警吾兄尚未有子，继母在堂，同母弟一人，其男女凡数口。继母子一人，皆贫甚，与警吾兄析箸已久。警吾近得薪水，岁亦不过百余缗，而分润兄弟，始终绝无吝惜。兄弟赖之以安。今岁复与兄弟合爨，尽出其资财，归其继母主持，无稍私存。自榷舍初归省亲，辄早起诣继母房，躬亲扫地，拂拭几席，以待母起。以是为妻子法。此所谓不以言教，而以身教者欤。每与予辈话及频年被水，宗支渐落，歔欷慨叹，甚有不安于心。在外数年，提挈亲党[1]诸人，不遗余力。平生笃于内行类如此，其至性固与樾珊先生同也。

山居僻左，孤陋寡闻，不堪度日。然暮年每思日与谈友接见，亦非必讲道论德以求自廓见闻也，有时但求笑语欢谈以自摅天趣耳。昔长沙徐公静轩，年近八十，鹤发童颜。每于稠人广座中，雅谑欢呼不倦。坐客欣羡曰："年高至此，而能谑浪掀天，欢谈竟日，诚健者哉。"徐公喟然曰：

1. 亲党：即亲属朋党。

"如不借此以消除烦恼，使流通血气，安能活到今日哉？"翰鼎在坐，听之瞿然，而叹老莱子之嬉笑承欢，诚古今人子之极轨也。凡为人子孙者，盖可忽乎哉？

"种桑长江边，三年望当采。枝条始欲茂，忽值山河改。柯叶自摧折，根株浮沧海。春蚕既无食，寒衣欲谁待。本不植高原，今日复何悔。"此晋遗老陶靖节先生[1]诗也，诵之黯然。明遗老顾亭林先生炎武，足迹遍天下，而到处经营生计，饶裕终身，从无空乏依人之事。而且于亲戚故旧，随时力能分润，无所抱歉于心，岂非养身养心之至计哉？不知当日操何范我驰驱，而能舍矢如破之左券也。欲访成规遗老尽，令人怅惘深之。丁巳秋记。

最小孙男有奎，近日每向大父呀呀作语，意甚亲密，惟不辨其何所指陈耳。一日，步入书房索饼饵。既与之矣，并以与护送之桢孙矣。而奎孙手持而勿食，徘徊不去，惆怅无端，四处寻觅，口讲指画，而不知其所云。桢孙乃促令同归，奎孙弱小沙鸥，且行且哭，其音甚哀。予乃抱而送之翚儿内室，细意查询。始知护送者尚有一培孙，培孙自念先已给食，是以至门而返。奎孙不知其先已得食也，因为其兄作向隅之泣。心愈歉，而啼愈哀耳。可怜哉！可怜哉！此即所谓赤子之心也，亦人皆必有之心也。如得人人扩而充之，则人人孝悌，万国和同。撰联人可免虚词夸大之讥矣。吾老友黄锐之尝云："寿梓日记，愈琐屑处，愈见真挚。"盖指此类而言也。吾子若孙，其共识之。戊戌冬记。

一日，桢孙立群孙奔走之间，以事仰天作哭。翚儿闻声，呼令即入内庭。翚孙蹒跚以走，忽见一孙伴立，身低数寸，手执桢衣。推之使行，送入中门。予谛视之，即奎孙也。亲亲之意，爱兄之诚，适与前次向隅之

1. 陶靖节先生：即陶渊明（约365—427），字元亮，又名潜，私谥靖节，世称靖节先生，浔阳柴桑（今江西省九江市）人。东晋末至南朝宋初期著名诗人、辞赋家。

泣，同一蔼然赤子之心也。可爱哉！可悯哉！

翰鼎、甲鹇父子，人知其同德同心。初无轩轾，皆愿始终不屈己以徇俗，皆愿始终自全其心之所安。然而程途不无小别，观人既久者，当能识之。大抵甲鹇之学，志存避世，故以修身俟死为安。而翰鼎之学，则志切安人，故以养晦待时为重。孰难孰易，孰甘孰苦，君子辨焉。戊午冬记。

幼时闻父老言，汉口昔年有乞人者，市人所习见也。一日，忽沿门痛苦哀号，有类疯状。各肆店亟畀以饮食钱财，呼令速去。其人力却，不受分毫。问以何所需求，答曰："我遇一人两眼，望之心胆俱碎。我将远走而避之，诸公惠我以饮食，岂能下咽？惟望千家万家，各自趋而避之，则我心稍安矣。我岂徒为一己之饮食计哉？"哭益剧，呼吁益迫，沿街不遗一家。如是者，历三日之久。忽杳无踪迹。当是时也，人以为癫。众人笑之，仁者悯之，而皆别无省悟也。迄夜而烈火纵横，全街俱烬，伤人甚多。始悟乞人乃为神使，不自知其然而然也。所谓一人两眼，盖"火"字也。悲夫！

朝廷惟以安民为心，故求治之情甚切。求治之情切，故求贤之念益甚殷。古人下一"求"字，盖谓以上求下。传出帝王虚心访道，礼贤下士之诚，全无恃爵禄以饵天下之心也。后世士人，有不知抱道自重者，则惟以干禄为心。是转以下求上也，失之则怨，得之则感。径忘朝廷求贤辅治，志在安民之本旨。若视为有私于我，而迭沛恩施。是以履任报到一折，满纸栽培软语。且谬谓事君之礼宜然，不名曰报到折，而名曰谢恩折。久之，遂成为官场定式。既成定式，虽贤者亦不得不仿而行之，否则人必訾为不敬。而凡为大臣所荐拔著，亦且视同私授。附身门下，感称恩师。其于古圣王为天下得人之仁，及古名臣为国求贤，以人事君之义，一皆无所领会。学术之不明也，遑问其治术哉？丙戌秋记。

或问："人子之事亲也，出以诚心，行以直道。此常理也，亦通论也。今曰，宜婉曲以陈词，假借以慰亲心，不且邻于作伪乎？"应之曰："此亦非故为也。盖孝子之有深爱者，变化由心，自出机杼，以创为安老之良规耳。予尝见《熙朝新语》，崇明老人有五子，皆长于贸易，以致丰饶。老人一庸夫也，别无他好，惟喜日聚亲朋，欢谈畅饮以为乐。其与人博弈也，胜则诩诩自得，负则郁郁难堪。是一自夸技能，豪情胜概之人而已矣。而五子者，犹且曲为顺承，以悦亲心，不以事关游戏而忽之也。而况遭逢贤父之肠热如炽，大公无私，轸念民艰，痌瘝在抱，殷殷望治，焚香祝天。日侍左右之令子，而可屡下决绝之词，必谓若干年中，尚无天下太平之望哉？夫望治方殷，而筹商善后之道者，亦讲学家之正轨也，非徒为一身一家计也，实痛念多方之涂炭也。为人子者，言下稍留余地，勿使老人绝望而增悲。则此桑榆[1]晚景之中，犹可坐待天时。自幸太平之年，或得于吾身亲见之也。否则一下十成死句，则似生机已绝，暮色惨凄。老人风烛草霜，死丧无日，无几相见，四顾眼前百万生灵，竟无出水火而登衽席之一日，则老怀日日惨淡悲凉。虽生之年，犹死之日矣。不费之惠，何难宽假一言？为人子者，可无深长思之乎？"或又曰："崇明五子，每日必备盛馔，招致亲朋，聚饮椿庭，以娱老怀，诚得之矣。惟囊金密授宾朋，博弈必求故败。俾老父得胜，喜获多金，以自夸长技。毋乃类于作伪欺天之事乎？"应之曰："父母有贤有愚，本非一致。而人子不忍于亲之一念，则有定程。事贤父者无论矣，即事庸愚之父母，苟非大远乎绳墨之外，小德出入，犹将曲为承顺，以安亲心，以自尽其悦亲顺亲之道焉。曾子事贤父，酒肉问有余，必曰有。夫必曰有者，非必其真有也。虽偶无之，犹将另备以分甘也。然而孟子称为养志，未闻以作伪为嫌也。即降而

1. 桑榆：原意桑树和榆树，日落时光照桑树和榆树的顶端，此处引申为老年。

至于瞽瞍杀人[1]，又降而骊姬谗杀世子[2]，此皆罪无可宥者也。而孟子犹且曰：'窃负而逃，遵海滨而处，终身欣然。'申生犹且曰：'君非姬氏，居不安，食不饱。我辞，姬必有罪。君老矣，吾又不乐。'论者亦未尝深讥世子之为迂，是皆谅其不忍于亲之一念耳。即如后世治父母之丧，有礼佛营斋一事，贤者必以为非，而屏斥之。然而朱子制家礼时，则尝语人曰：'流极数百年，积习深矣。如为父母者，真以此事为自慊，人子即当惟力是视以遵行，不必屏为异端，而使父母留一歉怀也。'凡此皆圣贤曲体人子之心，而明示以通权达变之程途也。学者可深思之。"戊午冬记。

辛未冬，一夜与仲弟闲坐话事。因论及兄弟不睦者，近世何其多也。仲弟以为多由钱米细故，往往共食时，乐蓄私财。私财既饱，旋议析箸，以便各图其所图。甚至好利之心日炽，而争端启焉。予谓此等举动，大抵各私其子耳。夫私子者，爱子也。我知爱子，吾父母岂不知爱其子乎？吾爱吾子，而必远吾兄弟者。窃恐弱吾之子也，使吾子又各自私其子，而远其兄弟。我为其父，诸子于我，无分厚薄。我当有须臾难忍者，我知须臾难忍，抑思我远兄弟之时。父母之心，亦何如乎？圣人教人"己所不欲，勿施于人"，望其不忍施于人也，而忍施于父母乎？芭蕉夜雨，蟋蟀寒灯之际，独坐扪心，未必不怆然而泣下也。而奈何人之弗思也。

壬申春，在长沙城。偕家静存兄，寓元祖忠愍侯祠。有丐妇患瘘症，每日晨起，其夫背负送祠前，坐而乞食，必夜深始迎归。予见之已数年矣。今日一老妪过之，问所获。妇叹曰："今日不幸，仅获数文而已。"

---

1. 瞽瞍杀人：出自《孟子·尽心章句上》中桃应假设的故事。桃应问："舜为天子，皋陶为士，瞽瞍杀人，则如之何？"孟子曰："执之而已矣。""然则舜不禁与？"曰："夫舜恶得而禁之？夫有所受之也。""然则舜如之何？"曰："舜视弃天下犹弃敝蹝也。窃负而逃，遵海滨而处，终身䜣然，乐而忘天下。"

2. 骊姬谗杀世子：骊姬，春秋时期骊戎国君之女，晋献公（前676年至前651年在位）妃子，晋君奚齐的生母。世子是指晋献公嫡长子申生，夫人齐姜所生。献公宠妾骊姬生子奚齐，骊姬恃宠欲废申生而立奚齐，设计诬陷世子弑父。献公听信谗言，逼迫申生自缢。

老妪慰之曰："可俟夜间，往来人必多愿给耳。"静存兄闻之，怃然而谓予曰："此盖夜气清明，良心渐复之时也。故乞怜之声，易于动听。凡民知其当然，而不知其所以然也。壮士悲秋，感阴气也。"静兄此言，实获我心。夫城市嚣尘，纷逐名利，尚有气清性复之时，况处山林僻静之区者乎？幸无负此良时也。予自幼以来，恒呼络纬蟋蟀曰良朋，良有以也。昔人云：蟋蟀感秋气而鸣，其音商。络纬则音似蟋蟀而悠长，其清越过之。当风清露冷之际，凄声彻夜，酸楚异常。梦回枕上，俗耳为之一清。古来韵士，独取秋声，其以此也夫。

幼时渴慕圣人之道，有志力求，而不得其门径，甚抱睽孤缺略之嗟。当庚申及癸亥时，至性浑全，丝毫未散。如龙抱珠，如花含蕊，无分日夜，清风常存。迄甲子、乙丑、丙寅间，犹无多涣失。使于此时，幸得薰陶于曾、孟、周、程门下，必能自完天趣。岂至为吾道中之弃材耶？古人工夫，皆从诚意正心做出。故浑身天理流行，否则虽能刻意自励，而私欲未净，断难丝丝入扣也。可慨也夫。凤凰麒麟，为宇宙间瑞物，虽后世不可常见，然天下未尝无是物也？性之在人亦然，虽梏亡之余，未有无发见之时者。但其发见者，至微而至暂。不留心存养，旋复失之。孟子教人，惯于此处下手，令人反复求之，而自得其本心之所在。故其言切而易入，辄使人愀然如有所失，恍然而大悟也。古今善教多方，愚谓当推孟子此法为第一。如《牵牛而过堂下》章，及《墨者夷之求见》章，皆翰鼎平日愿书万本诵万遍者。

予与家沐吾兄维鼎夜谈甚欢。沐兄善人也，因乘机偶箴予过，予深感其关切之诚。起而谢之，沐兄始坦然罄所欲言，一时得悟前非，受益良非浅鲜。人生所以贵虚心以求直言也。若稍有含怒意，则人虽关切，亦未敢轻言也。学者可弗慎欤？

予平生性急，而作事颇因循，不自知其何以相反。故人杨恕斋曰：“子非急也，盖燥也。‘燥’字为害甚大。燥则拗，拗则暴矣，慎宜救之以忍。”此言切中病痛。予甚感服。

壬申秋九月，一夜与予妻闲话。因出示七月所记樾珊公往事，孝友至性，恻恻动人。循环朗诵，纸上风生。予妻低徊慨叹，因述公六弟妇，辛未冬来我家，话及庚午春，其冢子桂森，患痘垂危。幸遇伯父在家，竭诚救护，得获生全。谈次哀哀以泣，情不自禁。盖庚午春，吾邑饥荒，痘风甚炽，死者无算。桂森病此极烈，家无隔宿粮，遑问医药。人心皇皇，虑其万无生理。而樾珊公居忧在家，日亦无所得食，以急务将赴省垣。念桂森方病，出而复返者至再，坐立不安，为延医诊治，刻刻入房，询其药饵饮食所需，多方谋备。夜半亦数起，走视病状，谆谆诫弟妇，时以药饵饮之。及稍安，则向母夫人灵座前焚香告慰。桂森以此得无恙，而面目顿改其初。即谓天怜我公，特为生全是儿可也。又闻予仲弟晶鼎告言，庚午岁暮，一日侍公坐。方与话事，忽见公侧耳作遥听状，愁颜勃见。适仲弟有所问，亦未遑应答。初不觉其何为，既而闻公叹曰：“此何堪？吾闻此，如剜心头肉也。”仲弟谛听之，则公六弟咳嗽甚剧也。凡此种种，皆家人兄弟之常事，本无足异。然苟非有深爱深痛于其中，而能有是状耶？翰鼎所为每一念及，辄于我心有戚戚然，歔欷而不能自禁也。呜呼！世俗方习于浇漓，往往涂人其骨肉，而不觉其难安。是岂其天性然耶？抑亦梏亡而不自知耳。今幸见此一硕果也，而能无景慕流连不置哉？

又九月下旬一夜，翰鼎侍继母闲坐。母氏话及樾珊公孝友至性，因顾谓族子某曰：“凡人父母，爱子固无厚薄。然于家计之尤窘迫者，怜之倍切。欲谕其稍能得食之子，分润其兄弟，又恐苦以所难。此心之辗转何如也？而为是子者，竟能曲体亲心，潜消其隐痛于无形无声之表，苟非爱父母之深者，而能有如是之苦心孤诣乎？此进士公之所以为孝子也。处小康之境者，为此尚无难为。而公则以贫困拮据之身，始终行之而不吝也。而为之内助者，亦能体老姑之意，遵夫子之命，行之数十年而无怨词，亦可谓孝妇也。呜呼！可以风矣。公平日教人，缠绵剀切，竭诚开导，倘能天假以年，沐其教泽者必更多也。愧激流俗，不在此乎？今若此，吾乡之不幸也。”悲夫！母氏言讫，时庖丁熊某在旁，亦进而慨然交颂。盖熊某昔尝服役樾珊公家六年，习见其种种行事。因为予历历言之，相对凄然泣下。

己未元日，馆居无事。[illegible]儿侍坐，以资承欢。予因感念往事，诵及罗西先生之文：“忠臣私其君，孝子私其亲，贞妇私其夫，皆私也。而纲常系，名教昭焉。”[illegible]儿曰：“自古圣君贤佐，竭蹶不遑，皆为天下之公也。岂可视此为君上一家之私利哉？忠臣私其君一语，于理似有未安。”予曰：“是文也，非此之谓也。罗西之意，盖因为尊者讳，为亲者讳而言耳。以吾君视他国之君，则吾君自为尊亲并至。他国之君，是则是，非则非，但不居其国，即无所讳言。此孔子在鲁，所以对季康子，而直指卫灵之无道也。若于吾君，则大不然，虽进谏有书，苦口批鳞，犹自密焚其草，而不忍彰其过举，使暴露于群伦。此孔子在外，所以对陈司败，而径称昭公之知礼也。此即忠臣私其君之一端也。”[illegible]儿聆此，心境为之一开。

宣统三年辛亥元旦之明日，家阜薰偕佑书、润腴父子过访东堂。佑书者，此宅旧主人也。己酉冬，鬻屋于予。庚戌夏日，甫移居市中耳。阜薰请观西宅，时甲麐儿经营西宅，甫告成功，焕然一新。阜薰称羡无已，而佑书、润腴始终缄默低垂，予顾之，心为愀然不安之至。盖故宅沧桑之感，人情自有同然也，至哉圣言。“恕”字终身可行，诚无以出其范围矣。愿与吾诸子群孙，一共勉之。周成王《微子之命》曰：“作宾于王家，与国咸休，永世无穷。公平广大气象，洋溢简端。”诚哉古今之至文也。周家父子兄弟，圣圣相承，乃得铸成累代成康令嗣。薰陶渐染之功，其关系岂浅鲜哉？

群孙常环侍左右，予每顾而乐之。因对所亲，自叙平生至愿：荣华富贵，皆在所后，惟望子孙留心正学，他年得蔚为名儒，则真使吾九原含笑矣。群孙勉乎哉！然予所谓名儒者，盖尝持平用中，酌取古人程式，以示周行，非泛指古今人物而概期之也。曾文正公《圣哲画像记》云："文周孔孟，班马左庄，葛陆范马，周程朱张，韩柳欧曾，李杜苏黄，许郑杜马，顾秦姚王，三十二人，俎豆馨香，临之在上，质之在旁。"以上盖三十有三人，而称三十二人者，殆下笔时，偶忘程子之为双凤同飞也。在曾公本意，专示子孙以诵其诗，读其书之要路耳，不必几及乎其人。是以择取古今人物，不嫌高下悬殊，判若天壤。不然，匪特文周孔孟，天际神灵，可望而不可即。即周、程、张、朱五子之学贯天人，亦岂后世可多得者哉？翰鼎平生所景慕之修己安人，体用具备之名儒，颇以范希文、司马君实、韩退之、欧阳永叔四先生[1]为高下适中之诣，亦犹布帛菽粟，为人生日用必需之珍品也。愿吾子孙有志法古者，朝夕馨香奉之。濂溪周子[2]云："伊尹、颜渊，大贤也。伊尹耻其君不为尧舜，一夫不得其所，若挞于市。颜渊不迁怒，不贰过，三月不违仁。志伊尹之所志，学颜子之所学，过则圣，及则贤，不及则亦不失于令名。"呜呼！此至言也，可勿敬读而深思之乎？

里人有馈生鱼者，予对使者婉辞。不听，旋力却之。又固请受，终乃作色而遣之，始携而去。予盖逆知此人，将有不情之请，而先以此微示结

1. 范希文即范仲淹，司马君实即司马光，韩退之即韩愈，欧阳永叔即欧阳修。
2. 濂溪周子：即周敦颐（1017—1073），字茂叔，谥号元公，号濂溪先生。北宋道州营道楼田堡（今湖南省道县）人，北宋文学家、哲学家，宋代儒家理学思想的开山鼻祖，著有《周元公集》《爱莲说》《太极图说》《通书》等。

纳也。可哂哉？同日，又见一人折红桃三两枝，以授勋孙为戏具。予甚以为不可。盖予正教儿孙以勤恤生物，俾培蒙养之基也。而爱人以姑息者，乃以是举为纳交之具，不得不正言而譬喻之。麐儿闻予言，急夺取此花，插瓶水中，以期略为滋养，补救万一云。惟是日有里人朱君过访，翚儿询其来意。则因荒山乱冢累累，有需趁清明时节，略加培补者，欲商请合力为之。予盖熟闻此君，家学渊源，累代好为泽枯善举也。亟命翚儿资助之。凡此种种细故，平时固多有之，不胜笔记，且亦不暇笔及也。今日稍闲，偶汇记之，亦未必非子孙蒙养之一助也。蜀汉昭烈帝[1]临终训太子云："勿以善小而不为，勿以恶小而为之。"后儒称此二语，实圣贤迁善集义之功。不意英雄人能见及此，而不知东汉诸儒。昭烈少壮时，颇能晋见周旋，倾诚师事，多聆训诲，薰陶渐染之功，其关系岂浅鲜哉？

孙男有询之生也，予方客游武昌，闻报而喜，答书翚儿，借以垂为晚年家训。其略曰：吾每览汝兄弟及群孙岁月日时八字，其中教养两大宗，多发源于岁星之祖泽，今新孙男亦然。益信我高曾祖积累之久，殆将佑启我后人也。观夫善种流传数代，久而不衰。吾于是益萌奢望，而甚愿汝曹诸子群孙，潜心于修己安人之学，随其才智短长高下，各得其性之所近，而蔚为名儒，则真使吾他年含笑九原矣。吾岂不乐子孙之得富贵乎？而何以从未一言及之也？盖必求先有学识以处之，而后富也贵也，皆为儒生借手有为，以玉成其修己安人之具者也，否则徒自尊自裕而已矣。于人世究何补哉？匪特此也，人无学识，且虑贵者难保高而不危，富贵或致如疏太傅所云"愚而多财，则益其过也"。故吾平生寤寐萦回之事，专心致志，切望子若孙之蔚为名儒，而于谋生赡家之道，则恒期以脚踏实地，经理田园，俾浅水长流，衣食充足。庶免子若孙，矮檐低首，告哀乞怜于人，终难自全其清洁耳。

1. 蜀汉昭烈帝：即三国时期的刘备（161—223）。

丁巳京报，差强人意。盖欧洲各国，炮战已三年矣，而且飞艇行空，炸弹四掷，惨及屋内婴孩，而沙场可无问矣。总之，恒见肉飞如云，血喷如雨，流红千里，伏尸盈郊，地黯天愁，惨无人理。似此逞强图霸，其流极又当何如？兹幸美国政府，出而解纷，顷已电请中国政府，同声赞助。中国复电，欢欣诺从，似此排难有人，则可得有弭兵安民之一日也。岂非洞庭湖畔伤心人，久矣睪然高望，而日夜馨香祝祷者哉。报章且云：中外人士，厌乱同心，咸思讲求仁义道德，以挽救人心世道。其尊崇至圣孔子之葵忱，近日颇形处处萌动。览之击节大快，鼓舞莫名。其为见龙在田，天下文明之运会耶？《中庸》云：“见而民莫不敬，言而民莫不信，行而民莫不悦。舟车所至，人力所通，天之所覆，地之所载，日月所照，霜露所队：凡有血气者，莫不尊亲。故曰配天。”斯言也，其将验于指顾之间，未可知也。窃尝论之，求学如求食然，皆宜取其适当而可常，历久而不厌耳。恒见富贵之家，日日山珍海味，宴饮欢娱，未尝不令体气丰腴也。然终必求粒食园蔬，一和脾胃，而后心怀始慊，体气始舒者。良以万古养身之物，未有胜此淡素中和之品者也。报载近人有云：“非人心之倾向孔教，实孔教之适合人心也。”知言哉！知言哉！翰鼎昔尝有言：“处处丰饶，四时安乐，人人孝悌，万国和同。”予女婿浏阳刘善涵云：“世变日久，列国纷争，转移之捷，全在人心。将来开五洲太平，惟雅乐为最近。”江苏徐君云：“天地之理，日出而不穷。学问之功，日新而不已。惟此仁民爱物之一念，上与彼苍真宰，息息相通。下与万古圣人，心心相印。”广东郑君云：“于此有人焉，智勇冠天下，机权巧技冠天下，而皆弃而勿用。惟执此仁民爱物之一念，返天下于大同。”凡此皆要言也。呜呼！若我孔子者，万古云霄，可望而不可即也。然而其身其心，降之又降，必求俯就群伦。其言皆布帛菽粟之言，其事皆日用常行之事，深入显出，平淡无奇，惟求易知易能，无一夫不沾其教泽。而后慈怀始大慊焉。其教维何，约而言之，“仁恕”二字，盖可尽之矣。其为体也，则己欲立而立人，己欲达而达人也。其为用也，则老者安之，朋友信之，少者怀之，亲亲而仁民，仁民而爱物也。岂非万古养生之淡素中和物品哉？

甲鹇儿之求学也，纯以知明处当为归。光绪丙申冬，在武昌应试武备。命题曰：“仁信智廉勇，当以何者为先？”场中主“仁”字者多，盖谓仁者无敌也。亦有谓赏罚必信，而主“信”字者。其余，主“勇”字者有之，谓其气夺三军也。主“廉”字者有之，谓其军饷无侵渔，而士卒悦服也。鹇儿则以“智”字为第一义，犹记文中有云：“仁信勇廉，但求之励精图治之一心而有余。智则必根于学问之功也。”顷者侍谈，又极赞《周易》“王明，并受其福”。不曰王仁，而曰王明，明则诚矣，诚则仁矣。此可见鹇儿求学之方，始终一辙云。

翰鼎、甲鹇父子，亲友称其同心同德。然而褊急燥烈之短处，亦甚相同。厥后，人渐不知其同者，则在能忍、不能忍之分而已。盖父则以刚行刚，入世未免招尤。子则以柔行刚，在邦颇能无怨。性好尽言者，言多必失。性甘缄默者，默足以容。此理势之常，无可疑者。今特相提并论，表而出之，愿吾后世子孙，有气质与吾相近者，须知以鹇儿之能忍为法，庶几保家之主也。予昔年尝论晓楼弟鸣鼎之为人，而推为吾党群材之冠。父老哂予曰：“岂晓楼更胜于吾子耶？”对曰：“翰鼎不敢徒自贬抑，亦当置身前茅。然以视鸣鼎之处人接物，则且羡且惭矣。两人之心术品行，无分高下，皆能始终不屈己以徇俗，皆能始终自全其心之所安。惟翰鼎所以能达斯诣者，则单刀匹马，百战经营，而始能身出重围也。鸣鼎所以能达斯诣者，则徐商婉喻，默默转移，而渐使同归于善耳。光芒温润之分盖如此，孰优孰绌，君子当能辨之。”父老聆此，意亦释然。兹并表而出之，以垂我子孙之法。鹇儿乙巳家书，论及乡邻讼事，而因取譬以解纷曰：“将军欲以巧胜人，盘马弯弓故不发。”又曰：“亟战，民罢。”观乎此，则不特平日处人接物，攸往咸宜，即他日用兵，亦可知其必为汾阳之重将，不为薛氏之骁将也。子曰：“必也临事而惧，好谋而成者也。”孙子曰："善用兵者，无赫赫之功。"不皆千古至论哉！己酉孟夏记。

孙男有诒，在武昌城言馨寄庐，才五六岁，每遇乞人踵门，辄走呼侍者，速给钱米，情迫词促，惟恐使乞人久待，延误光阴，难以多历千门万户，致终日所获无多。予见之，迭申嘉奖。今日值夏雨初霁，天放晴明，群蚁成行而出，口衔食品而归。诒孙见之，坐守其旁，随时诫往来行人，勿误践踏，而自向群蚁戏呼之曰："细毛髦，细毛髦，汝在地上走走耶。"循环呼之不已，直以待乳孩之声口待之。其事甚微，然扩而充之，则一种慈祥恻怛之天真，足令方寸间生机洋溢矣。予聆其声，抚膺大慰。我高曾祖父善种之流传，诚得久而不衰若是耶。此则吾家得天独厚之恩膏也。因特笔而存之，以示群孙欣悉，俾各充忠厚之端云。

甲鹇儿连年动心忍性，增益其所不能，始终掩己之长，惟恐形人之短。盖因留意学问，是以颇能变化气质也。此次在鄂从公十年，韬光沈馨，恂恂似不能言者，乃真积历久，而人亦倾诚叹服焉。予恒切望子若孙，留心正学，蔚为纯儒，是一远大之奢望也。然如鹇儿之钻研经传，著为躬行，克己存诚，深沈凝重，底蕴亦可嘉矣。至其平日居处之恭，执事之敬，与人之忠，历历呈露目前者，已不见弃于君子矣。鹇儿勉乎哉！予愈望之矣！辛亥孟夏记。

人皆知失养者可怜，而不知失教者尤为可悯。教之功大于养，则契之名高于稷。故商之王先于周，至若水土未平，则民无所安息，而教养皆无所施之。故禹功尤大，宜乎及身而王。一日，读方望溪先生《原人下》一文，不禁慨然曰：此诚天地古今第一篇绝大文字也。小子读书无多，似罕见前人透发及此，仅遇斯文。向所云，失教者尤为可悯，不过就义理言之耳。而岂知失教者为祸之烈，竟至如此其极哉。读此文，真令人痛彻心肝。

邵子[1]云："防乎其防，邦家其长，子孙其昌。"是以圣人贵未然之防，是谓《易》之大纲。夫消则必长，盈则必虚，数中之定理也。而"防乎其防"数语，则欲以理胜数也。邵子精于数者，而其教人以理胜数也如此。儒者气象，岂寻常术数之士，可同年而语哉？

前礼部侍郎长沙周韩臣先生玉麒奏恳终养归田后，出入辄乘小竹轿，往还远近。于是一乡之富豪尽仿而行之，检藏平日三人镜轿，不复出用，此亦缙绅节俭相先之效也。

程子云："阴阳只是一气。阴气流行即为阳，阳气凝聚即为阴，非真有二物相对也。"愚爱数语最为明白晓畅，因悟釜中一水冷而热，热而复冷，可以喻此。

王阳明先生一身之喻，较一家之喻，为尤贴切。虽末世人心不古，容有漠视一家之兄弟，而疾痛不关心者，断无歧视一身之耳目手足，轻重于其间，而痛痒不相知也。

清浏水浅滩多，孤舟力争上游。其志可嘉也，其情亦可悯也。今乃自朝至暮，寥寥寸进，而前路茫茫，奈何奈何。固由用力之不猛，无可自逃其咎，亦半由前无挽，而后无推也。同行诸君，幸一援手乎，吾当没世不忘矣。

翰鼎节录前贤语言，始于乙酉仲冬。虽题曰"壹是便登"，然亦名之曰"万金良药"。盖采取对病之药，以自疗其病而已。又或身所已有之小善，亦借此以自保之，非欲尽古今嘉言而悉录也，亦非徒录以教子弟也。子弟各有长短之不同，未必尽与予同服一方也，亦须各拣其切己

1. 邵子：即邵雍（1011—1077），字尧夫，谥号康节，自号安乐先生、伊川翁，后人称百源先生。北宋哲学家、易学家，有内圣外王之誉，著有《观物篇》《先天图》《伊川击壤集》《皇极经世》等。本句出自《观物篇》。

者而服之。吕子云："人生气质，都有好处，都有不好处，学问之道无他，惟在培养自家好处，救正自家不好处而已矣。"旨哉言乎！千古为学之道尽之矣。

丙卷

戊申光绪三十有四年仲冬月初九日辛卯，翰鼎诣武昌行宫，观庆贺嗣皇帝登极典礼。其时，云散天青，风和日丽，大慰臣民祝祷之忱。迄礼成人散，翰鼎偕彭克谐，信步出汉阳门，循江北下，经彭公玉麟、杨公岳斌[1]祠堂，悠然神往。忆丙申冬，挽郭武壮夫人联语云："武壮相逢问时局，乞道强邻逼处，忠魂犹望护榆关。"今日者，恭逢幼主登极，身依南斗，北望京华，乃适谒彭、杨二老臣祠堂，则心香一瓣，默祝英灵，亦惟如是云云而已。"夔府孤城落日斜，每依北斗望京华。听猿实下三声泪，奉使虚随八月槎。"[2]"步檐倚仗看牛斗，银汉遥应接凤城。"[3]"系舟今夜远，清漏往时同。万里黄山北，园陵白露中。"[4]"云白山青万余里，愁看直北是长安。"[5]此皆我乡先正襄阳杜氏忠爱之词，恳挚缠绵，冠绝千古，足以上追乡先正屈子之风。凡我两湖同乡后来之秀，得无三复诗言，而闻风兴起耶？甚矣！同心之言之诚哉，其臭如兰也乎。戊申仲冬初九夜记。

己酉宣统元年孟春月十一日壬辰，过武昌市中，适于镜像馆仰见新皇帝御容，肃然鹄立，敬瞻久之，殊深钦慰。其聪明天亶，朗润端庄，具见于尺幅之中。然不敢专陈颂祷之词，徒饰尊君之体。尤伏愿深宫蒙养作圣，左右侍从，启沃得人，俾早赞成尧舜之君也。周成王顾命之言曰：

---

1. 杨公岳斌：即杨岳斌（1822—1890），原名载福，字厚庵，湖南善化人，清朝将领。
2. 出自杜甫《秋兴八首》其二：夔府孤城落日斜，每依北斗望京华。听猿实下三声泪，奉使虚随八月槎。画省香炉违伏枕，山楼粉堞隐悲笳。请看石上藤萝月，已映洲前芦荻花。
3. 出自杜甫七言律诗《夜》：露下天高秋水清，空山独夜旅魂惊。疏灯自照孤帆宿，新月犹悬双杵鸣。南菊再逢人卧病，北书不至雁无情。步檐倚仗看牛斗，银汉遥应接凤城。
4. 出自杜甫《洞房》：洞房环佩冷，玉殿起秋风。秦地应新月，龙池满旧宫。系舟今夜远，清漏往时同。万里黄山北，园陵白露中。
5. 出自杜甫《小寒食舟中作》：佳辰强饮食犹寒，隐几萧条戴鹖冠。春水船如天上坐，老年花似雾中看。娟娟戏蝶过闲幔，片片轻鸥下急湍。云白山青万余里，愁看直北是长安。

“尔无以钊冒贡于非几。”孟子曰：“人不足与适也，政不足间也。惟大人，为能格君心之非。君仁莫不仁，君义莫不义，君正莫不正。一正君，而国定矣。”此皆正本清源之至论也。古大臣竭忠辅导，罔不留意于斯。如伊川程子[1]之当春谏阻折枝，欧阳文忠[2]之举笔不忘规讽，皆所谓我非尧舜之道，不敢以陈于王前。齐人莫如我敬王者也，况今日者。适遇皇躬冲龄，大人赤子，一团理趣，全具胸中，浑然天地之初，昼夜乾坤清气，尤富善言易入。无难正厥初基，如得程、欧侍从之臣，随事随时，竭诚启沃，无间洪纤，将来渐养渐纯，必可致君尧舜。此诚最要之关键也。是以今日者江湖远处，愚忱专注，日夜馨香祝之。己酉春正月十一日灯下记。

癸酉春日，乡中某公以事见招。其同怀弟某，以诸生食饩胶庠，年可四十矣。是日与予同食，食毕，予入谢某公之夫人，照乡俗称烦扰等语。其弟随入，竟对嫂氏亦如予称。乍闻悚然，已而凄然。谚云：“兄弟分居如邻舍。”岂诚然哉？呜呼！兄若弟当幼时，依依父母，拥炉围坐。初无尔我之分，但识为一家人而已。一自既长，各有妻室，人丁渐繁，势必析爨分居。既析爨分居，则钱谷各存畛域，不便任意取携矣。又况若斯人者，生而性情偷薄，早视兄嫂如途人。同财时，已私橐充盈。异财后，尤形锱铢必较，明目张胆，无稍通融。故虽身受一饭之微，亦难忘谢答周旋之迹。一不自检，遂不觉真情毕露焉。是则夫妇由分而合为一，兄弟由合而分为二。去者日以疏，来者日以亲矣。回忆团坐父母膝下时情景，不杳如隔世事耶？念及此，直令我仰天代作号咷也。悲夫！

浏中讲友陶南村曰：“居官之要，在一‘尽’字。既事事尽吾职，复事事尽吾心，乃可无恨。要其始，必以明字为先。不明，而徒自矢以尽职

---

1. 伊川程子：即程颐（1033—1107），字正叔，洛阳伊川（今河南洛阳伊川县）人，世称伊川先生，北宋理学家和教育家。
2. 欧阳文忠：即欧阳修（1007—1072），字永叔，号醉翁、六一居士，汉族，吉州永丰（今江西省吉安市永丰县）人，北宋政治家、文学家，官至翰林学士、枢密副使、参知政事，谥号文忠，世称欧阳文忠公。

尽心，窃虑民受其害而不自知也。”善哉言乎！予闻而谨志之。

菱湖侧，醴泉冽。醴泉冽，青莲茁。此乃扶舆磅礴之正气。钟物则物灵，钟人则人杰。一解。男绍周，玉为骨。女端阳，冰为质。潭清陈润婚嫁毕，我佩子觽天缘结。二解。郎病瘵，女志决。生同室，死同穴。天下玉楼成，人间玉镜缺。天下人间终古别。三解。菱湖侧，醴泉竭，青莲折。月黑云昏风惨烈，子规夜啼斑竹裂。年年寒食清明节，鸳鸯湖上花如血。四解。此湖北黄冈诗人《菱湖词》，为沔阳谭烈妇陈氏作也。案：烈妇为沔阳士人谭绍周之妻，陈体柏之女。绍周之父，曰谭馨陔。撰夫妇合窆之碑记者，则为沔阳诸生李敬菴，教谕张占霖也。谭烈妇素有贤声。一旦亡夫，人咸哀之。烈妇营殓夫君毕，亟自沐浴更衣，潜入菱湖以殉。盖庚寅光绪十有六年，八月初八日夜半事也。时烈妇年二十有三，于归才五年，尚无子。夫绍周，亦年甫三十耳。碑在武昌东城宾阳门口。予自辛卯夏日始见此碑，厥后每过其地，辄肃立碑前，三复《菱湖词》不置。今岁己酉，假馆宾阳门，相距咫尺，尤便时往口诵，乃得字字默识于心，归而录存之。菱湖者，即两湖书院讲堂前湖，士人所称都司湖是也。烈妇随夫来自沔阳，侨寓湖滨。其投水殉夫，事在庚寅八月初八夜。其时，南皮先生甫任楚督一年，尚未创建两湖书院。湖滨寂寞荒凉，民居多属茅庐，穷檐可悯。予以戊子夏日从罗西先生侨寓湖西颇久，熟谙濒湖情景。至今念之，犹深黯然。然而烈妇人杰，乃崛起于茅舍穷檐，是诚扶舆磅礴之气所钟也。斯是陋室，惟吾德馨。不信然欤？辛卯以后，两湖书院既成，翰鼎从学其间。每过湖滨，辄肃然起敬，良以贞魂毅魄，精贯三光。早于名教之场增色矣。而诗人题咏此种旧迹，亦令笔墨增辉，文情益形斐亹。至年年寒食清明二语，尤堪支拄万古乾坤，诚当今不可无一之文也。碑中未著诗人姓名，惟自题“黄冈赤鼻山樵”而已。其亦乐道人善，而自忘其名者欤？呜呼！谭烈妇千古矣！《菱湖词》亦千古矣！

易翰鼎曰：谭烈妇当机立断，投水殉夫，此非有不得已者哉。人臣皆愿为皋、夔、伊、傅[1]，岂甘为比干[2]、龙逄[3]？然而行谊各殊者，势随所遇为转移也。谭烈妇自沔阳二三百里外，从夫侨寓省垣，所恃以为生计者，军中书记之饷糈耳。夫故，则粮绝。居于陋巷，混迹屠沽，无子可恃，何以自存？欲自全其志节之清高，惟有从夫地下，以结束终身。在烈妇，审之精矣。或谓吾人著书立说，所以维持道德，不宜示人以奇节，惟当范人以常规。呜呼！是岂勉人以奇节哉？不过表其清明正大之心，果毅刚方之气，以资观感耳。人而有是心也，有是气也，可以处变，尤便于处常，可成惊雷怒涛，尤便为和风甘雨，禹稷颜子，易地皆然。是在精义者，随境变通，各当其理，以臻时措咸宜也。记者岂好异哉？

予答门下士曰："慎独之独，隐微幽独之谓也。方寸之地，人所不见，己所独知是也。若但云孑身独处之地，则粗矣。"

朱子云："天地别无勾当，只是以生物为心。"愚谓家庭慈父母，庙堂贤君相，亦皆别无经营，始终盘旋儿女苍生身上。悲夫！

武昌黄鹄山头，胡文忠祠大碑刊有曾文正表章胡公一疏。翰鼎读之，而慨然顾谓左右曰：大臣推贤让能，使同寅协恭，和衷共济，实千古兴衰一大关键也。咸同中兴之际，名贤辈出，同心戮力，赞成东南各省，救民水火之功。而其间竭诚联络，广为搜罗，奖励揄扬，分过让美，曾、胡二公，实同擅胜场。大功之成，全赖乎此也。兹以曾公表章胡公于大星陨后，追怀同志，创深痛巨，宜其披肝沥胆，血泪成文。非特同心之言，其臭如兰而已矣。此文自良将相聚，至后此难继一段，精神团聚，警策绝

---

1. 皋、夔、伊、傅：古代贤臣皋陶、夔、伊尹和傅说的合称。
2. 比干：子姓，名干，沬邑（今河南淇县）人，商代帝王文丁次子，帝乙之弟，殷商王室的重臣，辅佐殷商两代帝王，忠君爱国，敢于直言劝谏。
3. 龙逄：曾做夏朝发、桀两代夏王的相，因谏而被桀所杀，其后成为忠臣之代称。

伦，日晶霜肃，光凝金石。翰鼎自光绪戊子始来武昌，每至此处碑亭之下，辄循环朗诵此段数遍，俯仰流连，盖不仅关系一事一时之要领也。乡先生瓣香不远，羹墙如见，小子虽不能至，心向往之。

湘中某君，宦游鄂省。光绪丙申秋间，一日散步黄鹄山头。忽凝神注目，移时不动。乡人同行者问曰："君何所思，内若有所羡慕，而外著愁容，得无南望家山，而深内顾之忧耶？"答曰："否，不然也。内顾忧，犹易治耳。今眼前庙貌崔巍，愚因而远追禹稷[1]，近逐曾胡[2]，自耻无能为役。禹稷者，万古勤民之祖也。曾胡者，吾乡救世之材也。如徒念一家之饥寒，即学我浏阳小朱子，坐此矶头卖卜，犹可度日，亦何烦苦思焦虑为哉？曰："君在官场，而独不慕荣利乎？"答曰："有至荣大利焉，愚甚慕之。不可必得，是以忧也。同寅所营求，不过一时之薪津差缺。吾心所羡慕，颇在百年之俎豆馨香，不能伴食禹稷之门，即祈从祀曾胡之侧。而乃年将半百，未得借手有为，安望不与草木同朽哉。"同人哂为迂谈，而君穆然也。

《诗》云："无父何怙，无母何恃。"此盖痛念父母之亡，出则衔恤，入则靡至，而长失此覆育拊循之德荫也。而孰知福荫之衰，其效验亦有捷如影响者哉？霖儿以乙卯仲秋，出司临湘鹾局书记。虽在青草洞庭之北，路隔重湖，然距家未为甚远也。乃甫及丙辰仲春，又奉调移归本邑新市鹾局，则尤自幸负米养亲之至为便利焉。迄丁巳仲夏望日丙午，其母无病而终。霖儿得以哭送床头者，亦皆奉文改近之功也。乃未几，突奉销差出局之文，其书记一差，已有一林君到局接办矣。文略曰："前经令委余清泉，接充在案。现余清泉久未到差，改委林道根接替。除分行外，合行令仰该员。将新旧案卷点交清楚销差。民国六年七月三日令。"案：是

1. 禹稷：指夏禹与后稷。
2. 曾胡：指曾国藩与胡林翼。

日，即仲夏望日丙午也。呜呼！霖儿萱荫未衰。余君虽奉委已久，而未能早赴新市。及瓜而代，迄乃母以丙午日黎明溘逝，而改委林君之文，亦即于是日午刻缮发。抑何铜山西崩，洛钟东应之若此其神速哉？昔人诗云："鹞鹰搏鸡，鸡有母护。离亲出门，心寒行路。"而况母氏终天永诀，毕生失所依归也。岂不悲哉？岂不悲哉？

予妻归窆[1]，经旬日矣。一夜，细雨达旦。予以更深犹坐灯前，笔不停书。倏闻霖儿步至窗前，呼予告以行将就寝。其音哀以思，予深为恻然。盖霖儿平日昼夜不离母侧，必俟母氏伏枕已安，始自徐徐退而就寝。今一旦失所依归，又值夜雨凄清，灯残人静，宜乎有此凄怆情状也。可悯哉！可悯哉！

予妻坤凝之停丧暗室也，鹇儿、翚儿伴棺而眠者四阅月，棺前昼夜燃灯。予见之怆然。去夏，自备菜子油无多，今春大形缺乏。坤凝寸心独运，随时乘便，迭由新市买归膏油，虑患操心，不一而足。因命翚儿，今夏须多自备菜子。仲夏初八日晚天，彭克谐自市中油厂监造而归，谒坤凝于中庭，坤凝犹极口温言慰劳。迄初九日晚天，油成运归，而坤凝已寝疾床头，未能临视矣。劳心备物，而不及生前自用一日，遽尔溘然长逝。岂不悲哉？岂不悲哉？

忆同治辛未，家小彦公文博以春间丧其爱子，沈痛异常，无以自解。乃季女许嫁汨罗黄氏者，又适于冬日，老姑卧病垂危。一日，命肩舆突来，迎归此女。但云："必求姑媳一面。"及至黄宅，越日即命其子及时完婚。当小彦公送女出门时，鹄立远望，不能转睛。迄肩舆不见，公乃顾谓翰鼎曰："今岁家运，四字尽之。"下文将脱口而出，忽尔截然而止，

1. 归窆：即归葬。

既而叹曰："直是死者别，生者离耳。"加两"者"字，语始分明，较为吉祥也。今翰鼎有黄门之戚，而门下士彭克谐，二十年依依左右，追随不失者，亦适于百日之内，长别归田。予独何心，能无抱小彦公六字之悲欤？克谐挽言阁恭人联语云："数孙男女，元恺二八又三人，常群聚以绕膝承欢，何堪身换麻衣，抚棺恸忆分甘日。依潘安仁，春秋二十有三载，今不得已归农长别，恰值峰倾天姥，倚装愁听悼亡诗。"悱恻芬芳，不忍卒读。盖泪和墨下之文也。悲夫！

杜少陵《梦李白》诗："千秋万岁名，寂寞身后事。"正论也。其赠郑虔诗："德尊一代常坎坷，名垂万古知何用。"不平之鸣也。毛西垣《南极庙》诗："神幸宥我，当令颜色光，从今更历两乙丑，百二十岁无灾殃。"戏言也，亦称心之谈也。其《吕仙庭》诗："白头坎壈更羁旅，那须海屋多添筹。"牢骚语也。凡诗人随时摅写怀抱，往往先后异词，各见吐词之妙。

戊午季夏月杪，石校钦在东村圳墈，登收早稻告成，襆被还适园。予自维生长田间，历七十年，宜深悉田家之作苦矣。然犹有未及目睹情状者。今见校钦容颜憔悴，眼珠深陷，不胜悯然。昔尝闻庚子西迁，辛丑回銮[1]之后，德宗景皇帝[2]每谕左右大臣云："前在深宫，恒咨访农家情景，惟恐不悉民间疾苦。今就往返途中所见，初不料小民之可悯，一至于斯也。谚云：'耳闻不如目见。'不信然欤。"谈次，每愀乎其容，久而不解，贤君之异于人者如此。

梦中独行访客，忘其路之远近，至天光既暝，而始望洋兴叹。以归

1. 庚子西迁，辛丑回銮：指光绪二十六年（1900）八国联军侵入北京，慈禧太后和光绪帝被迫逃至西安避难，辛丑年起驾回至北京。
2. 德宗景皇帝：即光绪帝，谥号德宗景皇帝。

途所经，皆荒郊乱冢，虚旷无人之地也。予自幼胆怯，其堪此乎？正心慌意乱间，忽坐藤床而上升，去地约五六丈。左手张盖，以代风帆，随时转旋，迎风以进，恰如舟流。右手则执床边坚劲处，而伸缩推挽，以速其行。而全身仰卧，复以双足摇而助之，高立阔行，颇令胆怯之人，俯视荒原，而自喜超然离群也。未几，即达关门，藤舟乃降而俯就，以入门而莅人境，胆气益壮，掉臂游行大苑中以归。呜呼！此亦幻境耳。如得实有其事，则亦与欧人之飞艇，何以异哉？虽然，此一藤舟也，专以拯人活人为心者也，是亦圣人之利涉大川，佛氏之普渡群生，而函人之惟恐伤人，可借手有为之利器也。安得不耐人十日思不忘。

大凡讲学之与处事，其义微有不同。讲学必主守经。不守经，则其道不尊不贵。处事则必兼通权达变，不通不达，则其道不广不宏。理也，情也，势也，三者必互相流通，互相接济。如废一，则难使人各适其天也。有某氏女子者，于某老人为远族侄孙。年二十有六，始得出嫁某邑士族。甫越三载而夫亡，女年犹未及三十，善抚前室一幼子如己出。又未几而子夭，幸其舅尚在，经营摒挡，衣食粗安。又未几，而舅亦亡，家赤贫，无以为生，又无栋宇一椽可托。不得已暂归母家，而母家亦赤贫，仅一叔父借小贸以营生。其力第能自蓄妻子，并迎寡嫂同食耳。寡嫂即女之母也。女亦何便终身附依母家，而重累分居已久之叔父以无穷之后事乎？此女日夜如坐针毡，百思而未得长策以自处。其夫家亲党数人，私相计画，将劝令改适小康之家，心目中且有一相当之处矣。正拟函商其母家，以定行止。此亦有心人不得已而代谋也。乃适有陈某在坐，大声扬言于众曰："诸君所议，诚达情审势之言也。惟恐不能超越理学家一大老关之津隘口耳。"众问大老为谁，陈即举某老人以对，众皆怅然，各自散去。陋哉陈某！抑何目不窥人，徒冥冥瞽谈若此？此殆袁氏所云："深求圣人，而反失之者欤？"抑何心震于讲学之伊川程子，而以概天下之达情审势，处事灵通之选欤？今因有客以事就商，情殊窘促，故发愤一言。

梦中见乳孩，约两岁，哭索母抱。而其母事忙未至，令人顾之悯然。既而忽止哭而行，手拾碎瓦而来，仰面告天，欲卜其母何时可至。因学壮者老人摇钱以卜之法，以碎瓦代钱，鞠躬俯首而摇，摇而掷之地上，且摇且泣。予注视而深怜之。一时万感齐来，悲号而醒。呜呼！天下苍生众矣，岂特为是儿凄恻哉？

湘阴郭氏、左氏，同居县东梓洞山村。一日，养知先生归自京师，舍舟登陆，距家尚有一日之程。先生致书家人，命雇舆夫走迎，并雇挑夫运归行旅。大约是役也，多亦不过需人七八而已。时左文襄公家居，郭氏托人经纪其事。左公一诺即出，竟雇夫五十走迎。人许给钱八百文，统计需钱四十千也。养知囊橐萧然，一时为之大窘。寓馆主人，乞怜假用盘盂衾褥，亦无从取备，不胜其扰。明日归途负物，鱼贯而行，村人走观，群相惊讶，不知何为。即此想见文襄公大气磅礴，如洪钟巨镛，不能作铿铿细响也。

邑中父老传闻，左文襄公微时家居，岁除日陈肴祀祖。忽有鸱鸮飞集神座前，张嘴夺食，俗所呼为怪光鸟者也。举家大震，以为不祥。文襄公伸手拷执，置木盘中，引刀断其头，口祝曰："怪光怪光，误入中堂，斩此恶鸟，家庭永昌。"急令捧走，投之山林，举家称快。亦可想见其气焰之盛，足以扫荡而廓清也。

子曰："居是邦也，事其大夫之贤者。"夫事之云者，务期执鞭从行也。岂徒葵心向日而已哉？虽然，此邦贤大夫吾果能事之与否。实亦有数存焉。翰鼎尝以巡检州判小吏先后听差鄂垣，凡十有五年矣。糊口无资，而恒好为高远之企慕，何其不自量也，亦可哂也。

己亥、庚子间，尝自刊衔名片，题曰："湖北前抚宪胡、前臬宪江、今抚宪于各衙门听差小吏易某。"虽因向慕殊深，高自附托，然于修己安人之实际，究何补哉？胡润芝、江岷樵两先生，古人已往，固无论矣。其于于次棠先生荫霖[1]，实获躬逢盛会，而卒未能事之一日，是不仅势分悬殊所限也。此其中盖有天焉？可胜慨哉！

湘阴诸生汨罗刘君魁梧，其字亦曰魁梧。壬申冬，同寓长沙，一日笑谓予曰："君字寿梓，请改字叔子。晋有羊太傅，明有魏秀才，昔人已垂大名去矣。君盍鼎足为三乎？因属对曰：'古今三叔子。'"予脱口应声曰："名字两魁梧。"

一年将尽，万事丛来，盐米驱人，饱饶倦意。昨值仲弟稍闲，因与拥炉夜话。偶展巴陵毛西垣先生诗集朗诵，聊拂俗尘。迄见字字跳跃纸上，不禁拔剑起舞。邻人惊起，不知何为，倚墙静听。适门外叩扉甚急，仲弟出视，旋奔走笑告曰："我兄英锐逼人，索债人闻而惊走矣。"诵诗而能避债，毛公其有用之书也哉！相对鼓掌大笑。

人之心思，瞬息千里，旁观不得而知也。有时思一人过甚，则形容颜色如在目前，亦遂忘乎他人之目无所见也。乙丑馆中，偕友人坐。友忽掷笔问曰："之二子者，孰为兄，孰为弟，子知之乎？"予答曰："知之。年长于弟者为兄，年少于兄者为弟。"友不悟，复诘曰："二子肥瘦各殊，吾不能辨其年之少长。果肥者兄而瘦者弟乎？抑肥者弟而瘦者兄乎？"予笑曰："人非照胆镜，安能知君心所念者为何人乎？吾仅能据常理以答之，其人则吾不知也。"友亦爽然大笑。

1. 于次棠先生荫霖：即于荫霖（1838—1904），字次棠，又字樾亭。文宗咸丰进士，授庶吉士编修。清朝吉林伯都纳厅（今吉林省扶余县）人。1882年任湖北荆宜（今江陵宜昌地区）施道。1899年，任湖北巡抚。

湘阴郭埶存先生仑焘[1]，诙谐善谑，一片灵机。一日，有故人过访，埶公询及其冢子何为。故人蹙頞而吁曰："是儿其废物哉。无日不令我吵嚷再三也。"埶公惊问何状。曰："近患疯病，心境不明，无日不形丑态耳。"埶公正色以叱之曰："既知其疯矣，何为出之以吵乎？夫疯者风也，吵者，草也，岂为子者已成君子之德，而为父者反蹈小人之德乎？"坐客莫不鼓掌大笑。

有客自京师来，谈及京妇有私奔出走者，被获讯明，情罪颇重，遂拟出口。埶公笑曰："古诗云，彼妇之口，可以出走。今则彼妇之走，可以出口矣。"坐客请公作对，公曰："无独必有对，他日当有所遇也。子姑待之。"一日，有客谈及邑人虞恺仲太守绍南在甘肃时，与左文襄公论事不合，攘臂力争，而有道合则留，不合则去之语。左公遂拍案叱之曰："滚！"虞公乃掉头竟出，接淅而行，顿令诸将失色，一军皆惊。客谈未竟，埶公欣然曰："此即作对之资料也。古语云：一字之褒，荣逾华衮。今则一字之滚，荣逾华褒矣。"埶公生平雅谑灵机，不可枚举，大率类此。

辛卯春，客汉川县署。罗西先生将解任，方勤民孔亟，日夜就商善后事宜，而其仲子棣生亦因秋闱[2]伊迩，时以举业文稿，就予请指疵瑕。罗西疾其扰，颇叱退之。一日，棣生邀予立池上，谈文正饶兴趣，罗西至，呼翰鼎而问曰："子观于水乎？眼力能窥三尺深否？"翰鼎对曰："叔度先生家传嫡派，汪洋千顷之波，浅人仅能窥三尺之深，犹是黄家一勺水也。尚敢自夸眼力哉？"相与大笑而散。

丙戌、丁亥间，有湘阴人客浏阳者，淫邪放肆，语言荒唐，于予

---

1. 郭埶存先生仑焘：即郭仑焘（1827—1882），字叔和，一字志城，湖南湘阴人，郭嵩焘二弟。
2. 秋闱：闱即考场，明清两代的科举乡试在八月举行，故称秋闱。

素不相识。至是，亦始终未尝与予谋面也。然同人话及者，辄对予称曰“贵同乡”，心窃苦之。不得已语同人曰：“贵同乡”三字，必请诸君削去。湘阴、浏阳同郡，相去咫尺，岂得遽分畛域而区别言之？夫同乡之称，本俗例也，似宜从俗。俗所称同乡者，客外省而称同省人也，故称秋闱曰乡试，亦合一省而称乡也。抑愚尤有说焉。大凡有志之士，居仁由义，有问其籍贯者，可答曰：安宅县正路乡人。若异趣者，则无缘分与同乡矣。故苟为同志，虽远而欧美人，以天下一家之例例之，亦可称曰同乡。苟不同道，则虽骨肉至亲，而所居天悬地隔，且不得谓之同乡矣。设有问柳下惠何乡人者，予必曰：安宅县正路乡人也，且为尼山大圣人之乡先生也。问盗跖何乡人，予则曰不知。彼如曰：惠与跖兄弟同怀，君既知惠，胡为独不知跖乎？则将应之曰：人之良心，操则存，舍则亡。出入无时，且莫知其乡矣。况盗跖者放流转徙，占籍他乡已久，离乃兄仁义之乡，早天悬地隔。愚心思耳目，不能及远，亦何暇往而稽考乎？”同人聆此，皆莞尔而笑。

庚寅春暮，自浏城赋归，舟经枨冲市，见真人庙戏台楹联“月殿霓裳，锦城丝管。梧桐庭院，杨柳楼台”，欣然诵之。既而见中庭楹联跋语，称当年庙成，以五月十三日奉神像上座，忽见庭桂开花，香盈庙中，适有善化李孝廉过境，题二语楹间：“瑞气吐祥光，五月香飘八月桂。”自注：“请群公赐对。”迄今垂百年，竟无人作对云。同人见此，莫不失笑。予谓诸君曰：“李公生百年前，今予生百年后，来此不同时，各写时景可也。”因口占作对云：“子规啼杜宇，三更魂断四更天。”同人大笑，然予独默尔神伤。盖予在浏城时，束装将归，适惊闻濂蘽女儿在家，以闰二月十一日殇逝。每夜闻鹃声，益助我凄清也。夫此，特借题志痛耳，岂愿为游戏之文耶？濂蘽儿，盖己丑六月生，今十阅月矣。

乙未、丙申、丁酉、戊戌间，从公在鄂，恒处处留心人才，期以备当道缓急非常之用。其评论同人，辙谓某某所长在此，某某所长在彼，各有达用之具。惟深观密察某某似不及某某之缠绵。“缠绵”二字，乍听颇觉新奇，而要之即曾文正公所云：“其源皆出于有血性者也。”纵观古今来，孝子之于亲，忠臣之于君，兄弟之相孚，夫妇之相爱，义友之于故旧，善士之于乡邻里党，圣君贤佐之于万国苍生，皆赖此“缠绵”二字。蟠天际地，光凝万古，以臻和风甘雨，万物一体之休耳。戊戌上汉阳太守书云：“彼虽身擅兼长，其如不为我用何？”此正缺少缠绵之谓也。近年尝语亲友云：“吾年渐老，气渐衰，全赖左右有人扶持。然后一切公私事宜，措施罔越。夫人在外恃从者，在家则恃儿孙，儿孙之贤愚，惟天所授。虽慎选精择，不出此数人范围，从者则罗列多人，各有短长，皆能达用。听主事者之器使因材，而吾必拔取缠绵悱恻之人，推为群材之冠者，此非徒便一身之安，以期追随不失，患难相依，即将来得位乘权，霖雨苍生，小而功在闾阎，大而泽被瀛寰，窃谓必自缠绵始。”

湖北荆州大堤，绵长二百有余里，盖监利、江陵诸县及各郡十数州县田庐之保障也。其关系岂浅鲜哉？万城堤首，在当阳县境，突然而止，空所依傍。乙未初至，乍见骇然，盖恐水涨或至堤根，必被决溃。金果、拖茅堤尾，则达监利县境，外洲甚广，皆种麦豆诸苗，收获后，牛车运归，必也逾堤而入。岁月积久，缺口深至一二丈有余，而人皆习见而忽视之。前任荆州太守未尝临视堤首堤尾，故无从触目警心耳。长沙余公肇康，权摄荆州，才八阅月，而已亲临二百余里之堤首堤尾，一再而三，细察周询，凡巨细洪纤，无不了如指掌矣。其于万城堤首，则坦然加长数百丈，直抵马山之麓，固如金城，其于金果、拖茅堤尾之缺口二十有余处，则赫然严令坚筑平堤，天衣无缝。而郝穴临江，险工突出。闻报，遂躬亲审视罅隙，独断坚持，拆屋兴修，严惩阻挠，罔惜巨费，毅然掘筑数百丈，并创建石矶，以杀水势。而措郝穴于泰山之安。是岁丙申六月，解任回省。至七月，而江水盛涨，忽尔远逾畴昔，绝后空前。于是而堤首、堤尾及郝穴，洪水满堤而不入，巨浪掀天而不挠，人人喜其幸获保全而无恙，否则圩中各郡州县之生灵，皆不堪设想矣。岂特荆民而已哉？朱子云：“天将降乱，必生弭乱之人以拟其后。”不信然欤？翰鼎当年以奉委巡视长堤通工，迭次从行骥尾，目睹经营，兹特用志数行，聊备掌故。儒者大用大效，小用小效。呜呼，亦盛矣哉！

浏阳朱慎甫先生，以乾隆五十三年戊申仲冬朔日巳时生，道光十九年己亥季秋十四日亥时卒于武昌，葬宾阳门外洪山之南，石牌岭之东，墓道适对洪山寺中砖塔，丙山壬向。慎甫一棺，在母夫人胡氏棺右。母氏盖以道光二十一年辛丑季冬初八日，后慎甫而亡也。翰鼎以光绪戊子孟夏，初次独行访墓，见石碑为湖广总督卞公宝第[1]题刊。迄辛卯省墓，石碑又为湖北巡抚浏阳谭公继洵[2]题刊。土垣修筑，已增高大。甲辰八月省墓，则慎甫承嗣之孙朱逢以者，已于庚子秋自竖新碑矣。翰鼎之从学两湖书院也，在辛卯、壬辰之间，尝建议邀同湘人士，公请设慎甫先生神位，附祀武昌蛇山湖南会馆濂溪周子祠，期便乡人永远照顾慎甫墓山也。厥后，予女婿浏阳刘善涵因述予意，商之同人，集议于会馆。卒为异议所格，未之能行。异议之人非他，盖清泉王方伯也。异议之言亦无他，盖谓湘中名儒，固不乏人，皆未闻议及从祀周子，即船山王子之气凌衡岳九千仞者，亦尚无人议及。今何必偏及朱氏一人乎？众虽默然而散。时翰鼎已先南归，不及在坐，竟未得一申建议之本旨。案：朱慎甫先生讳文炑，浏阳一布衣也，流寓武昌，卒葬于此。其流风余韵，遗书具在，实足动乡人景仰之忱。如能附祀蛇山会馆，则墓山长得有乡人经理，庶可以上慰英灵，而凡同乡后来之秀、继起之英，亦皆理得而心安矣。又况蛇山会馆所祀之神，适为濂溪

1. 卞公宝第：即卞宝第（1824—1893），字颂臣，江苏仪征人，世居扬州，晚清名宦。咸丰元年(1851)举人，官历刑部主事、员外郎、郎中，河南司主事，浙江道监察御史兼湖道监察御使，礼科给事中，顺天府丞、府尹，河南布政使，福建、湖南巡抚，湖广、闽浙总督等职。著有《方岳采风录》《闽峤輶轩录》《抚湘公牍》各二卷及《政书》四卷，《奏议》十二卷。

2. 谭公继洵：即谭继洵（1823—1901）：字敬甫，清浏阳县（今湖南省长沙市）人，谭嗣同之父。晚清官员，官至光禄大夫、湖北巡抚兼署湖广总督。

周子。而慎甫之学，实终身奉五子为依归，今请以慎甫侍食濂溪之堂，不亦周子在天之灵欣然首肯者耶？然愚特专为武昌丘墓之乡起见耳，其于他处湖南会馆之濂溪祠，犹未尝一概议及也。何谓偏及朱氏一人乎？至云衡阳王子夫之，则虽纠合全湘人士，上书公恳南皮督宪，奏请从祀先师孔子庙堂可也？区区会馆，何足道哉？案：慎甫遗书，板存浏阳圣庙。翰鼎昔尝三复全书，抑之奥而又扬之明。但觉如皓月当空，无纤尘障蔽，令人心眼俱清，是诚深入显出之文。末学未敢赞一词也。惟闻先生在当时最为贺耦耕先生长龄[1]所钦佩。厥后，曾文正公序其遗书，又复极赞其为人。其文曰："浏阳朱君文炑，自弱冠志学，则已弃举子业，而惟宋五子之求，断绝众源，归命于一。自六经之奥，百氏杂家有用之言，无不究索其终，折衷于五子。日抱遗训，以自镌其躬，绳过无小，克敬以裕，暗然至死不悔。"翰鼎在光绪丁亥、戊子间，一日侍养知先生郭公嵩焘坐，话及慎甫遗书。养知曰："乾嘉间，讲学诸家，颇多陈腐。如朱慎甫者，可谓纯粹以精矣。"呜呼！寂寥之乡有颜子，江山万古留清芬。而贺、罗、曾、郭诸贤之景慕推崇，亦云至矣。小子复何言哉？罗氏者谁？盖谓湘乡罗忠节公泽南也。翰鼎初次独行访墓时，有土人陈大维者，年可六十矣，适相遇于石牌岭上之茶亭，坐谈良久，告言：咸丰初年武昌失守时，有将帅驻军洪山。忘其姓氏，盖湘人也。当昼夜攻城紧急时，一日召余至军中，面赠余十有五金，托以留心照顾朱先生墓，不时加以修培。而此公和气谦冲，先后三揖以致敬。余以村野之夫而受此隆情礼貌，至今不敢忘也。翰鼎聆此，知其必为罗忠节公无疑矣。是日还城，并以质之罗西先生，罗西亦深然之。

予每思浏人曹在钦，无从问知其存没，怅惘深之。曹在钦者，名润

1. 贺耦耕先生长龄：即贺长龄（1785—1848），字耦耕，湖南善化人。嘉庆进士，历任布政使、巡抚等职。道光十六年（1836）任贵州巡抚。治黔九年，振兴文教，普设书院、义学。迁云贵总督，兼署云南巡抚。后以镇压回民起义不力，被革职。

森，辛卯相识于武昌，于予约十年以长，予心契之不忘。曹君尝从湘、楚、霆、淮四军，东征西讨，官阶止于哨弁。在营逾三十年，足迹历十九省，西极伊犁，东极台湾，积劳不少，恒谏阻同人淫掠杀戮，保全妇女尤多。其为人一种善气迎人，见者忘其为军中宿将也。

甲辰九月，由武昌驰函家山，命翚儿迅速资助章谦老人，幼时同居槐北故庐中之故旧也。八月初旬，友于南旋。旅人不知章谦老人目瞽旋里，贫窘十分，故未资助及之也。而惟资助章鹏老人、吴炳臣老人、钟南村老人。章鹏老人者，予家数代之故旧也。炳臣老人者，幼时所见先君往来朋辈中仅存之硕果也。岂不悲哉？南村老人，则予妻党姻亲，而又耿介十分之寒士也。去岁癸卯十二月，偶一资助表弟黄芗湖、内兄黄徵三。而芗湖即于开春溘逝。呜呼！“事有不测，时有不给”，我吕子晨钟暮鼓之言也，欲偿夙愿者，可无汲汲焉追亡救火哉？最可痛者，田霞城老人，尤为先君晋清公三十年之至交也。翰鼎至庚子春，始略得资助毫毛，无补晚年萧条之境。方求次第存赡，而老人即于是岁六月云亡。翰鼎挽以联语云：“先君是总角交游，四十年孺榻尘封，定知泉路重逢，悲欢并集。小子亦有心存赡，七百里宦囊金尽，到此生刍一奠，黯淡何堪。”至今诵之，悲恨无已。

孙男有诒生甫半岁时，适予卧病初痊，偶有所食，诒孙坐母怀见之，亟对予鞠躬三揖，笑容可掬，求分甘也。夫见食而索食，非奇也。索食而自知致敬尽礼，色笑承欢，人必割而与之，则奇矣。良知良能，不信然欤？令予顾之机趣横生，精神为之一爽，病容为之一开。嗣是甫逾月，诒孙即随母远适鄂垣。予偕甲奎、克谐护送之。诒孙默念大母、季父、伯姊三人，时向舟中四顾寻觅，数日不忘。旁人偶一言及此三人者，诒孙辄哭容满面。幸有大父在舟中，时恒抱之，以资解慰，及其久也，亦似忘乎不在家中，迄舟抵武昌西城汉阳门江岸，诒孙仰视前途，忽尔大声歌唱，极令满座皆欢，究不知其何所见而心喜耳。厥后，自入城南八步街行馆，诒孙专诚眷恋大父，索抱无时。或值大父入城，久而未归，诒孙辄泪珠满眼，四顾寻觅。一日，抱者为推大父房门，入而不见，诒孙乃啼哭出声。又一日早起，遥闻大父漱口唾水声，诒孙遂停吸乳汁，昂头四望。既而见大父果至，诒孙不禁沛然作哭，双眸如月晕发红。凡此恋恋情状，前后屈指难穷，至今久暂一辙，是真所谓孺慕之诚也。抑安知其心非始终未忘大母三人，视而不见，觅而不得，乃专寄情于硕果仅存之大父哉？安得举家东来，欢聚一堂，以慰我慈孙也。前经暑天，诒孙幸身未生疮，惟脑后一疮颇巨，毒已出，而血红不消。予乃抱之伏怀中，以口衔疮，从容咀吮。历五六刻之久，诒孙竟安然耐之，吸出紫血颇多，而疮痕化为平地矣。今日，值我孙生周一岁，用特详加纪载，以备他年阅见，怦怦有动。而自珍其赤子之心，则今日笔墨之所关，良非细故也。

年晋五十有五之前日，身在武昌城南，风风雨雨。夜坐，思霖儿、甲鹏甚切。盖念已亥今夜，在蛇山寓馆。鹇儿方留学日本东京，惟鹏儿一人侍从左右，四邻无人，父子相倚，一灯荧荧。予方思隔江佳士彭克谐甚切。今夜则克谐幸侍左右，而鹏儿又远隔湖湘。此事古难全，东坡先我言之矣。予亦何敢复萌奢望哉？然而患难之侣，安乐不见，言念往迹，如之何勿思？至若翚儿、甲猊，则癸卯春初，送别伴琴游武昌诗云：“何日江城听玉笛，借乘黄鹤好追陪。”而乃至今未获东游，侍从椿庭，探奇揽胜，天事之不可必也，有如是哉？傅青余先生云：“我思阿三，为我提壶。我思阿四，为我行沽。行沽无人，清风与归。提壶无人，明月长随。”鹏、猊两儿者，亦言馨草堂之阿三、阿四也，爱而不见，如之何勿思？

楚宝轮船者，在予今夜得而乘之，是亦如逢故人也。辛卯七月杪，南皮先生尝遣此轮送两湖书院湘人士归应湖南乡试，翰鼎与焉。其时正强仕之年，去今十有四年矣。今夜重莅此船，门巷依然，回首有如昨梦。

遇有肉食时，无意中投骨于地，大小二犬奋起而争之。予虑致伤小犬，有骨则暂置案头，俟得两分，始并投之。先与大犬，嗣与小犬，乃得各安其所。凡虑物者，不当如是耶？此事虽微，可以喻大。

岁暮风雪漫天，千山鸟绝，西宅僻陋，有谷盈仓。乍见檐雀十余，避寒排列梁间，稳睡乐群，寂然不动，触我闾阎安堵之思，为之神远。

一年将近，天寒地冻，气象已甚愁人。而贫家日受追逋，设计徒劳跋涉，萧然四壁，啼饥号寒，光景倍形黯淡，而鳏寡孤独废疾者，为尤甚焉。人独何心，能无念之恻怆耶？当此时也，惟有物力稍纾，犹能雪中送炭以资助亲朋里党者，最为人生第一乐事。而况妻室儿孙，亦能共乐其乐，人人具有同心，自成一家风气者，尤将永此乐于百年也，此非天赐斯人之后福哉？如徒鲜衣美食，自奉有余，诩诩焉欣幸超群迈众，径忘天授济人利物之权，而谬谓有私于我，迭沛恩膏，则真隘矣、浅矣、陋矣。君子惜焉。

自少壮以来，颇怀奢愿，凡于祠产之添置，先茔之修理，义塾、义仓之建设，及一切维持族党乡邻之要务，言之跃跃，心甚怦怦。迄光绪甲午春夏，乃自手缮一单，罗列四十有余件，要皆理得心安之举也。标题曰："未之能行目录"。今又逾十年矣。顷者出示鹤霞侄、甲鲲儿阅悉，不胜日暮途远之嗟。

乙巳四月初八日，族叔省斋老人归窆湘滨，翰鼎立送之，斜阳满目，悄然神伤。挽以联语云："樵耕供晚爨晨炊，八十耐勤劳，家书一纸伤心语；族运辰旬寅岁，二三起豪俊，他日九原含笑时。"辰寅云者，风水家尝称甲辰、甲寅二十年中，营田易氏人才当由衰转盛，而亡者不及见之矣。家书樵薪云者，老人昔年手示兄子书，自陈窘状，而引乡谚所云："八十公公打藜蒿，一日不死要柴烧。"借以自怜也。而今已矣，岂非千古伤心之事哉？

居乡而不时调处轇轕纷纭之事，衰年颇难任劳。然果因一二人切实整饬，公平调理，不遗纤细，渐能逆折奸萌，潜消祸本，则亦未为无补云。

凡人无论质性高下，总之各有短长。自知其长，则可加功培养。自知其短，乃能注意磋磨。予恒独坐书房，闭门思过。尝自题一联云："心慈量狭，志广才疏。"非敢自炫所长，实欲自攻其短耳。

翰鼎偕鹤霞侄甲汀之董事宗堂也，尝集通族面议。公举六房父老兄弟十有余人，分任族长、族正之责，期以同心协力，训饬族中子弟，以安善良。所举之人，或为士，或为农，或为商贾，或优于德望，或优于才智，或优于学识，或优于历练老成。有事则群萃一堂，谋定后动。俾翰鼎、甲汀二人得以合众人之长以为长也，岂非保族宜家之要务哉？

彭克谐谓予在家整纲饬纪，日夜奔劳，于宗族乡邻，亦诚不无裨益，无乃伤神太过，于衰龄大有不便乎？予闻而喟然叹曰："此皆不得已而为。但出此塞流之下策耳，不过聊以补救一时，安能经久？必也如予平日所云'能养人然后能教人，能教人然后能责人'者，斯为清源之上策欤。"克谐曰："清源塞流二者，非即儒吏、俗吏之分途者耶？"答曰："然。子固习于孟子者，我孟子盖尝言之矣。无恒产而有恒心者，惟士为能。若民，则无恒产。因无恒产，苟无恒心，放辟邪侈，无不为已。及陷于罪，然后从而刑之，是罔民也。焉有仁人在位，罔民而可为也？是故明君制民之产，必使仰足以事父母，俯足以蓄妻子，乐岁终身饱，凶年免于死亡。然后驱而之善。故民之从之也轻。”三复之余，对克谐怅惘久之。

男女居室，人之大伦也。环顾族中佳子弟，罔不家室团栾，而独遗一鹤霞侄运翔，至今有鳏在下。年已三十有三矣，予心安乎哉？予自庚子冬始，锐意为鹤霞择配诗礼之家。身任仔肩，筹措用费，克期立为完婚。恒重托亲友多人，留心作伐，而竟至今不得其门。此岂造物者独有嫉夫藐躬之诚求保赤，而故难之以挫其锐气耶？抑婚姻迟速有时，而数定之不可或强耶？甲鹇儿尝于去岁甲辰孟夏，商请遣迎伴琴之女至武昌寓室，为女婿黄镜蓉举行婚礼，身任用费，馆甥于家。予甚欣然称善。而鹇儿今夏一举成功矣。其矢志之诚，为谋之忠，与乃父同一坚忍沈挚。然而成功之迟速，判若天渊。此古君子之所以畏天命，而不得不养晦以待时也。今日适侄儿甲鲲侍坐，予与言及此，而咨嗟太息者久之。鲲儿因此虑及将来久旱不雨。时方炎夏，农家桔槔汲水者多，致令池塘立涸，有损宗堂初畜之鱼苗，而使锐意急公之人，始事不顺，或恐于一切祠事，由此灰心也。予亟倾诚以慰之曰：“昔曾文正公奏报军情，称臣屡败屡战。今吾与霞侄，同膺家庙董事，皆颇具屡败屡战之资，或犹不易挫其锐气也。”鲲儿聆此，为之色喜。

语云：无事在身，并无事在心。水边林下，悠然忘我。诗从此境中流出，焉得不佳？愚谓此境之高妙，惟学养兼优者能心赏之，抑惟福命甚大者得躬逢之。翰鼎仰承高曾积累，幸获身膺顺境，杖履优游，而近日迭闻蝉声唱和，田歌悠扬，亦不遑倾耳耐听者，以未能无事在心故耳。夫儒者以民物为己任，大用大效，小用小效，岂屑以无事在身，无事在心，为乐地哉？惟百足之虫，扶之者众。事至即行，即行即了，不令一事梗滞于心，即所谓无事在身，并无事在心也。今之未能无事在心者，大抵因一乡之间，济人利物，善俗宜民之事，一时殊难畅行耳。一薛居州，其若之何。

秦汉以下之卜人，以五行之生克制化，断六爻之吉凶休咎。于圣人大易之旨，绝不相沿，一小道而已矣。然而有宋之名儒，有明之开国名臣，亦颇有一二人宗之者，取其简便易知故耳。愚尝谓命学家之五行，实质也。而卜学家之五行，虚象也。惟其实质也，故宜精求定理，无取圆通。惟其虚象也，故宜时审灵机，以资活泼。神慈刻刻以救人为心，占者果出于专一迫切之诚。虽小道，必有可观者焉，亦无难资以决疑定策也。

予尝嘉奖甲鹇儿：识微知几、思深虑远、步履踏实、坚忍耐劳。今接鹇儿武昌手书，览之令人气沮意消、矜平躁释。向谓鹇儿酷似晓楼弟鸣鼎之谙练老成，小心退让，不信然欤？子曰：“邦无道，免于刑戮。”子思子曰：“国无道，其默足以容。”二子其庶乎？

翰鼎昔年办理汉口河工，从者彭克谐，遇事每进谏曰：“行则行矣，无庸发为多言。不言而径行，人但视为端方守正。多言而后行，人反苦其是非太明。请以无言养威可乎？”迄今追忆，深有味乎其言，叹赏久之，即如余公肇康之处分公事，简默径行。虽旦夕揭晓，而仍深沈不露，可谓深明治体者矣。愚更何须取法乎远哉？

新秋甘霖沛降，万物皆苏。然闻老农聚谈，则曰：“迟禾过时者已多。虽曰天命，岂非人事哉？吾乡近年人心涣散，一切废弛良多。即池塘疏浚蓄积之工程，亦甚未讲求耳。”此为民生紧要关键，愚不得不苦口极言之。

予自甲辰冬归自武昌，转瞬月圆十度矣。安处新迁之大厦，展步宽舒。日见叔季两子妇，依依老姑左右，执事维勤，往来如织，太和翔洽，雍雍熙熙。每顾之，中心融融，而又颇虑人事变幻无常，恒指点当前顺境，而深愿家人一刻千金也。迄戊申以还，辛壬以后，人事渐繁，殊形纷扰，而始信予言之非过虑也。悲夫！

门下士彭克谐偕刘甥善涵从予夜游田间，流恋中秋好月。予顾谓二子曰："古人诗云'月到中秋分外明'，又云'一年明月今宵多'。岂真多出分外乎？爱之深，言之重，故不觉善善从长耳。惟愿力祛浮云，而勿使纤毫障蔽。俾良宵好月，光明到底，斯为善全终始云。"二子皆颖悟过人，又于藐躬，夙怀宏奖风流之感。一旦聆弦外之音，皆肃然动容，悠然意远。

乙巳十月廿五日甲子，由湘潭附轮适鄂省。同舟多日本游历学生，询知凡七十有余人。间有以舆地、赋税及诗古文辞，勤勤就问者。有西田安治郎者，年二十有一，握谈尤久。其人颇留心诗学，探怀出"三百篇"《国风》就询大义，且自云："酷好汉唐迄宋明诸人蔼然孝悌之诗，但犹未获广为搜罗耳。"因诵示其国人此次同行者《湘江夜泊》诗云："楚人歌竹枝，游子泪沾衣。异国久为客，寒宵频梦归。一函书未达，万树叶纷飞。南渡洞庭水，更应消息稀。"予答言："诗本性情之事，《尚书》所云诗言志是也。此诗孝思缠绵，端推上品。愚平生亦专爱此种真诗，恒得之宝贵。又每于报章见贵国人赠送友人诸作，辄多忠君爱国之词，心焉佩之。有浏阳举人刘善涵者，尝论世变日久，列国纷争，转移之捷，全在人心。将来开五洲太平，惟雅乐为最近。愚深许为知言。夫诗者，乐之具也。性情者，诗之本也。苟深于雅乐，必且仁恕之心，早盎然矣。今君以孝悌求诗，得其本矣。惟望扩而充之，将来东方诗学云蒸，郁为雅乐，岂惟贵国之光，抑亦万国和同之嚆矢也。鄙人窃馨香祝之。"西田君心领箴言，□□[1]首肯。

湘潭城之距武昌城也，水程千里。而得于三日之内，南抱勋孙，北抱

1. 按：铅印本此处原文两字字迹漫漶。

诒孙，轮船捷运之功。殆不减费长房缩地方也。造化之神奇，亦何幸得于吾身亲见之乎？夫此种机缄之大启也，是皆天牖其明，借以广其便人养人之具者也。岂偶然哉？

予在武昌城南八步街，黑夜散步长堤，慨然语同行人曰：“武昌近年土木工繁，支持良不易易。惟幸小民自食其力者，颇便借以谋生。今观茅庐灯火，环城渐次加多，知因此地有以日谋升斗，以自瞻其身家，遂迁居就食耳。闾阎小民，饱则聚，饥则散，不诚深可念哉？圣如大舜，当其在下，归者众多，是以有成邑成都之盛。然此岂徒景仰高深，望风而至哉？必其教养有方，深便于民之所致也，否则徘徊歧路，栖栖皇皇，而徙倚无依者，后世不乏其人也。悲夫！”

乙巳冬寒，甲鹂儿侍予夜坐，偶谈及武普通中学堂近状，凄凉如见，令我油然恻怆于中。岁寒松柏，岂非高曾祖父累代流传之善种耶？东坡先生云：“我欲乘风归去，又恐琼楼玉宇，高处不胜寒。”诚哉千古情至语也。而明人张溥诗云：“黄雀衔环报旧主，畏君弹射远飞去，夜深孤栖城北树。”不尤令千古良朋义友同声一恸哉！

丙午元旦，旧人周乔七偶来寓馆贺年。诒孙见之，欢欣鼓舞，是一不忘故旧之心也。夜偕乔七嬉戏中庭，环走大笑，愉快异常。予泛举侍者数人，比拟而问之，始终答云：“乔七抱好。”至临睡，而犹依恋不释。予久坐观之，中心融融以乐。盖予家自高曾祖父以来，累世以故旧不遗为传家至宝。而不意天之佑之也，果畀以善种流传，久而不衰。此诚得天独厚之恩膏也。小子敢忽视之耶？忆同治壬申正月，尝欣赏甲麐儿之于故旧杨仁典。光绪甲申八月，又欣赏甲麐儿之于旧人蒯金榜。今何幸复于诒孙一亲见之。果能培养而扩充之，则我高曾祖父在天之灵，尤将永此乐于百年也，可勿勉哉！

呜呼！昔人之行军也，尝云："宁我薄人，毋人薄我。"而我先君晋青公之矜全故旧也，则曰："宁人负我，毋我薄人。"当时闻者，莫不咨嗟叹服。此诚忠厚之至也，小子敢不长铭肺腑耶？

人生阅事已多，益信行止皆关数定。自幼怅望神京，亟思北上，仰望宫阙，聊纾忠爱之忱。乃逐队秋闱十有一科，先后两膺房荐，卒未能名列贤书，固无从附公车骥尾矣。顷者，京汉铁路已于昨岁乙巳春间告成。黄河铁桥，秋间亦竣。然而附轮致远，所费不赀，似犹未能无故而往。亦惟有静待机缘，听天安命而已矣。昔人自称有一字安心诀曰"数"，是亦善于养生。今予以六十衰龄，精力难继，志愿渐灭，而又深窥夫自然之天，莫可端倪。其视一切未来之事，前路茫茫，无论巨细洪纤，皆令心如止水矣。

乙巳岁除日，予抱诒孙环走中庭。诒孙心喜，高声朗诵："人之初，性本善。性相近，习相远。苟不教，性乃迁。教之道，贵以专。昔孟母，择邻处。子不学，断机杼。窦燕山，有义方。教五子，名俱扬。猫则叫，鱼则香。狗则咬，贼开仓。"循环转诵数十遍，如珠走盘。而三字成句，蝉联一气，宛如天衣之无缝，而又叶韵铿锵。闻者笑哑哑不止。盖抱者平日教以三字经，亦有教以乡村儿歌者，诒孙口诵圆熟，以致混而为一也。嗣后，鹇儿乃令专教以唐人五言绝句诗，聊以避俗，而逐字逐句，解以示之。诒孙恒歌颂自如，一片清音，纯乎天籁。一日，踞地盥手盘中，久而不释。其母喝之曰："戏水竟无了时耶？"诒孙应声曰："洗手作羹汤耳。"闻者尤悦耳爽心，莫不鼓掌称快。时才两岁有半耳。然则教也，习也，无论巨细洪纤，不皆父兄切要之责哉？

武昌城南暑夜，偕诸客纳凉屋后荒园，贪坐至更深，昏昏欲睡而始入。枕上鬼梦纷纭，四肢如缚。明日心殊不怿，明夜命具酒肉，以犒游魂。论者曰："鬼犹求食，其信然耶？肫叟，正人也，气象严肃若此，人犹惮之。而谓鬼魅揶揄以求食，敢乎哉？"或曰："不然。荒郊古冢累累，残魂冻馁，逢人乞食，亦固其所。今遇慈祥之人至此，虽要于路，迫而求之，定知斯人痌瘝在抱，物我一体，阴阳一律，犹当恕而与之。盖第见其可悯，而不觉其可憎耳。此亦如小儿之索饼饵，牵衣顿足拦道哭。未尝慨施于邻人也，必施于所亲耳。非揶揄也。"既而予闻之，愀然语客曰："游魂果否求食，吾不得而知也。吾盖姑以酒肴自谢其过耳。游魂白昼潜藏，无可举趾，全赖黑夜，游行于废圃荒郊一舒怀抱。吾乃挈诸君，久坐于此，使之未便遽出，抑塞以至更深，是吾偶未留心，而有此不情之举也，而敢误咎他人之揶揄我耶。吕子云：'恕心养到极处，只见得世间人都无罪过。'至哉通儒之言，虽以此平天下，无难也。愿与诸君共勉之。"

屋主沈君，春夏间尝出资料以修我墙屋。惟小苑中新造板门，当雨必易于朽腐。沈君在远，未得见而虑及之。予乃亟市桐子油，以再三遍涂而保护之。坐客喟然曰："旅人迁移靡定，何烦远虑及此。不过代后居之人，计久远耳。"予应之曰："不然，未尝自为计，亦未尝代为他人计。不过悯此物之湿而易朽，莫能尽其材而。或亦古人为天地惜物力之心欤？是心也，苟能扩而充之，亦未必非万物得所之年也。愿与诸君共勉之。"

甲鹇儿自督练公所，夜归寓庐，而愀乎其容，心殊不静。予莫知其故，而又未便垂询，以其简默性成，言不轻发故也。因呼其侍者，细问其日内行踪，证以接谈之人及走访之客，而始晓然于中怀之抑郁。非己事也，大率为友朋之戚，狐兔之悲焉。

熊君传述南皮督宪言，粤汉铁路接通京汉铁路，欲求灵捷，必需于大江中造成高平宽稳之桥，而后可使行程无阻。其有鉴于风涛险恶，尝累日不能飞渡者欤。曹丕云："此天所以限南北也。"岂欺我哉！谚有之曰："前人栽树，后人遮阴。"将来粤汉铁路告成，不知南皮先生犹得乘坐火车巡历湖南辖境否？在南皮心期远大，功在天南，于美味之得否亲尝，俯视无关轻重。惟湖南部民如翰鼎者，近年志衰气沮，将来晚景无多。既得偕百万湘民，幸托帡幪有年矣。如或湘路鄂路告成，而独未能及身亲见，甲日由湘赴鄂，丙日由鄂还湘，一被火车飞行之泽，岂非终古恨事哉？古君子畏天命而悯人穷，良有以也。夫岂好为多虑哉？此则特其小焉者耳。

丁卷

丙午秋八月二十八日，予始由汉口乘火轮车适信阳州，门下士彭克谐从行。车中有客谓予曰：“非常之功，必得非常之人而后就。京汉三千铁路，果尔告厥成功。南皮督宪，其真非常之人也欤！若犹以圣人之规矩绳之，似可无庸太苛也。”予应之曰：“此举本无悖于圣人，何绳之有？”其人色喜而问予曰：“使圣人而生当斯世也，不识亦主修铁路否乎？”予应之曰：“此事有益无损，有利无害，必修何疑。”曰：“不知自古圣贤撰述，亦有道及铁路之便利者乎？”予应之曰：“我孟子盖尝言之矣。”其人正色而心懊曰：“君何大言欺人？岂《孟子》一书，吾辈亦未尝过目耶？七篇之中，何处有片语单词道及铁路？”予婉容谢之曰：“孟子未闻铁路之名称，然仁政之施，措置万端，未尝不赅括火车益人之理。商贾皆欲藏于王之市，行旅皆欲出于王之途，非今日铁路功成之大效乎？方今生齿日繁，生计日蹙，天心仁爱，渐牖聪明，遂令达用之端，学问之途，日新月异，无非借以成其教养之功耳。事业百端萌动，凡不悖天理，不拂人情者，虽为后人创举，圣言究何尝不包孕万有哉？”其人改容大悦曰：“君诚解人，何处得来，可为南皮先生增多少声价矣。”

言馨草堂小园天竹一株，赤实累累如贯珠，雨中尤鲜明可爱，每见而感慨系之。在昔出土数阅月，枝叶凋残，见者皆视为枯木，无复再生之望矣。幸殷松泉善体予心之悯恻，而为之负土滋培。今竟如此得天甚厚，然则世之所称为弃材者，岂诚见绝于天者耶？凡膺教养之责者，吾深望其有鉴于斯也。可勿勉哉！

语云：“万恶淫为首。”诚古今之确论矣。昔人云：“杀人者，杀其一身。淫人者，杀其三世。”岂非惊心动魄之言哉？而愚则尤谓万种淫恶，端推演唱花鼓采茶淫戏为首。何以言之？盖淫恶虽千态万状，犹未敢明目张胆，故使人知。花鼓则公然尽态极妍，特令千人共见，以期悦目悦耳悦心，则是聚无数颛蒙男女，而故示以秘密之新奇，以大启其淫窦也。其罪可胜擢数哉！

武穆乡[1]之严禁花鼓淫戏也，始于光绪乙巳初夏。其时，流极已久，是以狮子搏兔，亦费全神，始得立碑武穆祠中，垂为严禁。而乡中弟子，不闻淫声，不见丑态者，得保十年之安。虽甲寅初夏，仁里团之山龙桥，颇有蠢蠢欲动者，卒为警察所长胡汝霖坚持守正，丝毫不许圆通。而警士周恢先等，亦皆拒绝贿赂，监令立拆歌台，得保无恙。乃驯至乙卯春初，黠者侦知新所长李君之庸懦，而新巡长周某之跛息贪婪也，竟以一贿而破十年之厉禁，以致各团效尤蜂起，而长堤竟溃于蚁穴矣。新巡长之罪，可胜擢数哉。其人存，则其政举。胡汝霖及周恢先之旧劳，可容磨灭哉？乙卯三春之内，县署虽从乡绅之请，迭饬队兵来乡捕犯，卒为新巡长一人罗网弥天，无从缉获，以伸国法。乡人又何甘岁竭脂膏，供给警所，而养此贪财贻害之巡长哉？今更江河日下矣，滔滔不返，补救无人。而千万应禁之大义至理，仅存于当日乡绅布告之字里行间。兹录存以质之君子。其文曰：“花鼓例禁森严，久矣五申三令，本乡费力尤多。乙巳刊碑永禁，如任一处开锣，碑示有谁听信？凡我父老士绅，扶风同有责任。各爱父母之邦，各凛梓桑之敬。凡属禁赌禁窝，务令根株绝净。花鼓更呈丑态，来观不惮远近，演唱形容尽致。说法万家同听，似此聚众诲淫，淫窦大开门径，摇荡少年心志，放肆有关性命。岂徒败俗伤风，本局难逃责问。兹再申明禁约，聊发探源之论。淫戏贻害无穷，理合家家共愤。惟父诫兄勉，永令扫邪归正，廉耻奉为大防。淫戏肃清全境，倘有一处开锣，地主头人

1. 武穆乡：清咸丰时期为营田局，民国后改为“武穆乡”，现为营田镇。

公证，既经劝导不从，一纸广开名姓，面交本局询明，立即呈官整顿。”

报章载远近少年男女两事，事非同时，而先后如出一辙。考其本末，则皆因流览《红楼梦》一书，以致沈醉陷溺而亡。此等淫书，深堪切齿痛恨。窃望励精图治，训俗型方之君子，见此报章，毅然严下厉禁，尽取天下种种淫书，以及储藏之版，付之一炬，以绝根株。此亦人心风俗最大之关键也。初非迂远阔泛之言也。同治壬申冬，尝见湖南臬宪涂公宗瀛，严禁春宫淫册、采茶淫戏，心焉佩之。窃以为正本清源之学，千古杀人至多而至惨者，宜莫如李自成、张献忠。然二贼所杀，不过杀当时之人而已。若夫手撰《红楼梦》之曹氏，以读书晓事之人，而甘心流毒千古，永远暗杀少年子弟，而泯刀斧之痕，其罪直浮于闯献远矣。

故旧汤君，年未六十，岂料一病至此哉。予以久客初归，乍见曷胜恻念。而汤君因病失声，言语顿难辨悉。然细聆其踧踖难安之语，则深以去春微债为忧。予乃亟召犟儿来前，命取债券批销，立效冯煖之一炬。俾汤君目睹而心安，正以自全其心之所安也。否则汤君自云：“濒危无力偿还，又无子嗣以负责任，恐如谚所云‘自欠来生之债也’，岂非割心剜肉之言哉？”凡此事类，平日亦常为之，而今日偶一笔记者，意欲垂为家训云尔。

丁未元旦雨，门庭寂然。予拥炉闲坐，话及己卯元旦黄粱一梦，为之咨嗟。此梦盖恢复槐北故庐耳，详《癸酉家运沧桑录》第四卷中。是书所纪之家事，自同治壬申仲夏至甲戌季春为第一卷，自癸酉初冬至甲戌岁除为第二卷，自光绪乙亥元旦至戊寅岁暮为第三卷，自己卯元旦至甲午春暮为第四卷。其书悱恻芬芳，怨而不怒，言者无过，而卒令见者伤感无端。至若甲戌季春纪老猿一段，乙亥仲春纪畜鸭一段，尤足令无情木石亦当凄彻心脾。是亦言馨草堂万不可阙之家乘也，乃因汉口行笈，毁于戊戌八月十六夜烈火奇灾，致是书亦同为煨烬。上距乙未春仲成书，才四年耳。而此四年之中，适予久客于外，与乡人相见日浅。是以目睹是书者尚无多人，即贪求博览之文人如家少安先生者，亦竟未尝寓目。而其子斐裁茂才简于丙申岁暮旅寓武昌，尝拟向予借钞而未果。是以被焚之后，更无副本也。厥后，予虽自拟重修，久而未遑也。倘或他年心有余闲，果能如愿重修，则自甲午、乙未至今，又当增第五卷矣。如庚子冬，毅魄难忘故宅一联，停丧宜欲宅高堂一联，岂非万古伤心之语哉？

营田姜家坪，有著名古树二株，在东北者为枫树，依大路旁，高可参天，在西南者为樟树。依姜金生、玉樵兄弟屋左，枝干巃嵸，绿叶丰茂，横肆如一座青屏风，望之尤充塞天地。今日天阴省墓，过此樟树下，心殊恐怖，甚矣吾衰也！两古树相距约一二里，予今日肩舆皆出其下，皆为寒心。吾子孙见吾今日所记，可想见一生胆怯之情状。然而所以胆怯之缘由，不可不自叙以垂为训诫。丙戌在浏阳，张伯昂诧然以号于众曰："寿梓先生，浩气凌霄，鬼神且应退避。而乃若是其胆怯，愚实不解其何因。"予闻惘然。一日晤面，从容告之曰："五六岁时，夜坐依恋大母膝下。愈恋愈娇，啼哭延长不止。女仆在旁恐吓云：'有白头野猫，红头野狗，齐集门外，如再哭久，必将入而咬人。'予不之听，女仆乃私自出房，匠心独运，而以白布蒙作猫头，红布蒙作狗头，举以竹竿，掀帘突入。予见而丧胆，急伏大母怀中，呼号孔亟。大母喝令女仆速退，而自抱孙送置床头，伴而抚之。予则久而不敢开眸，竟夕未能成寐。自时厥后，白日亦形胆怯，夜更无地自容，遂竟成终身痼疾焉。良可恨哉！似此不明大义，流毒孔长，允宜著为厉禁。愿我亲朋传播此事，家谕而户晓之。"伯昂聆此，击案大声唾骂。

汨罗人家，有兄弟同时服药者，一治寒疾，一治疮毒。而药鼎均无标记，进药时不能辨，惟凭药气以辨之，而妄自以为确也。生疮者，误服发散药，尚无大害。伤寒者，误服寒凉药，几濒于危，力救乃免，而气喘遂成终身痼疾焉。此益见药鼎之万不可无标记也。予自幼为大母煮药，虽止一鼎，无相混者，亦必作字，以昭明晰。窃以为慎疾之道宜如此，而人每笑其琐屑迂拘，予终弗能改也。

今人于每次剃发后，有发根未平者，辄倒剃之，务期修治尽净而已。忆少时，见有父老诫其子弟曰："此最不宜，用此法久，则发孔疏漏，寒风易入，往往至暮年而头痛不可当。"予闻，遂传语以广禁约。兹志之以远示儿孙。

东村故旧之母死，治丧无力。其邻人代乞亲朋赙助。予心凄然许助之。子路曰："伤哉贫也，生无以为养，死无以为礼也。"悲夫！乃适予家近值囊空，家人筹给，一时尚难从厚。其代乞者领钱已去，然予心抱歉，久而难安。盖深虑暑天时日迫促，而邻里集腋维艰，则匆匆觅购一棺，势不得不降而从俭。后为人子者，拥护父母之身，此其告终之一事。倘草率一时，则抱恨千古矣。亟命犟儿百计另谋增益，立授殷松泉，不翼而飞，追而与之。乃得自全其心之所安也。

一日，偶观耕者平田，人坐木架之上，而黄牛负之以周旋。人每鞭之，使极力奔趋，四足胼胝，身劳气喘，望之悯然。程子曰："甚矣，小人之无行也。资牛之力，老竟屠之。为政之本，莫大于使民兴行。民俗善，而衣食不足者，未之有也。水旱螟虫之灾，皆俗之不善所致也。"呜呼！此先贤切近之名言也。凡有教养斯民之责者，人心风俗之忧，其可一日去诸怀抱耶？

勋孙跌仆地上，触伤两眉之间，时芊孙甫周两岁，在旁见之懊然。忽走诣勋孙被触之处，双手击地以泄愤。是一赤子爱兄之忱，而外御其侮之端倪也。其关系亦岂浅鲜哉?

仲弟愉叟以戊申四月望日买受住宅一椽。计自癸酉家运沧桑以来，三十有五年矣。至是始得一枝之安。岂非先灵色喜之事哉?然此宅犹非仲弟所惬心者，良以逼近阛市，恐使儿孙渐染游荡习气也。当癸卯冬之榷税调弦口也，仲弟本决意允受西山老屋一椽，以为菟裘[1]。惟因远道问答迟延，而此宅已归阜薰昆弟矣。乃今日所受近市之宅，又为阜薰之亡父笛楼兄早年买受垂成，将书券，而忽焉坚辞勿受者也。语云："物各有主。"诚哉是言!今此两家，于斯两宅，抑若互相退让，而勿敢混取者然。岂真鬼神设此奇局，而示人以数定而无所于逃耶?

陈荜喈邑侯之委赴青草山，履勘堤工也。吴君祖龢、玉藻偕行，而仲弟炳仑、门下士彭克谐皆从往焉。一日，克谐偶留行馆未出。及予归，克谐告以山民数十人，避雨憩庙中闲话，饶有伤心之语，如是云云，众口一词。予闻，心甚怦怦，如见待哺之儿，脱离乳母，去思弥切，日暮无依之状。令予终夜床头展转，愀然不安，亟图为民请命，以资补救。此盖藐躬前度偶尔之粗疏，而今日改过之不吝也。不可不自记，以当座右铭。

此次青华山之行，往返凡七日，风寒燥热，交错中人。予四人及侍者殷松泉，一皆沾染微恙。而此七日中之昼夜千言万语，舌敝唇焦，伤脑疲精，晏眠损神，尤种种不堪言状。至于奔走跋涉之劳，尤其显焉者也。惟愿东西两圩田主，长念此次之竭诚联络，苦心调停，从此父诫其子，兄勉其弟，力求万井胪欢，永无雀角鼠牙之累，则诚志伊尹之志者，摩顶放踵而甘心者也。

---

1. 菟裘：古代借指退隐者的居处。

戊申光绪三十有四年孟夏月，前法部左参议余公肇康，奉旨赏还原职，专办湖南铁路。翰鼎闻之，钦慰莫可名言。良以方今时局，需才孔亟。平居私忧窃叹，盖尝于老成之选，心焉数之。恒为苍生十分珍重，此故区区公义之心，非徒故旧关情而已矣。

戊申六七月间之酷热三旬，武昌、汉阳两城及汉镇等处，因受暑抱病者，不可胜算。其因此毙命者，竟多至两万余人。此盖查验局员见告，有册可稽者也。故人孙海樵在坐，闻之喟然而叹曰："此必富者少，而贫者多。逸者少，而劳者多也。"不尤念之沈痛哉。

乡俗谓鸦啼声惨则凶，鹊噪声欢则吉，直似鸦鹊之能代致吉凶也。此岂通人之论哉？夫禽鸟得气之先者也。鸦儿恶氛戾气而哀啼，鹊儿祥光和气而欢呼。是戾气致鸦啼，祥光致鹊噪也，自取之也。鸦性毗于阴，故哀。鹊性毗于阳，故喜。以哀召哀，故鸦啼。以喜召喜，故鹊噪。人苟闻声而日加修省也，则吉者益觉绵长，而凶者或从末减矣。

武昌寓庐夜坐，偶闻钟声，清沁肺腑。旋忽听猫鸣哀惨，不解何为。问之，则云猫生四子，近已半授他家，是以连夜哀鸣四觅也。予闻之恻然增感。彼世之因贫而鬻数龄男女者，终天永诀，正与猫同悲。而乃忍心自为，则且人不如物矣。虽然吾儒有教养斯民之责，今无计以保全桑梓，方且自歉自愧自恨之不暇，而于愚民乎何尤？

寓庐晨起，家人环侍。予因事叙及季子翚甲午九月可怜之状，穷源竟委，心甚愀然。此岂好为琐谈哉？盖将幼吾幼以及人之幼也。

武昌月夜，散步市中。先后过官钱局及造币局大门之外。电灯皆光明如昼，仰视月光盈天，地下则竟为电灯所夺。可称人间不夜之城矣！

家斐裁、孙海樵均羡称武昌近年铺饰如锦天绣地，固非过论，亦非谀词。然而民膏民脂，最为可惜。观政者，窃冀文逊于质，俾一介无所虚糜，借纾民力。此士民爱戴之葵忱，郁而为忠告之刍论也。伏愿我大夫君子，一垂谅焉。

为门下士讲授《论语》，适值"善人为邦百年"一节，三复"诚哉是言也"五字，悲从中来，慨然出涕。迄今二千余年矣，耳中犹闻尼山太息之声。

《书》云："在知人，在安民。"夫安民者，治国之全功也。而知人者，实安民之大本也。合众人而言，则知人在举直而错枉。就一人而言，则知人尤在避短而用长，野无遗贤。固当日知人之极功，而用当其材，尤为圣人知人之精诣也。子曰："孟公绰为赵魏老则优，不可以为滕薛大夫。"此即圣人知人之精诣。陈文恭公宏谋有言："用当其材，虽小人亦能有功。用违其材，虽君子不能无过。"然则知人之明，用材之当，诚为治平之大本矣。忆光绪初年，翰鼎假馆长沙城，同人见其尽心治事，不察其本，辄轻许为烦剧之才，而翰鼎闻之勿受也。厥后，逾十年，奉委司榷湘潭，因刻小木章，以自示底蕴。其文曰："古赵魏老、西山肫兄"。自称兄者，盖针对理烦治剧之同怀弟炳仑而言耳。此虽一时游戏之文，实则自知之明，抑亦自任之重也。忆戊戌上汉阳太守余公[1]，转达南皮督宪[2]书云："窃谓今日留心人才，应以考求心术血忱为第一义。如果心术正大，血忱肫挚，然后就其学识所长，因材授事，无求备于一人，众长集以成城。而仁慈忠爱之情悉笃，不合力以求济事，而心不安也。不核实以期成功，而心不忍也。此体用相辅而行之效也。"难者曰："庶事需材甚众，而彼

1. 汉阳太守余公：即余肇康，生平参见前注。
2. 南皮督宪：即张之洞，参见前注。

志趣坚定，服膺正道。介介不苟，笃实廉勤之士，其已见知当道者寥寥。如必欲尽用其人，则一时势难多得，奈何？”翰鼎应之曰：“信如君言，亦当从孟子所云‘贤者在位，能者在职’。能者，众才也，分猷效命，各展所长。贤者，端人也。必得端人坐镇正位，砥柱中流，重其进退黜陟之权。俾得破除情面，以总其成，则群材虽心术难齐，亦将严惮风采，而莫敢为非。此有益于公，而又为陶成群材之妙用也。”余公得函，立即手答一书云：“来书正襟而谈，语近王佐。君平日一种真朴坚卓之气，时流溢于楮墨间而不可遏抑。其将为世用乎？敬佩无既。”此盖知己称心流露之言也，翰鼎至今诵之，抑更引以自悲。

散步城市，环绕以达乡村，每自忘其路之远近，盖流览冬晴好景也。而一种大河前横之理趣，络绎无穷。无论在乡在城，途中触眼皆是，即此想见古人天理流行，随处充满，良非虚语。时愿从者克谐，指点亲切言之。克谐聪明，聆之亦多首肯。

登黄鹄山闲游，归途忽偶有不安于心之举动。视平日满腔生意，大不相侔，懊悔不怿者终日。甚矣血气之忿，竟有害于义理之安若此哉？年六十，而涵养之功未足，其终也已。奈之何哉？方望溪先生云：“惟知之而动于恶，故人之罪，视禽兽为有加；惟动于恶而犹知之，故人之性，视禽兽为可反。”一息尚存之年，可勿勉哉？可勿戒哉？

肩舆由萍乡入浏阳东峰界，平畴多稼如云，雨后获稻方忙。萍、浏一辙，而雄峰产煤，两邑接壤，地脉尤一气贯注也。幼年出游，每贪看山水幽深明秀。近年则更留意闾阎富庶之源。因想见古来雅士之与仁人，必多心源一脉也。是日晚天，达女儿邠蘩之白鹤庄，夜月流光，橘园清幽，书房雅洁，窗明几净。而檐外深潭，窗中远岫，尤为自然成章，至足乐也。适明日为予年晋六十之辰，寄身名山，别有天地。浏阳白鹤庄，远近交称清雅，而浏甥淞芙近年在家，修饰尤工，幽竹山窗，好鸟怡悦，日坐相对忘机。环庐晴景增辉，令人应接不暇。而得门下士彭克谐无意追随至此，岂梦想所及者哉？处处天恩，民无能名。夜深闲坐，万籁俱寂，遥闻犬吠，清幽闲淡。此亦山村好景也，令人动深远之思。又越日，而昼夜大雨，云满万山，烟笼高树，而白鹤庄园林雨景，尤为画笔难描。蘽君、芙甥及外孙作樾虽客远未归，而外孙作枏，日夜偕克谐侍话山窗，真令老人悦豫欢欣，血气流通而不郁。因喟然于秦皇汉武，当年何自求仙。即如今日者，论天时，则已凉未寒；论地利，则四时佳胜；论人和，则情真而乐永，境淡而味长。亦或可以延年益寿矣。彼秦皇及汉武者，如真善于颐养，则大权在握，无难霖雨苍生，但借乐民之乐，民亦乐其乐者，即可优游而永年矣。尚何待他求哉？广成子[1]云："无劳尔形，无摇尔精，无使尔思虑营营，乃可以长生。"此诚养生之要诀也，可勿敬读而深思之乎？子曰："及其老也，血气既衰，戒之在得。"所谓得者，岂特指营求利禄而已哉？凡好事难行者，苦思焦虑，必求有成，亦皆得之一念也。日暮途远，安得有快心之一日哉？徒自损其既衰之血气而已矣。是岂不可以已乎？广成之言，似亦可为圣言注脚，夫老氏清静无为之学，诚足以开后世苟安误国之风。今予亟取广成之言，特能为衰躯说法耳。岂通论哉？

克谐初至浏阳，请予引走城东，谒杨孝子祠，并肃拜孝子杨耀廷之考妣。嗟乎！此其可以大慰孝子之心者欤？孟子曰："孝子之至，莫大乎尊亲。尊亲之至，莫大乎以天下养。"《孝经》论天子之孝，合万国之欢心，以事其先王。诸侯之孝，合万姓之欢心，以事其先君。今观远近诸人，凡奔走倾诚入谒孝子者，莫不仰体孝子尊亲之意。而为致敬尽礼于高堂，是亦合万姓之欢心，极尊亲之绝诣，而永之于万斯年也。岂不伟哉？

---

1. 广成子：为道教"十二金仙"之一，古代传说中的神仙。居崆峒山的石室中，自称养生得以道法，年一千二百岁而未衰老。《庄子·在宥》载有"黄帝问道广成子"。

杜少陵诗云：“梨园弟子散如烟，女乐余姿映寒日。金粟堆前木已拱，瞿塘石城草萧瑟。”金粟堆者，唐明皇之陵寝也。而杨孝子耀廷者，即明皇天宝时人也。祠中戏台楹联云：“金粟散梨园，一代布衣绵俎豆。”呜呼！“诚不以富，亦只以异”，信哉？

庚戌元旦，天阴微雪，大风送寒。夜坐，悲思继母，发声吟诵。癸酉家运沧桑，广厦万间倾圮。乙亥正月八日，挈家南迁而来，转徙流离，不堪言状。当时同处患难者，盖九人焉：一继母黄恭人，一翰鼎，一仲弟晶鼎，一予妻，一弟妇，一甲麐儿，一甲鹇儿，一甲熊儿，一邠虋儿。迄今历三十有七年之久，始获一椽菟裘。而吾继母及熊儿，不获及身亲见矣。且也今宅之赁居再徙，亦在甲辰春夏之间。而庚子仲冬，母丧出门。丁酉仲春，熊儿之丧先出，皆由左宅之旁路，不获由今宅之通衢，当时固限于事势耳。翰鼎甲戌仲春在汨罗有《忆故居》诗云：“大厦难邀一木支，安居长忆昔年时。熊羆履兆符佳咏，鸾凤高翔恋故枝。蔽日浮云空作幻，润花甘露未嫌迟。独怜老母登楼望，无限苍凉去后思。”今逢佳节思亲，循环讽诵此诗，不自知其涕泗之交流也。

唐明皇有言：“吾年耄耋，颇乐清闲。今后，朝事付之宰相，军事付之边将。吾可省烦恼矣。”呜呼！此烦恼之所由卒至欤。非宰相之不可付以朝事也，非边将之不可付以军事也，患在不得其人耳。如能黜李林甫，而用张曲江其人，长恃以为股肱心膂；黜安禄山，而用郭汾阳其人，长恃以为腹心干城，亦何烦恼之不可省。清闲之不可乐哉！尧老舜摄，而地平天成，宵旰独忧之君，而卒享如天之福，此其故。可深长思也。

今观报章之原恕大吏某公，持论颇为平允。然岂可不视此为药石之言哉？罗西先生有云：“中材之士，平日无善无恶。一日苟膺首任，而不乐集思广益，则足以殃民，足以误国，足以杀身。”旨哉名言！可勿敬绎而深思之乎？郑子皮欲使尹何为邑，子产曰："不可。人之爱人，求利之也。今吾子爱人则以政，犹未能操刀而使割也，其伤实多。"子路使子羔为费宰，子曰："贼夫人之子。"合观古今行事，如出一辙，而圣贤救正之言，先后一揆。

凡书立发钱左券，必标定岁月日期，谚所称期票是也。而乡人相习成风，往往仅书岁干一字，是亦苟简之为，不足法也。人第以为十年之内，无与混同者。而彭克谐晓卿，光绪己亥一券，竟毒发于十年以外之己酉焉。盖晓卿以戊戌冬借贷易伯良钱谷，期以己亥冬子母一并清偿。钱谷各书一券，皆仅标一"己"字，而"亥"字从略焉。届期，家人清偿子母钱谷，而易氏收存之彭券竟已遗失，无可缴还，遂凭众书立遗失字据，授彭家永久收藏，事已两无轇轕矣。忽忽十年，突于宣统元年己酉初冬，有从外教之民某某，持此二券，踵彭氏之门索取钱谷，径称为本年之手券焉。结党追逋，颇形恶态，竟致晓卿酿成讼累者一年。幸遇良吏陈仰山明府继良，震怒一批，始得息讼。其文曰："查此案，前据易紫云等，附同彭晓卿联名禀称，易伯良当日所领彭票两张，确系失落。彭晓卿票内钱谷，确已清兑，分毫未少。易伯良所书失字，确系实情。伊等均在场书押等语，是晓卿之非串造昧骗，已有明证。该职等所持挥票，其为拾遗，并非易姓抵押，亦无疑义。此等无理诈索之事，都团不为指禀拿究，仅止屡推不理，尚属曲全体面。本县迭批都团，亦于不理之中冀其自悟，乃该职等犹敢贪诈不厌，妄引光绪三十二年谕旨，来辕刁渎，希图要挟，实属目无法纪，荒谬已极。惟现在该职等，既欲以此借口，则冒认油索，亦属律有明文，应候饬差传案，讯明虚实，分别究坐可也。批经张示，而教民闻之丧胆，不敢徒恃护符，自乞乡邻公恳息讼。"噫！贤良之吏，秉公持正，不畏强御，不诚可为亲民之官之轨范哉？而人生蹇运之可畏，竟若此其甚哉！案：晓卿一生大运，端推己运为最劣，以其昏浊岁干用神之壬水也。己运始于戊戌仲冬，迄于癸卯仲冬，尝疑晓卿之误伤火弹，命如悬丝。事在癸卯闰五月中旬，则已运将脱之时矣。而前此数岁，似尚平平。由今观之，乃恍然于己亥岁之枉遭拾票，而贻毒于十年之后，讼累大伤元气。岂非因岁运并临己土，力雄引满，久而殃及池鱼耶？合之壬寅秋冬之家难纷纭，适成鼎足之三矣。良可悯哉？

甲鹇儿偶渡江达汉口，答拜同学之京官某君。其余同学诸君之在武汉者，昨日已相邀齐集火车站，迎候此君。醵金[1]盛宴于花柳之场，惟未便邀及甲鹇一人，而且主人及来宾，皆惟恐使鹇知耳。去夏，鹇儿在京，某公子专函邀请是日就宴娼楼，且曰："弟自来京后无日不出城冶游，而京官自丞参以下，亦多日肆冶游者，习见不怪。不似在武汉时，尤虑有损名誉也。"鹇儿托故婉辞之。某公子亦遂改期邀饮于阅马之场，谓人曰："士各有志，毋相强也。"而同人闻有此事者，益严惮之。

暑天饮茶汉口后湖高楼，予偶自忘平生所忌，嚼西瓜子而误吞盐霜。甫入胸间，而心如汤沸，莫可支持。亟吸茶吞入，而亦未能解围，遂至昏晕而不省人事。克谐乍见面唇皆白，垂头欲倒，目不转睛，惊极莫知何故，急起扶持。予渐醒，耳闻呼问之声，而口未能作答，盖已一吐而苏矣。吐则予犹不自知也，时则四座皆惊，疑为痧恙。群促座中医者萧君提予肘背间，痛不可耐，然而予亦任其所为者。盖恐有负诸君友助扶持之义、见危力救之仁，而未便明言其故耳。其实于痧恙时症丝毫无涉也。盖盐多之杀心，其状莫罄形容者，平生约已历十余次矣。出则始以明示克谐。还武昌寓馆，始历述平生，以示妻儿，而尤贵自铭心版，俾随时随地知所防范云。

人得天地之气以成形，得其全体之一分耳。而百年有尽，死则魂气

---

1. 醵金：集资、凑钱。

复归于天，如偿债于人者。然既偿矣，此气即非我有，仍与天地之气之全体混而为一矣。所谓浩气还太虚是也。然是气也，旋复降而生人，如古者一夫受田百亩，老而复还朝廷，朝廷仍以另授壮夫者然，所谓生生不息是也。是理也，殆即释氏轮回之说，所由影响假借而来欤？愚谓千古贤人君子，前后如同一体，同禀正气而生故也。千古至愚极恶之人，亦前后如同一体，同禀戾气而生故也。世传史忠正公[1]为文信国[2]后身，李自成为黄巢[3]后身，盖言投胎受生也。不经孰甚，惟此同气之说，颇为近理。文信国既死，所还太虚之气，理当复钟于后贤，而史忠正适得之而生，即谓忠正为前贤之后身，亦可通也。黄巢既死，所还天空之戾气，亦或复钟于后人，而李闯贼适得之而生，即谓闯贼为元恶之后身，亦可假也。要之，非释氏所谓轮回也。自释氏轮回之说兴，承其流者，遂谓一身可受生三世，曰前世，曰今世，曰后世也。如一人为善于往日，未及食报而身死，投胎受生为今世，则前世之善报畀之。或今世始为善，未及食报而身死，投胎受生为后世，则今世之善报畀之。为恶之报亦然。此诚不经之语也。夫世者，世系之谓也。吾邑周仞山先生有言："前世者何？祖考是也。今世者何？我躬是也。后世者何？子孙是也。"斯言得之矣。大凡祖考积德，未必及身而食报，而和气所感，终令福萃于我躬。我躬失德，或亦幸逃乎天谴，而戾气所召，终致祸延于子孙。此即前世善恶报之今世，今世善恶报之后世之明征也。忆昔时尝笑答乡人曰："信如君言，人死必投胎，既不拘族类，亦不拘远近。有南人死，投胎受生于北方者。有西人死，投胎受生于东国者。而善恶之报，无往不尾而随之，则是吴人为善为恶，而报在晋人

---

1. 史忠正公：即史可法（1601—1645），字宪之，号道邻。汉族，明末抗清名将、民族英雄。史可法死后南明朝廷谥之为"忠靖"。清高宗追谥为"忠正"。其后人收其著作，编为《史忠正公集》。

2. 文信国：即文天祥（1236—1283），初名云孙，字宋瑞，一字履善。自号文山、浮休道人。宋末政治家、文学家，爱国诗人，抗元名臣，民族英雄。宋代宝祐四年（1256）状元及第，官至右丞相，封信国公，故又称"文信国"。

3. 黄巢（820—884）：曹州冤句（今山东菏泽西南）人，唐末农民起义领袖。

之子。秦人为善为恶，而报在鲁人之子。岂人情乎？无此人情，岂有此天理乎？”闻者亦哑然而笑，怅然如有所失。

古人事父母事舅姑之礼，繁而悉当，习惯成自然。子若妇，皆深惬于心，而不以为苦。后世失教，其礼几至荡然无存。然而遗法竟存于仆隶。不过恃主人豢养，惟恐失其欢心，故不敢有懈容耳，亦即动止有节，语默咸宜，蔚然可观如此。而况古之人子，其以礼事亲也，中心发于深爱，而非徒循规蹈矩者然。其和气婉容愉色，当何如乎？关乎此，益喟然于三代人才之所以彬彬纪盛者，其由来远矣。

孟子其人者，上千古列圣诸贤，下千古群儒庶士，一大枢纽也。姑无论其他端，即以一节言之，如圣经贤传，言理不轻言数。所以使人壹其心志，自尽其分，以自完其天也。后世士人，始著有命学相法诸书，示人以数定无可越，亦可以定民心志，而息纷纭攘夺之谋也。孟子生战国时，正当上下千古人禽分途之处，而以一亚圣混然中处，顾后瞻前，窃恐后人见命学相法诸书而以为有背经传也，故预为之序其卷端曰：“口之于味也，目之于色也，耳之于声也，鼻之于臭也，四肢之于安佚也，性也。有命焉，君子不谓性也。”然又恐后人溺于数学而忘经传之本原也，故复为之跋经传卷尾云：“仁之于父子也，义之于君臣也，礼之于宾主也，智之于贤者也，圣人之于天道也，命也。有性焉，君子不谓命也。”

贤者多过高之行，既不宜于伦类，亦不便于家人，必非圣人所许可。愚谓允宜力娇，使渐就于中平，似亦君子精义之学也。

仕宦之后，子孙流离，其由在官无善政，有以获此报者，无怪已。然世之良有司，实政在民，而其子孙亦有冻饿难堪者。何哉？殆其人当祖若父在官时，自恃为宦家子弟，奢侈过甚，而已阴折其福欤。

一日经营最小书室，简略迁居，以图一时且住为佳耳。然此室不过国小地狭，不足以回旋。至云几净窗明，亦何减于甲辰书室？且甲室离群略远，结伴维艰，夜及晚天，殊为不便，胆怯故也。兹之小房，密迩人群，独居无恐，夜夜可资秉烛观书，一佳境也。惟榆年心血精神颇形难给，则读书之所获无多。最愿良朋益友，有缘聚处，质疑辩难，朝夕欢谈，乃得有闻君一夜话，胜读十年书之乐。是以频年家居孤陋，恒苦思老友蔡君培劼葆初于不置云。

“先将一字报君知，自有收成给果时。待至兔蛇相会后，不教鸿运转关迟。”此予门下士彭克谐壬寅六月所乞棚梨市陶真人庙神签词也。甲鹇儿之致赠克谐以聘金，始于甲辰初夏，而星宿海发源之日，则适当癸卯夏五月十二日申初。是日为克谐生辰，年晋三十有二。日晡，甫由湘乡应予函召，行抵湘潭，见予辄悲不自胜，以壬寅秋冬之家难初平耳。而是日黎明芒种节，才入午月，则卯岁之巳月已完，所谓兔蛇相会之后也。克谐壬寅六月之卜于陶庙，惟迫望公所薪金，然而不得其门，惟始终专受鹇儿之给助。而神词之刊板，当年缮手，竟于“结果”二字，误书“给果”。然则此次所云一字报君知者，非即指误书之一“给”字耶？可见神慈悯人甚切，占者果具专一迫切之诚。无论悔吝吉凶，神示必多奇验矣。

孟子曰：“杨子[1]取为我，拔一毛而利天下，不为也。墨子兼爱，摩顶放踵利天下，为之。”若翰鼎者，于二子孰为近之？以为近于杨也。而痌瘝念切，一如疾痛之在吾身，日夜呻吟不已，以为近于墨也。而往往因循废事，畏难苟安，且疾同人之疵累如仇雠。吾宁力求避事，是一非杨非墨之材。专慕吾儒大中至正之规，体用兼赅之学，而终未能实践也。愚窃一

---

1. 杨子：即杨朱，字子居，战国时魏国（一说秦国）人，思想家、哲学家，杨朱学派的创始人。反对儒墨，主张“贵己”“重生”“人人不损一毫”的思想。他的见解散见于《列子》《庄子》《孟子》《韩非子》《吕氏春秋》等。

言以自断曰："其亦具胞与之怀，而惜少理烦治剧之材，并乏左右勗勷之选欤？"

尝拟自题所居，曰"六然书屋"，而终耻名实之难符也。六然者何？自处超然，处人蔼然，无事澄然，有事斩然，得意淡然，失意泰然。予常日夜自省之，自处超然，似为近之。而处人蔼然，犹或未之能也。无事澄然，似为近之。而有事斩然，犹或未之能也。得意淡然，似为近之。而失意泰然，犹或未之能也。日月逝矣，岁不我与，可勿勉哉？

有里人吴某，以肩挑小贸营生，年近七十矣。予自同治甲戌秋冬即与相识，而偶忘其名字也。平时谓藐躬扶植桑邦，所为公平广大，恒对乡邻谈及，而交口称颂不衰，其实斯人未尝得沾丝毫公益也。其言往往传入予耳，辄令予心抱歉无端。今日偶相遇于途，其人向予殷勤致词，爱戴之忱，溢于言表。予亦倾诚慰劳之。去未远，吴又遇一老人荷担于途，吴叟与之言，指予而谓之曰："吾乡如得有三数人，如此公之一片热肠者，同心协力，共谋公益，则我辈不忧冻馁矣。"闻此，适触予悲悯之怀，不觉十分沈痛，一时如痴如醉，鹄立久之。

术数之士，谈予命运者多矣。独湘潭董氏之言，别成一格。尝私语潭人曰："易公岁月日时八字，庚戌丙戌庚子壬午，但觉一种乾坤正气，流行于天空海阔之中，无以名之。名之曰'海天丽日照金山'，一望而知为清明正大，严密刚方之士。窃未敢誉以富贵寿考之言，徒资悦耳。转小视乎端人之贵格清品也。仆尝推论尼山至圣八字，庚戌丙戌庚子丙子，上律天时，下袭水土。诚哉所谓水精之子也！惟因四柱无财，不能生官，故仲尼不有天下。夫圣人之有天下，于圣人何加焉？不过借手有为，庶几无负所学耳。今易公善士也，必可为良吏也，而终不得为亲民之官，亦由四柱无财，不能生官之故。而且日时子午相冲，一破绽也。即以学问之途论，亦恐难臻纯粹以精之诣。”质哉斯言！其真批却导窾之论欤。予维命学家言，火炼秋金成器，全赖丁火洪炉。予则四柱丁火凡三：其二皆藏之戍墓虽有如无；其一即午宫之火也，被冲则无用。安能炼金成器乎？榆年之日月无多，终身恐无成德之望矣。

庚戌岁除日，忆及癸巳岁暮，故旧万程老人章鹏因予偶有违言，决意勿来予家度岁，真令人恻怆难安。予自踵门谢罪而亲迎之，始得往来如旧。除夕聚饮欢娱，其时予有感事诗云：“试看古来良宴会，华堂歌舞胪欢娱。大风怆怀思旧侣，四座嘉宾总不如。”盖有感于斯也。距今十有七年，此老年逾七十矣。今日除夕，仍得邀来同饮一堂。人寿几何，此岂当年所能预必者哉？天恩高厚，荡荡乎民无能名焉。

梦中训诲子弟多言，醒后犹能忆其大略。盖谓亲朋托谋馆谷以营生，力能为谋，即当尽心以玉成之。然必各视其才力，以为位置，不可徒为觅取多金，勿顾其力难胜任，转令陨越贻羞。如吾力无能为也，则直告知可也，万不可粉饰其词，故为拒绝，而指斥其人为无才无能，不堪畀以大小馆地。如遇文弱之士，则或斥其肩不能挑，手不能提。遇强壮之夫，则或斥其手不能书，目不识字。凡与此等类之言，最足令失路之人黯淡凄凉而垂头丧气者也。醒后追述，心甚愀然。晨起遂笔之于书，以告后起之英、后来之秀，俾各充忠厚之端云。

语云：“聆君一夕话，胜读十年书。”愚初以为古人极力形容之语耳。仲弟晶鼎曰：“不然，此确论也。先知先觉之人，读书有得，已历数十年之程。今幸与我作长夜之谈，罄其数十年所采之菁英，倾诚诲我，则较我十年中之所获，自当胜之数倍也。岂得河汉斯言哉？”厥后翰鼎观书，遇见濂溪周子倾诚口授七十老人两年，遂使进高明而臻深邃，益叹晶鼎前言，诚哉聪明人语也。我周子者，仁人也。七十老人自幼有志于学，毕生孤陋无师。一旦欣逢周子，而忘年自求受业于门。周子悯其日暮途远，难望假年卒业，而又必使获朝闻夕死之安。惟有倾诚口授两年，姑令粗闻大道。在周子，可谓仁之至，义之尽矣。而此七十老人者，不诚天下大福人哉?

翰鼎尝佩养知先生答族子之言曰："吾一生自寒微以至仕宦，始终不愿以钱谷交涉事向人作恶态也。"翰鼎深契之不忘。此次追还公款，亦始终不愿乘人之急，而惟委曲以求全。究于公款，丝毫无损，又何必甘为已甚乎? 谚云："忠厚者，愚之别名也。"此盖有为而言耳。若夫君子之忠厚，则出于万不容已之诚心，宁枉受愚懦之名，而必自全其心之所安也。

或问天心仁爱，何必迭生凶人，以害群伦。予浏阳讲友张春皋茂才答曰："此盖戾气所钟也。天命难尊，然亦无能遏绝之。"予闻深有味乎其言。一夜闻坐客谈及狮虎攫物充饥之状，令人不寒而栗。然予因此有悟天心之妙用，处物之权宜也。盈天地之间有二气焉，一曰祥和，一曰乖戾。祥和之极，则生文周。乖戾之极，则生闯献。天虽仁爱，势不能遏此乖戾之气，使之一无所钟。诚有如吾友春皋所云者，惟能使毋积厚，以臻乎其极。随时分其力量，散而布之，以生狮虎之伦，则已耳。夫狮虎虽猛，不过因饥而攫物，饱时则未必伤人，非如闯献之极恶穷凶，无时不以杀人为快也。此以见天地之有憾，不得已而出此避重就轻，去其太甚之办法也。

汨罗黄子和钦逊，罗西先生之兄子也。其为人也，朴素性成，不嫌简陋，颇有罗西节俭之风。而诙谐善谑，则尤胜之。家居尝戴破帽，其顶白棉环露，心亦安之。旁观劝其购换，则曰唯唯，久之而犹未购。一日坐稠人中，人咸目而笑之。子和佯为不知，惊问诸君何为见笑。人曰："君试脱帽观之，当自笑耳。"子和正色曰："此帽甚暖，视新者无殊，何必购换。若云不足以悦目，横直不自见耳。"人笑曰："君诚掩耳盗铃也，其如十目所视，十手所指何？”子和亦笑曰：“诸君欲求悦目，则醵金购帽赠余可也。余又何苦耗财，以求悦诸君之目哉？”闻者莫不鼓掌大快。

宣统庚戌、辛亥间[1]，远近报章日以各国瓜分中土之说迭悚朝廷之闻，欲其及时保国以保民也。阅者殷忧甚切，因问将来宜若何。甲鹇儿答曰：“全在视我之所为，是否能服外人之心耳。倍得二三十人，同心同德，坐镇枢府及各部正位，砥柱中流，则拔茅连茹，而各省疆吏皆贤矣。夫此二三十人者，亦不必其才其学之果超迈群伦也，惟能一钱不妄取，万事不辞劳，即令远人心服，而觊觎潜消矣。”予闻而喟然叹曰：“万事不辞劳，吾平生盖优为之，而甲午、乙未、丙申、丁酉间为最甚。今则老病余生，或未敢自信能胜也。至云一钱不妄取，此本分中固有之天也，岂足异哉？”衡阳大司马彭公尝云：“惟士之廉，如女之洁。”信斯言也，则“廉”之一字，岂惟不屑自道，且不敢以誉人。如有朱门热客，徒知以甘言献媚主人而不暇权衡方寸也，乃率尔而进曰：“君家良可佩也，从未闻闺中少年一有不洁之行者。”则主人必勃然怒，攘臂起矣。虽然，“廉”之一字，易者自易，难者自难，必知俭以养廉，斯为批却导窾，端本澄源之要道。吾昔年身任汉口河工，旁观讶其一钱不攫，坐失机缘，至有宝山空归之叹。一日竟嗾吾故人黄某婉讽以促行。吾哂而却之曰：“岂惟不屑为哉？实亦无所用之。大凡求利无厌者，颇多供其种种浮费耳。若藐躬者，则于仰事俯畜及客中正用外，尚何求哉？薪资已能足用，又何苦以非义之财美其供奉，以玷吾身及祖宗父母兄弟妻子哉？且吾家继母者，一气挟风霜之老母也。吾子所深知，倘吾以美食鲜衣进，而老母诘知其所从来，势必裂其衣，投其食于地，而怒詈不休矣。此谓爱其父母乎？抑累其父母乎？夫人生所以奔走衣食者，诚莫急于养亲也。得钱而不足以养母，吾更何所用之？”黄君聆吾言，叹服久之。此亦俭以养廉之一证也。呜

1. 宣统庚戌、辛亥间：指1910年至1911年之间。

呼！岂有他道哉？

古今诗篇最长者，自以《孔雀东南飞》为冠。至其最短而最工者，宜莫如“梧宫秋，吴王愁”。虽“巴东三峡猿鸣悲，夜鸣三声泪沾衣”[1]，犹当作第二人想矣。

凡人之情，大抵积忿则生疑。凡事之败，多由积疑而生鬼。鬼而伺人隙，不祥莫大焉。吕子云：“两相疑，则似者皆真。”悲夫！

克谐从游武昌城东，无心而达东湖之畔。山青水碧，天然韶秀，白日流光，一路与克谐欢谈，神怡心畅。甚矣天时地利之不容缺乏人和也。昔年在浏阳榷舍，有示刘甥善涵诗云：“丽日含清风，茂林依高冈。清溪泛小艇，赏心徒孤芳。一结同心游，和歌声琅琅。人生得佳侣，何地非仙乡。”吾知后起之英、后来之秀必有默契吾心者，而有味乎其言。

祸福相倚，忧喜相乘，亦循环之运也。惟安不忘危，治不忘乱，则君子修身齐家，处世接物之要道也。愿与同人共勉之。

武昌题壁联语云：“春夏在北，秋冬在南，频年转徙江湖，直同苇雁。排解利人，韬藏利己，毕世浮沈天地，自耻沙鸥。”藐躬肩不能挑，手不能提，坐食人间之粟，坐衣人间之棉，而自壮至老，丝毫无补于人。人世亦何须有我，耻孰甚焉。

彭克谐近年尝私语所亲曰：“荷刍山人易君甲鹇，言馨先生之肖子也。其先后在武昌，凡十有余年。人咸服其品端行方，严气正性。或犹未

1. 按：此诗郦道元《水经注》原文作“巴东三峡巫峡长，猿鸣三声泪沾裳”。

能窥其蕴蓄之深也。我则深窥已久，窃自信能见其本原。孟子曰：‘附之以韩魏之家，如其自视欿然，则过人远矣。’论荷刍山人者，可于此加之意乎？”

辛亥宣统三年夏六月，武昌江水大涨。闰月朔日，翰鼎出中和门观水，武泰闸高于水面仅三尺耳。循长堤西走，至滨江之堤，则高于水面约五六尺。若予旧庐，则在水中央，堂中殆深尺许矣。自甲辰以至丁未，鹇儿挈眷属假馆四年于兹，未尝见此水势也。今日顾盼堤内堤外，相距不过数丈，而民居相望，苦乐不啻天渊。夫武昌城南城北，沿江百里长堤，不特各县田园庐墓，资其保障，受福良多，即此堤外流离转徙之家，若无此堤身高耸如山，亦无结庐之人境矣。一路悠悠我思，叹服张文襄公及于次棠中丞不已。非常之功，必赖非常之人而后就，张、于二公之遗泽，岂不远哉？而于中丞荫霖，尤专以整饬吏治，廑恤民隐，独擅胜场者。沿江百里之成堤，实在己亥、庚子冬春之际，正于公励精治鄂之年，而翰鼎江城小吏深以不得仰瞻大贤风采为恨之时也。然而景仰之忱，何时已乎？谨案：张文襄公以果敢有为胜，而于次棠先生则以虑周民事胜。今第就沿江百里长堤而论，张无于，恐措置未遑及此。于得张，则魄力绰然有余。二公相需而成，不期而遇，此亦湖北省运最盛之时，而翰鼎幸得于吾身亲见之也。而惜乎二公同官同城之仅及一年有半也。岂非天哉？厥后翰鼎闻京官回籍者告言，德宗景皇帝辛丑回銮，道经河南。是时于公荫霖甫解河南巡抚任，亦同迎送銮舆。枢臣奏问于荫霖如何位置。上默然良久，乃曰：“于荫霖，君子人也。惜于洋务尚欠研究耳。盍放归以养望乎？”枢臣唯唯而退。翰鼎聆之喟然曰：“于公整饬吏治，勤求民隐，虽胡文忠何以加焉？正方今不可无一之大吏也。胡文忠之言曰：‘不务杀贼，则乱之流不塞。不务察吏，则乱之源不清。’此非千古不磨之论哉？惜乎当日枢臣未及深维治本，而述此名言以启沃宸聪也。”

部员来鄂阅操，恰逢酷暑，晴天无风。兵士由数十里外转战还城。予见过我门者，皆鸠形鹄面，苦不堪言。至夜深，而犹有困惫未到城者，且有痧发仆地，而雇乡人以舁归者。良可悯哉。愚尝窃讶官场于一切巨细之事，动费金钱百万，其中岂无虚糜之款，不急之需？而独于养兵一项，似犹从廉从简，无以纾军人内顾之忧。旁观一野老闲人，念此负疚于心久矣。

偕伴琴侄晚眺武昌城空阔处。伴琴触景生情，信口诵李太白、韦苏州诗句以成联语，拾泥丸以书之于壁曰："举头望明月，散步咏凉天。"伴琴平日绣口锦心，大都类此。又前岁己酉夏至之前，相对夜坐，予昏昏欲睡，亟入帐中，枕上长吁曰："日长人倦。"伴琴闻之，应声而对曰："夜短蚊忙。"闻者笑哑哑不止。盖飞蚊必乘夜噬人，天明则无济矣，能无寸阴是惜乎？

予平日颇好学近人之占卜，借以决疑定策也。然自光绪庚寅以前，毫不知判断之成法。故丁亥在浏阳渡市榷舍，与江夏萧广亭共事一年，见其断卦，至灵至验，至坚至确，惊为神奇。惟我胸无门径，卒无从一问津耳。迄庚寅秋冬，在浏阳城，迭晤熊敬吾。其时予已略知卦学门径，尚能就询一二，以资启发。厥后越十有三年，始再客浏城，而熊君乃物化已久，令人怅惘殊深。而江夏萧君，亦已于己亥之冬去世矣。回忆丁亥九月下旬，萧君断予兄弟父子来岁行踪三卦，其为决疑定策，灵验坚确之丝毫不爽。予盖至今莫能尽测其端倪。惜乎二君之秘钥不传，我无缘也，岂非一恨事哉？而熊君一生断卦之至灵至验，至坚至确，耳聆心佩者尤多。最奇者，浏城上游溪水陡涨，势甚汹汹，滨水一家，占问可否勿移家他去。同一卦也，而刘青峰、熊敬吾二君断语悬殊。因各出制钱四缗，合存一处。刘青峰曰："主人宜速远徙，君家至明日，水必齐檐。如不及檐而退，则八缗统归敬吾取用。"熊君则曰："主人尽可勿移居，今夜水抵厨房门限，汹涌之势即停。至明日，则有消无长矣。”刘、熊皆遣所亲守视，既而果如熊君言，丝毫不爽。熊遂如约取归八缗。厥后予闻之，因向熊借览是卦，而就询其所以然。熊君秘密示予曰：“当日遍观通屋，惟厨房门限之外，有一物焉，可当卦中旺动克鬼之爻。是以知此水不入厨门，而神示专在于此一物也。特青峰在当日未及留心细览耳。”予一日叙述及此，因语坐客曰：“刘青峰以为水必齐檐，亦必有说。惜予未与熟识，不便过而问之。伴琴笑曰：“齐檐，岂齐檐乎？其然，岂其然乎？”坐客莫不鼓掌大快。

克谐从予散步，途中询及唐高祖、明太祖立储之事。予答云：“明太祖但失时宜，贻误后嗣。唐高祖则昏愦无状，咎莫大焉。读史所以增长识见，是一精义集义之资也。是岂易与迂拙者言哉？”

今岁辛亥八月十九日夜，武昌城突起战事。湖广总督实有以激成之，以致转速其行。幸我甲鹇儿早于闰六月初十日，奉黄陂黎公[1]差委，出观永平秋操。届期，即于八月十七日安坐火车北去，不自我先，不自我后，恰于事变之前一二日出险远离。若非天恩祖泽，早经主宰冥冥，而能有若是之神妙不测耶？白香山诗云：“祸福茫茫不可期，大都早退似先知。当君白首同归日，是我青山独往时。”诵之令人毛骨悚然。今鹇儿或暂住京师，抑或间关旋里，势难悬揣。最好是东游日本，惟苦行囊缺乏川资旅费，势难远行耳。邮便梗塞，无从一探确音，五更枕上思维，中心养养。

栗娱欢联，辰葱细绵。仁荄凤威，畅椿軿飞。有勋有基，有严有诒。有欣有芊，有乔有旋。续生辔柔，名曰有驯。群芳绕膝，孙枝九人。惟一

1. 黄陂黎公：即黎元洪（1864—1928），湖北黄陂人，祖籍安徽宿松。北洋水师学堂毕业。应张之洞之招，随德国教官训练湖北新军，升至第二十一混成协统领。1911年武昌起义后，被迫出任军政府鄂军大都督，1912年被选为中华民国南京临时政府副总统。

有常，早岁云亡。言念及此，我心悲伤。诗成庚夏，初生辔柔。有芬馨远，秀吐三秋。越岁辛春，又生荛绥。名以有询，心畅神怡。连月警报纷传，风鹤频惊。环顾老妻诸子群孙，能保无乱离之苦。兹幸传闻有旨停战，殆可弭兵安民矣。一家团栾夜坐，如获再生之年。环顾群孙，吟哦适趣，借以点缀太平。惟韵语互举成章，难顺长幼之序，君子鉴焉。

夜坐，见翚儿勤勤就老圃细询种植之宜，饶有逸趣。忆刘甥淞芙尝集陶句，自榜白鹤庄园门曰："但道桑麻长，而无车马喧。"空山无人，孤芳自赏，最足完其天趣。自食其力，与世无争，岂非谋生赡家之要务哉？幸鹇儿、霖儿、翚儿、芙甥皆性近桑麻，留心种植，诚知本之学也。为父母者，岂容忽视而不予以褒嘉奖励乎？

伴琴侄甲涵，今年五十有八矣。天涯客子年年，恒苦思归甚切。今岁辛亥六月，有《自悼》诗云："吾爱吾庐如罄悬，弟兄长处别离天。迢遥孀女千重恨，孤苦山妻四十年。囊橐常空悲季子，箪瓢难耐愧颜贤。不堪身后多遗恨，谁向清明化纸钱。"见之令人不胜凄婉。今自九月以来，伴琴、瀚琴兄弟虽皆为避难而归，苍黄可念，然幸得一家聚首，大庆团栾。饶有埙篪唱和琴瑟和谐之逸致，予因勉慰伴琴曰："吾子努力爱冬居，当境岂容忽视哉？即如今秋时局，匪特如君诗所云'断炊空为老妻怜'，况成水旱逃亡世而已。武汉交兵累月，近始停战有闻，尚未审将来果如何结局。战场居民，男女老幼，奔逃无路，流离死丧，惨不堪闻。以视此夫唱妇随，弟恭兄友，安居斗室，围炉夜话之欢，不诚苦乐有天渊之别哉？抑享有此乐者，又安能自信其可长恃哉？君其一刻千金可也。"

晨兴，对镜徘徊，偶向二客谑谈为乐。因指镜中病容憔悴之影以示二客曰："此盖近时热肠难冷，一公无私之耆老也。二君生与同时，盍亲炙之？他年后来之秀，后起之英，如有就询此叟之梗概者，二君犹能述其逸事也。如遇天年大旱，乡人或求雨而未降，二君可出而身任其事。惟以洁纸作神牌，题曰：言馨先生易公翰鼎字寿梓晚号肫叟之神位。馨香酒茗，致告维虔。此叟英灵不昧，行将据情上述天庭，长跪作秦庭之哭。天心仁厚，必且垂怜愚戆，而爱屋及乌，下令电掣风驰，不日甘霖立沛矣。如或有他邑苦旱之区，欲致告此叟者，则神牌于'易公'二字之上，冠以'湘阴'二字可也。若夫'言馨先生'四字，则不必以方隅限之。"二客聆此，鼓掌大笑曰："快论哉！诚足令人气爽神清矣。我公苦病久矣，其欲以此快论，代一副逍遥散耶？"

戊卷

唐人刘慎虚《吊孟襄阳》诗[1]云："在日贪为善，昨来闻更贫。"予尝爱其下一"贪"字最为玲珑活泼。如或他年盖棺后，有人诔我以"为善贪夫"四字，不且荣逾华衮哉？然而清夜扪心，深惧不如孟山人远矣！

偶忆乙未五月神词，鹰性难驯，饥则依人，饱食之后便想飞腾。老于世故之罗西先生，其有鉴于斯乎？而至诚恻怛之养知先生，则尝自慨然曰："平日待人不设疑忌，其愚有足悲者。"翰鼎于二公，其谁适从乎？"顾自揣性近养知，虽欲学步罗西，终亦画虎不成矣！

庚戌道光三十年秋九月十二日庚子，翰鼎生。癸丑咸丰三年冬十月初十辛巳，仲弟晶鼎生。丙辰六年冬十二月十八日，母氏周恭人弃养。戊午八年九月初十日，继母黄恭人归我先君晋青公，时公已寝疾五日，扶病成礼。冬十一月初二日，先君弃养，大母过恸失声，继母亟以身殉，屡濒于危，遇救乃免。先是先君病笃时，尝口占联语，对亲党指予继母而诵之曰："看他看出胆，为人为到头。"盖隐然以奉母抚孤之后事重相付托也。而家桐荪叔橄章挽联亦云，岂真曾具有先知？念母老子孤，早觅替身贤佐。至是凡亲党之力挽捐生者，辄引此大义以规之，母意渐释。溯自大父缉熙公之弃养也，大母郑恭人年甫二十有四。我父晋青公生甫七龄而家难丛生，层波叠浪，莫可端倪。大母始终委曲调停，忍受万苦千辛，惟求化险为夷，得以抚孤成立。乃自道光庚戌迄同治丙寅[2]十有七年间，我大母

1.《吊孟襄阳》诗，即刘慎虚所作《寄江滔求孟六遗文》。

2. 自道光庚戌迄同治丙寅：自1850年至1866年期间。

所生之一男四女物化一空，老境不几无生趣乎？惟有一孀妇两孤孙相依为命而已矣。当是时也，凡亲党关心人，每私忧窃叹曰："以两代苦节母，含悲忍痛，抚此双雏，如或督责甚宽，亦人情也。"而岂知绳过无小，一言一动或即于非几，必被大母、继母之训斥焉。蒙养之功盖自此基也。厥后翰鼎年及冠，晶鼎亦年十六七矣，知识皆渐启，而犹无所变迁。乡中父老乃喜而相语曰："彼高曾祖父忠厚待人，累世不衰，吾侪自幼佩之久矣。惟虑及双雏督率无人，恐难继志增辉耳。今若此，吾侪可快心矣。此以见善种流传之未艾也。"翰鼎闻此，惕厉弥深，因亟诫仲弟曰："父老之勤勤若是，良可感哉。然而予兄弟亦何恃哉？不可无道以自处也。凡人以身涉世，不宜自小。自小则自谓不能，甘就卑靡。亦不可自大，自大则自以为不磷不缁。不妨任其磨涅，久而染于习俗。恐为物诱情牵，惟自谨守其身，暴弃固所不甘，独立不移。亦有不敢自必，兢兢业业，无时稍懈，以求固我根株。庶几可以当疾风而无萎折欤？"仲弟悚然称善，亟书贴窗间以自警。

同治丙寅孟春，予赴吊架城曹氏归。道经旷野，丛树短小，人家寥寥。时微雨沾衣，寒风扑面，遥望四野，阴云密布，心甚凄凉。迄仲春二十八夜，忽梦复至此地，踏雪而行，明日乃怆闻李氏仲姑母凶耗，大母一恸几绝，命翰鼎跋涉奔丧。中途又过此地，翰鼎怆然曰："曾几何时，而情形倍惨矣。"是夜至李家，柏荪姑丈之弟告予曰，旬日之前，夜梦嫂氏立短墙边。头上白梅盛开，隔墙一老妪与之立谈，似详问尔易家诸事。嫂氏顾谓余曰："今而后，吾幸矣。"忽见诸子侄荷锄荷蔂，自山背小路奔走而来。醒后，余知不祥。盖白梅，凶服也。小儿负荷奔走，急埋葬之事也。谓今而后幸者，免受人世之饥寒也。翰鼎闻言，益增悲哀。因悟夙昔之梦寒林踏雪，其凶兆与白梅同。越日既葬，则见墓山之左，茅屋一椽，曹姓居之。短墙边有梅树数株，宅旁有小路，筑墓者往来由之。墓石一冢，即李柏荪姑丈前妣之墓，是为予曾祖彩臣公第三女也。故一与仲姑相逢，遂详问母家诸事。柏荪姑丈兄弟皆出自继母，其弟梦中见其前妣，故不相识也。呜呼！梦一幻境耳，而事后若合符节，岂不异哉？而圣人深知鬼神情状，诚不远乎人情也？岂不痛哉？

是岁孟冬，翰鼎夜侍大母。大母谈及家计日益窘促，深自咎其绸缪失策。聆之愀然以悲。噫嘻吁！家运衰微，人力难支，而乃滋累衰龄，致自引以为过。为子孙者，益何安乎？因而怃然自警曰：“此后用心，慎宜虑远。百年之事，亦当作眼前观也。身为男儿，一木且难支大厦，而况萱阁中忧伤九死之衰躯？岂可听其枯肠九转而舍生以挽末运耶？”

幼时每遇冬晴和暖，结伴坐山头终日，口诵高人逸士之诗不辍。有时仰卧枯草间，放眼苍天高阔，胸次浩然。

己巳孟冬之走访外家郑氏长沙也，大母命旧人章富以为前导。迄自金井言旋，一路谒访郑姓诸姻长，外家复派黄某以前导之。将近外家旧居之所，富指山背小路，呼予告曰：“昔余常走郑氏，此路经行不下数十次。左偏山谷中即其故宅也。予闻悄然。既而黄某引肩舆，过右偏石桥。富急大呼而止之曰：“子误矣，屋在左偏山谷中耳。”盖富耳聋，平时集议，彼独多所未闻，尚不知外家故庐已属他姓，以为郑人居之，而予将过访也。予时悲感横生，不忍大声呼告，转令仲远告之。登前途，遥望左偏冲内，墙屋依然，山林如故。回首旧游之日，视翰鼎掌上珠者，是何人哉？曾几何时，而竟不可复见也哉。念此泪下沾襟，惟有俯首过之而已矣。是时，口占绝句云：“故旧从行为访亲，岂知王谢已更新。人间木石销魂事，竟遇多情第一人。”厥后癸酉岁暮，翰鼎亦遭家运沧桑，则又以悲外家者转而自悲矣。因念我族纠云公，营田旧居之所，曰傅家屋，出鬻与子筠公已多年矣。静存茂才，子筠公之长子也。一日仲弟晶鼎适湘阴城，村翁唐某送之湘滨，返告予曰：“去舟未得。正偕傅家屋少君往问，尚未知可得否。”予疑静存兄赴县何为，迨仲弟归后问之。仲曰：“未也。”予述唐某言，仲弟怃然曰：“非静存兄，盖少循兄，此即纠云公之长孙也。”呜呼！变迁之局，自古皆然。而野老称名，尚仍其旧，能无动人悲感哉？予因情事相类，附记于此。故人杨恕哉《登古罗城》诗云：“大小洲前水自波，登临何事放悲歌。山川无限兴亡感，尚有城垣号古罗。”同此一叹！

高祖耕南公葬长沙县之清泰都，距家山约二百里而近。我家孤寡余生，行将失其墓之所在矣。岂不悲哉？外家郑氏在脱甲桥金井之间，属长沙之尊阳都。此次由尊阳都特往清泰都访墓，询知脱甲桥距童家源较近。故先问童家源所在，客舍主人示以去路。问居人黎名登，则不知也。初，我高祖耕南公葬营田余家坪田姓大屋后，距家仅数里。其地濒古东町湖，固卑湿。我曾祖彩臣公，虑及阴流浸棺，探之诚然，一见痛切，急图改迁而未得其地，驯致寝食俱废，对诸侄以悲号。既而得地长沙，遂远迁而葬焉。其葬余家坪近四十年，及易其棺，究无恙也。既葬长沙，岁时省墓，往来不绝。最后我先君晋青公偕从祖含熙公省墓，未敢信其穴之果安，遂从墓底凿地而观之，无恙，仍塞之。惟高祖妣蒯夫人、吴夫人，朝镇仙两叔父，亦卒于军中。我辈孤苦零丁，未能走省耕南公墓，亦不知墓山之所在矣。我大母郑恭人，虽得记其乡曰清泰桥，然不知其小地名，且不知曾竖碑碣否也，惟恒对翰鼎、晶鼎称述曾祖觅地时哀痛迫切之诚。今日事至于此，深恐将来遗失，急图省之而未可得，悲恨深之，迭询其地于村中父老，鲜有知者。盖当日从往省墓之人多已物故，其存者亦言各不同也。今岁己巳秋八月，翰鼎补充县学弟子员，黄达观表兄谓语曰：“尔此次东行，若犹不能访得墓所，终当失之也。奈之何哉？”予闻而深悲之。自省垣归后，语于大母，大母亟率仲弟登楼，检出长沙黎名登、黄钟奇卖山两契。黎契阴地在长沙清泰都二甲童家源。黎姓屋后反背炭坡，名登父坟之右，坐西北向东南，界址齐于名登父坟尖两尺。黄契阴地在清泰都六甲周家冲，屋对门中嘴，彭姓墓左，坐西南向东北。两契皆无清泰桥名目。时翰鼎养病房中，手抄成折，以便携去照契查访。夙闻里人汤经喜、吴耀祖昔从先君经过，尝就问于吴。吴云："其地名邱家园，忘其去路。"尝邀汤问之，汤云："其地名清泰桥，其程途亦不能记忆也。"惟记得墓山形势，墓居中嘴尖头，左右两冲环抱，山前亦属通衢。先君凿地验墓时，汤曾从事于此也。至是予邀汤、吴偕行，皆辞以衰病不能远去。予思汤经喜所云清泰桥，虽与大母之言正合，而两契均未载之。恐亦传讹也，故但以有明文者为问，既得童家源去路，予乃张盖前行，从者三人。鱼贯而进，旋见茅屋中有人，独织草履，入问之，童家源即在前途咫尺间也。黎名登父子皆已物化，故庐已属他姓。童家源居人，亦多近日新来者。欲知墓之所在，须问旧居之人。予承指点复行，白日正中，心殊快慰，曰："十余年之有愿未逮者，今日可以见我先茔矣。"旋至童家源，敬问田中人以墓所。田夫愕然曰："黎氏一门，均葬炭坡。别无他姓之墓，更何有远墓哉？无已，则就问金大公公，或可知也。"予闻欣然，急叩其所居，田夫指以示予，予遂行。仲远自请独行访之，而请予及早更衣，以资拜墓。予叹曰："尚不知墓所之在与否也，更衣何难哉？"转过前山，予偕鼎玉攀木履石，翻山陟岭，寻墓碑视之，皆非也。旋至屋后岭头，仲远亦至。望见炭坡中累累数冢，皆无碑碣，余心惊疑。二子诣视之，予则见前山甚长，左右两冲环绕。因思汤经喜之言，与此相合。窃冀墓在尖头，独往观之，疑喜并集，疾走如飞。一山稍平，一山复起。备尝险阻，直达尽头。竟无所得，独立如痴。缓步下山，乍见一人立山下，向林中答曰："未见有易姓祖墓。"予急就之，其人年约五十许，盖鼎玉立林中与话。予至，再详问之，叟终茫然。遂问叟家何时卜居此地，康熙中即至。叩其姓，则金氏也。予欣然曰："叟即金大公公否？"金叟亦恍然曰："须问此公，或可知也。"即示予走访之。至则皤然一老，坐织草履，入室问之，老人亦茫然。思索久之，曰："吾年七十矣！自幼采樵于此，至老未离。若有远墓荣迁而至，安有吾不知者哉？"予时心乱，有如醉人，举止失措，莫知所出。问答良久，老人忽恍然曰："黎名登父墓之右，亦有古墓，相距数尺。岂即是耶？"予闻喜惧交迫，立请老人同观。老人辞以有事须他适，未肯偕行。诸妇人环观如堵者，咸促老人偕往，老人始引予启行。中途遇前五十者，亦语老人曰："顷忆黎名登父墓之右尚有古墓，或即是也。盍往观乎？"老人曰："诺。"既别，老人顾予曰："黎氏既亡，屋与山久归他族。今吾引尔验视，恐彼族疑忌尔家因坟占山也。"予闻而倍惧焉。及至，老人拔丰草示予，一墓将平。翰鼎大惊之至，黯然销魂。窃计先人谙练老成，祖墓远迁至此，必无不竖碑碣，而致令荒凉若是者。然而执契验之，如合符节，于时稍疑其非，深惧其是。伤心之至，泪雨欲坠，而故作恬然之态，恐人生心也。立谈久之，老人辞归。予偕二子细语山头，心甚悲切。仲远请暂还家，再邀昔时经历之人同来验视。鼎玉然之。予曰："不然。"自吾父弃世后，大母痛切示予。虑其久而失墓，急图省之。然而十余年来，未能一动。今既至此，若复空还，后事不可知也。孟冬之月，今将半矣。予更尽此下半月之期，奔走此乡，访之周家冲不得，即诣清泰桥及邱家源觅之。若皆不得，则走觅旧戚樊氏以问之。又不得，则当远适麻林桥，访之周鉴吾姻长。时南时北，时东时西，不惮烦苦，必得墓所而后归也。仲远曰："日将西沈，吾辈饥甚，将何之也？"予答以投宿清泰桥客舍，以便乘夜详问居人。翘首斜阳，心伤已极，叹而言曰："凡人记载详悉者，人每鄙其琐屑，然而不无裨益也。"今日非无所考据，何以至于此窘哉？我族伯华兄，尝拟绘远近祖墓山图，注载其小地名，及其丈尺短长，刊之族谱，传示久远，俾无失冢之虞，诚深人语也。强步下山，邀章富启行。富已饥困，二子皆然。问之清泰桥所向，张盖前行，百忧交集，不禁浩然长叹曰："今而知凡人行事之不可不忧深思远也。"我先人远迁祖墓于此，其时家甚丰饶，岁时走省，安于自然。岂意历一二传，而孤苦零丁至此，遂致十数年未能一视，而竟失其所在乎？此中艰难，吾将沥胆披肝，谆谆以告后人矣。太息之余，红日渐低。忽见左旁冲内，一山独立，距此约数百丈。山头碑石峨峨，左右两冲环抱。予惊喜，欲往观之。询之一少年，黄姓墓也。予犹不能释疑，卒偕仲远奔视。予素胆小，至是夕阳已沈山外。仰视山头，短树森然，若有人兮山之阿也，心甚怯之。奔至墓前，则诚黄氏碑也。予时倦甚，缓步而还。仲远请乘肩舆，予以觅墓未得，不能安坐。仍前行。章富更行二子后，过人家门外，吠犬追之至近，富犹不闻其声，一胫被咬。主人亟取米泔为涤之，强支而行。此亦谚所云"破屋更遭连夜雨"也。悲夫！仲远曰："日云暮矣，清泰桥恐难奔至。闻有两姓桥客舍，距此不远，盍往投之？"未几即至。饭后，散步门外，皓月正明，窃思先人之灵，当亦知元孙来访。安得早于冥冥中一相指示哉？明日若访墓而不得，明夜当焚香旷野，祷告先灵，默祈引导。遂向鼎玉、仲远恳切言之。小立入房，小话就寝。枕边草似有人搜动，予初以为鼠戏，声之再四，而声不少衰。心颇疑为先灵所使，然犹恐不若是其显然也。闭眼渐寐，少时即醒，五内萦回，忧心如煎。不忧明日访墓不得，惟深虑童家源荒冢即是耳。然以炭坡形势观之，既与汤经喜所言不合，且知先人行事老成，祖墓远迁他县，万无不竖碑碣之理。此冢之非是明矣。小子惟有竭力求之，必在周家冲，或清泰桥也，寸心始稍慰焉。既而思之，黎名登之契立于道光三年，予家卜地远方，知必亲临验视。若此穴先有古墓，不得公然授受之。若无之，则今日之荒冢，必为我高祖考之茔也。既为高祖考之茔，而无一字之碑志，无论与今日之山主争辩维艰，即我亦未敢自信其诚是也。于时忧思愈迫，双眸不闭。窗外月光甚明，夜静无聊。又无旁人一参末议，寸心独运，上下求之，无以自解。血不养心，心思愈滞。渐闻宿客呼主人起备晨炊，知天将晓。窥窗尚有月色，正自无可如何，忽乃天牖其明，恍然而大悟曰："我高祖妣蒯夫人、吴夫人，不尝由此邦移棺归葬耶？童家源必其废穴也。"于是一种深忧涣然冰释。然万类群动，枕上终难成寐。明日为孟冬十四日，早起，勤勤就问周家冲、清泰桥、邱家源所在。周家冲适在中央，距此较近，第云其地非六甲耳。而诸人口称，不曰周家，而曰周公。予疑六甲别有周家冲，既而思之，地方甲分，虽附近居人，或亦有平时未及确查者，彼处或即六甲，亦未可知。至于土人称名，与载之笔墨者不同，或者本名周公，立契时不便直书，偶易家字耳。晨餐后，坐肩舆去访周公冲，途中问之田夫，教予以直道而行。见枫树下有樊家神石庙，周公冲即在眼前也。予直行未远，路左遇有石桥，亦属通衢。因田中人教以直进，故未过桥。予念黄契但云屋对门中嘴，安能知与谁家之屋相对也？一人过舆前，降舆问之，周公冲地不甚广，所居仅一二人家。昔时亦有黄姓居此，惟黄钟奇之名，则不知耳。未几，至枫树下，见石庙门首镌有樊家神字样。即降舆，偕鼎玉入冲。至屋前，望见对门中嘴，萧然一冢，竖有短碑，左右有山环抱。予喜同雀跃，越上山头，俯视其碑，则又他姓墓也。予时情迫气沮，莫知所为，惟有仰天长叹而已。环顾左右诸山，无有所谓中嘴者，虽见有累累数冢，碑石峨峨，心知其非。与鼎玉鹄立山头，有如梦寐。清风拂面，白日照人。一时热甚，解衣授鼎玉执之。予则手执黄契，注目思之，欲求一字之间，而未有得也。第见右偏屋前，有石工数人镌刻墓碑。旁人与话，不闻何语。予拟就而问之，知无益也。忽闻一人高声以答人曰："营田易氏客耳。"予乍惊，攀木下山，就访于石工。旁观一少年笑曰："安有易姓之墓哉？"一石工年约五十许，指少年而谓予曰："是儿识字。自幼牧牛山间，四山墓碑，悉经观诵也。"予闻心急如焚，悲感益迫，而故作恬然之态，观望徘徊。五十者曰："君家祖墓在此，岁时祭扫，自当经过。何以不知所在？"予曰："家人经过者，未暇同来，但云墓在周公冲耳。"五十者置锤错于地，凝神壹志，代予思索。时闻吞吐之声，予惟注意于黄契，欲求一字之间，而未有得也。鹄立久之，乃问此地属清泰都几甲。五十者屈指而答焉。予问六甲何在，清泰桥即六甲否？五十者豁然曰："卖地契中，当书几甲。君所求，殆六甲耶？"予曰："然。"五十者欣然曰："诚如是也，可一往而得之。六甲亦有周公冲也。"予闻，狂喜而问曰："六甲之地，何以同名？"五十者曰："此乡有几处，皆同此名。此地赴六甲周公冲须由施家冲黄翰林锡彤屋前经过。"即示予以去路，予深感而谢之。置衣舆中，张盖前行。未几，至施家冲。望见依山一屋，白壁鲜明，门首悬有翰林院匾额。一人甫出门，有事于中田。予呼问周公冲所向，其人诧然而有喜色曰：“尔乃营田易氏来展墓耶？胡为乎二十年未来省视也？”予时如闻春雷一声，劈空而下，不禁手舞足蹈，奋身跃入田中，就而答之。其人曰：“昔尔家人省墓，曾于墓底凿地探验，一无恙也。”予曰：“然。长者亦及见耶？”其人曰：“墓在吾家对门中嘴，吾恒窃怪尔家，祖墓在此，何以二十年无人拜扫。尔营田卖鱼人至，吾恒问焉。”予闻喜极，问冲内同居有几人家。答曰：“惟黄氏与吾家同屋，吾盖乞其房屋而居之。”叩其姓，则叶氏也。叶叟即示予以去路。予时感深肺腑，愿再拜稽首于泥块觚棱之上以谢之。举盖奋飞，穿过前林，行约里许，侧见左偏山头，巍然一墓，碑石峨峨。左右两山环抱，气象雄伟。白日流光，令人想见日照潼关之候。顾盼久之，但不识为谁家墓耳。再行数十步，即右转入周公冲，望见中嘴山头，小碑独立，黯然销魂。趋过屋前，攀木上山。鼎玉追至，恐予跌仆。连呼稍缓，予未及答，已至山头。乍见墓碑，有如渴虎奔泉之状。急欲俯而观之，而心犹怯其非是，尚有不敢近视者。睨而诵之，则曰“易公文学”。翰鼎大惊，意以“文”字为吾祖辈行，“元”字为吾高祖辈行。此碑题曰“易公文学”，岂有族中伯叔祖卜葬于此，尚非我高祖耕南公之墓耶？急视下文，乃曰“字耕南大人之墓”，心始定。因悟耕南公为县学增生，故著“文学”二字。视其墓，高不过尺许，不禁悲感横来，泪雨乱坠。即拟留居数日，负土滋培。仲远曰：“非近大寒，恐不宜也。”议暂缓。复视墓碑，立于道光二十一年，高约二三尺，界石凡四，惟右偏一石尚竖，余皆圮。右偏一墓稍下，墓碑立于嘉庆二年，题曰“彭公华一之墓”。此山居中，高数丈，左右两山环抱，冲内一皆田畴。未及携有南针，聊瞻墓向，实面东北，乃恍然于夙昔之梦，心更悲伤。盖翰鼎由脱甲桥赴童家源之先夕，宿东山源郑献廷表叔家。忽梦先君晋青公还西山住宅，着浅蓝长衣，矮坐前楹东北隅，而面向西南。前门重闭，翰鼎侍立。自念严亲别后，未尝一见。今忽归来，此生之大幸也，心甚哀哀。方垂询琐事，问答未已，适大母至，坐而与言。维时曀曀其阴，倍有黯淡凄清光景，醒后肝肠欲裂。窃思先君见弃，已越十年，未尝入梦。今忽梦见，而坐向西南。岂以翰鼎晨起将行访墓，而示以耕南公之墓向耶？至是，乃见墓向东北，始悟梦中之灵，盖示以拜墓之向。如君南面而立，臣则北面而朝也。于是觅路下山，盥沐更衣，焚香拜墓。旋即入室访叶氏，叶方剪茅补屋，下梯欢迎。予揖之，询知其字曰双和。兄弟凡三人，施家冲指路之叶叟即其仲兄也。茅屋一椽，叶氏居左，黄氏居右。询知黄字忠和。问黄钟奇，则叶双和不知也。略言误入前周公冲，幸遇石工指示，双和曰："异日来此省墓，须问曾家坳侧之周公冲，则人乃确指此冲也。"予谨记之。问清泰桥，距此仅三数里，始知大母所闻亦非无据。小坐，往揖于黄氏。两家俱谢其频年照顾先茔。出门解衣，执笔登山。伏墓碑前，书记一切。白日正中，风景颇佳。一时慰甚，顾谓鼎玉、仲远曰："切愿留心览记一切。异日省墓，当请为前导也。"仲远请解囊钱持赠两家儿女，予欣然从之。叶双和却之至再始受。同入室中，托以守墓。双和曰："墓山颇峻，牛未可登，可无忧也。"问归途，叶曰："出冲右向，前即通衢，达两姓桥，不过数里。君诚佳客，惜家无兼味，未敢留餐耳。"黄家夫妇亦如是云，予并谢之。复偕鼎玉、仲远，登山细览，墓碑后一皆短树遮蔽。此山似与后山断而不连。亟往观之，实属一气相承。但中腰颇细，山头如鼻准，后山如头额。左右冲内，依山两小塘，恰如两眼，遥望四山晴景，心甚悲伤。二子即循小径下山，检束以备登程。翰鼎独诣墓前告行，不忍遽去，徘徊久之。三子渐饥，呼予催行。予含泪叹曰："我高祖独卧此山，待我辈二十年矣。今一见而遽别，再来当在何时乎？"举步下山，迟迟吾行。入门道别，托黄、叶两家照顾墓山，殷殷致词。既别，予前行，出冲口即履通衢。汤经喜之言，诚历历不爽也。予顾谓三子曰："此时如释千钧重负矣。切请留心览记一切，他日当为前导也。"鼎玉以章富五十始衰，虑其不可复来，予闻悄然增感。行数里，遇石桥，即来时路左之石桥也。

因田中人教以直道而行，故未过此。未几，复达两姓桥客舍。白日渐西，从者饥甚，予亟买酒肉以犒之，借资慰劳。饭后，坐肩舆启行，过飘峰山庙前，行约十余里，仍达初九日午后所经路店。小憩，予复步行。天将晚，隔溪山色若远若近，清景逼人。仲远高谈于后，予心乐甚，鼓舞欢欣。上灯后，达瞿家山客舍，始知此地实属平江。来时过此，未及问明也。饭后立月门前，回思昨夜情景，苦乐何啻天渊。至是始有归志云。

翰鼎曰：呜呼！先民有言，事非经过不知难，何言之深切而著明也。昔我先人迁墓他乡，时而竖碑，时而省墓。欲去即去，安于自然。失家之虞，自相忘而不觉耳。岂意后之子孙，孤苦零丁至于此极耶？今乃险阻艰难，尝之殆备。故其伤之也切，而虑之也远。虑之也远，而其记之也详。虽自知重复杂沓，不免贻讥，而亦未遑顾惜也。吾弟吾儿，慎无忽视吾言可也。

仲弟晶鼎，与予同学家园，予恒殷勤口讲指画，仲弟受益良多，驯至日夜心清如水。念予辛苦较甚，每与予同食，予所嗜之肴，仲弟箸不再下，让予饱食故也，予犹相忘于不觉。予妇旁窥而深见其心，亟以告予，予闻而恻然悯之。

暮春时，夜偕仲弟散步杨柳池边，月色凄清，追念先君，心殊凄怆。初夏一夜，步出门前。无意中偶践青草，仲弟急止予曰：“竟日当阳，几濒枯槁，幸夜间可得生气，不宜践之。”余大悦。

予将有远行，手检行笈颇忙。甲麐儿才两岁有半，甚有依依之态，连作呻吟之声，哀戚之音，以呼予曰：“爷爷。”余在此，如是者至再至三，侍立良久不去。予有所需，儿悉自取以授予，循环哀呼不已。其恋恋之情，为何如乎？此即所谓孺慕之诚也。可怜哉！夫此景此情，尽人皆有。而岂容失却吾身至宝耶？予愿与同人共勉之。急起求之芭蕉夜雨蟋蟀寒灯之下，尚能冀其合浦珠还[1]也？

庚午九月初八夜，大母郑恭人之跌地患病也，仲弟晶鼎，抱衾伴宿月余。大母起居上下，皆赖仲弟扶持。大母未寝，虽至夜深，仲弟不敢稍形倦态，谈笑自若，以安其心。迄大母伏枕，为覆重衾，从容坐待，婉询再四，处处皆如大母意，始自就枕。已虽沈入梦乡，乍闻有声触耳，辄自惊醒。起而问之，大母或因气逆，需起坐帐中。仲弟伴而扶之，搜括远近今昔各事，谈笑以博欢颜。数旬之间，剔尽枯肠，几乎辞穷口窘矣！时虽昏昏欲睡，罔不极力撑持，豪谈以自振。明日早起，奔走防护，仍自忘其劳瘁，昼夜相倚，未尝偶离。久之，大母左胫筋骨痛渐减，仲弟始能略自宽弛也。呜呼！此盖为人子孙者侍疾之要道也，不可不大书特书，以垂示后嗣。

同治辛未正月，汨罗黄达观表兄偶博弈棋，座中极动家运兴亡之感。《诗》云："人之云亡，邦国殄瘁。"王龙标[2]亦云："但使龙城飞将在，不教胡马度阴山。"不皆千古之伤心之语哉？是岁也，予大母以季春廿八日弃养，而达观兄亦旋于季夏初七日捐尘[3]。又不意姑丈郭镐丞先生，亦竟于孟冬一病溘逝。六亲同运，可胜悲哉！而翰鼎、晶鼎，不旋踵而遭癸酉家运沧桑之惨状矣。假令大母犹存，人必不敢萌觊觎之念。即达观表兄尚在，洞明机变，思深虑远，而又立言侃侃，人必万难成攘夺之谋。而镐丞姑丈者，世居县城，在士绅中，群推中流砥柱。平时排难解纷，扶弱抑强，口碑载道。倘甲戌尚巍然健在，何至任我家终受欺天枉人之讼累哉？

1. 合浦珠还：比喻东西失而复得或人去而复回。
2. 王龙标：即王昌龄（698—757），字少伯，盛唐著名边塞诗人。因曾被谤谪龙标尉，故世称"王龙标"。"但使龙城飞将在，不教胡马度阴山"出自其《出塞二首·其一》：秦时明月汉时关，万里长征人未还。但使龙城飞将在，不教胡马度阴山。
3. 捐尘：去世的婉辞。

厥后光绪庚寅，醇贤亲王[1]、曾威毅伯[2]、杨厚庵宫保[3]、曾劼刚侯[4]同岁而薨。翰鼎先后闻耗，为之心胆俱寒。盖昔尝被虎之伤，益深虑强邻虎视眈眈。其欲逐逐，而狰狞之可怖，历历如在目前也。是岂寻常之杞忧，无端而浩叹哉？

东房楼头洒扫，偶得竹簪，翰鼎谨藏之神椟，视同宗器。呜呼！此先世之遗物也，今乍见之，慨然想见我先人勤苦创业，俭陋自甘，一至于此，家道之所由兴隆也。后世子孙，坐享其丰厚者，若竟忘先世之节俭劬劳，得无罪乎？兹谨存竹簪，以资垂示后人，随时触目警心也。案：此宅为我绍唐公创造。而公一生疏食敝衣，自安俭陋，力农创业，历尽艰辛。临终示人，浑身寸骨伤矣！呜呼！后世子孙，坐享田畴万顷，环堵安舒，一若视为固有，试一揆厥由来，自容何地哉？

谚云："医行明家，医行信家。"呜呼！明家吾不得而见之矣，得见信家者斯可矣。家青雨先生，孝子也，亦良医也。先生一字子友，医法至为稳重，审慎倍于他医。此予家数十年心悦诚服之人也。独至辛未正月杪，予大母疾作，而子友先生已先卧病于家，是以予家未尝一往迎之。而家梓风兄，亦良医也。仲春中旬，治以金龟肾气汤。大母深忌附片[5]，未敢服。梓风兄示予与仲弟曰："附片非徒无所忌，且此病非此物莫为功也。"然而大母及翰鼎终疑忌之。厥后季春初中之交，有徐君者，亦名噪一时之医士也，至则治以麻绒、附片、细辛、桂枝，大母略服，而不敢复

1. 醇贤亲王：即爱新觉罗·奕譞（1840—1891），字朴庵，号九思堂主人，又号退潜主人，谥号醇贤亲王。道光帝第七子，咸丰帝异母弟。晚清政治家，光绪初年军机处的实际控制者。

2. 曾威毅伯：即曾国荃，生平参见前注。

3. 杨厚庵宫保：即杨岳斌。

4. 曾劼刚侯：即曾纪泽（1839—1890），字劼刚，号梦瞻。湖南湘乡人，中国清末著名外交家，曾国藩次子，袭侯爵（长子不幸早夭）。著有《佩文韵来古编》《说文重文本部考》《群经说》等，并传于世。

5. 附片：中药，性味大辛、大热，有毒。

进。徐君告归，濒行再语坐客曰："吾所见甚确，必非此物不为功也。"迄大母弃养后半月，子友先生病愈，来吊予家，询悉大母病状，慨然曰："死生有命，必不可回。但以理论之，此病必以金龟肾气汤为要。"翰鼎聆此，顿足呼天，悲伤无极，如早得闻此老言，我大母必深信，而专心以服之矣。大母如得专心服此，不愈则医书可废，苟愈则天命无凭。良药不得与数争权，是以趋而避之也。可胜痛哉！可胜痛哉！虽然，有理焉，君子不谓数也。语云："为人子者，不可以不知医。"今而知此言之痛切也，此则万世不易之经也，可勿勉哉！

夜侍罗西先生话事，极伤世道人心之坏，太息痛恨，至为无可如何。盖念寒士得官，正深以迎养老亲，为如愿相偿之乐事。而世俗从旁窃羡者，转以亲老在堂为不幸，而代虑其一旦居忧，不得及时致富。至谓三年之丧，奈何不遇之于早也。噫嘻！人心至此，天理欲烬灭矣！世道复何望哉？干戈水旱，频年迭出，有自来矣！呜呼！是谁之责欤？

罗西先生尝称高年故旧，为吾曹之禹鼎汤盘，不啻万金珍品。良以高曾榘矱[1]，我曹茫然，无可就问者，而此老独能亲切指点，为我详言，令我如置身当年，亲承祖训也。旨哉斯言，实获我心。

方伯太夫人过境，途中走失行李一肩。湘阴县令惧祸，严刑追求，株连颇众。暑天桎梏，命如悬丝。卒以受累之家，日夜叩祷城隍神指究。而拐物者在乡，无故自白其事，宗族执投县辕。今天下险幻多端，有司难以辨察。独聪明正直之神，殊难瞒昧，亦可慑天下奸民之胆，能使勿陷于罪也。岂非末士所深颂祷者哉？神道设教，岂欺我哉？

麐儿三岁有半时，一日过西邻，归告其母曰："其家有西瓜。"问

1. 榘矱：规矩，法度。

儿：“曾食之否？”儿对以烹饪未熟。其母以西瓜但宜生食，怪其言之误。及询其形状，则长而小者，盖丝瓜也。儿称“丝”字，口舌未能圆转也。可怜哉，可怜哉！凡人幼时情状，故多未能自记。即其父母，亦且过焉若忘。有心人笔而存之，俾父母儿女一皆班班可考，而历历呈露目前，则父慈子孝之心，皆可油然而生矣。更何待他求哉？《春秋左氏传》“先君为孺子牛”一事，至今读之，犹足令人感叹凄怆也。

客中遇鸭羹，耿耿予怀，恨不能以遗仲弟。良以仲弟久病，阴虚火燥，食此最宜。而吾母屡思谋以饲之，而未得也。又一日，庖人烹进鸡卵甚丰，窃念在家时，吾母深怜长孙甲麐儿，每烹鸭卵，与儿佐食。而予在座中，辄严行监督，使儿不得肆行大嚼。庶几浅水长流，终食一饱。今予在外，独享有余之奉。而云山缥缈，关河绵邈，安得分羹以遗吾儿，借以养吾母之志哉？不禁惕然其难下咽也。

人情震于始，而安于习，惟主敬得以善全始终也。浏阳渡市司榷时，榷舍中庭，旧悬有御书“福寿”二字。每由后苑纳凉返入卧室，不敢肉袒过中庭，往往信步至门，忽尔肃然而止。此固天良所发，自有不容苟简者也。久之习见，而严肃之心若少衰。至门，则须提醒此心，毅然把持，而后不敢径入。益喟然于先儒主一无适之训。诚有功后学也欤？

语云：“士别三日，当刮目相待。”况圣门学者，自强不息，日进无疆，一息尚存，岂能限其所到？俗儒昧昧，但见圣人尝斥责冉有、子路、樊迟、宰我诸贤，以为造诣止此，不无微词贬抑。岂知诸贤一经圣人斥责，便已境界一新，过此以还，岂复被责时之气象哉？

罗西先生曰：“三年之丧，期已久矣。昔人以为宰我故为此言，以求夫子论定，示万世以不易之经。”此说见解最高，由此推之，则凡冉有、子路、樊迟，议论有失当处，皆可作如是观。

吕东莱先生云："学者不忧良心之不生，而忧良心之不继。"旨哉斯言，不可勿思。古人取义全仁，大抵有初念，无转念也。盖凡事乍遇之时，善念一生，即是天真流露，最宜急起直追，毋使中道而废。若少费一番踌躇，便有利害之见乘之，为善不得终矣。可弗慎欤？

郭桂高表弟之从学仲弟也，时方七岁，频年依宿其大母胡太夫人。太夫人年近八十矣，其于童孙，抚恤怜爱之至，咨嗟慨叹，若有无可如何之状。翰鼎暂客其家，代馆月余。每夜宿隔壁房闻之，回思大母抚予，继母抚甲麐儿情事，曷胜怆然。嗟予大母，劬劳备至，养尔孙成人，抑何用哉？今欲承欢膝下而无从也。终天之恨，其何极哉？切望桂高、甲麐，稍长更事，及时深爱日之忱可也。胡太夫人惟自深爱其孙，故常推恩以恤予兄弟，数谓翰鼎曰："汝大母当日抚汝，犹吾今日之抚桂孙也。汝今来此教读，亦不得已也。可怜也！汝胆小，夜宿吾隔壁房，吾不闭户，如在一室，汝可无怯。"每见翰鼎澡身后，胸背前未著单衣，辄加催促。历一二次未从，辄怒詈随之，恐受风寒也。每于夜半，闻翰鼎醒，故必作举动及咳嗽声，使闻于予，以壮予胆气。今将还家，历念深恩，焉能恝置。予小子将何以报之哉？特书以传之，俾予后人有闻焉。

家泗州老人章坛，同居槐北故庐数年，旋又同居槐南寄庐数年。极承亲爱，至今心感难忘。而老人之家世萧条，尤可悲也！生前米盐奔走之劳，犹其余事耳。然即以奔走米盐论，老境亦颇难堪。忆壬申冬，家居五旬。一日黄昏时，束装登舟，将西赴石门榷舍，门外立待舟子，愀乎其容。久之未至，乃自缓步就询市中。翰鼎见之，心殊恻怆。幸途中遇其子沐吾维鼎来自舟中，告知风波未可行，公始改容同归也。噫嘻！人生苦境，莫如远别家人，此古今人所同慨也。公以九月霜降日到家，正谚所云"寒露霜降水推沙，鱼赴深潭客赴家"也。今天寒岁暮，复将以六十老人，投身六百里外，公其何以堪乎？其辛未孟冬别家诗云："到家才一月，又做远游人。袖带他乡泪，衣沾别路尘。青山思旧业，白发怨前因。寄语知己者，应怜季子贫。”今老人及沐吾兄皆已长卧山丘，寂寥终古矣！诵此诗，能无令翰鼎、晶鼎悲恸无地哉？

家岳农兄鼎宣，逸仙弟蔚鼎，以壬申仲冬同日分财，赠顾节母陈氏，予心大慰，感同身受。节母年七十有五，居湘阴东乡分水坳。自十七岁茹苦守节，抚子成立而竟夭。有孙四岁而亦殇，茕茕孑立，贫苦万状。既而耳聋目瞽，益自无能以纺绩谋生。邻居一族侄妇，高其节，常为代炊。粮尽，则自分馇粥以与之。然侄妇之家亦贫甚，难以为继也。予一日偶闻杨恕哉言及，心甚怦怦。虽已谋诸仲弟，略为资助。然自嗟绵薄难存赡也，幸同心人闻而分财，以资集腋。其能无引以为慰乎？凡此举动，固救困扶危之义也，抑亦兔死狐悲之感欤？秦穆公曰：“同盟灭，虽不能救，敢不矜乎？”吾自惧也。此亦强恕而行之一端也。顾陈氏之夫，曰顾润吾，其抚子则名德新也。迨恕哉以壬申岁暮还乡，持献缗钱，而节母以壬申九月十九日身故，族党即以此钱为竖碑修墓之资。故时年七十有五，计守节五十有八年。汨罗黄劭生茂才澄，予妻兄也，时在湘阴县志馆襄办志务，一闻顾节母本末，亟行采入志书，俾无淹没，聊以报芳魂于地下云。

邠蘗儿未周两岁时，予偶揽镜自照，邠儿倚立膝前。予未知儿能识镜中人否也，既而儿头撞予，予陡作怒容，儿亦有惧色，对镜中鹄立如痴。予故改容微笑以试之，儿即回首顾予面，乃知儿确识镜中人之为乃父也。惟不知儿是否识耳！

甲麐儿五岁有半时，一日晚天，予偶对家人谈古事，麐儿欣然侍听。盖麐儿平日每索人话事，必专心以听，甚至废寝忘餐。至是，听予叙述王先生猷定[1]《山西义虎亭记》：樵者失足堕虎穴，峭壁未可上，战栗恐惧。

1. 王先生猷定：即王猷定（1598—1662），字于一，号轸石。江西南昌人，明末拔贡生，入清后，不去朝廷做官。著有《四照堂集》等。

虎归，见而怜之，饲以肉，日以为常。既勿伤之，又能养之，于是得延命不死者弥月。浸与虎狎，乞虎背负之以出，且送之通衢。樵者叩谢以归。约某日，宰豖置西关外以报。届期，虎先至，猎者执献于官。将杀之，樵者奔诉前事，官不之信。樵请验之，遂抱虎颈痛哭。问之，点头再四。樵曰："若请命不得，愿以死从。"虎闻，泪下如雨。麐儿听至此，不觉放声大哭，顿足惊天。吾母急摇手，止予勿言。予闭口结舌，而深惬于心。良以是儿平日，每闻伤心事，鲜不作此情状，不皆恻隐之良所发耶？勉之哉！慎无渐失吾身宝珠也，吾于此有厚望焉。

癸酉五月初四日，翰鼎偕仲弟晶鼎，由家启行，遍省远方祖墓。语云："君子有终身之丧，忌辰是也。君子有百世之养，邱墓是也。"旨哉言乎！出介家巷，经心字塘，达古坟坪，访知先世避吴三桂兵之敝庐所在。远望咨嗟，此先人虎口余生之地也，不宜为子孙见之流涕者耶？其地旧名太平桥，大约吴兵及北兵皆未尝一临其地也。经栗山至新桥，烹面代饭。经枫树塘，达迁湘始居之东港冲，近暮天矣，亟省墓大明塘、无量山等处，投宿始祖墓邻孙宅。日内行路，约五十里。初五日晨起，就瞻忠节公读书山馆，如见先型，惜此屋早归张姓耳。晨餐后，冒雨遍省花园坡、牛栏坡诸墓毕，走省赵姻丈祥发先生，深幸其健在，此予王姑[1]冢子也，翰鼎幼时尝亲承教诲之人也。祥老引予兄弟诣栗桥，省忠节公墓，仍返赵宅。午后，走谒王姑墓，夜侍祥老拥炉话旧。见此老发脱衣单，家况萧然，恻恻于心不已。晏平仲得禄分润亲党，诚人生慊心之事也，而安得于吾身亲见之乎？夜半醒，闻雨声潇潇，仲弟呼予告曰："此雨将阻前程，然愚公移山，此志终不懈也。"应之曰："一心所向，百折不回。何忧乎一雨？"日内行路，往返不及十里。初六日，冒雨踏泥启行，东望密岩神鼎诸山，浓云出岫，沈沈满天。行笈颇重，从者力不能胜。予与仲弟仍分

1. 王姑：古称，祖父的姐妹。

负钱囊，由小径逾越峻岭，著力攀跻，从者汗流浃背。午后，至上丰仓，仰视密岩山，相距仅里许，孤峰峭壁，蕴含苍秀。偕仲弟流连叹赏，不能去云。时三人咸饥，问客舍无有，只得买饧共食。天色欲暝，急行东上，拖泥带水。上灯久之，始达新开市客舍。夜半立春。日内行路，约六十里。初七日，大南风晴，赴长沙纯化都，省周鉴吾姻长，此郑氏外曾王母之兄子，于我大母则为中表兄也。我送舅氏，悠悠我思，欲往省之，非一日矣。此行尚容缓乎？而仲弟自恨辛未孟冬，鉴老远适予家，仅住数日，弟在郭家未及一晤，至今思之为尤迫切云。新开市东南大路，皆平沙，无峻岭，无泥涂，步行视昨日，较为舒展。途中南望高山头，尚有微雪。日晡，出大理塘，至青山市，烹面代饭，复行。呼问田中人，确知鉴老健在，心始安慰。未几，达将军塘杨绍南家，夕阳在山矣。谒省鉴老，悲喜交萦。杨绍南者，鉴老之自出也。鉴老只身无依，不得不视甥犹子，而假馆以为菟裘焉。夜月明，翰鼎平时恶酒颇严，今夜连进数杯，自忘其醉，盖深幸我公之健在也。日内行路，约六七十里。初八日，南风晴。依依鉴老，问答颇忙。鉴老年八十，往来予家最久，相识殊多。“访旧半为鬼，惊呼热中肠”[1]，曷胜今昔之感。夜无月，鸡鸣后闻雨声，知天色变矣。初九日，北风浓雪满天。别鉴老启行，中心十分凄恻。公老矣，后会更知何日也。由青山市赴清泰都，省高祖耕南公墓。途中猛雨迭降，予偕仲弟戴风帽，仍重负钱囊。张盖逆风雨而行，袜履衣襟湿透，双足苦寒。经黑水塘，四围高山，乌云障蔽，气象阴沈，如入深洞。山腰茅屋数椽，仰视如悬壁上，增人画意。烈风吹雨，如尘沙飞舞，殊不可当。然逾山越岭，足愈苦寒，身愈不敢小憩。经寒坡坳，越平石岭，路上无行人可问，迷路数里。薄暮，幸得达曾家坳侧之周公冲，投宿黄忠和宅，宾至如归。途中辛苦万状，皆子孙甘心忍耐之事。夫何惮烦之有哉？惟牵率从者，以至于此，念之心实不安耳。夜偕仲弟早眠，以便尽脱棉衣，托主人倚炉烘炕，

1. 此句出自杜甫《赠卫八处士》。

而从者亦自烘其衣。与主人同坐，闲话至三更。日内行路，约六七十里。初十日，引仲弟谒耕南公墓，细览墓山半日。午后，告行西归，将迂道省墓妙心塘。日暮，止宿松树铺。铺屋前老松一株，兄弟二人伸手合围而犹未尽。高约四五丈，苍古可爱。夜半醒，闻松涛声，疑为雨，泉声潺潺可听。日内行路，约四十里。十一日，雨竟日。无已时，行数里，达团螺山。予久思访甲寅避兵之彭氏山庄，以便遍览大母先慈居室、先君居楼。至此又无人导往，歉甚悲甚。从者负行笈，先赴妙心塘。予偕仲弟冒雨登螺峰，重雾突起，咫尺不相见。俯仰环观，一白无际，天地混为一色。至绝顶，如凌九霄，太空冥冥，实平生第一回也。岂天怜我辈贪游览，而故设此奇景耶？谒石庙社神，与守庙老人梁彩凤殷勤话旧，深幸其健在。持赠干鱼，聊以将意。拨雾下山，赴妙心塘，经水田狭路，泥滑不可立，战战兢兢，如临深渊，如履薄冰。达妙心墓庐，即引仲弟谒绍唐公墓，登妙心山绝顶，以便四览一周。午后，投宿李柏荪姑丈家，引仲弟谒王姑墓、仲姑墓。夜大雨绵绵。日内行路，仅十数里。十二日，烟雨蒙笼，将北行渡汨水，省墓黄谷市，而天雨泥涂，困人至此。从者染寒致疾，甚形力惫精疲，只得暂缓北行。展期清明时节，日内即行西归。迷途数里，午后始至马厂客舍，此翰鼎幼时随大母迭次留餐之所。一切琐事，尚能记忆分明。引仲弟入室观之，悄然增感。夜宿常山塘客舍。日内行路，约五六十里。此次省墓，每日偕仲弟行经数十里，且屡值泥涂风雨，而皆未尝一日负倦，人谓先灵呵护于冥冥也。悲夫！十三日，北风，烟笼细雨，日中抵家，行路约二十余里也。借换沐吾兄棉衣，而自脱浑身之衣，以资烘炕洗濯。累日泥水浸染已深，不堪言状。语云：古人至困之时，其心有所至慰。呜呼！微矣！先民岂欺我哉？

昔尝对友人言，凡人旅居在外，不见家人，每令孝友慈爱之情益笃。“离别”二字，本人生苦境，而乃足以养其至性，葆其天良，岂亦生于忧患之谓欤？

客中每念家人，有无限恻然哀矜之状，盖怜贫之意居多。因而眼前物品，虽微如片纸，亦罔不甚加护恤。此种情事，殆非游子莫罄形容也。

客中念及甲麐儿朴讷肫肫之状，恻然矜怜，亟欲手摩其头顶，而山河远隔。然本质既如此，苟充之以学，可不失我高曾祖父忠厚一脉也。麐儿他日勉乎哉！邠虋儿未周两岁时，一日哭索饼饵，久而又久，始自得之，竟又走觅麐儿，分与同食，甚饶亲亲之意，爱兄之诚。客中遥念及此，恻然悯之，此一天地弱小沙鸥也，欲手摩其头顶而不得。心甚怦怦，坐不安席。

读书之顷，或静处之时，往往天良勃发，蔼然恻然。满腔纯是理义，凡不容自已之事，罔不欲惟力是视以行之。一遇攻伐之缘，遂有以夺吾劲气，而使素志难伸，不亦深堪痛恨耶？夫以藐躬遇有攻伐，犹能了然于心，郁郁其怀，而甚不愿屈吾志。然而有难恃矣。《书》云："人心惟危，道心惟微。"何言之亲切有味也！予兹藐焉，混然中处，将来何以自全也哉？念及此，无限忧从中来也！

家书之语语沈痛者，宜莫如仲弟晶鼎癸酉季春廿八日一函。匪惟霜清露白之悲，抑亦家运沧桑之朕兆也。兹录存之，聊备家庭掌故。书略云：昨夜致奠大母灵筵，陈时馐五盂，焚冥钱六包。时北风生寒，一庭寥寂，厨中火灭，倍增凄凉。追忆辛未此时，何堪回首？而家庭近况益窘于前日，支撑残局亦艰矣。然则何时而已哉？昔大母每逢端阳中秋岁暮，预筹账务，计无所出，其中心十倍摇摇者。弟与母氏，今继当之，始知我大母当日之苦心筹画，诚不堪矣。今夕何夕，能勿悲哉？近来数夜，母氏恒梦见大母。嫂氏亦迭于夜半醒，闻中庭震动有声。呜呼痛哉！岂非大母之灵陟降耶？此种家书，他人尚不忍卒听，况孙子乎？

癸酉岁暮，家运沧桑之变，甲麐儿方周六岁。闻说西山最高峰将随庐舍田园出卖，似甚引以为歉。予勉广其意曰:“膏腴沃壤，自与轻裘肥马为缘。泉石疏林，终与逸士幽人为侣，江山无太白，寥落几千年。自古山林无定主，惟真能爱山者乃其主耳！且古人洁身砥行，立名不朽，百世犹重其里居。是虽朝代屡更，而山林至今未尝易主。所争者大，所据者高也，吾儿勉乎哉！”

一夜，与仲弟久话至更深，情词痛切，不堪言状。良以世教衰微，士风淫荡。每遇朋辈聚谈，辄好言辞秽亵以为欢娱，而不知旁听之徒已神摇魄夺矣！如此，则一与物接，触处皆是危机。少年人将何以自全心德性命乎？旨哉刘元城先生之言曰：“子弟宁可终岁不读书，不可一日近小人。”夫父兄岂有不愿子弟敬业乐群者哉？而为此言者，势不得已也。翰鼎平日兢兢自持，又兼以防范子弟生徒，无非念昔先人，有怀二人，不忍使情欲稍流，忘身丧德，致伤泉下之心也。非礼勿视，非礼勿听，非礼勿言，非礼勿动，此四语者，自是遏欲存理要诀。尤愿多得良师益友，以资薰陶，使我兄弟有所矜式，倍生严惮，不益善乎？而吾辈接待他家子弟，亦惟以曲引善心，潜消淫念为事云。

一夜偕仲弟邀来故人，纵谈长夜，悲时悯俗，心殊蔼然。此君平日性好清洁，频年客游阛市，从未肯瞻徇同人，一履花街柳巷。虽与朋辈聚谈欢笑，未尝一言涉及闺阃。遇有异己者，则必托词他故，趋而避之。似此，则可免摇荡少年心志之弊。予兄弟以孤身履险，栗栗危惧，而欲于滔滔狂澜中一呼将伯之助，能无于此君，有一节之取乎？故别久而甚思之，非徒故者无失其为故也。

一夜梦至一书馆，馆师外出，生徒数人皆俊慧，年龄相若，不过十岁有奇而已，乃群相谑浪为欢，语甚秽亵。予闻，心甚忧之。呜呼！童子何知，此种语言，必皆平日闻诸轻薄狂夫者。今尚幼稚，即已习熟如此。

他年知识渐开，其流毒又将何如也？真精耗散，丧失终身，可为痛恨，又况惨祸尤多不忍言者哉？吾愿以告为人父兄者，维持子弟，此其第一关隘云。及醒，毛骨为之悚然。追念童子数人，犹历历如在目前也。

家运桑沧之未形诸事实也。九月杪一日，仲弟省予汨罗馆中，故尚无片言及此，惟夜话家山诸事，大变小变，令人神伤。痛汀叟族谊之偶乖，知祖宗伤心泉下，哀梅溪公之孙枝零落。五瑞堂神主无欢，自怜家计之艰难，先人遗物，已多未能保守。追悼敬方兄之永诀，安能起九原而再聆药石之言？悲感横生，百端交集，吁嗟慨叹，不足以摅抑郁，直欲大声号咷也。时已伏枕，心尖作痛，犹与仲弟絮话不休，至三更后始寐。黄子和平时劝我开荡胸襟，毋使郁郁，固亲友关切之至意。然似此情景逼人，又从何处趋避哉？呜呼！此种阴惨之状，固血性男儿之情不自禁也。然以观是岁癸酉笔记之全卷，抑何伤心之语，随地随时，几乎触眼皆是哉？语云："亡国之音哀以思。"唐太宗则谓将亡之政，民必愁苦，故触耳而悲耳。兹者家运沧桑之惨状，亦与古人之亡国同情也。而岂意先机之动，亦令人触耳触目，一皆伤心之故哉？

汨罗馆中，一夜更深人定，予偶观诵吴梅村[1]诗，至《圆圆曲》，不禁拍案大骂曰："胜国诸臣，何无人心一至于此哉？"怀宗[2]以励精求治之君宵旰焦劳于上，痛念生民血流膏野，天颜恒惨然不悦，虽田畹进以陈圆圆之绝色，不足以稍动其心。贤君忧乱之诚，良可哀矣！为田畹者，若稍有人心，见其君如此，当亦有动于中，而忧存民社乃不稍出此。徒内顾身家，思结党援以自固。复举陈妓之绝色以陷溺人情，竟使大将雄心销磨于

1. 吴梅村：即吴伟业（1609—1672），明末清初诗人。字骏公，号梅村，太仓城厢镇人。复社重要成员，历任翰林院编修、东宫讲读官等职，代表作：《避乱》《读史杂感》《琵琶行》《圆圆曲》《芦洲行》《捉船行》《马草行》等。

2. 怀宗：即崇祯皇帝朱由检（1611—1644），明思宗，庙号怀宗，又称明怀宗。明朝第十六位皇帝，1627年至1644年在位，李自成军攻破北京后于景山自缢身亡。

粉黛，岂不可恸也哉？大声疾呼，鬼神欲泣，锦之在旁注视，不知何为。予因举甲申三月，李自成陷京师，明帝鸣钟召集百官，一无至者，遂书衣襟为诏，自殉社稷，以示锦之。锦之愀然动容，助予唾骂。一堂豪嘈，声震遐迩，邻家士人惊起，隔窗呼问何为。予以实告之，且谓之曰："藐躬平日痛恨淫朋恶客，与人家子弟聚谈闺阃，不顾其摇荡心志，丧失终身。况此流寇横行，祸关人民社稷，而又兼强邻逼处，危如累卵乎？甚矣哉田畹之无良也，而一人一念之私，至贻害万方万姓之公若此。然则古今治乱兴亡之故，学者可无眼光四射而精心细审哉？"

邠虁儿甫周三岁，甲麐儿将周六岁，寒夜欢嬉跳跃，举手张牙，口呼捉到，如狮子搏球之状。予偕仲弟坐而观之，慨然谓仲弟曰："凡人兄弟，同怀共气，幼小时日同嬉戏，依依父母，兄若弟固甚相亲也。一至长大，男子受室而析爨，女子嫁人而远离。兄弟姊妹遂日远一日，而情若渐疏。如转忆蚩蚩儿戏，团坐父母膝上时，当有不堪回首者。今吾日记，惯详儿曹琐事，想儿曹异日见之，则幼时情事，历历迫于目前。孝悌之心，得无油然而生耶？"仲弟亟为首肯，太息久之。

途中乍遇老樵夫，似曾相识，点首相迎。目顾予与仲弟背负小儿，去未远，叹而言曰："养儿待老，积谷防饥。"予念此翁情词黯然，必老而无子者也，与仲弟相向怃然。入告母氏，母氏亦恻然悯之。

甲戌元旦，俗累萦怀，寤寐间心殊耿耿。夜坐，对母氏、仲弟痛论"仁义"二字岂容偏废。义有时似与仁相反，而其实适足以相成。盖人心不古，变诈多端。徒一味仁厚以处之，往往不能善后。惟裁之以义，济之以刚健，而仁乃无害，而仁乃不穷。此盖阅历有得之后，而始知浮云蔽日，变幻多端也。然则周公之过，不亦宜乎？

故事，乡邻贺年，凡遇亲故，辄沿门晋谒，酒茗欢迎，颇饶出入相友，百姓亲睦之风也。予偕仲弟，一日至团山塘吴绍美老人家，老人扶杖倚立，延入室中坐谈。老人昔在予曾祖彩臣公时，恒雇充夫役，并耕种予家田。晚年目双瞽，今已七十有余矣。闻予兄弟至，慨然追忆我曾祖忠厚待人之情事，喃喃称述，感喟咨嗟。极望予兄弟努力前途，以为先人光。且谓家运偶尔沧桑，无庸介意。惟愿昆仲孜孜力学，振衰起懦，以再致兴隆。谓此亦明德之后，操券可获之理也。临别，复申言曰："今观少年人最易沾染者，无如吸鸦片烟一事。平日逢人辄问及，汝昆仲确能超越关津，吾心喜而无极。切望终身把持，全始全终为要。"予兄弟聆此直言明训，缠绵恳切，眼中犹如见先人，不觉感深肺腑。愿再拜稽首而谢之，此情真可感可敬也！观此，亦痛念先人德荫，而不胜乐武子甘棠遗爱[1]之思焉？

身体发肤，受之父母。不敢毁伤，孝之始也。而何以今之父母，转将幼女锥破皮肤，折断足骨，而忍心害理以殉流俗哉？呜呼！此岂父母甘心乐为之事哉？势不得已也！从古无穿耳裹足之事，三代以后，渐尚浮华，至六朝李唐而日甚。穿耳裹足之恶习，积久益相习成风，牢不可破。予尝见有士人之妻，自幼丧母，裹足未能屈曲，竟群起而訾之。而其鄙陋之夫君，亦且深加疾视，致令此妇郁郁成疾而亡。此吾乡共见共闻之事也，今举一以概其余。可见凡人父母，不敢不从俗以戕贼其幼女者，正恐违俗独立，而贻累此女终身耳！夫以至极不情之陋习，而竟流毒千年，固结不解，始作俑者，其无后乎？安得移风易俗之君子，大展旋乾转坤之魄力哉！愚窃为百万生灵日夜馨香祝之。同治甲戌春记。

邠蘖儿三岁有半时，一日因内火生疡，家人备清品之肴以饲之，其

1. 甘棠遗爱：旧时颂扬离去的地方官。

味颇佳，儿嗜之。吾母念麐儿近亦微有内火，分以饲之。邠儿曰：“西邻仲姊，我犹爱之。且思分与之食，况我兄乎？我岂有不爱者？我更思多与之。”予闻快然，喜其具有厚薄自然之理，足破异学爱无差等之说。盖稚子无心流露之言，纯乎天真也！

偕仲弟晚步田间，顾盼农夫多人，各种红薯，天暝亦不敢稍休，心甚为之怡然。既而遇一妇人，担荷稻草以归，任亶难胜，蹒跚以行。予偕弟及早退让路旁，惟恐当路，稍滞其行也。因睪然于豳诗之情真语挚。其中“田畯至喜”一“喜”字，“嗟我妇子”一“嗟”字，皆古人公理至情之流露焉！岂若后世词人，我忱不属，而故为欣喜嗟叹之言哉！

己卷

予平生答友人诗，最不愿次韵[1]、用韵[2]，故卷中次韵、用韵诗最少。诗贵称心流出，方可自泄其真情，何得为他人之韵所拘？古人和诗，不惟勿次韵、用韵，抑且不必同体。古近随其便宜，惟答其意义而已，斯为得之。然诗至有唐而极盛，后代名公巨子颇难为继。或自念无以推陈出新，遂假次韵、叠韵、用韵、限韵，以期聊以见长也。虽大家亦不免沿袭以为之，终为诗学之小道矣。至于藐躬，亦略有一二次韵之作，此特牵于酬应，勉强为之耳，非真诗也。乞阅者分别观之。

长沙城中屈贾祠，今题曰：贾太傅故宅。非也，故宅盖在南城外也。祠中最旧之楹联云："亲不负楚，疏不负梁，沥胆披肝真气节；骚可为经，策则为史，补天浴日大文章。"此可为屈、贾合祠之证。郦道元《水经注》云："陶侃祠，即贾谊故宅。"案：陶桓公祠，距今城南书院妙高峰，盖咫尺云。

长沙城中储备仓花园，即前明吉王府第。相传月夜人静，犹隐隐见有宫人游魂。风雨之夕，且时闻哭声隐隐。人以为宫人幽郁以死，戾气孤魂，久而不散。事或然也。同治甲戌九月，予偕黄锐之偶至此地，心甚为之凄惋。孟子尝言周太王时，内无怨女，外无旷夫。圣人平情出治，不令一物失所，此其大端。后世帝王，侍女充盈宫掖，幽囚老死，是使人枉其人道，而怨气塞宫廷矣。白香山《上阳白发人》一诗，真足令神愁鬼泣。

1. 次韵：旧时古体诗词写作的一种方式。按照原诗的韵和用韵的次序来和诗次韵，是和诗的一种方式。
2. 用韵：和韵的一种，以原诗韵脚为韵脚，而不按其次序。

而有唐前后诗人亦往往曲陈宫怨，以备輶轩之采，上达宸聪。而太宗明皇之世，皆尝大放宫女，每多至数千人，古今传为盛事。岂亦诗人之言，不无补衮之功耶？而况夫身膺言责者乎？偕锐之立累石间，低徊留之，不能去云。

“家运沧桑志渐灰，深闺夜话苦低徊。怜君不作封侯望，自分安贫佐老莱。”此光绪乙亥旅馆中《忆内》诗也。独坐流连讽诵，一往情深。夫家运之兴衰，岂小故哉？先人旧庐，一旦尽失所有，勿许一椽可托。此亦非常之变故，先灵在冥冥中早知之矣！予辈岂能料及哉？及事过境迁，而后恍然于壬申八月初九夜梦中，见先大母容颜愁惨，口称：汝大父在家呵护半年，见如此光景，心甚忧也。及癸酉九月廿五夜梦中，乍见高曾画像高悬故宅上厅而望之痛哭者，均岂偶然哉？

“炎炎东山日，厥功何巍巍。寸光入寒谷，槁木生芳菲。植我情有余，感戴时依依。所恨托体微，无以报余晖。”此乙亥六月感旧怀恩之作也。累世之后，诵之必犹为感伤。夫家运之沧桑，始则由一人助桀为虐，运筹谲计于私室之中，酿成龃龉，经年莫解。继则由一人跖犬吠尧，传递谗言于公庭之上，赞成诬蔑，巨讼乃兴。讼累一延，势将开累世孙曾之衅隙。当时转祸为福者，伊谁之力乎？其为大彰公道，登高一呼，而令众山皆响之东山一老也。其余关切万状，而无力可排大难者，尚不胜屈指其人，皆可感也。岂特东山日一诗，称心流出，而为旋乾转坤之大力者咏哉？

湘阴城蔡氏有父之丧，邀予赞襄礼事。此公有长孙女，年方八九，平日最为大父所钟爱，至是伏地哀号，惨不忍闻，旁观莫不心酸涕出。夫声音之际，不可强为。惟幼儿心壹无杂，沛然发乎天真，故令人如饮醇醪，自然心醉，此益见诚之至者物无不动也。

昔人诗云："食鱼去乙，食李去核，治国去贼。"予在旅馆中偶患目疾，亟起治之而速愈。予因之有感焉。大凡祸乱之生，由渐而盛，防之于未然。固为善政，即攻之于始发，尚不失为良谋，治国去贼，不当如是耶？乙亥岁暮，夜坐对仲弟运筹家计，窘状可立而待，奈之何哉？仲弟默然低垂，无以为答。既而入室对予妇闲谈，妇犹是期予致身青云，聊得富贵，以偿置产宗堂，修培祖墓，以及分润族党姻亲故旧乡邻之素愿。家无半亩，心忧天下，同心之言，其臭如兰，怡然耐坐至更深。

岁暮天寒，贫户尤形黯淡。连日出门小望，恒见途中以车运谷者络绎不绝。族中父老指谓翰鼎曰："此我族某富室之谷，粜与市中商贾者，平时族邻贫户求籴，谢绝勿与。必市中人可多受，乃倾囷以与之。贫家无所得谷，势必籴米市中。而此谷一入市中，市人作米，则必以水浸之，而贫家受损良多矣！昔者我族萃亭公之家，乡邻告籴者，谷虽少至数升，无弗与也，故乡人至今思之。"翰鼎聆此，不胜惘然。此事极有关于人心风俗，用是大书特书，示我子孙以良法美意云。谨案：萃亭公讳焕檩，为桐荪叔橄章之大父，亦春生公元孙也。性好施与，一生行善，载于口碑，不可胜纪。尝闻咸丰初年，乱兵经营田，其酋长率羽党入公之宅，将大肆劫掠骚扰。因见中庭有宗族乡党公赠匾额，题曰"为善最乐"，知为善人之家，乃大书数语，张贴以禁劫掠。嗣是入门者虽多，而终无所扰。又有早年乞食之人，新入军中者，尤历举萃亭公种种善行，大告同伴以证之。观此善行可格凶顽，益叹道光己酉，乡中饥民聚徒劫掠富室，其势甚张，受损失者不少。而萃亭公家之门户，终日不闭，阶庭阒如，更无怪其然也。

仲弟有热水一盂，浑浊已不可用，将持之以泼诸地上。吾母急止之曰："恐伤地穴之虫蚁，须留俟既冷，然后泼沟中湿处，斯为妥协。"仲弟大悦，趋告于予。予即笔而存之，以示儿曹，俾知由此类推，随事留心检点。

夜坐，稚子索谈古事。予因节取郑板桥先生十六次家书，详谈细叙，以资灌溉。其亲亲仁民爱物，肫然忠厚，在坐诸人，莫不聆之大悦。

孟子曰："人少则慕父母，有妻子则慕妻子。"史忠正公寄夫人家书云："即目下分离，日后自然聚会，上天不负好心人。日后受用，正无限量。若父母高年，不知后来如何。"此二语凡十一字，泪痕血点，凝光万古，读之令天下人子同声一哭。今合观孟、史两贤之言，而叹天下人子不堪回首者多矣。岂不悲哉！岂不悲哉！

同舟有冯姓人者，农夫也。偶见予日记本，谓同伴曰："士君子恒按日笔记其行事，此举最佳。何也？动则必书，自不敢轻举妄动。此亦谨身之一助也。"予闻惊喜，不图志士苦心，竟被村农一语道破。

丁丑春，馆长沙城。每食必有兼味，辄自愀然不安。盖念老母在家，食贫茹苦，每饭佐以菜桭，抑且有时不足。而客中恒遇佳肴，抚心何安？而今仲春十九，为吾母茹素之期，从俗例也。忆昔人《寒食》诗云："三旬九食吾家事，岂独今朝是禁烟。"吾母在家，盘餐萧飒，平时亦无异于今朝，岂独今朝为茹素耶？念之恻怆无已。

游春偶出朝宗门，始见湘江水涨，轻舟顺流甚速。西望麓山，追维往事，切思仲弟，天伦乐事。抑何其味无穷之至于此哉？良由予弟事予之尽美尽善，有足系人深长之思也。人生若长得手足相依，同咸同淡，则富贵荣名，虽付之流水可也。

接阅养知先生由伦敦寄归日记抄稿，偶于其间触故旧良朋之感焉。夫人生大伦有五，而父子、君臣、兄弟、夫妇之人皆有限，惟朋友一途为最宽。男子在家者少，在外者多，于父子、兄弟、夫妇，恒多别离。其居官者，接见君颜，亦且无几。其在外所日与相亲而赖其扶持者，大都得朋友之力为最多，然此恐难必之于远人也。今养知奉使西行，出中国已四万里，窃意自从行数十人而外，即当举目无亲，而乃欧人之旧相识者，一皆恳勤接待，为叙平生之欢，且有为之预备所需者，不亦蔼然故人之可亲耶？不亦可见朋友一伦，足以括尽穷荒绝域之人类耶？远人之交情尚如此，况我桑梓之人，时与相亲相近者哉？因忆郑板桥所叙徐宗于、陆白义早岁交情，及朱竹垞所叙吴莲、曹山秀早岁交情，恻然于中者久之。翰鼎平生简于接物，交游未广，然此非敢薄待朋友也。惟予心之精神不富，又敛足门内之日居多，其用情于父子、兄弟、夫妇者颇专，故情之溉及吾友者暂尚无多也。一至出而与群伦相接，必也推吾爱父子、兄弟、夫妇之情以爱吾友，自度不致有风雨弃予之悲焉。推此情以爱吾君，自度不甘为负心负国之俦也，凡百君子，庶其谅之。丁丑春记。

丁丑孟夏，在长沙城。一日偶过市中，忽遇队兵执戈飞走。盖县令坐肩舆，押送一妇人出城就戮。妇人肉袒坐箩中，两人舁而奔走，见之胆寒终日。嗟乎！使天下男女得生唐虞之世而仍不免于刑戮，则君子亦可无恨矣。

养知先生以光绪丙子冬出使英国。海程达伦敦，凡三万余里。当同治丙寅由广东巡抚任解组还乡，留别诗有“归计沧江理钓槎”之句，湘人士次韵和者颇多。翰鼎以戊辰初夏在罗西草堂见桃林周绎臣先生和作，过而忘之矣。丁丑仲夏，黄锐之来长沙，夜话诵及，惊为神奇。盖其槎韵一联，乃云“名山暂著千秋业，大海终浮万里槎”也。诚不知当日吐词时，何以适然而作斯语。其亦句有神助，不自知其然而然者欤？

昔贤《赠林和靖》诗云：“风俗因君厚，文章到老醇。”每诵之而流连不置，虽不能至，心向往之。夫儒者至风俗因我而厚，文章到老而醇，其一生切实之功修，可想而知矣。欧阳公《岘山亭记》云“羊叔子自汲汲于后世之名者”，何哉？岂自喜其名之甚而过为无穷之虑欤？将自待者厚而所思者远欤？古今来志士仁人，往往苦心孤诣，避俗如仇，浸至德成于己，固已全其心之所安，而无复他求矣。顾自念其所行所言，有关人心世道，则惟恐不传于世，借以感人心而厚风俗也。此其用心，盖亦仁者己立立人，己达达人之心耳！夫岂世俗好名之私念所可同年而语哉？白香山晚年自缮诗稿，分存数处，惟恐失传，殆亦所思者远也。夫香山诗力不厚，流易有余，亦诗家一病。然忠君爱国，遇事托讽，箴时之病，补政之阙，是大有关人心世道之文也，故自珍重护惜如此。丁丑秋记。

戊寅端阳日，昼夜雨景清幽，家居胜境，以此为最。虽明月清风，犹不及此景之淡然沈沈，足令一庭聚首之母子兄弟夫妇儿女，爱敬之心各油然而生也。

是月下旬在长沙书馆，一日晚眺北城宽敞处，遥望乡云，俯仰身世，戚然增感。夜半大雨如注，沈沈乡梦中。明日晨醒，恻然念家，不安枕席。善乎，熊公绍香之言曰：念家人情之常，而在家计窘促者，则尤不可遏抑也。此非千古情至语哉？

是岁七月二十六日，翰鼎始谒梅根先生湘潭罗公汝怀[1]于荷池精舍。此老殷勤垂训，受益良多。途中往还，时值天阴，秋景淡如。夜半醒，万籁俱寂，听蟋蟀孤鸣，如入荒祠老屋无人，古色斑然。心清如水，此物亦良友哉！旋雨。

---

1. 罗汝怀（1804—1880）：字研生，晚号梅根居士。湖南湘潭人。道光十七年（1837）拔贡。著有《绿漪草堂文集》三十卷、《绿漪草堂诗集》二十卷、《研华馆词》三卷，辑《湖南文征》一百九十卷、《褒忠录》八十四卷等。

是岁十月下旬，偶值家居。偕仲弟携儿女小步田间，日暖风微，池塘水草间，游鱼自适，令人悦目爽心。平时归家，每望遇淡然雨景，此次时当阳月，又甚爱此晴明。总之胸中别有天地。靖节诗云：“采菊东篱下，幽然见南山。”明道[1]诗云：“云淡风轻近午天。”此中真趣，岂心粗气浮时所能会悟？

己卯元旦，黄粱一梦初醒，环顾家人，中心不胜恻怆。良以家中萧条之况，一时群集眼前，甚触怜贫之意也！

是月中旬客汨罗。立春日，散步柘桥堤上。回忆旧游，不胜死生新故之感。四顾寥寥，凄然欲绝，即今硕果之存，亦恐死丧无日，无几相见也。返入黄宅，呻吟久之。日晡，思归甚切，愁颜莫解，迫请縶驹投辖者乘夜为雇舆夫。

是岁三月三日放晴，喜出意外。清晨枕上，闻双鸠呼应，想见春林洋溢之机，遂挈生徒，步出长沙湘春门踏青。春风融融，田间流水潺湲，黄花散金，桃红柳绿，蛙声罗罗清疏。丛林竹径间，更饶逸趣。即此想山居之乐，感慨撄心，恻然思家不已。

辛巳六月初旬，予赴吊长沙城。因即守候榷馆，延至七月下旬，始暂还家。闰月秋深，夜凉如水。虽月夕，亦不能集家人团坐院中领受乾坤清气，心殊怅然。自乙亥正月移居此宅，年年暑天，园林清幽，家人饱领，我独无缘，恒引以为歉。幸今岁家居，自谓庶几可得。乃适因守候生计，羁身城市，避过伏暑，始纵归山林。数定之无所于逃也，有如是夫？

1. 明道：即北宋理学家程颢，学者称明道先生，生平参见前注。

是岁中秋日，昼夜大雨淋漓。使者告贷县城，阻雨未归。故至是尚无以副索债者之求，且无脩金以献鹇、熊两儿之馆师，心殊急切。日暮，携麐儿冒雨南行，与祭宗堂。临出，呼鹇儿掩扉。其母在房，亦呼令乘便关鸡。鹇儿趋走笑答曰："关雎乐而不淫。"予闻大快，笑哑哑不止。连日欲名新生女儿，未就。是夜，归自宗堂。坐间忽于《关雎》诗中得一"荇"字，畅然自慰，遂名之曰"荇荣"。然此刻实无心而得之，既而猛忆鹇儿日暮之言，适似呼予而示以周行者。岂一名之微，亦关前定，而有若或使之者欤？

癸未四月下旬，荇荣儿忽患虚寒之病。适柳君和凡远去，他医未得识其病源。越五六日，竟不可起，令人悲恨殊深。是月中旬，予卧舟中，两夕有梦颇凶，心窃疑之，而不料其凶在荇儿也。予妻哭泣告予曰："荇儿平时深爱叔母，恒挈几请坐，以致孺慕。今窥其心，似念己身尝吸饮叔母乳汁，又若自知年命不长，聊借此一报恩耳。"此种刺心沁骨之言，聆之肝肠欲裂。

乙酉正月十二日，别家初适浏阳。十五日，舟达长沙城，投宿养知书屋。十七日，肩舆东南行。十八日午后，越蕉溪岭，口占诗云："传闻此地是仙关，今日疑从上界还。北望乡云浑不见，槐亭已隔万重山。"薄暮，达浏阳城东権舍，适家沐吾兄同局共事，趋迎门外，宾至如归。湘中各府州县学宫，惟浏阳习乐舞有年。仲春初六日夜半，偕沐吾兄维鼎往观丁祭[1]。文物声明之盛，极我生三十六年之大观。有居家孝友之唐君寿田者，谬闻予贤。祭事告成，遂过访権舍，一见如故，欢谈移时。予初莅此邦，正求友甚切，见唐君，亦喜不自胜。然君越日即适二十里外之乡馆，晤面维艰矣。十七日午后，予挈侍者渡浏。肆览黄花散金，梨花妒雪。经

1. 丁祭：又称"祭丁"，为祭孔之礼。历代祭孔仪式不尽相同，至清代遂成定制。每年春、秋二祭，均在仲月（二月、八月）第一个丁日，故称丁祭。

天马山下，便道谒欧阳圭斋先生祠。登魁星山绝顶，山间见村妇澼衣井上。幼女侍立，一乳儿，则以带系之母背，俯伏欢嬉自如，令我自动三年免怀之感，凄然泣下，徘徊久之，不能去云。十九日清明，风雨思家，念及盛衰循环，怃然增感。癸未馆湘阴城，距家仅五十里，而仲弟晶鼎及甲麐、甲鹇、甲熊三子又皆团聚城中，天伦可乐。今则远馆清浏，仲弟馆长沙城。麐儿独处，留学湘阴城李宅。鹇儿则独处，寄学汨罗河塘市，惟熊儿留学家园。此正白香山所云“共看明月应垂泪，一夜乡心五处同”也。尽日恻念四处不已，而悯念鹇儿新客汨罗远馆也尤深。越日得家书，始知鹇儿已于月朔召归家园，与熊儿共学，心乃大安。下旬一日午后，再挈侍者渡浏，登宝塔山绝顶，南行遍历群峰。红花漫山可爱，极动万物一体之怀。经双枫浦上一山庄，鲜明雅洁，榜门曰白鹤庄。短墙内，朱桃满树，绚烂夺目，徘徊久之不能去。计此中必有雅人焉，欲叩门入访，先询侍者以主人姓氏，侍者亦浏人，竟不知也。遂绕道魁星山南，东行渡浏还馆，遇雨湿衣。

廿八日，唐君寿田偶自乡馆归，邀予冒雨访陶君笠斋于天竺庵，俾予增一交游。陶馆距予馆盖咫尺也。至则陶君方食，门徒侍食者凡数子，予过席前皆揖之。即出，坐前厅，未暇遍询姓字。刘淞芙善涵在坐，两不相知也。季春朔日午后，又挈侍者游春东郊，遇雨湿衣。迄十二日，淞芙偕同学友诣予馆答拜。予始识面，询知姓字，心窃爱之。问其生，则与吾儿甲麐同岁。小坐即出，未暇遍询其他也，然心志之不忘。孟夏中旬，一日淞芙再至。乍见大喜，坐谈移时。询知尚未聘室，予心惊喜欲狂，感切天恩，而深情跃然不能自禁矣！所谓山有木兮木有枝，心悦君兮君不知也。盖予与仲弟留心物色人才，亟为女儿邠蘩相攸已数年于兹矣！倘所谓佳婿者，其在斯乎？其在斯乎？叩其所居，即予所爱之白鹤庄，心更为之惊喜。容当向人详问其平生，及其先世之德望。而自加到处留心，以细察其为人之表里精粗也。仲夏朔日薄暮，淞芙冒风雨还白鹤庄，便道访予。予拍案大喜曰：“最难风雨故人来也。”止之宿，坚辞勿允，即此亦可见其耿介性成也。初四日薄暮，淞芙复过访。盖至是晤面四次矣。初九日新晴，午后予挈侍者渡浏，访淞芙于白鹤庄，不遇。始晤其伯兄湘渠，气度雍容，语言温蔼，端坐如亭亭玉树，爱而敬之，耐人十日思不忘，益叹君家兄弟不可当也。归途急雨湿衣。中旬以后，淞芙仍就学天竺庵，访予渐密。迄季夏中旬，淞芙避暑家居。予以十二日午后渡浏访之。时天气晴明，橘园绿阴如幕，其别墅曰一枝安。淞芙陪从游双枫浦。予归途遇雨湿衣。明夜，淞芙践约，来宿予馆。纵谈古今，至月落鸡鸣方就寝。十四日，复聚谈一昼夜，契合弥深。圣人谓观人必察其所安，先儒谓观人必于其所忽。连月以来，予盖用此二语以窥淞芙。至是，已洞见其本原矣。惟有俟天休命已耳。

十五日，淞芙还白鹤庄。十七日午刻，予仰见天心，势不容再缓矣！立即手书千言，与家人妥商缔婚要务，由仲弟转寄麔儿，持送家山。孟秋初八日，得母妻复函，即推沐吾兄作伐。十六日，与刘氏订盟白鹤庄，以邠蘩儿许嫁淞芙。自六月下旬至是，一月之间，仲弟与予书函问答，各推论得人之庆，其欢欣鼓舞之态流行简端，互相驱使笔墨者，不知几千万言矣！古人鱼水之欢，殆不是过也。一月之中，予引淞芙就予夜话者几无虚日。予亦数造其庐焉。廿六日，予乘舟赴试省闱，便携芙甥从往予家小住，以志得人之喜。浏水清浅，万山峻洁，夹其左右，舟行乐甚，情不自禁，倚樯而歌之曰："君臣尧舜，父子文周，师弟孔颜，舅甥湘浏。"歌罢，仰天大笑不已。是岂正月中旬黯淡来浏时所及料者哉？天恩高厚，感何极哉！我生初见筒车，饮水溉田，最为利器。廿九日薄暮，达长沙城。芙甥夜见仲弟，仲弟喜极，终夜笑容可掬。予应试秋闱毕，挈芙甥归言馨草堂。淞芙客游旬日，予仍送回省垣。九月初六日，芙甥初游麓山。明日，肩舆归浏阳。予则以孟冬月杪，由家园步往浏城榷舍。将渡蕉溪岭，从者请予雇肩舆以越，予欲细览石磴之安危，以为女儿他年往来之标准，因亟辞劝者曰：此次由家登程，迂道省忠节公墓、绍唐公墓、耕南公墓，凡三处。至是，已健步三百有余里矣，而竟丝毫无倦意，是先灵呵护于冥冥也。今则咫尺清浏，尤不难步履以成全功，何必功亏一篑哉？迄逾岭后，坦道再行二十里，达浏城榷舍。同人闻而诧异曰："君既远步三四百里而来，何以绝无风尘之色乎？诚壮士也。"越日，邀芙甥来见，心切悯之，口占一诗以示慰："吾甥苦憔悴，视久倍惊疑。骨肉情弥切，悲愉我独知。文章判高下，世俗昧毫厘。且对槐南客，挑灯共检诗。"越七八日，予适追维往事，欣戚天渊，又成诗两首寄示芙甥，聊自志喜。"浮萍寄江湖，来去无定踪。陂塘风浪静，浅水依芙蓉。天地悯微物，两美令相逢。往事如浮云，变幻空奇峰。丽日含清风，茂林依高冈。清溪泛小艇，赏心徒孤芳。一结同心游，和歌声琅琅。人生得佳侣，何地非仙乡。"季冬初三日，芙甥负笈来予馆读书。自是朝夕同居五旬，得讲习讨论之功矣。明岁丙戌春仲，馆甥礼成，予手题楹联聊以志喜："馆甥青草湖边，趁春日暄和，山川物色供诗料。回首双枫浦上，正桃花绰约，风景依稀似去年。"己丑季秋月，芙甥舟迎邠蘩儿于归浏阳白鹤庄。《诗》云："为韩姞相攸，莫如韩乐。庆既令居，韩姞燕誉。"至是，而父母之经营缔造告厥成功。

乙酉孟冬家居。一日，鹇儿以事适市，遇旧人唐光焕坐饮酒肆中，衰老可怜。唐细询吾家琐事，情词恳挚。鹇儿恻然念之，鹄立移时不能去。卒无以自致吾情，探囊仅得四钱。市食物，俾佐饮。归而对母叙及，其母喜而告予曰："是儿不忝吾君之肖子也。"予闻，亦悲喜交萦者数日。

人生梦境虚幻，诚无足纪。然其间亦有恻恻动人者。予梦访友，友外出。友之家畜有大鳖，陆行如虎步。予俟友于庭，与同行人立谈未坐。大鳖在旁，昂头以听。予犹未甚经意也。迄友归，出要函见示，予持览未竟，有衣冠客骤入拜友庭中。予仓卒走避，不及缴还要函，鳖乃衔予遗箑尾追百步外。同行人见而呼告，予回顾而诧异之。俯拾予箑，鳖掉头弗与。予会意，易以要函，鳖始释箑，衔信函以归。予大惊，窃谓义猴义犬世常有之，而鱼鳖则未之前闻。今若此，岂非大奇？可见物性之灵，无所不有，观乎此者，爱物之心可以油然而生矣。急欲告其主人戒勿杀，忽醒，枕上犹嘉叹不置云。

家泗洲老人告言：道光二十有四年甲辰，湘阴西乡各圩水方盛涨，民居在水中央，忽遇暴风，有男子见一女子坐椟中，急流而至。男子攀椟而夺其手钏，勿救其人，任其随流而去。逾年娶妻，其妻见此银钏，固询其所自来。男子不得已直告之，明日其妻自经死。盖即椟中女子也。将就死，尝从容谓其母曰："此无良之人，吾不愿从之。"男子当遇难不救时，早已订婚，特不相识耳。此事，泗州老人闻之姻家蔡氏。蔡宅距男子家盖咫尺云。

壬申新秋一日，交山老人以事访岳农兄鼎宣[1]。至窗下，闻怒詈声，止步立而听之。岳农兄曰："据我簿记，扫仓仅存谷数若干。今查视仓中旧谷，存数竟多溢出。此何故哉？吾知由汝曹量谷，操习手法。乡邻告籴时，汝曹辄以每石阴减升斗为能手，以致谷数尚有溢出。我家每年所入田租，自食者少，粜出者多。今若此，则刻人多矣，吾犹不自知也。贫家典尽寒衣，或雇工，或小贸，日积钱数十文，至久方能盈贯，始来告籴。我虽略多与之，于我尚不为损。汝曹乃为吾克减升斗，是岂我所愿为耶？汝其思之。汝曹为主人作事，亦正可于此长厚存心，奈何习此手段也？"诸僮感服谢罪，交山老人归以告予。予闻怃然，感慨系之。呜呼！可以风矣！亟志之，以充忠厚之端云。

庚午春，湘阴北乡陈荒已甚，闻富豪某翁储麦发粜，高增时值，告

1. 岳农兄鼎宣：即易翰鼎族人易鼎宣。据《湖南湘阴营田易氏族谱》（1936年版）载，易鼎宣字德麟，号尊三，生于清道光二十二年壬寅七月十三日戌时，卒于民国六年丁巳五月二十二日寅时。

粜者多争之。翁乃自开典局，贫家执衣就典，勿与之钱，照私价与之以麦。券则只书钱数，赎衣时，仍按券索钱以偿。不愿受麦者，则坚辞勿典其衣。凡极贫之家，计无复之，莫能违之。其别有生路者，则不堕其术中也，以致余麦数百石，未能粜出。至明年春夏，仍以值低而闭粜。又明年，而其麦皆朽于虫，只得出而焚之。愚谓天地之精神有限，所生麦粟，本欲粒以养人，况值凶年，人民流离，麦粟远重于珠玉。而竟使此数百石虚生若是，此岂天地生物时所及料者哉？此事苟非传之过甚，则此翁刻薄贫家之罪固多，而暴殄天物之罪于是为更大矣。案：己巳、庚午两岁，夏水盛涨，绝后空前，田禾多沦于泽国，谷价甚昂。至辛未夏秋，水势尚不甚大，此翁家之田租较多入数百石。一日，翁与客同饮，欣然见告。客举杯贺之，既而此翁频蹙曰："但谷值太低，不及往岁，奈何？"客笑曰："欲谷值如往岁，必水势仍如往岁而后可也。水势如往岁，公又安能有此数百石以发粜哉？"翁闻言亦大笑。岂自笑其愚耶？时翁已年七十矣。子曰："及其老也，血气既衰，戒之在得。"此翁既拥巨富，又已值高年，奈何犹思虑营营，患得患失，而无知止知足之期也？悲夫！

罗西先生尝谓，男婚女嫁，虽富家不可从丰，为儿女惜福也。往往有婚嫁时，门靡夸多，而男女后来衣食且不足者。盖夫妇二人福命所应得，止有若干之数，父母早为用尽，二人更从何处领取而来？爱子而反误其子，是岂父母所愿为耶？弗思耳矣。

家樾珊先生祭黎君玉屏文："长儿资钝拙，深负相攸厚意。弟虽忝博微名，而去日苦多，来日苦少，况复遭家不造，负疚滋深。将来成败利钝，未知天竟何如，命竟何如。静念生平，且疑且惧。言及此，则又以悲亲家者转而自悲矣。"此文作于辛未正月。至七月，公亦客死沣州津市。情词凄然，岂非机之先动欤？

道咸之间，里中有年年仲春文会集宴之举。某年当此夜饮时，家松乔先生贡章[1]在座，酒酣，忽长吁一声，曰："明年此会知谁健？"其弦外余音甚形凄婉，众皆愕然以惊。越数月而公溘逝。先机之动，抑何如此其显著哉？此公亦笃实君子，倞吾兄铎鼎，盖其冢子云。

壬申一夜，偶梦一牛将就戮，牛忽作人语而悲啼。予惊而醒，不胜愀然。明日，适闻家万程老人章鹏[2]畜有老牛，不堪使用矣，程老留而抚之，以终天年。凡求旧者，皆坚辞以退。予深加赞叹，亦以见畴昔之梦幽明之相感非虚也。

尝论吾人以砚田为业，每年所得馆金，但求可供全家终岁之要需，则可安分而止矣，不必营营求多。盖人生福命，早经前定，如我一生应受四千金，每年领取百金，乃可供四十年食用。而子若孙之福命，又旋起而承之，则我终身无困乏时矣。若一味贪多，营营以谋，必望每年得四百金以供挥霍而后意满，则此四千金者，十年即已领讫。此后贫困无聊，上天虽有垂怜之意，不能剖分他人额内之数而加我于额外也。呜呼！天地之精神有限，生人日众，而物产之养人者势难与人数同增。天既按人数而酌分之，则在我自行酌用而已。如或奢华自肆，而谓我有智术，我善营谋，用尽又可取来，则误矣！

凡人用自家钱谷能加爱惜，惟恐易尽，此保家之要道也。即富家亦果能节俭自持，尤为惜福之要道也。但无论何人，一至作宾人家，或寄身公所，则多半借他人货财以肆其挥霍，以为足快吾意，无损于己。而不知

---

1. 松乔先生贡章：即据易翰鼎族人易贡章。据《湖南湘阴营田易氏族谱》（1936年版）载，易贡章字松乔，号淞乔，廪生。生于清嘉庆十六年辛未三月十一日巳时，卒于道光二十五年乙巳四月初六日巳时。子二，铎鼎、锐鼎。女一，适金汝砺。
2. 万程老人章鹏：即易翰鼎族人易章鹏。据《湖南湘阴营田易氏族谱》（1936年版）载：易章鹏字万程，生于清道光十九年己亥十一月二十九日亥时，卒于民国元年壬子七月初一日未时。

冥冥中已阴记其数，即于吾身之食禄中加减乘除矣。癸酉、甲戌，予在汨罗馆中，每夜临寝，奚僮送热水以供予盥沐。予恒以为过多，迭次戒令减少。此非徒为主人惜物力，正自惜其福尔。越岁客他所，日夜求用热水甚艰，益自叹吾言之大验如神也。至馆中每夜临寝，必自沥尽灯油，使伏枕后灯光旋灭，则又非徒惜福之说，此其中尤别有深痛焉。盖追悼大母晚年，家益窘促，支撑力竭。每张灯夜坐，仅许燃灯草一线，勤勤察视，或伏枕已历片刻，灯光未灭，辄呼予继母扑灭之。老年人艰于成寐，灯灭不无怯慑，宁自忍隐而已。且每于夜半独起取物，灯灭不知所向，只得缓步探摹，偶触物有声，幸未跌仆。母氏惊醒问为谁，一闻大母应声，心如刀割，急起扶之，曰："何不早呼媳妇先起扶持，且以作伴？"大母曰："汝昼夜过劳矣。呼汝醒，恐使汝未多安寐耳。"呜呼！贫贱之亲，不诚剧可怜哉？倘异日家计，或有胜于当年，而吾大母不能享受矣。终天之恨，其何极哉？念及此，直欲放声大作号咷也。悲夫！

客中每夜半醒，辄闻邻家有声拂拂，如风在树间。盖米贩店中，早起磨谷，夜夜如斯任劳也。即此亦见小民勤苦之一端。又县城提盐房，日夜火气逼人，多者数十炉，至少也必有数炉，盐匠恒在其中。虽天凉，亦浑身汗滴。至暑天，则炎苦不堪之极矣。是以盐匠每年必多服寒凉药品。

东山先生有言曰："乡人自呼其父曰爷爷，自呼其母曰妈妈，此盖俚俗而朴诚之称谓也。乃近人于生子后，辄以吾儿所呼吾父母者借以自呼其父母。如今人面呼亲父曰公公，面呼亲母曰挨毑是也。抑何亲其子而疏其膝下瞻依之父母乎？弗思甚矣！"

故人杨恕哉尝云："两人分财，自以均平为适当。惟市例，百钱仅九十有九，总宜以五十足者与人。庶乎寡过，否则一钱虽微，而世俗常情亦往往德怨见于色也。"

市井游民恒以笼取乡愚财物为能者也。一日见有妇人入市购买鸦片烟土，形色苍黄。烟肆知其有故，欲服毒以死，峻拒之。此人低声谓妇曰："若与吾百五十钱，吾当代向他处购来。"妇从之，闻者在旁力阻。此人以目斜视之，闻者会其意，乃不复阻。既而持土来，以畀妇人。且丁宁语之曰："此物切宜熟之以食，食后绝不宜饮酒，此皆生命攸关也。"妇唯唯而去。此人笑谓左右曰："此熟地黄也。吾不以此与之，恐伊转托他人，向他处购得鸦片烟土，终不免于一死。如此，则庶几免夫。且吾戒令绝勿饮酒，伊服此物后，必多饮之，以求速死耳。而不知地黄本寒凝之物，多饮酒，乃能消滞，不且有益无害乎？"众皆叹服称善。夫此人，本欺人取财者也，而能委曲用心以全生命。人性皆善，不信然欤？

有牧童牵马，啮草郊原，已则席地贪眠以自适。恐马逸去，因将系马长绳自束腰间。马行则当惊醒，似亦妙法也。无何而诸童击马，马奔。牧子惊觉，方奔急，未能立起，随马而逝，险阻备尝，而浑身骨节悉脱，归后即死。良可哀也！特志之以垂戒云。

处教馆而善诱生徒，人生一乐事也。黄馆生徒仅两人，一日，予有所问，弟先对。兄乃畏馆师责其勿用心也，黯然色沮。弟乃深悯其兄，放声作哭。此孺子爱兄之至诚恻怛也，予深嘉之。时弟方六岁，兄亦甫逾十岁耳。亟志之，以诏二子，俾自葆其至性所在而益以扩充之，固师友辅仁之要道也。

豪富之区，繁华相尚。亲丧致吊客，多者动至千余人，少者亦数百人。驯至习俗移人，虽小户无力可为者，亦力求致客百余人于心始安，而不知破中人之产，早贻泉下之隐忧矣。抑何不审其轻重乎？可叹也！

晏平仲[1]曰："自臣之贵，父之族无不乘车者，母之族无不足于衣食者，妻之族无冻馁者。齐国之士，待臣而举火者三百余人。"予每三复之，而深叹其先得我心也。今使为士者得禄养亲，于一家兄弟、妻室、儿孙饱暖之外，亟以遍修祖墓，广置墓田，以资保护。宗堂、义塾、族谱，以及诸凡要务，次第兴修。行有余力，则以分润宗支姻戚。及凡先世与吾身之故旧，平时所欲推助而力有未逮者，至是一无遗漏。再有余力，则亟建义仓，以垂久远。岂非人生一大慊心之事也哉？而安得于吾身亲见之乎？癸酉仲春记。

丙戌在浏阳，对客论及治病，最宜先事审慎。第一义在寒凉药物，不可轻投。误投姜附者，登时发见，犹易改图。误投知母三黄，性既迟缓，则脏腑虽受其害，而外观尚觉平平，不知者以为相安，遂多服之，迄流毒已深，一旦发泄，不可收拾矣！而人且有至死不悟者，卒不知归罪于知母三黄，如天宝之祸已成，人犹不知为李林甫所酝酿也，此阴柔小人之所以难用也。甲鹇儿在旁问曰："真实火热之病，必用寒凉药品始痊。然则小人亦可弭乱乎？"予曰："不然。药物无定品，误用之乃成小人。知连误用，柔恶之小人也。姜附误用，亦刚恶之小人也。一正用之，皆君子也。吾尝论千古人才，无分君子众人，各有短长，故天下无不可用之人，惟在用当其才耳！咸丰中，兵祸横被东南，焚掠奸杀，民不聊生。赖湘中劲卒协助各省诸军奋往无前，故能廓清扫荡，卒成大功。而劲卒当家居时，颇多误用其才，饥寒交迫，无所不为，巧者为欺骗，拙者为盗窃，害人已多，人且视为忌物矣！一旦天下有事，奋然兴起，即成将帅爪牙之选，岂非善转而正用其才乎？吾故曰：天下无不可用之才，惟在用才者慎所施耳。"时鹇儿年十有三矣，默识予言，久而勿忘。

---

1. 晏平仲：即晏子（前578—前500）：名婴，字仲，谥平，习惯上多称平仲。夷维（今山东省高密市）人，春秋时期著名政治家、思想家、外交家。

壬子春仲，予以颈疮剧烈，决计出西宅而迁东堂以避湿也。或问曰："公自辛亥中秋之前入此室处，迄今垂半年矣，而始终疾病忧劳，未尝一日安居乐业，岂此室不利于居者耶？"予应之曰："非也。吾新入处此室，适当吾蹇运之初临，是蹇运之株连此室而损其声光也，非此室之不利藐躬而重以忧愁也。白香山《凶宅》诗云：'周秦宅崤函，其宅非不同。一兴八百年，一死望夷宫。寄语家与国，人凶非宅凶。'惟香山所谓人凶，盖以理言，今吾但以数言耳。"

近因颈疮方兴未艾，医药骤难见功。家人乃为迭求神水，以资饮涤。或疑而问焉，予答曰："楚人信鬼，自古云然。近时论者，尤痛诋之，岂吾辈亦未能免俗耶？然而亦视所事之鬼为谁耳，如为古昔慈祥公溥之人，则未可以厚非也。盖以古人利济为心，毕生未得尽其展布，而精诚固结，虽死后不减初心，故小而疗病医疮，大而拯灾救旱，皆理有可信而无疑者。惟务民之义，敬鬼神而远之。斯为天地古今大中至正之论。"

予家有卅载同居之故旧，有故而去，耿耿予心。自我不见，于今三年矣。一日忽乘便踵门，访予夫妇。而其母子、夫妇、兄弟凡四人，一时齐集外庭内室。予心大慰，莫罄名言，偕予妻竭诚优待之。在众人或视此为往来酬应之常，而予夫妇则视同麟游凤巢之瑞。是日黎明枕上，闻墙头双鹊欢噪异常，颇疑日内或有喜气。观乎此，则益信祥和感召而禽鸟得气之先也。岂偶然哉？

里中农人刘福六，予乳母刘胡氏之仲子也。其兄福纯早世，福六孑然一身，力耕自养，年已五十有七矣。自予乳母身故后，福六与予不相见，迄今盖五十年。其家距石家咫尺，予向石树风询及，幸树风颇识其人，遂得引来一见。故旧重逢，予心大畅。细询五十年行踪，并与话幼时日同嬉游情事。嗟乎！予乳母仅遗一子，予将何以致予情乎？"存赡遗孤虚夙愿，九原何以慰遐思。”循诵旧句，不胜惘惘。

湘阴西北两乡，滨临洞庭。夏秋水涨，则湖水与湘江混而为一，但见洞庭秋水远连天而已。土人所以不忌西水者，良以蜀中万山积雪，必至夏暑而始消。其水循大江东去，溢入洞庭阔大容水之区，其势尚为和缓也。所以最忌南水者，则因湘南夏雨过多，上游水涨，奔流北下，一遇西水阻滞，则助桀为虐，其势陡然增高。故谚有之曰：“不怕五月西水涨，止怕五月檐前响。”此之谓也。今岁壬子，田禾甚嘉，似是有年气象。盖自春夏以来，湘江水势屡涨旋消，曾无濡滞，得免积累以成汪洋。而又五风十雨，水旱均可无虞。农心正深希冀，互相庆幸。兹则蜀水已自西来矣。而自仲夏辛未夜半始，直至戊寅夜深，绵延七昼夜，大雨时行，檐声断续，时而猛厉惊人。转瞬三数日间，水势陡增丈许，顿令低田旱禾新谷，盈亩累累如贯珠者，一旦尽付洪流。良可惜哉！良可悯哉！而辛亥暮春兴修之锡福圩，又于丁丑日晨间溃决。其千百农夫，辛、壬两岁，辟土力耕之资本，多半剥肤剜肉以来，竟皆弃之于水，不尤可悯可悲之甚哉？忆昔甲辰冬，邑人钟祥开军门集股拟修锡福圩，力劝藐躬从事，且曰：“各股东众口一词，但得易肫叟主持工程，必且工坚料实。万一水势加涨，功败垂成，吾辈虽弃金于水，亦甘心焉。”予却之曰：“股东有力之人，犹可说也。所恐贻累而万难心安者，在刮尽脂膏以辟土开耕之众户耳！我既大举修圩，与水争地，彼必群负耒耜，不远百里而来。一旦功败垂成，是不啻招呼号召，萃辛苦垫隘之膏血，而使同归于尽也。吾心忍乎哉？吾不敢为也。”钟君闻言称善，亦遂自寝其议。今乃不幸而言中矣。悲夫！

夏雨迭过，竹窗生凉。连日苦热，又值公牍劳形，心身交困。今日偶闲，适逢此景，最为适趣怡情，因偕淡永[1]出观园林。骇见蜻蜓数百，空中

1. 淡永：即彭克谐，字淡永。

列队迎风，意似扬扬喜雨。予乃恍悟陆放翁诗："白菡萏香初过雨，红蜻蜓弱不禁风。"皆为眼中同时实景，而非同寻常两事凑对之工也。古今来幽人逸士，胸次高超，浑忘俗累，恒仰观天地云物之变幻，俯听山水之清音，实景真情，无在不心心相印。是以论诗者曰："无事在身，并无事在心。水边林下，悠然忘我。诗从此境中流出，焉得不佳？"予今日俗累偶纾，适见蜻蜓奇景，如石投水，豁目爽心。若前数日者，困苦忧劳，虽迭闻晚凉蝉唱，远近喧嚣，而亦无心留恋也。此岂山之性也哉？

坐客问及人品高下之分，予应之曰："全在别以一心之公私。此古今之通论也。近年养知先生论人，每以'大小'二字分之。罗西先生论人，尝以'雅俗'二字分之。翰鼎论人，则分以'贵贱'二字。窃谓所见之大小，适与存心之公私同源共本，而骨格之贵贱，亦与胸襟之雅俗殊途同归。"

里中人士有问于予者曰："吾乡今正筹办地方自治，而学校警察数年前已粗具规模，而无如经费之甚难筹措，何也？今公为乡董，将何以处之？"予答曰："惟有听信古者青城山人之言，不乱不夭，无他，惟谨而已。姑求保身使不死，守国使不乱，静处以待天心之主张，人才之杰出耳。子以经费难筹为患，愚尤以人心风俗为忧。不能正人心而厚风俗，则长此私而不公，散而不聚。虽得有巨万之金以供展布，亦徒资纷扰耳。养知先生郭公嵩焘之言，其切中病痛者欤？"光绪己卯，养知归自伦敦，对湘人士盛称欧洲善政善教。据所目见，指示分明。听者曰："安得我公身任译署，或任军机，吾知见贤思齐，必且百端咸举矣。"养知瞿然曰："恶，是何言哉！夫欧洲之所以锦簇花团者，其人心风俗早经培养于数十年前，乃能协力同心，造成今日之锦天绣地。以吾华之今日人心风俗，吾敢冒昧从事而百端咸举耶？苟兴一美举，利未收而弊已丛生可若何？至于经费之支绌，万难应手，犹其次焉者也。吾老矣，果得借手有为，于二三大端之切要者，当勉竭吾力，仿而行之。其余，则以俟后之君子，随时审度，渐次推行可也。”时翰鼎在坐聆之，极佩老成卓识，恒举以告同人。厥后久客武昌，见南皮先生新政，雄才骛广，卒之难竟全功。愚衷窃以张、郭二公不获同城往来为歉。养知易箦[1]长沙，时为辛卯六月，而南皮莅任楚督则在己丑秋冬其间相距，仅两年耳！忆养知庚寅致合肥李相书云：“鄂中大政，略闻一二。其于湘省，则拟开宝庆一河，发扬蹈厉，为能有豪杰之风。”而长沙余公肇康，壬辰提调两湖书院时，南皮亦勤勤就问养知遗书，相对咨嗟不已。假令二公同时甚久，书函往复，则南皮或将咨谋要政，而养知即能规辅全模也。此其中盖有天焉？

偕淡永纳凉适园林间，半日三迁，随时皆得善地。盖园林宽舒，是以进退裕如耳。此则去夏客中所不如也。人生须随遇而安，有彼善于此者，有此善于彼者，各具短长。在事过境迁，莫不有难忘之情景。吾人最宜深知处处天恩，庶几无负当前佳境。

壬子孟秋十一日辛未，翚儿夫妇又复同时疟发，十分沈重难堪。两榻一房，天愁地闷。家人奔走照顾，皆不胜其劳。翚儿在昏眩中忽见予继母黄恭人迎神入室，为祛病根。翚惊醒，其病若失。亟邀彭淡永克谐以告之曰：“梦中劳神费力已多，致令浑身大汗如雨，非吾大母迎神入房拯救，吾病岂能顿愈耶？君其代我焚香致敬为要。”而周媳亦同时呼告女孙有严曰：“梦中见有老母入房，单衫博大，背脊宽舒。旁人示我，即我太姑黄恭人也。我欲强起下床叩谒，忽见太姑就汝叔父卧榻，掀帐为祛病根。此时已醒，而犹历历如在眼前也。”翚儿夫妇，异榻同词，闻之不胜恻怆。圣人深知鬼神情状，故于祭祀一事，十分郑重，岂虚文哉？予家自昔以来，每岁定于七月十一日举行家祭，焚化冥资，兹因疾病纷纭，人心麻

---

1. 易箦：更换床席，指人将死。

乱，偶尔愆期，而先灵则届期陟降在庭矣。翚儿夫妇同见大母入房呵护，此岂寻常幻梦可同日而语哉？彭克谐焚香礼神毕，出谓翰鼎曰："黄恭人之声灵赫濯，至今如在羹墙。我公昔年挽长沙余太夫人联语'懿德难名，正气长留在天地；承欢何处，高山仰止亲光辉'，谐请借用此联，敬题黄恭人神座，恰如我口之自出云。"

翚儿以大病之后连日摒挡公私各事，至舌敝唇焦，伤气伤神太甚。父母顾之，心极为之不安。假令殷松泉良敬未尝有故而去，至今犹左右励勷，精神焕发，则轺车四出，措置裕如，何至使万事丛集翚儿，多任口舌之劳若此？语云："世乱思良将。"唐人诗云："但使龙城飞将在，不教胡马度阴山。"不皆为千古伤心之语哉？衣不如新，人不如故。先民岂欺我哉？而使殷松泉壮士凄然去旧从新，不得不远离故主人左右，何为使之然哉？此予始终抱歉于心之事也，虽曰天命，岂非人事哉？

凉秋九月，夜坐书窗，时已更深人静，万籁俱寂矣。忽闻人声远来，心颇惊疑。急出前院听之，则东邻醉人挥拳赌酒之声也。平时最厌闻此事，今夜反听之怡然。如在昨岁辛亥秋杪闻之，则风声鹤唳，草木皆兵矣。今幸放牛归马，鸡犬无惊，虽谓此为人语中含乐岁声可也。

湘阴县会既散，风雨阻人，因偕同人聚坐闲谈。毛君笑告诸君曰："吾顷邀易肫叟偕易君词源小酌，词君于肫叟为从侄，首座自应推肫叟居之。而旁观未之思也，颇疑词君之乡会议员，肫叟则县会议员，宜居首座，何其所见之不广也？"予笑曰："凡事抑何无独必有对也。即如各府所辖各州县，每逢学使考取新进弟子员，每州县拨送府学诸生，多少原有定数。故事，盖于缮榜后，命书役于榜内随手加盖府学字样木章，然后揭晓。此固无关于优劣耳。乃有岳州府学生某君者客游湘阴汨罗，恒于大庭广众中遍问坐客何年入学，或有答者数人。某又遍问是否府学，而皆以县学对。某辄诩诩然自高曰：‘吾则侥幸忝列府学耳。’黄子和钦逊数见而心厌之。一日又值其问人，子和乃哂之曰：‘子云侥幸，诚哉其侥幸也！子惟当心感学院书役信手加盖府学木章时，侥幸溅及吾子坐号耳！岂真知卷中文字之应否升入府学耶？’其人聆此，憬然有悟，自时厥后不敢以府学自高矣。”词源在坐闻予言，不禁开颜大笑，畅谈久之。

县会既闭之明夜，议员犹未散归，予诣彭淡永寓馆，商雇归舟事宜。坐未久，石校钦即走迎予早返会场，盖谓公事已完，执事诸人将散，甚有寂寞荒凉景象，若迟归叩门，则恐守者一去，无人启扉矣！予亟从之，而称校钦初次在公饶有见地。大凡公事火热之场，末路难堪，往往如是。兹偶置之，以见一斑。

孟冬之初，予妻亲送女孙有严出嫁黄谷乡黎氏。予由东堂抱衾，入宿内室，以资静镇中庭。枕上耐听西院鸡声清远，迥殊昨岁辛亥秋冬笼鸡凄惋之音。此可见人心之欣戚悲愉，随时局之安危苦乐为转移也！

连日雇工往还黎家，先后凡三十有余人。予皆纪其姓字，此非好为琐屑也。昔者，邠蘖儿将出嫁浏阳，予先步行三百余里以觇要路之险夷。且徒步越蕉溪岭，从容审视石磴之安危，借以示女儿他年之趋避。乙酉十月纪程诗云：“惆怅山川阻深处，芒鞋辛苦觅康庄。”此之谓也。而况今之使者，曾踵女孙夫家之门，尤为他日识图之骥，吾将附尾而请为前驱者耶？琐琐记之，姑以自慰老怀而已矣！浏阳陈曼秋云：“古今惟‘慈’字一理不绝于天下。”呜呼！其真至论矣乎！圣人复起，无以易也。

乡人士有问，予应之曰：“古今人才，大小深浅高下，万有不齐，要之各有短长。贤者不无万一之短，常人亦不无万一之长。无完璧，亦无弃材也！惟在用人者，避其所短，用其所长，而在为学者，滋己所长，化己所短，庶几政与学皆醇。虽然，学问者，人事也，而其中亦有天焉。子曰：‘见贤思齐焉，见不贤而内自省也。’必也见贤多而望尘不及，则日日懔然生畏。长此观摩受益，可期日进无疆。否则见不贤多而内省不疚，则日日高而自矜，仅能珍重金躯，而徒保存旧有，终难引所长而伸之以臻至善，镌所短而去之以净微瑕也。悲夫！”

仲弟愉叟年晋六十，亲朋集饮豫庐。朱裕臣兄弟乃为雇令笙歌侑觞，予慨然语座客曰：“唐臣杜淹[1]，论某二曲为亡国之音。太宗答云：‘悲喜在人心，非由乐也。将亡之政，民必愁苦，故闻乐而悲耳！今二曲具存，朕为公奏之，公岂悲乎？’唐太宗此言，是亦探源之论也。吻合吾孟子疾首蹙额欣欣喜色之言，不忝手定太平之主矣。今夜歌声清越，座客莫不引为悦耳之资。倘在昨岁辛亥十月，风声鹤唳，草木皆兵，纵遇有此歌声，其堪入耳耶？即如鸟啼花放，水绿山青，亦悦目爽心之境。而唐明皇则云：‘无非助朕悲悼。’即此可证太宗悲喜在心，非由乐也之言。”座客聆予言，同声太息久之。

四书五经题文，八股整齐，当时应试体裁也。在科举未废之前，久矣为君子所诟病，岂非以作者流滥已甚，而行间字里略无真气之存乎？如果为清真雅正情挚理确之文，虽不用以拔取人才，终不见弃于大君子，且欲借其浑坚朴实之言，以存人道于几希也。如金正希[2]、黄陶庵[3]、方望溪、管韫山[4]诸公者凡数十家，集中杰作如林，胸次全别，眼界独超，洵堪羽翼经传，后之君子，幸无河汉予言哉！

---

1. 杜淹（？—628）：字执礼，京兆杜陵（今陕西西安）人，唐朝宰相。
2. 金正希：明末佛教居士，名声，一字子骏。湖南嘉鱼人。崇祯元年（1628）为进士，清兵入关后，举兵抗清而死。
3. 黄陶庵：即黄人（1869—1913）：原名振元，字慕庵，改名黄人，字摩西。著有《摩西词》《石陶梨烟室诗存》等。
4. 管世铭（1738—1798）：字缄若，号韫山，阳湖（今江苏常州）人。乾隆进士，改户部主事，累迁郎中，擢御史。著有《韫山堂诗文集》。

先母周恭人忌辰，翰鼎陈肴致奠，老幼罗拜一堂，因述昨梦以示全家。梦中有童孙侍侧，似是暑天，身无寸缕。予抚摩之，乍见泪珠满面，怪而问之，答以母氏不在此。予慰之曰：“汝母暂离，少顷即至，庸何伤？”童孙且泣且诉曰：“母在此，不幸跌地，有母在前。母不在此，跌则竟跌矣！”言下情状，最为可悯。醒后终日难忘，耳中时闻赤子哽咽之声。昔人诗云：“鹞鹰搏鸡，鸡有母护。离亲出门，心寒行路。”况藐躬者六龄失母，其寒心更何似哉？人生如自少至壮至老，长得身依父母，如老莱之嬉戏承欢，乃为天地间绝大福命。今汝曹诸子群孙，幸皆椿萱并茂，岂容不一刻千金？旋又顾谓侍者曰：“前日偶分羊羹，与君同食。君不自食，请以遗母。吾深嘉之。今吾亦调羹奉母也，虽椎牛，何益哉？”一堂相向，凄然无极。

鹇儿在日本，以壬子仲冬中旬接武昌黎公一电，传示大总统明令：“易甲鹇授为陆军少将。此令。”鹇儿始终未复一言，借以默寓坚辞之意也。迄岁暮，始以一函便告家人。甲麐儿阅函，以告自治公所同人，坐客钟君诧然曰：“吾在长沙城，早于仲冬月望得见报章矣！乃君家迟至今日始见家书。令吾益叹服荷刍山人淡泊宁静之风，何其富贵浮云，行所无事若斯也！”

壬子岁除日，儿孙罗列，侍饮书房，亦家居盛事也。惟故旧家万程老人章鹏，年年此日，有盐同咸，而今则长已矣。席中频频搁箸，怅然念之，夜寝至昧旦，小起窥镜窗，适见甲麐儿来自中庭，形容颜色，掩抑凄凉，扶筇蹒跚，经营一切，犹未眠也。予深悯念而忧虞，还枕久而不寐。语云：“所欲不在大，得欢常有余。”麐儿勉乎哉！

癸丑元旦后数日，树风护予夜坐书房，予问曰：“校钦今晨来何晏也？得无族邻柬邀晨饮耶？”树风曰：“非也。盖俟家餐后始来也。母氏念吾二子，除夕在外度岁，特分家中盂肉留以饲之，迄贱兄弟同归省母。

而校弟小坐，又复随诸弟驰往母舅家，未及同食此肉，母因留半，以俟其归。今晨始得饲之也。”予闻，悲感横来，自念亲恩，凄怆无极。

鹇儿独居日本东京旅馆，恒夜读五经四子书，其味无穷，每不知长夜之将尽。迄读昌黎文，或诵唐诗，则意兴索然，几同魏文侯之听古乐矣！

初春峭寒，大风如波涛千顷，万物肃然，殊形阴惨。而群鸦千万翱翔，日暮横空而过。仲弟愉叟慨然曰：“胡为乎来哉？何其多也。此殆联翩觅食，储粮以拯饥也。否则一旦雪铺满地，则无从取材矣！可怜哉！可怜哉！嗟乎！”吾弟一言，足令生意遍寰区矣。予兄弟皆高曾祖父善种也！予闻湘阴城迎秀门外晒麦一事而满腔凄恻，爱物之心，油然而生。仲弟今日之言，不诚如兰之臭哉？

忆壬子冬至，族众集饮宗堂，有话及甲麐嗣乃父而充乡董者，一老人因以父子乡董，命众作对。一人应声曰：“兄弟文魁，盖从祖文煦公，偕文照公应湖南乡试，曾以同怀兄弟，共登贤书。”对者举目，适见宗堂牌匾有兄弟同榜之金字也。凡此不过游戏之文，然亦足征一时之闲情逸致，因书以点缀承平，非滥笔也。

犟儿抱恙，不能出房，遥念所亲方御外侮，不能往助，因催请霖儿一行以资就正。霖儿恬淡从容，废然而罢，盖知其刚愎自用，不可谏而不谏也。予谓霖儿似百里奚，而犟儿之肝胆呈露，其愚不可及也，则似微箕宁武宫之奇。

犟儿日在适园努力经营种植，予亦临视适园别墅而心怡。忆昔吴公霞如有别墅自题门联云：“耕田四时乐，有菜半年粮。”浏阳白鹤庄别墅曰“一枝安”。刘甥淞芙集陶句以作门联云：“但道桑麻长，而无车马喧。”仲弟愉叟，当庚子、辛丑间拟建别墅于湖圩畎亩中，预撰门联云：“字是门楼书是屋，朝在田园晚在家。”盖与吴公联皆集古谚而成也。戊午冬，仲弟筑室西山槐北，自题门联云：“半瓦半茅新别墅，一耕一读旧家风。”凡此种文字，最足清人肺腑。而此种境地，尤为人生最佳之际遇也。非天下有福人不足以兴于斯。

肫叟箴言云：“安分尽职，浅水长流。久则自富，急则招尤。”盖谓寒士治生，借从公之薪俸，以为仰事俯畜之资，理之常也，义之正也。而人往往事权入手，辄舞文作弊，弋取多金，以济一时之用。无论丧心忘耻，有玷终身，即论一旦被查失馆，不仍枵腹如前耶？又何如浅水长流之为愈乎？愚因一言以献箴规，而不意殷良敬之旁听惬心，久矣拳拳服膺也。是以良敬今日从公四年，能使榷舍多人及历任总政群推为操守第一，佥云不独才具优长而已，岂偶然哉？有柳君者，新赴石门总理榷务，力邀良敬偕行。而本局总政，则执良敬之驹，投良敬之辖，而留行甚力焉。岂不名日美，身日贵，而馆地愈长乎？久则自富，究何伤乎疗贫之术哉？人贵自立，先民不予欺也，而薰陶渐染之功，人生故可少乎哉？

独坐偶检旧稿，见其语语刺骨，不禁悲从中来，放声作哭。古人往往自爱其文之甚，而珍重护恤逾明珠，非好为文名也。惟念其文足以感人心而厚风俗，如或湮没沈沦而无补于人间，为可惜耳！

庚卷

门下士彭克谐，侍坐纳凉树阴，空山无人，心颇闲逸。克谐乘机进谏，以为左公所云金刚面目瘖徒口舌之针砭，予皆婉容纳受，而温言以奖劳之。语云："报德莫如尽言。"此非二十年依依左右之门弟子，其孰能有此批鳞苦口哉？此事关系吾人学问，良非浅鲜，有志自闻其过者，讵可忽乎哉！

晚凉蝉唱，夕阳在山，予抱询孙偕淡永出门远眺。霖儿率芬孙、基孙、欣孙尾追而来，同憩池塘浅草间，观群牛啮草，甚饶逸致。既而牧童五六人各骑牛背而归，一路徐行，尤有画意。予顾谓霖儿曰："此家山太平风景也。当在辛亥秋冬间，岂能梦想及此哉？今者平畴远风，良苗怀新，幸得家人团聚，而于水边林下偷闲避暑，老怀能无一刻千金？"

日坐园林纳凉，耐久忘归，适故人郑君至，亦邀请坐谈树阴。视东坡之接客不著衣冠，尤为便适也。是夜，予已就寝，忽报鄂人尹祥麟至自武昌，予急起而接谈。此我鹛儿患难之侣也。在辛亥秋冬间，同出入枪林弹雨中，历尽险阻崎岖，百有余日，追随不失之忠良也。又岂寻常之故旧可同日而语哉？

忆甲午孟夏，翰鼎集族众保卫鸭山先茔，一身备极劳瘁。亲朋问焉，翰鼎答曰："是自全其心之所安而已矣。譬如父母在堂，有子十人，而贤否不一，丰啬不齐，早经析箸，各营其私。遇有供奉父母之事，必谋十人共济，此亦情事之常也。然往往如散珠难聚，而事无责成，则老亲孤悬独立，黯淡谁依，反不如独子者之较为安适也。平日目击心伤屡矣，而忍效世俗之彼推此诿乎？今癸丑季夏望日矣，而唐山培墓之工程，空函往还，尚如散珠难聚。谚云‘冬土如铁’，愚衷深虑今冬坐失事机，追忆甲午前言，寸心不胜凄惋。子曰：‘食夫稻，衣夫锦，于汝安乎？’曰：‘安。’‘女安则为之。夫君子之居丧，食旨不甘，闻乐不乐，居处不安，故不为也。今女安，则为之。’吁嗟乎！圣言若是其斧钺森严也。翰鼎幼时尝闻老辈感喟而言曰：居官者，何其密于仰承，逢迎长官，而丝毫不紊也！抑何其疏于俯注，漠视小民，而疾痛无关也！而居家者，又何其工于俯注，抚恤妻儿，而精神专注也！抑何其拙于仰承，睽违父母，而问视多疏也！噫！老辈所谓拙者，犹婉言也，犹恕词也，而不知非拙也，实无心也，抑无学也。为民父母而不仁，即胎源于为人子孙而心先死也。是真人心世道之痼疾也。哀哉！”

唐山墓邻三人来领卖山价值，予率翚儿，偕宗堂董事少循兄焯鼎[1]，竭忱礼待而慰劳之。唐君德富及其从弟粹安晓亭，初不料此次山价多方凑备完足，给领无余，欢声溢于言表，畅饮久谈始别。吁！此我墓山德邻也，必也交以道而接以礼。毋徒徇己而尽人之欢也，毋恒恃爱而竭人之忠也。古者天子诸侯，必得万姓之欢心以事其先君，为士庶者不亦当如是耶？然不能强人以尽同于我也，我惟尽其在我者而已矣。凡我同心人，不将连袂接踵而起耶？

癸丑春夏，家用大形窘促，良以去秋收谷后，倾困出粜，致陈月了无入款也。而予适以今春躬司出纳，无可措手。惟有邮函四达索还旧债，而应者寥寥，无以济一时之急。偶有还来银圆十有五枚者，举家色喜。予因举邑中先辈逸事，莞尔而告之。李东园先生得春，贫居时廉介自高，往

1. 少循兄焯鼎：即易翰鼎族人易焯鼎。据《湖南湘阴营田易氏族谱》（1936年版）载：易焯鼎字云依，号少循，军功保举蓝翎五品衔。生于清道光二十九年己酉十月初六日辰时，卒于民国十五年丙寅十一月二十五日丑时。

往三旬九食。一日索债有得，亟手书一纸贴壁云："榜示阖家妻子人等知悉，定期本日午刻吃饭，决不改期。"即此想见老辈风流，颇饶寒士清贫之乐。先生以道光丁未偕养知先生成进士，此则微时秀才家风耳！

昔有某令，需次鄂省，薰心富贵，寤寐索怀。一日坐大庭广众中，有谈相法者曰："凡人方面阔大，则为土星，福泽甚厚，前程莫能测其所到。其白面团圆者，则为金星，其人聪俊，而福泽亦甚可观。如或面削而长，则为木星，前程有限矣！"某令闻之大惊，盖自耻面削而长也，从容顾问左右曰："吾于土金木三星，果何属乎？"左右正踌躇注视难以为对，一幕客坐稍远，急起趋而前曰："公实金星，福泽必甚可观矣！"某令遂怿然改容。夫以千人共见之面长而削，犹能赧赧然贡此面谀之狡说，令斯人亦掩耳盗铃而自喜，是所谓客之美我者，欲有求于我也。然则世态亦何所不至乎？予弟愉叟在坐，见而耻之，几乎笑哑哑而莫能忍也。

暑夜四更时醒，馆中纱帐而犹热不可耐。因呼淡永同出前院，清气扑人。予妻在言阁，咫尺前院，闻予至，亦速起。携一孙同出，乘伴纳凉久之。予夫妇移居槐南寄庐，屈指三十有九年矣。至今二老犹存，且能于风月良宵，鸡鸣已倦，露坐大院，言笑为欢。即此益叹天恩祖泽之高深，良非偶然幸遇也，予小子岂容不一刻千金？

客有来自沪上、江宁、九江各处者，世人询以道路传闻，伏天兵祸孔亟时，遍地人肉，烈日熏蒸，飞蝇蔽空，万犬吮血，毋乃传之过甚乎？客凄然以答曰："实有此景，余难尽言。诚哉惨不忍闻也！"哀哉！聊志所闻，俾见一斑。

居恒顾左右而慨然曰："今有人焉，累年久患疾病，家人日切忧危，差幸日用饮食如常，体气尚得保无大损。旁人劝令多服药饵，谓非此莫能起死回生。病者于是奋臂而兴，发愤忘食，广延时医，以求同力合作。不问药性之寒热温凉，孰宜急投，孰宜缓进，总之兼收并蓄，一概拱受而服之，欲求身病之全痊也。乃饭量因而日减一日，致令元气大亏，精神莫能支拄，一日溘然长逝，岂不哀哉！世有专谈欧美达用之学，而渐忘圣人立体之学者，其受害正类于此。”吾盖早于乙未、丙申间挥毫痛切陈之，大其声而疾呼矣。

翚儿在壬子春间，经同学友举荐，欲其同任行政之事。翚儿再三坚辞，始得自成其志。予与鹛儿皆悦甚。翚以癸丑家居，长在适园，经营种植，大著成效。翚诗自云“归来学圃效樊迟”是也。子曰：“《书》云：‘孝乎惟孝，友于兄弟，施于有政。’是亦为政，奚其为为政？”在家能尽地利，以储孝养之资，即不难经营郡国，以奠安生民也。所谓居家理，故治可移于官也。淮阴侯韩信自云“将兵多多益善”，此非夸大其言也，自信条理分明耳！条理不分明，虽止将千百人，而纷如丝乱。否则若网在纲，有条不紊，能将一军而部署井然者，则虽置身百万军中，推广施行，指挥如意，亦犹身之使臂，臂之使指也，其法一也。虽然，吾谓此中要道，尤先在知人善任，使尊卑上下，处处将领得人，斯能一气呵成矣。

昔年有老师宿儒从容垂问翰鼎曰：“圣门诸贤造诣，浅深高下，万有不齐。子如幸托门墙，自度才力所趋，可居何等？”对曰：“昌黎韩子有言：圣人之道，大而能博，群弟子不能遍观而尽识也，故学焉而皆得其性之所近。翰鼎如就性之所近而自度之，大约言必信，行必果，见利思义，久要不忘平生之言，或犹近之，似尚能竭力以勉求成效也。”师儒聆此，称为自知之明，莞尔色喜。

平生爽直待人，每逢人有劳绩，心辄念之难忘，不特时恒挂诸唇齿之间，且必大书特书，以垂示后嗣。一则不忍灭人厚意，一则望后人乘机遘会，一尽投桃报李之心也。郑康成曰：“今我不言，小子何述焉？”忆光绪戊寅、己卯冬春，曾劼刚通侯纪泽至伦敦，接受养知先生钦差出使英法关防毕，致书合肥李相，称养知居英两年，遇事推诚布公，致令彼中贤士大夫去思弥切，发于至诚。纪泽深自惴惴，窃虑甚难为继也。厥后，养知回湘，其随员某君谈及濒行时，养知诣英国外部告别，曾侯初至，亦乘便同往拜之。外部大臣怅然曰：“我公坚请恙假，解任回国。我国上下闻之，莫不抱歉殊深，且不知新钦差之德望能及我公否也？”养知亟郑重以答之曰：“曾侯才具优长，殆胜鄙人十倍，且通知贵国语言文字，交涉必更为相宜。”外部曰：“才具优长，吾亦微有所闻矣。至云语言文字之通知，尤末节耳，何足道哉？所以深契乎我公者，全在推心置腹，彼此无欺。而于公事之再四争持，毕竟毫无宽假也。”呜呼！此曾侯所以面聆斯言，而窃虑极盛难继者欤？素闻泰西[1]爽直成风，一切无所讳言，不以为罪，最为坦衷朴素，今观外部之侃侃而谈，亦可窥豹一斑。

忆甲午、乙未以前，南皮张公[2]在楚督任，赠合肥李相寿文，叙述新政，波澜层叠，尽态极妍，颇为苦心谋国之耆臣增辉屏障。盖南皮与合肥同声同志，经营惨淡，前后相符，是以言之弥切也。犹记末段有云：“若之洞者，馆阁后进，章句小儒，遭际时艰，谬领一道。虽度德量力，地小不足以回旋，而前步后趋，山高岂禁其仰止。”至今诵之，深情跃然言下。虽然，南皮以文采风流之笔，表章合肥，惟肖惟妙，而未足以尽南皮翰墨之长。今南皮易箦，逾四年矣。而操管执笔之伦，不闻有所叙述，安得世有简古沈雄之笔，雅驯洁净之文，亟为苦心耆臣，表章遗迹哉？言念及此，四顾苍茫，而吾心滋戚矣！悲夫！

---

1. 泰西：旧泛指西方诸国。
2. 南皮张公：即张之洞（1837—1909），字孝达，号香涛，谥文襄。晚清名臣，清代洋务派代表人物，出生于贵州兴义府，祖籍直隶南皮。

军队驻湘阴县城者，暑天偶有十数兵士来我祖忠节公祠纳凉，守者辞焉。兵士怒詈曰："是何忠节？不过满清奴隶耳！曾、左均经斥退，奈何尚留此间庙祀乎？吾等走告营主，转陈都督，即视曾、左一同屏逐焉。"遂悻悻而去。不有街邻老年人当时代要于路，婉言慰谢而劝阻之，其锋几不可当矣。虽然我祖为前明宣德朝之忠节，伊等未之知也，终虑一旦别遭误伤，则争之晚矣。是时祠宇尚未重修，因亟榜门一联，俾市中行人共见，曰："前明苦节，旷代英灵。"而于壁间所悬祭文，增改二语云："溯殉难于前明，留遗芳于永世。"俾入祠游观者，又共见焉，庶乎触目惊心，以资传播，以广听闻也。谚有之曰："秀才遇得兵，有理说不清。"今姑以一二语聊为声明，以免误认误伤而已矣，遑与婉谈正理哉？

冬夜偕树风闲坐书房，甚为适意。惟东堂僻左，万籁寂然，颇似更深人定时。因扶筇一视言阁，甫出房，而人声到耳矣。至则见霖、翚侍母，畅谈欢笑，听之怡然耐坐，尤喜其言为安民济世之成规，盖在法政学校闻之熟矣。而霖儿正和气怡颜，翚儿正色飞眉舞，一时兴高采烈，在我躬偶然一遇，尤视同包公之笑比河清。夫以我躬寂处书房，讲学无伴，久矣孤陋增伤矣。今偶逢二子各摅所见，皆颇中窾要，安得不珍同威凤祥麟？

平日谬以学问中人妄自期许，而往往盛怒加人，太无涵养，能无赧然自耻耶？昔年常自题书窗春联云："量狭心慈，才疏志广。水流花放，鱼跃鸢飞。"此则藐躬自知其短，抑亦自知其长也。必也祛除其短，而灌溉所长，斯为晚年一线之生机也。可勿勉哉？

岁云暮矣，告籴者纷纷踵门，类皆邻里乡党之食户也。予顾之，中心融融。盖言馨草堂，自光绪癸卯秋获始，甫有田租。幸翚儿经营家事，仰体亲心，恪遵庭训，年年仓谷必尽粜与邻里乡党，以期便利均沾。从未敢贪便惮烦，授之米肆，俾得独专其利。及甲鏖儿戊申接管家事后，初亦恪守乃父成规，而无如此儿任事，需用浩繁。有时坐待食户分籴，不无迟速参差，缓不济急，只得倾囷以付米肆焉。我躬能无抱歉乎？今岁癸丑暮春，适我躬崛然而起，亲总家政，而四邻之告籴者乃闻声鱼贯而来，颇便于千百家食户，安得不顾盼而心喜乎？后之子孙，如能保守田租，抑或更有进境，切宜善体吾心而奉为家法，以资因事制宜，因时制宜，则是我躬九原含笑之一端也。是说也，盖尝于光绪元年乙亥季冬二十日敬聆父老之言，而惘惘笔记之。

季时儿翚，奔走市中，回环往复。至夜，始购得鲁盐千两，雇夫运归。家人为之色喜，如获奇珍。盖近岁淮产缺乏，引地各商人遵示改运鲁盐，以资接济。山东路远，已觉到埠迟迟，而今岁癸丑夏秋之交，东南数省干戈满地，盐运益多艰难，乡中食户，大形狼狈，窘状不可胜言。兹当岁暮，需盐之户益多，将有储仓告罄之势。不有翚儿经营惨淡，我家殊难措手矣！嗟我妇子，安得不视同大旱甘霖？

槐花堰[1]有田二亩，一在莲塘之东，一在莲塘之北。儿曹近皆得之，与予庐相依咫尺，可备后人躬耕，所关非细故也。而莲塘北亩尤为我家旧业，咸丰辛酉，予偕仲弟盖尝赤脚躬耕此亩也。鹇儿、霖儿、翚儿，居恒身任劬劳，不辞贱役，故亦愿后人以种植为生涯，予尝以四字奖之，曰“君子务本”。

癸丑家计，春夏极形窘迫。秋间获稻后，窘状稍纾。岁暮，略资助族党数人及汨罗姻党数人，是皆沧海一粟耳。而贳内弟湘芝乃大破愁颜，予滋歉矣。旁观者笑谓予曰：“谚有之：‘歇业盐商贩扫帚，故侯闲种东陵瓜。’自辛亥中秋以后，武昌差馆顿失，君家亦歇业之盐商也。今已无盐自

1. 堰：地名用字。长沙方言指丘陵地带的“一马平川”。

给矣，而犹与人同淡乎？”予应之曰：“然。千里毫毛，究于人何补哉？不过自安其心而已矣。”忆昔晨炊屡断之年，亦尝自分盘餐以安亲友。其时家无半亩，以视今日之牵萝补屋，较为尤难。而必勉自为之者，心难恝然耳。犹记光绪甲午岁暮，四邻诸君，各自忧盐虑米，相见莫非愁颜。一日群集门前远眺，相对无欢。适家少安先生鸾章，携季子守藩后至，翰鼎告以代筹之款已有端倪。先生太息而谓诸君曰：“如寿梓者，可谓强为善而已矣。”既而忽仰天欢呼，以号于众曰：“苟为善，世子孙必有旺者矣。”谑浪掀天，闻者皆鼓掌大笑，哗然久之。此亦谚所云“苦中作乐”也。而少安先生之安贫乐道，文采风流之梗概，即此亦可窥豹一斑。

人以事激予大怒面斥，既而悔之。若翚儿处此，则持重不发，智深勇沈，胜于椿庭十倍矣。此吾家经营摒挡必不可少之良材也。甲麐儿昔年亦尝称翚儿曰：“恂恂孝悌，思深虑远，沈挚多谋。”

古称士农工商曰四民，近年张文襄公则曰“士农工商兵”。古人寓兵于农，农即兵也，后世则皆召募之兵，是故南皮特提论之，而分列为一耳。窃计可统于五民之中者，宜莫如士，精农学者，可曰农士；精兵学者，可曰武士；精工学商学者，可曰工士、商士。而其中有学贯天人，精通义理，博考古今，洞悉源流，藐然一身，而本末具备，体用兼赅者，则多士中之翘楚也。孟子曰：“于此有人焉，入则孝，出则悌，守先王之道，以待后之学者，其斯人之谓欤。”养知先生云：“后世所谓士，正《周官》所谓闲民也。而且不能自养，辄资人以养，于国家奚赖焉。”闻之令人悚惶无极。窃计亲党诸人，五民毕具，吾深望其间志在为士者，各视其性之所近，勉为农士、工士、商士、武士可也。其尤有进焉者，则勉为守先待后之士可也，慎勿甘为《周官》之所谓闲民也。吾老矣，无能为也，然一息尚存，不甘自弃，且幸得闲天与著书缘，殆所谓后死者，得与于斯文也。窃不自揣，愿与吾党老幼诸君共勉之。

甲寅仲春中旬，有里人踵门，投诉被欺至再至三情状，迫请衰躯出而调治，曰：“我公闭门养晦，已六年于兹矣。宵小无人坐镇，心忘忌惮，遂致酿成怪状奇情，孤弱之家，竟至不能容生于里闬，公岂忍心坐视耶？”予喟然叹曰：“独木难支，其若之何？”其人泫然曰：“今日一乡之中，已成暮色惨凄矣，正如昔人所云：天寒地冻，水无一点不成冰；世乱民愁，王不出头谁是主。此言虽大，可以赅小。今欲借用此联以资呼吁，公如勿河汉斯言，岂惟我家得庆再生，八百孤寒幸甚。”予闻愀然，切齿含悲者久之。

闲坐东堂，偶见母犬衔饭，趋过予前，往哺新生之数子。物情良可悯哉！令我愀然不安之至．而且一时悲感横来，上则自念父母之恩，下则自惕抚循之责也。一区区琐事耳，而所关岂细故哉？

甲寅朱姓家庭讼累，元气不无大伤。其萌动时，尝柬邀族党相邻集饮岳武穆祠听断，予以一时未及往就，竟尔酿成讼端。越半年，且难结束。然则一身之行藏隐显，关系若是其重乎？孟子曰：“一薛居州，独如宋王何？”又曰：“尧独忧之。”呜呼！一也，独也，盖危机也。古今一辄，可胜慨哉？

顾亭林先生云：“凡亲友有欲言不言之意，此必有不得已事。欲求我而难于启口者，即当揣其意而先问之，力所能为，不可推诿。”旨哉仁义之人，其言抑何蔼如也。今则节近端阳矣，藐躬正自追维已事而懊悔无端。因持诵亭林言，以示翚儿默识勿忘，而自抚心愀然不安之至。然予在当日，亦不过精神偶疏忽耳，非甘心坐失机宜也。先儒云：“武王不泄迩，不忘远，圣人德盛仁至，精神自尔周到。”善哉言乎！

我曾祖同怀弟梅溪公支下，摧残剥落，迄今仅余甲钦侄一人，良可念哉。甲钦一日来言，犁头嘴长园附墓熟土，将有岌岌不可保存之势。翚儿乃亟禀承父母，竭力筹备缗钱，以纾其家难，借以保存其曾大父贤聘公墓山之附土。予心大慰。昔者予大母郑恭人只身摒挡家计，窘状难堪。旁人劝卖葱智园熟土，且云买受贾之家愿出多金。大母始终坚持勿允，盖葱智园虽为予大父之私业，而梅溪公之子妇樊尝卜葬其中。予大母面谕翰鼎、晶鼎，嗣后宜垂示孙曾，此园熟土，永远不可出卖，以留为护墓之屏藩。视翚儿今日之保护长园，异曲同工，可云后先辉映矣。葱智园濒临古东町湖，长园则傍土星港，两园相距，盖咫尺云。

圣贤教人，处处启发天良，以导其恻隐羞恶辞让是非之先路，使人由勉强以渐进自然，卒能同归于至诚者，上也。其次，则莫如国法森严，刑赏必信，使人惮于为非，而安于为善，是亦可补圣教之穷也。然而国法亦有所不能遍及者，隐微幽独，元恶且多漏网之时。而平民之严惮神明，出于天性，则神功之有助于圣教，亦岂浅鲜哉？《易》曰："观天之神道，而四时不忒，圣人以神道设教，而天下服。"其旨微矣。

翚儿怒斥孙男有询所为，适与己意相违也。执竹竿以逐于庭中，询孙惊避无所，痛哭甚急。予乃趋而谕之曰："汝乃思深虑远之人，三岁童子，岂能喻汝微意所在耶？而于痛哭疾走，心慌意乱时，责其漫不从汝言，宜乎其莫知所从也。惟有于事后从容指示，循循善诱之为得。""民可使由之，不可使知之"，旨哉圣言！最宜寻绎。

门下士彭克谐问曰："圣贤千言万语，无一不应切实遵循，惟虑躬行君子，欲求一一实践，不且终身难尽乎？"予应之曰："言语虽多，要之可以片言扼要，一以贯之，大抵存心不外二语：己欲立而立人，己欲达而达人也。接物处事，亦不外二语：亲亲而仁民，仁民而爱物也。"克谐聆此，心境为之豁然。

时当七月及半，乡俗醵金大赈孤魂，克谐心窃非之，而问于予曰："饮食冥资各项，孤魂果得实受其益乎？"予喟然叹曰："哀哉孤魂，是即穷民之无告者也。今有极贫之孀妇，日抱孤儿，寂处茅檐，终岁无人愿问。诉苦无门，方且黯淡十分，凄凉万状。忽有一先人之故旧，过门而存问之，孀妇辄悲喜交萦，以为尚有悯念我家之长者，自觉枯枝犹有生意也。吾弟愉叟，癸酉冬挽家敬芳兄联语云：品药感重生，岂徒歧路赠言，劳君死尚怜同气；入门惟一哭，愁听孀帏泣诉，道我痴犹念故人。此亦一明征也。今无论孤魂果否实受其益，但得年年有人念及一二次，已可借破愁颜。倘如前人诗'荒村无人作寒食，殡宫空对棠梨花'，则自觉寂处荒凉，了无生趣矣。至于出金助赈之人，其中有出自一缕精诚者，愚不特不忍斥为迷信，且必深嘉其一念之公忠，是即己立立人，己达达人之见端也。如得明师益友以裁成之，而仁不可胜用矣。阴阳一理，子其体贴而精求之。"克谐聆此，悠然意远。

忆予年及壮时，友人与予闲谈，自云："恒默察君，处人接物，颇多至诚长厚之为。"予时谦让未遑，勿敢自信也。既而思之，此友为予道义交，岂世俗面谀之比，必非无所见而云然也。可勿自省而益加自勉哉？今偶忆乙未在荆州，一日，乘四人镜轿，因公远适。时值冬晴，平畴无水，正疾行间，予忽命停舆中田。舆夫不知何意也，乃即停舆大路间。予出，仍命移置田中，而自环走平畴四隅，高瞻远望，久之又久，始登舆启行。舆夫私相耳语，以为必熟习堪舆，出而审视地脉也。其实，予在舆中，遥见前途有新妇于归之轿迎面而来，因及早引而避之，否则一与相遇，其舆夫必先停滞路旁，以让官轿，则予心愀然不安矣。良以谚所云：千百年好事者，必令畅行无阻，而后慊于人心也。兹因闲叙他端，而连类及此，偶一发明当日用心之所在，盖欲示儿孙以存心之要道，非敢自谓一事之微可概生平也。愿与诸子群孙共勉之。

甲寅中秋，有园丁假归省亲，先夕请领工资，以便今夕携归。予勿与，约以濒行给领。迄届时召领，则先行矣。临出，语同人曰：“佳节未便索钱也。”予亟以授石校钦，追而与之。校钦既返而问曰：“必追而与之者，良以今日。大地检偿债项，知其家亦必需钱孔亟也。惟昨夜乞领而勿与，窃意我公亦必有道存焉。”予喜校钦聪明善悟，从容以示之曰：“昔年在汉口公所，尝有一事与此正同。当日侍者问予，先夕请领，何以勿早给之，不知我躬谨小慎微，平时恒以烽火盗窃为忧。若早与之，不幸而遭火窃，则已领之钱，损失则竟损失矣。钱存吾手，吾虽遇有损失，犹当另筹以给之，今则区区一园丁耳，岂不尤宜矜惜乎？”校钦聆此，肃然动容，心领而默识之。

霖儿、翚儿一日同入书房三次，面陈要务多端。郑重筹商，皆为木本水源之措置经营也。予因为之心怡，乘机示以贤哲公财之理及世俗厚敛之非，而窃计二子他年之颇能治生饶裕也。遂举我躬“未之能行目录”四十余条，命二子身荷仔肩，以成善继善述之美。而又由博返约，示二子以圣人扼要之言，曰“己欲立而立人，己欲达而达人”，曰“亲亲而仁民，仁民而爱物”。此即仁至义尽之归，而廓然大公，物来顺应之轨范也。以此存心，以此接物，终身行之，而犹未能自慊，一事尽之，而已各适其天者也。汝曹务宜心版铭之，我家自高曾以降，独子单传，蝉联两代，千钧一线。孤苦零丁，真传之不绝，盖如缕矣。而自同治癸酉，广厦沧桑以后，炊烟欲断，一家八口，几同饿殍残生。乃至今儿孙绕膝，人文蔚起，一椽有托，百亩可耕。须知处处皆由累代之忠厚多端有以敬迓天庥也，岂偶然哉？近来每岁春联，吾辄书“天恩祖泽，锦簇花团”，俾汝曹触目警心，勿忘所自来也。大凡善人忠厚传家，最难得夫妇同心同德，尤难得子孙历数传而善种不衰，而吾家由先母、继母，上溯大母，再上溯曾祖妣、两高祖妣，一皆慈祥恻怛，与夫合德，累代阃范，善善相承。此岂非天立厥配，以玉成善种流传之久哉！而汝曹承恩至厚，幸获多男，诚为异数。惟善教之，则为兴家之羽翼。不善教之，则恐为伐木之斧斤。汝曹须懔然于任重责大，而力求无忝所生也。岂容悠悠忽视哉？

童子持水菜踵门求售。启扉人与之议价，尚无成说。童子曰："价若不足，归则必遭父责耳。"予闻之，立召童子入，如其所求以易之，既而从容示左右曰："'担头车尾，穷汉营生，日求升合，休与相争。'此新吾吕子之父近溪先生小儿歌也，愿与诸君同三复之。"昔年在浏阳榷舍，有年老士人，因病急需药资，而四顾无从筹措，乃以《康熙字典》一部，托人求售于富室廪膳生。其书盖厚纸而殿板，估值应得钱数千，而仅求得千钱，以应燃眉之急。某生竟始终坚持，仅允给钱三百千。受托者曰："此翁亦君相识之人，老病可念，微此书出售，犹当乞君解囊资助，况有此乎？"某生答曰："彼急需吾钱，吾不急需此书耳！"此盖家有其书，人有其书，非奇货可居也。受托者见正言不入，为之大窘。适刘甥淞芙偶过其门，闻而懊怒，急入领其书以出，赍投榷舍，向予立索千钱，趋而与之。而老者得药服之，旬日即全痊矣。近年予在武昌寓庐，有陈姓孀妇以夫新亡而乏食，不得已出夫君案头用品求售于人，卒以议价难定久而未能得钱以应急需。适淡永居士彭克谐造其邻家，闻之恻然。归以告予，予立命取来。陈妇曰："本意必求得钱七千，因久而不能定，已迭减至五千，而犹未成。今易公厚意玉成，请给四千，亦所愿也。"予命克谐仍赍送七千，以自全其心之所安。兹因切望子若孙，一皆存心忠厚，是故连类记之，以垂为家训。

甲鹇儿归自日本，从容恬淡，自乐山居。连月琐事躬亲，以奉父母，并留心园圃，以裕生涯。旁人以其尝为将帅也，见之相顾诧异。而凡学问中人，则视罔辞贱役，为本来固有之天。予昔年在武昌尝语所亲云：鹇儿他年若解组归田，必且日夕督课农桑，虽躬自汲水樵薪，皆所乐为之事。其亦知子莫若父者欤？至若霖、翚二子，频年之罔辞贱役，耐苦耐劳，则习见而未遑笔及也。凡此皆淡泊家风，朴真事业，值此纷纭时局，传家之宝，舍此尚待何求？斯义也。愿与审时识势，读书明理之君子一共证之。

平时每闻诸小孙痛哭，心辄不安，亟走问之，大抵因索食瓜果、菜羹、饼饵而不得，抑或反遭父母怒斥也。而昨晨被斥之基孙，今晨痛哭之询孙，及迭被怒斥之欣孙、芬孙，尤为可悯之至。差幸近年购有食谷之田，使一饭未尝缺乏耳。否则食指繁多，何以安之？前人诗云：“可怜最是牵衣女，哭说邻家午饭香。”又云：“床烧夜每借僧榻，粮尽妻常寄母家。”恒诵之栗栗危惧，不皆寒士伤心之语哉？

予素胆怯，夜坐尤甚。侍者竟不能片刻少离。而独慈怀遇有专营，则转觉毫无畏忌。辛丑冬，治家媳黄氏之丧。时家子甲麐司榷湘潭，友朋送纸钱，盈千累万。吾家大赈孤魂之夕，予乃命多分钱楮，遍野焚赠孤魂。执事者皆鼓舞奉行，次第推行而达远。东至于圳墈，北至于下边山，南至于大垅，西至于高原，四顾火光如灼。而予则亲偕家选州兄，专驻刘、骆二姓墓山之前，焚资以赠。选州兄渐推渐远，距予所已数百步之遥。而予以黑夜只身步履草间，不特心无怯慑，而且洞悉孤魂之心，于我颇多爱敬。群焉拥护，反得借为佳伴焉。先儒云：“浩然之气，须于心得其正时识取。”不信然欤？甲寅仲冬，一日偕族众诣西原族党家，调理骨肉参商之衅，滞迹至晚天而未散。其家在乱山丛冢之旁，颇为人踪罕莅之区，幸童子杨胜陶迎予已至，遂扶予由乱冢深草间觅路而趋行。时红日西沈，月渐吐光，风寒削面，步至汤家塘西南隘巷，遥见前途似有二三行人迎面而来，转瞬不见。心知为山野瞑天，游魂彳亍，倏忽趋而避焉者，殆恐惊触慈祥悱恻之衰翁也。旋经汤家塘岸，予惟悯念先后溺毙之人，恻怆于中，竟尔浑忘怯慑。迨登高原，则吾母之佳城在焉，尤自觉身依膝下，孰敢侮予也。昔人云：“鹞鹰搏鸡，鸡有母护。离亲出门，心寒行路。”悲夫！

居恒不时解囊，资助亲友故旧，而未尝笔及之者，予心习焉而淡忘耳！今日资助中表之亲，而偶一笔记者，盖欲以示子孙而垂为家学，深冀毋忘至亲姻旧，以及贫交故人也。其关系岂浅鲜哉？

群孙每用围椅作成肩舆，令小孩稳坐其中，舁行满屋，见之辄令人莞尔而喜。然一转念间，回首我躬数岁时，嬉戏跳跃，亦恒博重闱[1]笑乐，又不禁泫然泪雨沾襟。

偶出前门，远观晴景。适见女孙有芊、有驯对坐前院石上，谈笑为欢，怡怡相爱，予心悯然增感。此时为一家姊妹，幼小无知，日日相见，在在相亲，自相忘于固有之天也。转瞬各适人家，则聚首之日无多矣。有芊正十岁，盖翚儿之子也。有驯正六岁，盖鹏儿之子也。予妻坤凝丁卯春日思亲诗三首，予代撰也。其一曰：“膝下当年姊妹花，红娇紫艳门繁华。而今各滞移栽处，南北东西别梦赊。”呜呼！睽远之感，古今所同悲也。又况丰啬安危，各关时命，则忧娱欣戚，势有万难齐一者乎？斯言也，宜亦孝悌之人闻之而心恻者也。吾心安能忽视之而不存诸简册哉？

向论五伦之中，君臣、父子、兄弟、夫妇之人皆有限，为朋友一途为最宽，诚哉其言也。然而君臣一伦，范围亦复不小，未可仅见一隅也。光绪戊申冬，予在武昌，一日偕客二三人倚炉闲话，有军中士人问曰：“齐景公赞孔子云：‘信如君不君，臣不臣，父不父，子不子。虽有粟，吾得而食诸。’景公此言，盖恍然于君道之宜自尽矣。而卒弗能自镌其躬，是徒责望通国诸臣，尽其臣道而已矣。岂非躬自薄而厚责于人者乎？”予答曰：“景公不足论矣。惟‘君臣’二字，本彻上彻下，则宜条分缕析以言之。凡归我躬使令约东，而我受其服从侍奉者，皆有君臣之义焉。非惟

1. 重闱：旧称父母或祖父母。

一国之共主，俯临全国之大小臣工，而后谓之君臣也。《易》曰：‘家人有严君焉，父母之谓也。’是父子母子亦君臣也。而家中之一主一仆，尊卑肃然，尤为君臣之著焉者耳。即以今制言之，牧令之于督抚、藩臬各长官，部曹之于尚书、侍郎各长官，要皆奉命尽职而将顺其美，匡救其失，不亦君臣之象乎？而在军中则尤凛然上下森严也，如队官、营官之于标统、协统，莫不有君臣之象焉？夫以天下之广，人类之多，而能使上下情意交孚，尊卑秩序不紊者，实皆赖‘君臣’二字之大义有以维持也。假令在下者昧于斯义，即吾子今为队官，将于排长目兵，皆难约束，皆难调遣，则号令不能畅行于一队之中矣，遑问一国之大乎？程子曰：‘礼止是一个序，乐止是一个和。’止此两字，含蓄多少义理！天下无一物无礼乐，如盗贼至为不道，然亦有礼乐，盖必有总属，必相听顺，乃能为盗。不然，则叛乱无统，不能一日相聚而为盗也。夫所谓必有总属，必相听顺，是即‘君臣’二字之见端者也。而况名正言顺之长官、属吏，以及主人、仆从，不尤赖君臣之义处处维持，使无叛乱，而永重于天壤哉？惟是先民有言，盛世君臣，宛如朋友。衰世朋友，俨若君臣。呜呼！此古今气象所由分途者欤？后世朝章十分严厉，而昏浊之主，虽因护非拒谏，加刑善类，而乱命人莫敢违。而凡重臣之卑污迎合，或骄横恣肆者，亦多虎威狐假，滥施枉屈于同僚，此‘专制’二字之名称所由来也。然此特君不君臣不臣之变局耳，非君臣之正轨也。而谓‘君臣’二字即为‘专制’二字之媒，则不尽然也。试观三代以上之君，谋及卿士，谋及庶人，天子且恒拜手稽首以受谏臣之名言伟论，而盈廷之禹俞皋赞，和衷共济，亦无非勖勷主德，纠绳君过。惟求造福于闾阎，其中即有异趣之人亦弗敢作福作威而别成一格，而何君臣之不宛如朋友哉？而何朋友之得俨若君臣哉？而又何专制之有哉？”营友闻予言，肃然起敬，心领神会，意境豁然，低徊久之。

甲寅仲冬十六日壬辰，是即为中华民国四年一月一日也。民国肇造，纪年三周矣。钦惟隆裕皇太后[1]，女中尧舜，豁达慈祥。当宣统三年辛亥隆冬，严寒凛冽，太后毅然定策，沛降丝纶，创为共和之局，改元中华民国，以固满、汉、蒙、回、西藏五族之藩篱，公天下而不忍贻祸生灵，其可谓至德也已矣。凡我普天率土之人民，允宜心版铭之，而当路诸公之优崇皇室，兢兢立约，巨典昭垂，期令后世永矢弗谖，遵循久远，其可谓深明礼教者欤。凡此皆为震古烁今之事也。兹当时序迭更，言念及此，不忍不大书特书以志钦慰。

自古群圣，莫不韬光沈馨，精华内蕴。独至文王、孔子，月到中秋分外明，其故何哉？盖文王虽圣神莫测，得周公之《大雅》之阐扬，而幽隐之光以显。孔子虽蕴蓄难穷，得子思《中庸》之阐发，而渊泉之德以彰。然则孝子文孙之得力于身后，其关系天下后世，岂浅鲜哉？且也尼山讲舍，群贤荟萃，凡师父之作止语默，罔不时刻留心，抉摘精微，传神惟肖。《论语》一书，可谓化工之笔，神妙欲到秋毫巅矣。此其得力弟子门人，尤为孔子之独擅胜场者也，然皆所谓天授，岂人力之所能致哉？

天寒日暮，有客自武昌远来投宿予家，盖为鹇儿旧部李君。沧桑后经营贸易，将赴长沙，便道来省鹇儿。予在武昌时亦与相识，亟出而礼接之，聊与殷勤话旧，感子故意长也。予弟愉叟，奔走风尘数十年矣，凡在外相识之人，无论贵贱贤愚，往往于关山失路，艰难险阻，水穷山尽之时，深得其友助扶持之力。衣不如新，人不如故，允民岂欺我哉？

女孙有嘈甫岁余，一日跌扑，撞头痛哭。予手揉之，旋抱出前院散步。举头见新月一镰，嘈孙泪眼未干，亦仰窥而色喜，可怜也。嘈孙同居

1. 隆裕皇太后（1868—1913）：清满洲镶黄旗人，叶赫那拉氏，慈禧太后侄女。1889年由慈禧做主，立为光绪皇帝皇后。1908年光绪与慈禧相继死去，立3岁的溥仪为皇帝，被尊为皇太后，垂帘听政。1912年2月12日被迫宣布清帝退位。

东堂，每见大父往来庭前，辄欢呼索抱，半岁以前即如是。人曰："蚩蚩乳孩，亦能识大父耶？"予笑曰："小孩不知此老为何许人也，惟日睹往来如织，知其为一熟人耳！"噫嘻！吾今及时抱之，聊以自慰吾情焉尔。他年我孙出嫁诗礼名门，岂得于吾身亲见之哉？

昨日陡闻谢氏中表之丧，心为凄然欲绝。回忆去冬过访，予尝期以他日有盐同咸，而今已矣，岂不悲哉？虽然，在谢君固不及待矣，而在藐躬亦岂能自保得见有盐之日乎？今岁甲寅春初，武穆乡自治公所散会，殷君德畴，同席畅饮，予撰联示座客云："乡董乡佐，议长议员，元恺十六人，到此风流云散；保身保家，为农为圃，闾阎千万户，共期人寿年丰。"殷君见之，拍案叫绝，相对欢谈久之。岂意甫至孟夏，而殷君竟成永诀乎？孟春月杪，予侄甲骅之丧，适与其朱家外大母同日归窆，两家又相距咫尺，凄惨异常。朱君松坞白衣送葬朱母，犹对予悯念骅儿，言之酸楚。岂意甫至季夏，而松君亦掉头竟去乎？由是观之，则人生之不可测其迟速者，死期其大端耳。《易》曰："困于石，据于蒺藜。入于其宫，不见其妻。凶。"子曰："死期将至，妻其可得见耶？"总览古今人类，贵而王公将相，贱而乞丐孤寒，美而圣者贤豪，丑而老奸巨猾，惟"死期将至"四字，则皆无所于逃。青田刘文成诗云："人生无百岁，百岁复如何？古来英雄士，各已归山阿。"为此诗者，其殆英雄气竭，江淹才尽之时乎？今天下如将教化推行，尊师重道，借以端人心而重风俗，则藐躬虽邻于衰朽，犹当出其一知半解，发为言论，以赞助之，以期求仁集义，立厥初基。果尔，则老天或留可用之身，再历二三十年而后死亦非异数。否则在世无补，天亦何须虚留久存乎？是故君子早自料理责无旁贷之事，至人事已尽，差可没无遗恨矣。既尽人事，而教育之功不成，似亦可安坐以待之？抑谚所云"事到事完"也？犹忆旧句有云："此后欲求娱老法，万端都听自然天。"愚将守此二语以终余年，借以怡神适趣，节省忧劳而已矣。

予家故旧诸君，每相逢偶语，辄互谈朓叟待人之厚。予闻之而喟然曰：“厚云乎哉？吾心且抱歉多端也。”然而此数子者，其言皆出于至诚，迥非口与心违也。予尝昧昧以思之，每见富贵家宴客，庖人烹饪，动以鸡豚雁鹜之汤分润诸肴，而雁鹜鸡豚之肉味转薄。至若寒士淡泊家风，斗酒延宾，只鸡佐饭，或自惭供养之薄矣。然而一团真味，全寓羹汤，此则差堪自慰者也。诸君谓吾待人厚，厚则犹未之能行也，特真耳。

父母之子孙众多，一视同仁，本无偏重，然而亦有钟爱特甚者。其苦衷难以自言，是在观者善为体察耳。或有体羸多病者焉，或有任劳过度者焉，亦有贫窘难堪者焉，且有孤寡无倚者焉，而资性钝拙，辞不达意，往往受欺于狡黠之人。屈不能伸者，又别成一格矣。此类多端，笔难罄述。要皆父母之心所眷念难安而顾复尤勤者，世俗乃指为偏爱，不已误乎？此盖大有关于人心世道之端，用特揭明，以垂训诫。

有人以除夕多陈果品，叩祷观音座前，迫求慈荫，俾来岁得以丰财。既而寂无所获，又于岁暮，加丰食品，并呈五彩绸帐，百拜以乞观音。来岁仍无所获，懊怒之余，乃叩请观音指示求财之策，摇签得神语云：“萱闱自有观音在，何必焚香叩佛堂。”盖谓孝敬慈闱，消除忤逆，自能和气致祥，顺承天庥也。其真醒世之言欤！

幽兰自芬，不求人知。知者采采，情不自持。万古清芬，动人遐思。此予昔年持赠幽人善士之言也，今可为普天下韬光沈馨之学子流连诵之。而凡所谓知己者，知其长，并知其短；知其显，并知其微；知其巨，并知其细。此古今身受者所以同铭心版也。管仲曰：“生我者，父鸣也。知我者，鲍叔也。”母呼，岂不重哉？

城市卖卜之人，每日为人占问休咎，熙往攘来。其言验者，颂其名高，其不验者，嗤其学浅。其实，验不验无关于彼也，必也我有专一迫切之诚，而神明乃与我心心相印，示我周行，精确显亮，皆由一己之诚心所致也。而代占者亦阴受其福，左右逢源，而得判断灵通之美誉矣。

忆戊子初冬，养知先生致罗西先生书云：“厚甫安详稳适，文笔斐然，词调尤工，良亦佳品。近闻以病还家，心切念之。”厚甫者，甲麐儿之字也。老辈多情，抑何可感之至于此，其亦不泄迩，不忘远者欤？而麐儿在癸未、甲申间，有《伤春词》云：“销魂何处，桃花门外清明雨。”养知一见，搦管著圈，对人亟称为警句，此以见老辈宏奖风流之不遗纤细也。

晚眺门外，遥见黄犊旁皇道左，觅母哀号。予心悯恻，而怦怦不能自安。适遥闻母牛悲鸣一声，知已在主家槛内矣。犊乃奔走如飞，瞬息千里。予时悲喜交集，注视不能转睛。呜呼！天下苍生众矣，区区此心，岂特为二牛悲喜哉？

乙卯春日在乡，萧然兴尽，今夜则更忧心如煎，甚矣哉。正务之多梗阻也，一苦于办事之人无机警捷速之材也，一苦于阴行梗议之人欲非之而无可举，欲刺之而无可刺也。白香山诗云：“离离原上草，一岁一枯荣。野火烧不尽，春风吹又生。”子曰：“道不同，不相为谋。”此皆千古同慨之端也。悲夫！

乙卯七月七夕，散步前院，白云在天，不见银河，循诵光绪庚辰旧句一往情深：“天上人间讵不侔，银河湘水共悠悠。自家夫妇多离恨，何暇伤心惜女牛。偕隐山中别有天，耦耕佐读意陶然。何时永遂团栾愿，曾负佳期十一年。”今正家山偕老之年也，白头夫妇，久矣得遂团栾，兹且萃诸儿男妇八人，孙男孙女十有四人，一庭聚处，别恨全消。屈指家庆之团乐，未有比于此时者也。天恩高厚，荡荡乎民无能名焉。陈损斋先生云：

“凡人之情，易境则思，当境则忽。”智者及时爱日，岂容不一刻千金？

适园老圃，平生绝无他长，惟差幸接待故旧之诚贯彻初终。不似霸佐之要结牢笼，未免险夷异趣耳。相依最久者，颇能察其所安而默识之。若夫至诚恻怛之养知先生，翰鼎则早经洞见肺腑矣。计自丁丑以迄辛卯，翰鼎寄养知书函不下百十，而孰知竟绝笔于辛卯春日汉川县馆一书。盖不久而我公易箦长沙，遂令爱戴之深者，徒作天涯之望哭矣。其在诗曰：“淑人君子，正是国人。正是国人，胡不万年。”岂非万古同声之恨事哉？汉川手书略云：“先生乃一而十，十而百，始终不惮繁琐，惟以滋培后进，扶植善类为安，是诚仁人出于性生者也。昔胡文忠公有言，吾于当世贤者，可谓倾心以事之矣。而人终乐从曾公，其至诚出于天性，感人最深故也。先生其与文正公共一心源者欤？末士感悚之极，无以为报，惟有识此数言，以铭肺腑而已矣。”由今观之，通函绝笔于此，其亦无忝永诀之言也欤。“是何等襟怀，江汉为池，天地为囿。问先生位置，众人之母，王者之师。”我公千古，此联亦千古矣。

忆宣统三年辛亥八月朔旦，予方家居。是时，天下无事，乡民安居乐业，食德服畴，但以来年水旱虫蝗为虑。乃群促能观天象者，近晓出门，登高四望，以觇丰歉。蚩蚩小民，既无履霜坚冰之识，抑何有风声鹤唳之虞乎？乃观者苍黄走告之于众曰：“来年水潦之灾，犹其余事，所最可骇者，东北方云氛凶惨，将来恐有兵灾。可若何，吾侪小人，各有身家，宁为太平鸡犬，不堪为离乱人民也。”予闻戚然，而犹冀其言之不中也。乃不出两旬，而武昌兵事大作，各省接踵而兴，四方闻之震动。自时厥后，兵祸旋伏旋起，安危无常，海内骚然，蔓延数载。不特僵尸流血被原野，闻之心胆俱寒，且因之四海困穷，小民几无生气矣，惨何如哉？偶观天象者，抑何不幸而言中也。悲夫！

乙卯中秋日，麐、鹇、霖、翚四子率诒、勋两孙，侍予夫妇午饮。予顾谓予妇曰："今日实大团栾之宴饮也，亦过此以往，未可必得之天缘也。何也？霖儿之司榷临湘，翚儿之司榷宜章，行将不日远离者固无论矣，即鹇、麐之今正家居者，能必其无远游之日乎？甚或各挈妻子偕行，则诒孙、勋孙亦且各从其父出门矣。求如今日之佳节侍宴团栾，能必其可多得哉？天恩高厚，当境者岂容不一刻千金？"

乙卯仲秋月杪，予在长沙城。一日率翚儿及石树风、校钦兄弟，乘坐火车，往返株洲市。此盖藐躬附车湘粤铁路之始也。车中见少壮男子多人，纷纷归自衡岳，类皆为父母祷神，以求解厄消灾，延年益寿。此浏阳刘叶璜竹枝词所云"孝子年年做几天"者，亦即士林所哂之迷信也。然以予默察其人，作止语默，莫不至恭且敬，凝神屏气，妄念胥捐，未始非诚意正心之一助也。有天下责者，苟因势而利导之，处处辅以益友良师，而使渐进于中平之轨范，似不难致人人之孝悌，万国和同也。任天下之重者，盍亟善诱之哉？其中有购归小儿戏具以给膝下娇儿者，只身无可安置，尽以纳之头巾之上，乍见几同首饰新鲜，而斯人不自嫌其可笑。浏阳陈曼秋云："古今惟'慈'字一理不绝于天下。"悲夫！

一日家居，偶以事临湘滨访客，返过营田市，遇故旧殷良敬于屠豕之家。因与坐谈觅馆要事，及出，适遇八十老人家静存兄，健步过门，诧然而顾予曰："吾子足不履尘市，恒数年如此矣。今胡为一临此宅？岂欲过屠门而大嚼耶？"予应声曰："此间有殷良敬者，壮士也，颇类汉将军樊哙，特访之耳。"相与大笑而散。市人皆注目以视，而二叟旁若无人，豪情洒落，借以自畅其天也。吁，杯酒从容，欢谈雅谑，不真足为山人娱老之资耶？

昔有目力半瞽者二人，初临一祠宇，登堂即仰面争诵匾额大金字，以考目力之孰为较优。而所诵各不相侔，究不辨其孰非孰是，因各质之于旁观。其实新匾尚未高悬，二人仰视之区犹空洞无物耳。旁观不答，惟笑哑哑不止，二人终莫解其何为。予闻怆怀，连呼大可怜也，大可怜也。先儒论圣人相师之道，直于天地有憾处，补其生成之造化；于尧舜尤病处，疏其立达之精神。旨哉言乎，非天下之至精，其孰能与于斯？

昔有抚辕炮手，适为耳聋之人。巡抚将出，彼必实炮，以俟于辕门。惟官轿由署中喝道鸣金以出，彼不闻声，则声炮之迟速难以合格。因与鼓楼吹角之人有约，托请届时举角向天以为信。若是者，故久矣毫无舛误也。一日，官轿出时尚早，旁有心术刻薄人故举角朝天以戏之，其人遂连声三炮。司刑员大怒，命执而笞之。其人被笞后，且泣且问旁观曰："三炮岂竟无一炮声响耶？"噫，斯人之可怜情状，较之半瞽争诵匾字之人更甚十倍，至今念之，尤为酸心。而当时举角戏弄之人，则视旁观不答而哑哑以笑者，其无良更超百倍矣。此亦人心世道之蠹也，兹因连类论及，以垂戒焉。

乙卯岁除前一日，夜深闲坐，因彭克谐话及予故人一家事，而疑为不度德，不量力，有失时宜。予不得已始揭示往岁，盖由我躬苦心经营，玉成孝慈两全之美，绸缪颇密，无得而称，但求自全其心，是以斡旋而无迹矣。非斯人之不自量而冒昧自为也。克谐乍闻底蕴，憬然如梦初醒，低徊久之。

翚儿之妻周氏，前年购有母牛寄畜于汤氏，以供耕作，旋产一犊而长成。乙卯冬，购犊有人，尚无成说。迄丙辰新岁，犊忽倒毙，旁观为之太息曰："去冬如已卖去，则免今日之折损矣。"周媳曰："不然。倒毙于我家不过一无所获而已。若农家购去而倒毙，则折本数十缗，而又无余力可再购以供田事，我心念之安乎？吾宁不获此买值以自全其心之所安，犹之母牛未尝产此一犊也。虽已聊费豢养之资，犹小事也，吾不介意也。”予闻斯言，拍案嘉奖，立召一家群孙而遍示之，俾各充忠厚之端以为蒙养之一助。时我曾祖王母何恭人遗像适因度岁高悬庭中，翰鼎趋而敬告之曰：“此儿亦不忝吾母远绍心传之孙妇也。”吾母传家至宝，抑何感召之灵若此哉！

乡村儿歌云：“点点密密，黄花满地，金罐打酒银罐煨。劝我姊妹吃三杯，今年吃得团栾酒，不知明年归不归。”此亦刺心沁骨之词也。孝悌之人聆此，能无黯然神伤乎？其二曰：“绿鸟儿，趁光飞，爷爷京城寄信回，教娘莫打娇娇女。娇娇女，远离乡，难得回来见爷娘。”其三曰：“绿鸟儿，伴墙飞，没娘女儿吃得亏。厨房洗脸哥又骂，床后裹足嫂又嫌。嫂，尔莫嫌，还止在家三五年。”予尝爱此三章，颇有关于父慈子孝，兄友弟恭之学，因录存之，每为循环讽诵，声泪俱下。此亦见圣人采风作乐之所以感人心也。

孙男有麻，甫周两岁后，一日午前，恋坐母怀，母数催而未肯下，其母曰：“耽延太久，日光渐逝，盘中多衣，其谁洗乎？”麻曰：“家中犬多，即令一犬洗衣可也。”适大父过其窗下，聆之生趣，喟然叹曰：“痴儿可怜哉！”又孙男有培，甫周三岁时，一日见其弟有桢，剃发中庭作哭，培孙为之懊甚，手牵司剃人之衣而推之使出。司剃者屹然不动，培乃执薄磁盘以撞其双胫，已则哭容满面，迫切万分。予见而和颜以开导之，始得渐解。蚩蚩孺子可怜哉！大凡为人子者，年当及壮，多半纷纭于妻子仕宦之间，偶值芭蕉雨里、蟋蟀灯前，回忆蚩蚩童蒙，依依父母时情景，不禁怆然欲泣。若为父母者念及其子儿时情状，更觉矜怜万倍焉。然则家庭琐屑真挚之情，不有关于子孝父慈之精理耶？予每琐琐记之，非无谓也。至若《春秋左氏传》称先君为孺子牛而折其齿，后世读者且犹为之感伤。当时苟非遇彼天良早觉，大利昏心之子，闻此琐屑真挚之情，岂犹忍阴施杀害于弱弟哉？顾亭林曰："正人心，急于抑洪水也。"悲夫！

丙辰孟春月杪，一日仲弟晶鼎过谈。自拟趁年内身闲，决计倡修族谱。甲麐儿侍坐，欣然曰："宗堂近来数十年间，待兴之大工凡四。凤山工程，潜英弟已身任而赞成之。忠节公县祠工程，季时弟又已身任而赞成之。今唐山墓工，麐正身任经营，功已及半。但得子孙之大力者，踊跃出资以应，今冬定可告厥成功。其一则惟族谱耳。族谱自嘉庆丙子以后，失继修者已及百年矣。叔父如果身任兴修，则叔真弟又可供左右臂助矣。"仲弟聆此，益觉鼓舞欢欣。潜英者，甲鲲侄也。季时者，翚儿也。叔真者，霖儿也。予闻而喟然叹曰："果得宗堂大工一切告成，而吾又得及身亲见，则将来易箦之年，可免九原惆怅对先灵矣。所关岂不重哉？"

夜深闲坐馆中，因彭克谐有所陈论，不得已偶示机缄。自叙数十年来，凡于济人利物之举，往往匠心独运，惨淡经营，而未便轻以告人者。盖恐遇有他故沮挠，致藐躬夙愿难偿也。其用心不良苦哉？克谐聆此，怃然久之。

辛卷

丙辰孟春二十八日丁酉，石校钦从犟儿归自郴州折岭。近午，系舟登岸，突闻其老母于初二日辛未黎明弃养，已于初七日丙子归窆山阿，一时惊恸欲绝，亲友抚而劝之。既而一路号泣到家，至夜深，尤恸哭未已。虽亲党环而力劝，校钦悲不自禁也。倦而小寐，五更乍醒，又复悲恸发声，绵延终日，枯槁憔悴，亲党患之。而予近年于校钦实为深怜深痛之人，至是则亦爱莫能助也。奈之何哉？数定而无所于逃也，有如是哉？假令校钦之老母弃养得延迟一月，抑或校钦在折岭假归得提早三旬，皆得母子相见，可免抱恨终天。今若此，是诚万古茫茫之阙事也。奈之何哉？予昔年应试秋闱。

《礼记》题："亲老，出不易方，复不过时。"[1]予文略云："况夫景迫桑榆，旦暮诚难自保，而游子萍踪靡定，则家书之征召无从，迄他日还辕，徒怆怀于霜清露白，终天其永诀矣。岂非百身莫赎之辜哉？况夫人同朝露，耄耋在所难期，而游子色养久违，则倚膝之光阴愈促。迄他年返驾，已惊心于衰齿颓颜，爱日亦无多矣，岂非千古伤心之事哉？"若石声敏校钦者，此次远客郴南，羁身折岭，实为依人有定，出不易方。秋去春归，复不过时，特以家书未遑征召，游子苦不知其母病耳，非其罪也。以视贺氏之子，不诚霄壤天渊之别哉？予初旬挽联有云："负米悯中途季子，终天永诀；何待鼎茵厚禄，晚贵才深薄养悲。"盖预计乍闻母丧之万难自遣也。邑中先辈吴柭台[2]孝廉《淮板舆》诗八百一十字，泪痕满纸，光凝万古，今为校钦一节录之，如出校钦之

1. 语出《礼记·玉藻》。
2. 吴柭台：湖南湘阴人，《曾国藩家书·致诸弟》有："吾尝见友朋中牢骚太甚者，其后必多抑塞，如吴柭台、凌荻舟之流，指不胜屈。"

口云。其诗曰：

阿母累刀尺，天寒愁衣袽。待哺日呀呀，呀呀绕蔬厨。
儿家兄弟多，阿母历勤劬。叶槁不复荣，面槁不复腴。
谁谓当风木，风多常不枯。频年迫时事，儿行出郊郛。
抱钵东西走，裹粮南北徂。栖栖投林鸟，贴贴粘水乌。
游子苦奔驰，逸马无停蹢。往者或归来，归来入我闾。
阿母默无言，拭目时一吁。吁时复何意，似我颜貌癯。
今者或归来，归来入我闾。阿母竟何处，空堂落蜘蛛。
蜘蛛结为网，丝丝相绊拘。丝尽落蜘蛛，感我颜貌癯。
不惜颜貌癯，不闻儿母吁。出门见邱垅，野蔓交萦纡。
上有五色鸟，哑哑复呜呜。呜呜呜不已，隔林哺汝雏。
汝雏羽毛鲜，汝鸟精力痡。汝雏未哺汝，汝鸣空呜呜。
青青园中葵，结子乃如瓠。子落复为树，旧葵不再敷。
西风振林木，百卉无华膴。游子失所依，肝肠满艰虞。

儿辈侍坐夜话，询及咸丰、同治、光绪三朝掌故。予略举其大者以示之，而因太息痛恨于庚子拳祸[1]之竟同儿戏也。语云："国以一人兴，国以一人亡。"彼端郡王载漪[2]者，竟以昏迷狂妄，贻毒百万生灵，诚万死不足以蔽其辜也。而犹幸邀议亲议贵之条，得保首领，可胜慨哉？

夜坐，语石声敏曰："人生足迹所临，胥关定数。吾年三十有七以前，足迹未尝一至邻省。戊子四月初三日，始出湖湘，循大江以入鄂境。又历十有九年，至丙午八月，始得由京汉火车一莅信阳州城，则入河南境

1. 庚子拳祸：指光绪二十六年（1900）的义和团运动，因发生在农历庚子年，又称为"庚子事变"。
2. 载漪（1856—1922）：清末皇族。满族，爱新觉罗氏，封端郡王。光绪二十六年（1900），任总理衙门大臣，主张利用义和团排外，以达"废立"目的。又力主围攻各国使馆，坚持处死持不同意见的徐用仪、许景澄、袁昶等人。光绪二十七年（1901）签订《辛丑条约》时，被指为"首祸"。

矣。丁未十月，始由株萍火车[1]一莅萍乡安源，则入江西境矣。夫湖北、江西境上，皆距吾家颇近，而吾得践斯土，犹甚迟迟，况广东省境之远在天南者乎？汝与吾儿季时，既至折岭，驻足十有三旬，入广东境，咫尺间耳，而竟未遑散步一临之。又如叔真儿，壬子久客通道县署，距广西贵州两省境上皆咫尺间耳，而亦未暇一临之，吾心颇皆引以为歉。然而有数存焉，人力未可以强为也。昔人有一字安心诀曰'数'。呜呼智哉！"

暮春散步适园，隐闻竹林深处似有小儿吟声，因呼之使出，则为孙男有询独步行吟，从容一觅新笋也。不畏蛇狸，苦无知也。五龄稚子可怜哉！

频年每当盛暑，田禾需雨，农人望眼欲穿。今惟有趁兹塘水盈盈，严行堵塞，使无外溢，则届时可收挹注之功。此田家固有之利益也，岂可任其放弃乎？予甚望处处同井之人，齐心协力，共保堤防，万不可因循自误。若能不吝工本，早于冬日，同力合作，掘土而深之，俾池塘容水加多，则更清源之道也。尽人事以迓天庥，予每逢人恳切言之，以期有补于万一。

鹇儿夜坐，教诒孙曰："汝曹如从大父[2]闲游，务须时刻留心，观其一举一动，殊有长进。即如今日者，老人步经塘岸，一见螺蚌盈途，亟自拾投水中，一苏涸辙。此盖渔人举网而得，无所用之，乃弃之于岸者，是竟置之死地而无谓也。环塘岸所有，不一其处，群生累百盈千。吾从老人之后，一一手拾而投之水，自忘其劳。汝曹如目见之，亦可启发恻隐之良，以资扩充培养耳。"

---

1. 株萍火车：湖南株洲至江西萍乡的火车。
2. 大父：祖父，此处指易翰鼎之父易冕章，见前注。

丙辰端阳后二日，晚步田间。原隰高下，四望深绿如毡，蔚然锦天绣地，因而痛念湘省西陲、蜀省南陲，烽燧之场之惨目伤心也。

端阳后一日，突有军队来驻营田市，仅百有余人，尚称整肃，且无力役需材、捉人负重之事。然而越日巡视乡村，居民望之却走，惟恐被其捉去。一妇人澣衣池塘石上，抬头猛见，已在咫尺，无可走避，竟自投溺水中以死。又一老翁年七十余，则因奔逃仆地，伤重气绝。呜呼！抑何畏兵如虎哉？良由去冬今春，西行过境之兵，纷至沓来。沿途掳掠奸淫，浑忘纪律。其风声远播，久矣令人盈耳而寒心。故一旦乍见驺虞[1]，形似山君[2]，苍黄急遽之时，亦无暇从容审视而辨其非猛虎也。悲夫！

绿树阴浓，夏日如年，每夜偕石校钦闲话馆中，境清味长，饶有清兴。一至白日，校钦有事于园圃，则孤栖难耐，徙倚何之，握谈无人，阒然寡欢，则不无如怨如慕，如泣如诉矣。唐人云："但见泪痕湿，不知心恨谁。"究之所恨者周亲，亦非无良无道之人也。子曰："未之思也，夫何远之有？"[3]孟子曰："弗思耳矣。"大圣大贤之言，抑何蕴蓄而沈痛哉？谚云："锦上添花，不如雪中送炭。"此声政克谐声敏，所以令人中心藏之，何日忘之也。大凡人家父母，晚年或无事闲居，抑或多事而既倦思休，恒欲召所亲爱之人，或子若孙，或门下客，环侍左右，谈笑为欢，借资消遣，似亦人情之通轨也。予妇近年衰颓日甚，寂处深闺，每思儿曹侍诵有益之书以资倾听，荡涤胸襟，且借以垂为家训，而尤关心时事，望治方殷。予因而面谕诸儿，凡接阅京报时，务须摘要详谈，以慰母心。此亦人子承欢之一事也。虽然日薄西山矣，桑榆景迫矣，人子爱日亦无多矣，能无念之惘然？此盖丙辰仲夏下旬笔记也。呜呼！丁巳届期，萱萎堂

1. 驺虞：又名驺吾，是古时一种十分珍贵的仁兽，身躯似虎。
2. 山君：老虎之别称。
3. 语出《论语·子罕》。

北，何堪回首，盖一载未周，已不幸而言中矣。悲夫！

里人醵金备用，奉迎徐将军、丁将军神像安坐西山公所，馨香致敬。夜则共舁神舆，遍历依山各家门外，并画布为蛟龙，鸣金击鼓，灯火辉煌，则穿入各家门庭，借以驱疫，其亦古人傩礼[1]之遗意欤。考徐将军盛[2]、丁将军奉[3]，皆东吴名将，《三国志·列传》颇详。然于其驻军所在，安卫闾阎，农商无扰，陈志或未遑细叙。先儒论蜀汉之兵，屯耕渭滨，杂处民间，而丝毫不扰，军无私焉。三代之兵若时雨，孔明其庶几乎？愚谓三国人才之盛，蔚然可观，而将帅行军，亦多深识兵以卫民之义。意者，诸葛之儒风广被，而各国之将帅，亦皆争先恐后，力求固本宁邦，以免瓦解土崩之患欤。今我营田乡人，自古庙祀徐丁二将军于洞庭湖畔，馨香血食，垂二千年不衰，焄蒿凄怆，如丧考妣。此岂无道而幸致者哉！我思古人，殆与羊叔子岘山堕泪之碑[4]同有千古矣。

丙辰季秋十九日，自唐山省墓北归，步至丁家坝瓦窑边，天光暝矣，一时触目警心，悲从中来，不可遏抑，傍皇久之。而仲弟、翚儿、石树风、柳桂棠偕行者，一皆无所知觉，予盖不胜怀人感旧之情也。可怜九日同游处，不见追陪杖履人。孟子曰：“有故而去，则君使人导之出疆，又先于其所往；去三年不反，然后收其田里。”呜呼！千古情至语，孰有加于此者哉？

---

1. 傩礼：古人阴历除夕之夜，在民家和宫中为驱逐恶鬼所行的仪式。
2. 徐盛：字文向，三国时琅邪莒（今山东莒县）人。避乱于吴，依孙权，为别部司马，领兵从讨，数有功，迁建武将军，领庐江太守。破刘备，进迁安东将军，封芜湖侯。
3. 丁奉：字承渊，三国时吴庐江安丰（今属霍邱县）人。少年骁勇，从甘宁、陆逊等征战，常得首功。以后屡建奇功由冠军将军、都亭侯、灭寇将军、安丰侯、大将军加左右都护、领徐州牧升至右大司马兼左军师。
4. 羊叔子岘山堕泪之碑：羊叔子即西晋大臣羊祜，都督荆州诸军事时，“开设庠序，绥怀远近，甚得江汉之心”。羊祜死后葬于岘山，当地百姓在此建庙立碑，岁时祭祀，感念其恩德，见其碑即流泪，继任者杜预名之曰“堕泪碑”。

家镜湖兄铣鼎者，予丁丑挽联所云“凄凉悲往事，长沙夜雨，忍读鸰原急难篇”者也。今其冢子妇龚氏，年已七十矣，无子无夫，并无壮年亲党，又无母家可依，盖皆死亡殆尽矣。龚氏孑然一身，家贫如洗，不得已由县城来营田，求助于族党。我仲弟晶鼎，追思乃翁旧德，悲从中来，泪珠泉涌，哽咽不能成声，既而拍案大呼曰：“手无缚鸡之力，空负义士之名，奈何！”于是身任代告，联络族党以资助之，借以集腋成裘，聊供此姥桑榆度日之资而已矣。我仲弟者，实为高曾祖父善种之遗也，驯至老而弥笃，非所谓如水之湿，如火之热，其天性有不得不然者哉。此次援助故旧，力竭声嘶，是诚理得心安之事也。予用是大书特书，以垂为家训。

一日率鹇儿走访厚麟侄焘，缴还亡兄沐吾丙戌浏阳贷款十有余缗[1]。呜呼！贤昆往矣，其亲党亦莫知予有此贷款矣，予当缴还谁手？乃为适协时宜，兹念厚麟侄刻正赋闲，米盐支绌，速持此款以偿之，当可少慰九原之眷念云。

冬晴可爱，而石校钦声敏又偶来谒予。予喜甚，益竭诚以优待之，且推屋乌之爱[2]，努力以及其素所亲爱之族弟。校钦喜出望外，谦让未遑。而予毅然径直以行，借以自全其心之所安，并以表示故人之旧劳已多，真令我心惓惓难忘耳。

夜坐，自诵少壮时累年笔记，理义之心，沛然满纸。旁听者，亦怦怦有动，叹其语浅情深，此应可为子若孙蒙养之一助也。益令我珍重老友嘉铭之肇锡，相期为太平草木之萌芽。

---

1. 缗：古代一千钱称缗。
2. 屋乌之爱：同“爱屋及乌”，意为推爱及人。

丁巳春闰二月望日戊寅，湘阴县尊李公介春[1]处决丙辰季夏初二日己亥夜半毒妇偕奸夫惨杀亲夫一案。营田闻报，人人消愤而颂清官，此盖绝大关系之公案也。惟营田自古无此奇凶之案，今乃人心风俗，一坏至此！谁谓非花鼓淫戏摇荡人心之罪乎？夫地绅驱逐花鼓优伶出境，不免以邻为壑，此不过匹夫权力有限，只得各保其乡，姑为苟安之下策耳。若夫为全国之主者，则大权在握，务宜正本清源，勒令通国花鼓优伶，人人改习正业，如有仍蹈前辙者，则不得不捕而刑之，以明永绝乱源也。语云："治乱国，用重典。"悲夫！

一生了无权位，草野终身，安问济人利物，方寸已多抱歉之端。如并桑邦之疾痛呼号。而亦因一薛居州，独木难支，不能始终维持保护，则更难瞑目重泉矣。岂不愧哉？岂不痛哉？

丁巳予妻捐馆，刚逢酷热之天，入棺未敢稍迟。予心曷胜悲恨？唁客谓予曰："酷热难当，犹是公同之苦境耳，非夫人一身所受也。至若家庭无缺恨，不诚夫人一身之福哉？我公四男一女，十二孙男七女孙，自出嫁之女子二人外，其余无一不在家者。此次夫人之终，皆得倚床环侍，岂非不幸中之大幸哉？"呜呼！此诚天恩高厚，荡荡难名者也。夫亦焉敢习焉若忘哉？

予于十有六年之前，尝慨然以语诸儿曰："父母俱存，人生一乐，万一不幸，事难全美，则汝曹宁可无父，必不可以无母。无母，则更如穷人无所归矣。"呜呼！何言之恸也，今乃不幸而言中矣，悲夫！予痛念亡妻端节前未偿之愿，亟出缗钱，分赠八十老嫂二人，孀居侄妇三人，极贫之侄妇一人。此事虽微，在儿曹总宜郑重视之。庶令亡者之心无多歉阙也。

---

1. 李介春：安徽人，民国初年曾任湘阴县知县、知事。

诸儿以仲秋下旬赶办季秋十六日丙午葬母事宜，遣使四出，翚儿统筹全局，尤形十分忙迫，予则首肯画诺而已，无所劳心也。因追忆继母黄恭人之丧，办事阅两月。予以全权授之甲鲲儿，得力良非浅鲜。今之翚儿，亦犹昔日之鲲儿也。吕子云："智深勇沈，神闲气定，是为第一等人才。"如二子者，虽不能至，然已仿佛似之，而惜乎鲲儿之早世也。庚戌夏，翚儿所作挽联，十分沈痛，是岂特骨肉私情而已哉？

诸儿以季秋月朔，延僧数日，为母氏礼佛诵佛书。予亦听其所为，惟及早重加严谕，他年我躬没后，则必不可为此，使我未能免俗也。今则何为听之乎？朱子盖尝有言，礼佛诵佛书，诚非儒生正轨，然自千年以来，世俗信之深矣。若从禁绝，则亡者之心或抱歉九原，转令人子之心大有不安矣。吁！先贤周览世故，洞达人情，犹且意存通变如此，今予亦何忍禁而勿许哉？若吾继母黄恭人者，则犹深信礼佛诵书之为要务者也。是以庚子冬日，翰鼎固尝敬谨遵行矣。凡百君子，幸无嗤我为迷信乎。

门下士彭克谐，以中秋后二日丁丑别予登归舟，以壬午日灯上红达湘乡县城住宅，而道经湘潭时，则受惊三大窘焉。盖过境南行之军队，掳船捉人，人与船皆趋而远避。克谐由长沙城乘坐轮船，以薄暮至湘潭，雇小艇载运行笈，另觅乡船，上下求之，竟无所有，一大窘也。不得已拔舟登岸，又竟无挑夫可招，二大窘也。舟子急催登岸，徒唤奈何，久而见一汲水挑夫，雇令庖代，送至市中旅馆，又竟拒客入门，自云军令森严，不敢留宿也。连过数家，异口同声。日云暮矣，无所归宿，三大窘也。走近乡村，去闹市已远，始觅得刘姓客舍，暂借一枝之安。而闹市纷扰之声达旦，远闻于野，一夜多受虚惊。过市中时，观其万户千门皆闭，气象萧条，不啻疑为元旦。明日晨后，始觅得市人挈眷避兵之船附归湘乡，船中凡载男妇小儿至三十有六之人多，而船人不与焉。湘乡县城，无一日不见有南行军队纷纷过境。而市面之萧条，过于丙辰夏日。城人移眷赴乡，已去十之七八，及克谐之长男绍五，长女绍慈，亦早送避乡村矣。风闻过境之军，与前途对垒之军，均已大集于湘乡界邵阳之地及湘乡界衡山之地，其距湘乡县城，皆在百里间耳。凡此惊涛骇浪情形，不过门下士长历其境，而予偶得闻之耳。其他未得而闻者，岂少也哉。呜呼！居民何辜？惨遭痛苦，奈之何哉！古圣人所以公天下者，原欲借以安天下耳，是诚古今之极轨也。呜呼盛哉！

邠蘗儿既送葬母氏，整装将归浏阳，及时侍坐椿庭，细谈要务良久，情词恳切，纯孝格天，且告言甲鹇儿每对伯姊话及椿庭桑榆晚景，形单影只，直同天地沙鸥。是亦小彦公所云“死者别，而又生者离也”，此盖指二十年依依左右之门弟子，亦经长别归农耳。兄弟相向觑欷，愀然不安几席。吕子云：“孝子之娱亲也，亲之所念，竭诚招致，极力扶持，以安亲心。亲终，则相向而哭，礼意加隆焉。”旨哉通儒之言，读之沁人心脾矣。呜呼！时势至此，水穷山尽疑无路矣。二子孺慕可怜哉！

翚儿依宿母氏墓旁，凡十有六宵矣。墓工以孟冬朔日辛酉日暮告成，翚儿则以壬戌日晨起，幞被而归，即以要事步往湘阴城，甲子日夜深还家。人有以癸亥日来自省城者，痛言省城以南各县居民被兵之惨，耳不忍闻。妇女奔赴水中以死者，盈千累万，可胜悲哉！迄甲子日，则沿乡共见轮船运送军队，前后不下五六十艘。每艘牵引帆船十数艘，鱼贯北下，整肃安舒。风闻铁路火车北下，亦尽数专供此役，而犹不够用也。圳壜墓庐修葺，甲子日五刻已告成功，而石校钦始终依宿墓庐，甲子夜犹留宿焉，可嘉可感，统计凡十有九宵矣。迄乙丑日清晨，幞被走还言馨草堂，则营田市警报踵至，校钦在途中已纷纷盈耳矣。而市中男女，走避乡村，络绎不绝于目矣。而四处枪声，时有所闻，令人惊心动魄。盖枪兵不过十余人，突来市中，开枪示威，大肆劫掠者半日，被伤者不一其人，而医者柳荫生竟以足腿误中枪弹，痛楚呼号，逾月迟延毙命，岂不哀哉！营田各肆店，苍黄被劫者十余家。其中三家，席卷最甚，竟因此而歇业焉。而湘阴县城商肆，同日亦遭劫掠，通城闭市，无敢贸易，而营田则越日而犹闭市焉。丙寅之夕，市中又大受虚惊，灯火辉煌，老幼男女，纷纷走避，视昼行尤为可骇。此即昔人草木皆兵，一夕数惊之景况也。语云："宁为太平鸡犬。"不信然欤？汉昭烈志存救世安民，岂甘坐享诸侯传食？是以《答刘荆州表》云："平生身不离鞍，恒见髀里肉消，今闲居已久，髀肉复生，日月如流，老将至矣。而功业未建，是以悲耳。"呜呼！贤儒豪侠英雄，临绝而心不死，不诚古今同揆哉？今天下兵祸频仍，民罹惨毒，握政柄者，果能诚求保赤，专以救世安民，为贤人之大业乎？窃意环球万国之人心，罔不馨香祝之矣。

当乙丑日以前，军队纷纷运往岳州，既而追兵尾至，亦由陆路纷纷走赴新库。民间喧传，两军不日将有战事，以致人心皇皇，寝处难安。今忽见一停战电文，不啻大旱之得霖雨也。今日偶步古东町湖滨，遇有汨罗河塘市人，舟运全家，避兵移住营田市中者。予诧然曰："营市正被兵灾，谈虎色变，君又何为效飞蛾之赴灯火哉？"其人答曰："河塘逼近南渡铁桥，火车运兵，往来如织，深恐酿成战端，以营田较河塘，毕竟差胜一筹耳。"呜呼！离乱人民，真不如太平鸡犬，岂非五十步而止者？姑羡百步而遥，犹或苟延旦夕耶。悲夫！

戊午孟春，一日大风鼓动，黯淡凄清。幸得石声敏校钦依依左右，大破愁颜。此本辛亥、壬子以来相依为命之人也，岂寻常故旧之比哉？夜坐倚炉小酌，校钦酒后心热，悲思亡母，凄然泣下，倾吐抑郁至更深而犹喋喋不休。予悯然而耐听之，久而忘寝。呜呼！此岂寻常长夜之谈所可同年而语哉？越二日，天寒地冻，触处皆冰，校钦告归，而其伯兄声政树风侍予夜坐小酌，亦于酒后心热，陈述家居琐谈，情景逼真，亦耐听至更深始各就寝。寤寐间，陡闻巨雷一声，令人披衣起坐，口诵己亥冬夜诗云：

"地僻无声夜漏迟，梦醒仙馆独吟诗。天寒珍重龙蛇蛰，卧待春霆唤雨时。"今其时矣，卧龙先生勉乎哉！果能霖雨苍生也，则吾虽为之执鞭，所欣慕焉。

暮春一日，访客东游，偶过予乳母之仲子刘福六所居，回忆咸丰庚申正月，翰鼎随乳母胡来宿其家，仲弟晶鼎亦偕来。日与福纯、福六兄弟嬉戏甚欢，今六十年矣。予亟重观园圃，遍览阶庭，地上如见乳母足迹，悲从中来，泫然久之。郑板桥云："平生所负恩，岂独一乳母。"可胜慨哉！其时满目斜阳，有无限伤心之景，归途迟迟吾行，迂道以诣豫庐，告知仲弟，仲弟亦怃然以悲。昔者远近父执诸公，尝交称翰鼎、晶鼎曰湖湘今悟楼主人易晋青先生[1]多情种子，小子兄弟，亦何敢自为谦让哉？

居恒语亲友云："行年七十，旦夕且死，不可不随时留心。"点检在日当为之事，惟期盖棺后理得而心安。至若灵爽可为之事，则犹志愿无穷也。乡谚所云寿终者，必谓一生之事业，至是已告终矣。而忘乎儒者身后在天之事功，正从此始。即如区区藐躬者，生平未有德泽及人，殊多遗恨，是以身后犹冀精诚在世，补救无形也。岂非志愈远而心愈苦哉？"听者或肃然动容，抑或从旁窃笑，予则惟有怡颜悦色，正襟而谈，行所无事而已矣。或亦诗所云'善戏谑兮，不为虐兮'者欤？

端阳午后，四民多休息遨游。然予今日在途中，叠见有持锄掘土者，亦可嘉也，亦可悯也。怀癸酉、甲戌、乙亥间，有贪夫某令者，往往苛罚作苦之农民，有客谏之曰："若辈头戴骄阳，足踏火板，面朝黄土，背负青天，辛苦血汗钱，愿公其寡取之。"今予适见此状，因三复斯言，痛恨某令之无良，鹄立移时不能去。

---

1. 今悟楼主人易晋青先生：即易翰鼎之父易冕章，号今悟楼主人，著有《今悟楼诗集》。

谚云："财退人安。"愤激之谈也，然亦阅历有得之言。吾家先后迭遭此厄，计二十有一年间鼎足为三矣：一为戊戌中秋后，汉口之烈火奇灾也；一为辛亥重阳前，武昌寓庐之被劫一空也；一为此次戊午仲春甲子夜乙丑日，家园被劫之状，尤属枪弹凶横也。而三次患难相依之侣，忠勇绝伦，追随不失者，统计四十有八人焉。予皆记名简册，以示不忘。而不意三次之中，竟无一人重复者，亦奇。

家中妇孺人多，避兵出走，尤形繁重。而自春徂夏，风鹤频惊，日夜令人心胆俱寒，殊属难乎度日矣。身家且难自顾也，遑问保贫安人之事业哉。夜坐懊然语左右曰："年垂七十，死期迫矣。而此七十年中，饱食安居，无在非久劳众人供给，独此闲云野鹤之身，自幼至壮至老，丝毫无益于人世。世人养我何用哉？"《中庸》云："虽有其德，苟无其位，亦不敢作礼乐焉。"悲夫！

季春月杪，一日对同人夜话，听者心领神会，不觉心畅神怡。大都在人神接洽之理，水源木本之思也。庚戌冬，甲鹇儿在武昌，夜梦予继母黄恭人降临寓庐。鹇儿侍食，食未毕，吾母停箸，如有所思，忽凄然而泣下。鹇醒而悲之，因怆念叔父愉叟为大母深爱深痛之子，今哀鸿安宅无期，先灵之系念，其在斯乎？遂决计自时厥后，年年每月，自提薪银三十圆另计存储，以求积土成堆，专供叔父他年倦飞而还之日用，藉慰大母之心，以自伸养志之道，心始粗安。而仲弟愉叟，果得至今犹赖此存储小补闲居之家用，实发端于庚戌初冬一梦也。自时厥后，鹇亦久而莫睹慈颜，忽于今岁戊午仲春癸亥之夕，梦见大母颜貌丰腴，红光满面步入东堂之左室，手持新青纱以自裹头额，而始终无言。鹇儿明日以告家人，翰鼎乃知吾母之坐镇家庭也。厥后甲子之夕，乙丑之晨，衣服用物各件，虽大遭劫掠，而人丁则老幼内外，七鬯无惊，岂偶然哉？乃昨日甲寅之夕，鹇儿又梦大母临视西堂卧室，就床头一视鹇儿。鹇儿见大母容颜憔悴，面如土灰，两颊及口唇且甚形浮肿，神气亦甚形疲劳。鹇惊而醒，窃思两月以来，风声鹤唳，草木皆兵。大母呵护言馨草堂及叔父豫庐，疲于奔命，以致酿此鹇颜。较之前度梦中所见，是以判若天渊也。翰鼎今日聆鹇儿言，悲从中来。今夜乃旁征曲引，对同人一痛发之。此种笔记，予卷内固多有之，凡我儿孙，千万不可忽视。

初夏夜谈，石校钦依依左右，予深怜之。忆及丙辰孟秋二十一夜危疑之状，悯念滋增。因细询其本末，校钦盖深知藐躬至诚眷顾，遂倾吐肺腑，一详陈之。呜呼！天下苍生众矣，吾岂特为吾深爱深痛之人拳拳抱歉哉？吾于是益睪然高望于古之仁人，智周万类，而其用心良独苦也。悲夫！

故旧吴某，归自长沙，踵门请谒。予乃详询被难情形，令人不寒而栗。某盖束装还家省亲，甫出驿步门，临湘正觅归舟，乃有军官误认为敌军侦探，执之下狱，几罹枪毙，命如悬丝。虽卒荷公呈昭雪，得庆生还，而半月之间，枉受桎梏缧囚之苦，是诚梦绕云山心似鹿，魂飞汤火命如鸡也。而且每日清晨，眼见同被缧绁之人无数惨遭枪毙，更安得不心胆俱裂哉？《扬州十日记》云："后之人，幸生太平之世，享无事之乐。"不自休省，一味暴殄者，阅此当警惕焉耳。呜呼！此王先生秀楚[1]扼要之言也。吾子若孙，其敬听之。是书也，予尝于光绪戊寅秋，由梅根先生罗公汝怀馆中借览数遍。归家后，口讲指画，以授全家细听，母与妻皆为心胆俱寒。今母妻皆安枕黄泉矣，幸无偕生人之日夜鸿惊也。然而其心之系念家人，究何尝片时风静乎？吾师杨笠青先生云："走险直同岩下鹿，无愁翻羡家中人。"吾父晋青公则云："休向荒原论时事，家中防有断肠人。"两诗并行不悖，各极吐词之妙。

1. 王秀楚：明末清初人，曾任史可法幕僚，著有《扬州十日记》。

夜谈酒后心热，愀然语坐客云："石白台娴习命学，尝谓吾年当至八十有三而止。果尔，则或天留有用之身，自今以后十余年，尚有霖雨苍生之事业无负平生。此虽天恩逾格，特赐遐龄，吾心亦安之若固有，否则终身不能有裨于人世，而徒多享人间十余年供奉，耻孰甚焉。"语罢，对客痛饮悲歌良久。呜呼！斯言也，其亦我躬一点滴骨血耶？不可不书以示吾后嗣。

避兵家之衣笥，寄存僻静之山家，惟因风鹤未平，是以久之又久不及取还，忽一夜被盗窃去，席卷一空。失物之人控之警察公所，签拘窃盗，捕及妇人，受托之家贻累不浅。卒之窃者胆怯，乃于黑夜过半送还物主之门，株连始解。犹是乡谚所云："世乱，法不乱也。"虽然，吾吕子有云："体其不得已之心，知其必至之情，而预遂之。"此尤仁人用心之周至也。今观久存衣笥之所，墙屋既非坚牢，而良莠尤形杂处，是宜预懔慢藏诲盗之忧者也。若知其必至之情，早于两月之中取还衣笥，而预格其非心，抑或转择他所，而迁地为良，则不至贻累受托之故人，而两全物我也。吁！赤子匍匐入井，井上有李故也，悲夫！

一日，偶登绘豳楼，放眼槐花塅平畴，新秧插遍，绿云盈野，豁目爽心，恍若置身名胜。按此楼虽在予宅门墙之内，然楼下恒为内阃。故自丙子九月九日，主人邀客登高以后，四十年未便重来。迄己酉岁暮，主人概以宅属予，而此楼已邻朽败，故亦未暇登临也。侍者尝劝予略加修葺，以为榆年消闲遣闷之场。予以物力艰难，卒未果行。今见楼外好景，颇如一幅《豳风》画图，益叹吴日京先生当年命名之适当也。谚云："广厦千间，夜眠七尺。"《诗》云："子有廷内，弗洒弗扫。宛其死矣，他人是保。"不皆数定而无所于违者耶？

孙男有诒侍予夜话，问及冉子、仲弓之为人："'宽洪简重'数见于简编，心甚契之，究不识宽洪简重之人，果何情状？”予曰：“予父鹤雏之为人，于此四字，亦仿佛似之。虽于大贤之造诣有高卑远迩之殊，然四字之规模粗具，充之以学，或能略肖全神矣。汝试于汝父之作止语默，处处留心以体察之。”诒孙聆此，豁然色喜。

春夏数月，乡间风鹤频惊，诸儿常寝不安寐以防风波，有时竟坐以待旦。仲夏下旬一夜，遥闻犬吠甚急，不一其群，霖、翚三起三眠，忧深幕燕，处此时势，其何以堪。《诗》云：“隰有苌楚，猗傩其华。夭之沃沃，乐子之无家。”无聊之思，迂拙之言，古今一辙。悲夫！

迭访仲弟愉叟不遇，心殊怅然。然仲弟近日专为领谷救荒一事奔走劳劳，不遑安处。其亦勇于为义，而与乃兄昔日之经营措置遥结同心者欤？归途每安步徐行，莞尔色喜。

予家以季夏之初，再遭兵祸，勒索甚巨，亏累殊深，亟需挹注，无可取材，派吴子青连旬奔走各处，借贷未成。翚儿乃偕石校钦亲走东方告贷，直达湖滨，仍无速效。夜深怏怏而归，翚儿近日身任艰巨，忧劳甚矣。良可念哉。昔者张江陵居正有云：“身如席簟衾褥然，任儿童溲溺其上。”然终需凭此以安寝处如今日之翚儿者，谁谓非一家万不可少之江陵乎？

李幼芝明府介春，安徽拔贡生、举人也。以辛亥夏月莅任湘阴。军兴以后，湘阴适当冲要，兵燹频仍，而风鹤多惊，夜难安枕，全赖李公苦心毅力，始终调护维持，多所保全。无论城乡，类多阴受其福，迄今已八载于兹矣。予前岁因公致函，有违侍日多，时深景仰，安湘之功每饭不忘之语。非谀词也，盖纪实也。兹闻解任，去思弥切，用志数行，以示后嗣，俾他年得窥文豹一斑焉。

频年每逢锡福圩溃决，辄为辟土开耕之众户惨然心伤。今我农人，昼夜打稻极忙，尚多弃之于水。水哉水哉，虽有天命，何其速也。岂不悲哉？虽然，不得迟延者，天命也，而有可变通者，人事也。主事者如果毅然变计，议租从轻，遍谕农夫，勿种迟禾，勿贪多谷，则万井早稻连云，或可与水一争捷足之先得也。岂非宾主各适其天之要务哉？

大凡坟墓，无论新旧，总以在水中央为大忌，而世俗竟以为无碍而故为之，弗思甚矣。予平生最视水淹之墓如疾痛之在人身。而久葬之棺骸，又万万不宜掘徙。盖全身精液，早已散之此穴，其有形而可奉迁者，不过掩耳盗铃耳。不几同身首异处之惨哉？为人子孙者，最宜谨之卜葬之初，是则慎终之要道也。至若世俗之别有营求，别有趋避，则非古愚所敢知，抑非古愚所忍闻也。朱慎甫先生云："悖于理，是谓真凶。"岂非千古至论哉？

闲坐无事在心时，辄喜诵林处士《梅花》诗："疏影横斜水清浅，暗香浮动月黄昏。"三复流连不置，想见空山无人，孤芳自赏，人品鲜明高洁，蔚然天半朱霞。

昔闻父老言，相传明季有田之家，有出鬻于人而人勿受者，遂私缮卖契，阴纳人家寝庙磬中，击磬趋而出。令主人闻而拾之，不索买价，惟求脱业而已。盖当时有日之家，出赋既重，派役复繁，是以有田不如无田之安适也。此说虽近荒谬，在言者未免过为形容，然当时赋役烦苛，民困水火情形已可概见。汩罗黄氏宗堂，有前明遗业，尚存有当时印契三纸。其一盖万历十八年书，予尝目见之，锐之出以示予也。罗西先生云："祠中并存有洪武十四年印册，皆古色斑然。今乡俗书卖田契券，多称去业就业，或称家计艰难，将业出卖。明季卖契，则皆书无力完粮，只得出卖，而时价则甚廉也。"罗西又尝见乡人家有康熙时新契，田价百四十金。查阅前明老契，地名田数相符，所载徭役名目颇多，皆闻所未闻者。惟记有“软抬硬驼”字样，其余记忆不清，而其时价，仅十八金而已。呜呼！役繁赋重，民不聊生，闯献一呼，从如归市，此有明之所以倾颓也。虽有怀宗励精图治之君，其如朽索之难驭六马何哉。

言至易，行最难。行固难，成尤难。盖言者虚也，行者实也，行者理也，成者数也。人亦乌可不力尽人事以自求死无遗恨哉？

境遇虽有难堪，然君子总以不如我者为比，则自知足而能珍惜眼底光阴。学业虽有可观，然君子总以胜于我者为比，则自抱歉而求趋步前途轨范。

智者而晚节有亏，天或报之颇重，疾其知恶而故犯也。常人而偶行一善事，天或报之甚速，令其乐于迁善也。人谓天道昭彰，报应不爽。然美报之于贤者，有时未必不爽。盖贤者虽不获报，断不懈其为善之心，天固诸贤之知己，何须以美报饵之乎？而君子卒不怨天，是亦天之知己也。

家中钱谷出入，日必有记。同治辛未十月，仲弟以事客县城，而予亦将他适，家无可司簿记人。盖母与妻，皆识字无几也。母氏乃剪纸象物，命以字标记之。如“薪炭”字，则托之炉灶形。“谷米”字，则托之升斗形。“鸡鹜鱼虾”等字，各即其形以托之。其类不一，皆以字标识之，暇时以类辨认，用时取之裕如也。罗西先生闻而叹曰：“贤母立法，可补闺训之阙。”妇职主中馈，“柴米油盐”诸字，所宜辨识者也，教以此法，不尤明白简易乎？忆邠虋儿最幼时，家中买归铁瓮，其母使登簿记，邠儿不识“瓮”字，随意造作，而画瓮形于左以志之，见之令人莞尔。殆亦仰承家学者欤？厥后，吾母常自执书卷，命仲弟侍侧，讲明字音字义，渐认渐多，至能手泐数十行家书，寄示游子，其老而能勤如此。

有杨孝子者，朴农也，名本显，世居湘阴县治之东乡。父培晃，善人也，既老而鳏而贫。本显只身事父，形影相吊，惟有力任操作以谋菽水而已。其佣力所得，终亦无多，一资以养，而身常忍饥，外貌愉愉，父不知其未饱也。冬寒则身拥父足以卧，俾父温暖以安眠。如是者，盖亦有年矣。厥后，身膺疾病，然始终秘而勿宣，举止安闲，父固毫无所觉也。比其卒也，犹拥父足于怀。父醒，疑其冰，视之死矣。同治丁卯、戊辰间，养知先生郭公嵩焘闻而哀之，亟采其事以入县志，而出资买田以助培晃公之赡养，俾终天年，以安孝子之心，且为孝子建祠以永馨香。翰鼎年方及冠，闻风兴起，无以致其钦慕之忱，因撰联以题其祠曰："孺慕贯终身，至性弥纶塞天地；师资欣不远，高山景仰亲光辉。同里后学易翰鼎敬题。"旁观哂予曰："杨君目不识丁，吾子谦称后学，无乃不当乎？"予喟然叹曰："吾称后学，吾犹未敢自信也。乡评而许吾称也，吾诚毕生之幸矣。如其未许吾称也，吾犹当力加自勉，以求终附孝子门墙耳。如或以识字之多寡，傲慢乡贤，吾岂自忘所学何事哉？"闻者肃然起敬，唯唯称善，对予怅惘久之。人性皆善，即此亦可窥豹一斑矣。

翰鼎客浏城时，尝劝士林诸君纠众集资，累石于城西巨湖山顶，创建浏阳小朱子望闽亭，庶几上以与考亭遥遥相接，下以启后贤高山仰止之思焉。唐君寿田见告云："慎甫先生家赤贫，世居浏阳北乡，距省门为较近，然而闭门寡过，交游无多，终其身未能娶妻。盖笔耕所获，仅能供养父母叔父三人，略无余力也。家中一切操作，皆一身任之。叔父卧病累月，日恒奔走远道，求医买药，双足为之肿痛。厥后侨寓武昌，则叔父已前卒矣。日坐黄鹄矶头卖卜，预计明日仰事父母之资，需钱多少，所入甫足数，则橐笔还寓，肆力读书，终日不复出门。其家况之苦如彼，其好学之勤又如此，虽箪瓢陋巷之贤，其真乐何以加焉。父卒，则扶榇归葬浏阳。母卒，则在己身既没之后，是以与己身同葬武昌城东，洪山之南，石牌岭下也。其生而资助衣食，没而经营丧葬者，则为江陵教官江夏胡君大章也。以一冷官而始终扶持远友，非道义之至交，其孰能久而不倦哉？”翰鼎聆唐君言，益觉神游天表。凡此，实皆可纪者也。用特笔之于书，以告后来之秀、后起之英云。

宣统己酉暮春，夜坐闲话，论及近日朝事，颇有责备某大臣之言，而侍者乃误会予意也，曰：“此公年逾七十矣，任事当不久矣，即偾事亦无多耳。”予闻诧然曰：“恶，是何言也？吾盖责备贤者，以求万全之美耳。而子反冀其速退，实与吾意相背而驰也。岂不令我躬疚心无地哉？”侍者唯唯谢过，然予心终愀然不安，益增泰山梁木之感，竟夕未能成寐。

甲寅冬，犟儿之经营忠节公祠宇[1]也，累月奔劳，身心俱瘁。仲弟恒称为能竭其力而致孝乎鬼神矣。此无他，一诚而已矣。迄乙卯春，犟儿偕族众奉迁神像，还入新祠，已稳坐舆中矣。忽尔倒扑犟儿之面，触伤额角，血染神额之中央，圆如火珠，而犟儿额血顿止。未几，皮阖而痛除，乃恍悟在天之灵，特取礽孙之血以染神像，以示亲爱耳。其亦《朱子家礼》“刺血点主”之遗意欤？

丙辰初夏，里人石德澡之归自闽中也，孤身无伴，远步维劳，且恒饿其体肤，不胜其苦。乃至萍乡，虽值火车驶往长沙城东，而竟无资可附，只得傍铁路步至株洲。时已夕阳欲坠矣，将投宿株市旅馆，乃适军令戒严，方四十里之中，不许止宿过客，各馆皆峻拒之，示以必投宿昭山客舍而后可。德澡大窘，旁皇道左，无可如何。一则足已肿痛，再远则不良于行。一则黑夜孤行，恐类侦探遭误杀。时正呼天无路，举目无亲矣。幸遇土人有沈晋荣者，见而怜之，乃多方援手，潜藏于家，俾是夜得免于难。

1. 忠节公祠宇：营田易氏三世祖易先祠，明宣德三年奉敕建，明末毁于兵，乾隆间诏发币银重修。

不亦见怵惕恻隐之心尽人皆有哉？浏阳谭复生[1]云："孟子性善之说，最为至精而无可疑。"今观萍水相逢，不知底蕴，而有此热肠毅力，冒险救人于令严可怖之中，益可信其非偶然也。

癸酉孟秋，甲鹇儿将生之先夕，我大母郑恭人之灵在房呵护达旦。壬申季春，甲麐儿甫周四岁，独目见我大母于忌辰先夕，还家受祭。女孙有严，甲辰春日天花极烈时，予迭梦见其母黄氏坐楼头呵护，又幸遇蓉裳儿在家护持，每夜枯坐床前达旦。若无蓉儿会逢其适，归自湘潭，以资通宵坐镇，则族邻女儿之帮司坐夜者亦寂然无主矣。丙午春，予在武昌寓庐，适孙男有诒病剧，予则梦见陈媳携女孙有常远来入房呵护。陈媳者，诒孙之前母也。而有常者，则陈媳之殇女，附葬棺右者也。嗟乎！鬼神之情状如是如是，岂不悲哉？若无梦境，何从得而见之？然入梦亦偶然耳，其未及梦见者，尚不知凡几矣。为人子孙者，讵可忽乎在？家晓楼弟鸣鼎之长子甲骧，昔年天花病重时，梦见一人入房负之奔走，骧大声呼号而无能自脱。及至眼镜塘边，忽见其继曾祖母姚恭人之灵要于路而力阻之，夺而送归。翰鼎当日在家闻此言，为怆然者久之。圣人深知鬼神情状，故于祭祀一事，十分郑重，岂虚文哉？

古今载籍极博，圣贤义理无穷，而一人之才力精神，最为有限，以我味书，则寸得皆为有益。以书困我，则徒劳而反无功。

君子言其所已行。其次，亦必行其所已言。下此者，则好多言而行多未践。

必不可枉己以徇人，然亦不必强人以同我，盖自信不可太深，规人

1. 谭复生：即谭嗣同（1865—1898），字复生，号壮飞，湖南浏阳人，"戊戌六君子之一"，著有《仁学》等。

不宜太激也。尽取人之纤善，在在皆能益我。但率我之天真，久久亦能动人。

读近代诸儒著述，天资既自苦不高，天年尤自嗟有限，最宜拣读扼要之书，庶几悉撷精华，不虚时日。治身处物之学，如吕子《呻吟语》[1]者，是亦扼要之书也。

世所见好人，多半是气质好，非必由于学问之功。即待人甚好之人，亦多半是意气用事，非必本于天真之性。不由学问，徒凭气质，必难得中平正固。不本性真，徒凭意气，断难保久而不衰。

曰至德要道，曰至理所存，曰止于至善，皆以“至”字为极诣。然窥其所到，亦非极高极远之区，惟壹是恰到好处而已。故曰：“中庸之为德也，其至矣乎？”

或闻诵“恐惧修省”“顺承天庥”二语，起而问曰：“顺逆险夷，惟天所命，吾人一恐惧修省，天即转祸为福耶？”予曰：“不然，天地之于人，父母之于子，当夫逆境险境，固尔矜怜甚切，然运数所值，天地父母亦无如之何。”曰：“然则‘顺承天庥’一语，‘庥’字不亦勿乎？”予曰：“否。顺逆险夷，皆天庥也。张子所谓富贵福泽，将以厚吾之生，贫贱忧戚，庸玉女于成者也。王文成[2]曰：‘君子无入而不自得，正以无入而非学也。’善夫！”

---

1. 吕子《呻吟语》：《呻吟语》为晚明吕坤（1536—1618）所著语录体小品文集。吕坤自序称：“呻吟，病声也。呻吟语，病时疾痛语也。”故以“呻吟语”命名。全书共分六卷，前三卷为内篇，后三卷为外篇。
2. 王文成：即王阳明（1472—1529），明代著名哲学家、教育家。字伯安，浙江余姚人，尝筑室故乡阳明洞中，世称阳明先生，卒谥文成。

郭依永员外刚基[1]，养知先生冢子也。其夫人曾氏，文正公第四女也。同治己巳冬十二月，依永即世，子伯諴生甫两岁，仲诒甫周岁也。迄光绪丁丑，二子从予游，察其天性皆厚，尤异常钟爱焉。己卯冬十月，仲诒已周十有一岁，一夜枕上，痛念其先君，涕泗有声。母夫人闻而惊醒，固问而得其心，触动悲怀，相对饮泣达旦。是岁季冬初三日，仲诒方伴予夜读，以明日为其先君忌辰，惨然悲泣。予深悯之，劝之止，则益不能禁声，良久始罢。伯诚相对亦泣。予与其幼叔曼亓皆为罢读，戚然相向，一堂凄清。凡此，皆至性发见处，扩而充之，古孝子仁人，无难几及也。予亟志之，俾二子他日见及，各自珍其赤子之心而不忍失，固师友辅仁之要道也。

予频年长卧馆中，虽恒有作伴之人，然设榻究在房前，夜卧闭门，两房各别，非同居一室也。戊午季秋下旬，一夜鸡鸣小起，推窗见半轮东月，流光镜外，正石殿撰韫玉[2]所云"月到下弦弥可怜"也。因持测远镜，仰瞻良久始罢。窃念平生胆气最馁，夜更甚焉，何敢孤眠一室，独立开窗？今若此，可征胆气渐恢宏矣。否则他日一棺长闭，孤栖旷野，远违人境，万籁无声，月冷风凄，霜清露白，沙鸥天地，其何以堪？如真胆气由渐而恢宏，则非人力所能为，盖天授也。然则造物者庇我于生前，事事最为优渥矣，又将庇我于死后，而使安眠万古耶？此非荒渺之谈，盖亦饮水知源之论也。此类固常有之，我儿孙不可不时刻留心也。处处天恩，民无能名。

忆光绪戊戌中秋夜，予偕彭克谐留寓汉滨旅馆，时汉口河工早告成

1. 郭依永员外刚基：即郭刚基，字依永，一名古麓，湖南湘阴人。郭嵩焘长子，曾国藩婿。县学生，分部员外郎，著有《食笋斋遗稿》二卷等。

2. 石殿撰韫玉：即石韫玉（1756—1837），字琢如，号竹堂、琢堂，晚号独学老人，清乾隆状元，官至山西按察使。

功矣。克谐冀予续有差馆也，私自就灯前卜之，神示云："阳侯肆虐，倒海翻江。身临不测，幸渡慈航。"当时见之大惊，以为宜防险病也。不意明日夜半，忽遭烈火奇灾，狂风助桀为虐，自东北而西南，横烧十有余里以及吾庐。予与克谐率萧仆走避出门。门临汉水，千舟皆被烈风驱往西南岸。幸遇孤艇，已载十有余人矣。急登舟插入坐中，黑夜冒险，破掀天巨浪，渡汉而南。神词指点分明，舍所问而别加棒喝，愿人早生警惕之心，庶乎小补灾黎也。神慈往往如是。可感哉！可敬哉！

频年僻处乡村，孤陋寡闻，苦无讲友。每思儿曹入侍，借讲论问难，以乐榆年。而诸儿琐事甚繁，忘乎倚膝承颜之乐，惟鹏儿率诒孙则恒拨冗入侍。昼夜无多旷时，且遇事以身任之，不分精粗巨细，可谓能竭其力矣。第鹏儿之为人，简默出于性生，虽侍侧时多，而笑比河清，括囊无咎，落落难合，掩抑凄凉，则老怀卒无从展拓。而四子中之智深勇沈，神闲气定者，厥为翚儿。虽其吐辞凝重，酷肖鹏儿，究能因事制宜，酌中而出以訚訚侃侃。予每望此儿侍坐闲谈，而恒以家事奔忙，不可多得。戊午仲冬，一夜灯下读书已倦，倚炉枯坐难堪，石树风执事前房，未便遥与问答。乃适闻翚儿执事偶暇，而未及入侍承欢，予时颇如孤雁汀洲，不无自伤迟暮。乃召翚儿而切责之，辞色愈接愈厉，震怒惊人，久之又久，始命退出。此盖春秋责备贤臣之义，于令子究何伤哉？惟忆彭仲裳茂才榘有言："凡人于旧时好友，契之深，而思之切，必求一与接见，而始自慊于心。如或招之使来，至再至三，卒令睽违已久，爱而不见，则恼恨之心起焉。"此诚洞达人情之至论也。愿吾子若孙，由此箴言类推，以及于万事万物，当亦憬然有悟而得处人接物之宜矣。岂容概以家庭骨肉之曲为原谅哉？兹不得不连类以记，以为吾子若孙警焉。

戊午仲冬月朔，檐雨清幽。昼夜适以书味自娱，兴复不浅，盖诒孙起予之功也。诒孙连夜之入侍也，辄以所观群书，质疑问难，层出不穷，多出窾要，令老人耳聆而心欢。口讲而指画，相与问答不休，可见平日与之讲学，时或不违如愚，实已了然于心者也。子曰："起予者，商也，始可与言诗已矣。"今若此，不诚家庭乐事哉?

予尝顾问诸儿曰："世称父党、母党、妻党曰三党。吾人所宜亲厚者，如斯而已乎？"诸儿怅然，未有以对。予曰："如浏阳之唐瑞才、湘乡之彭淡永克谐、同里之石树风声政、石校钦声敏，于我躬果居何党？以云父党乎？母党乎？妻党乎？皆丝毫渺不相涉也。而予心之休戚相关，直埒于三党，果宜以何党位置乎？"诸儿益茫然，无以为对。予曰："兹四子者，皆于我躬形单影只，荒凉寂寞之滨，竭诚援手，得力殊深，而且数年数十年如一日，是诚我躬相依为命之人也。故予在故旧多士中，视四子尤为亲厚，吾又安能一日忘之哉？姑以'吾党'二字名之，使并重于三党，他年汝曹相见，即视四子为父党可也。先贤吕子云：'亲终，则相向而哭，礼意加隆焉。'旨哉通儒之言，是诚忠厚之至也。可勿敬读而深思之乎？即如里人吴炳臣老人者，我先君晋青公往来酬酢之宾朋耳，初无所谓深交也，然而时至光绪季年，父执死亡殆尽，每一念及，不禁悲从中来，泪雨乱坠，则不得不惓惓于炳老，以自寄其思亲之痛焉。此盖幼时所见先君往来朋辈中仅存之硕果也。能勿视为景星庆云之偶然一见哉？吾愿后之君子深察吾心可也。"

连日天寒冰冻，予就膝前红炉煮园蔬以佐食，甚饶山居风味，因忆吴枟台先生《田家》诗云："坚柴作火灰还暖，寒菜经霜味始腴。"二语一字一珠，隐居乐事，尚复何求。此中有真意，令人百读不厌。又前人诗云："敝衣和虱典，矮灶伴猫温。"寒素家风，行所无事，而万物得所，各适其天。予每三复此诗，辄神会一种安闲气象于意言之表。

予素以"贤亲勋旧"四字赅括我躬亲爱之人。贤者才德胜人，我心所钦仰也。亲者则天亲也，自然休戚相关也。勋者有旧劳于我，我心寝馈难忘也。旧者或多年往来，抑或累代往来，愈久愈相亲睦也。贤也，亲也，勋也，旧也，此各具一字者也。亦有一人而兼二字者焉，亦有一人而兼三字者焉，且有一人而四字具备者焉。而吾亲爱之忱，自当准此而有所增益，非苟然也。惟四者之中，颇多亟宜资助以安吾心者，则往往自叹力有不足，势难遍及，始终殊多歉心耳。行年七十，旦夕且死，更何日能畅然意满哉？

夜坐，召诸孙以训之曰："吾母黄恭人在日，每遇有紧要书契，辄取以铺陈祖考神主前，焚香默告，以资降鉴，况生存之祖若父乎？汝曹之生也晚，未能习见黄恭人之专诚孝敬以资亦步亦趋，其及见且久者，而亦忽视而忘之耶？今日之事，特枝叶中之一端耳。其菁英全系乎根荄，人能一缕精诚，念念不忘根本，究不必留心滋润外观，而积厚流光，则全树之枝叶葱茏，不期然而自然矣。而人子者，可勿勉哉？伊川程子曰：'凡事死之礼，当厚于奉生者。'人家能存得此等事数件，虽幼者可使渐知礼义。吾母黄恭人未尝一见程子之书，初不知有此名论，而一生行事，竟多与先贤若合符节，岂非善人不践迹而亦自然成章者哉？"

吕子云："圣人之道不奇，才奇便是贤者。"呜呼！贤者吾固愿见，不得而见之矣。然亦不愿子弟之羡彼奇行也，惟愿子弟事近人情，心领厚意而安庸言庸行之常，斯为大慰吾心矣。

自古治平之道，惟知人用以安民，片语可尽之矣。是故君子之在下者，往往到处留心人才，以备当道缓急非常之用。邓湘皋先生显鹤[1]，新

1. 邓显鹤（1777—1851）：字子立，一字湘皋。湖南新化人，嘉庆九年（1804）举于乡，礼部屡试不第，遂绝意仕进。其诗不为流俗之言，亦不依附古人成见，曾"文动一时"。晚年先后主讲常德朗江书院、宝庆濂溪书院，著有《南村草堂诗钞》二十四卷等。

化文人，宁乡一教官耳，而道光丁酉，湘中拔贡多士，半出先生口舌笔墨之揄扬，在当时似亦无甚关系，而咸同间名臣名将，同心协力，平定十数年数千里焚杀奸淫之大乱者，果尔多出其中。江忠烈公忠源[1]，其最著焉者也。昔人论文中子造就人才，特布衣讲学事耳。驯至门多将相，卒赖以救民水火之中，其作育阴助之功，不减英君哲相。呜呼！匹夫之盛德大业，有如是哉？

予自乙卯仲夏月杪脱卸武穆乡整俗安民之局务，今五年矣。而唐山宋君，连年授徒西乡，未之闻也。今日犹以公事来请，予略叙明原委以谢却之。宋君愀然曰："群雏待哺嗷嗷，而母凤掉头竟去，君子忍乎哉？"予应之曰："迂拙之士，本无他能，不堪为乡局诸绅臂助，不过心公而口直，凡理屈之事，人颇惮于发端。因而祸本潜消，地方欺压之风未甚蔓延耳。然而同坐者不尽同心，则不特巍巍广厦独木难支，徒劳心力，且有时取忌于同人，不免为广坐中一碍物也。不如姑为退避，养晦以待时也。即如去岁戊午秋，地方焦头烂额时，某君则曰：'今急而求肫叟者，盖迎关圣以祛邪魅也。'不亦悔悟之言乎？夫藐躬者，忘伊尹之志者也，岂有竟置待哺之雏，而甘心不顾者哉？"宋君聆此，爽然若失，黯然生愁，太息良久始去。

偶忆金正希先生声[2]四子书题文，题曰："唐虞之际，于斯为盛。"文曰："豪杰伤心之事，莫如辞故主而奉新朝。"此亦万古血性之文也。为此文者，在当时不过倾吐肺腑，称心流出，厥后卒遭明鼎迁移，徒自偕江天一殒身殉国。岂天生血性男子，而故畀以惨痛艰危之际遇耶？天心不可

1. 江忠源（1812—1854）：字常孺，号岷樵，湖南新宁人，举人出身，曾办理团练，镇压太平军起义。咸丰三年（1853）受命帮办江南军务，擢升为安徽巡抚，驻守庐州（今合肥），太平军攻克庐州后，投水死。
2. 金正希先生声：即金声（1598—1645），一名子骏，字正希，号赤壁，安徽休宁人，明末抗清义军首领，清兵入关后，举兵抗清被执就义。治学严谨，文风雄秀奥衍，著有《金太史集》九卷等。

问也，臣心无改移也。

己未春仲，黄内侄伦慕孺勋告言：汨罗玉笋山三闾祠[1]拟设存古学堂，聘吴钜年先生国镛[2]、郭复初先生立山[3]，教授诸生以《十三经》大义，以期正人心而端风俗。盖有大力之陈公，提倡创办，惨淡经营，或将不日成之也。果尔，则亦见龙在田，天下文明之朕兆欤。凡志切求学者，宜共欢欣而鼓舞也。《言馨草堂笔记》一书，吾友蔡葆初节而录之。名之曰《太平草木萌芽录》者，亦期以感一隅之人心，而厚一隅之风俗也。今若得吾友郭、吴二君建此昌明正学之大业宏模，泽及桑邦，吾道幸不孤矣。

夜坐，对鹂儿闲谈，予谓杨朱、墨翟、老莱子皆与孔子同时，不知孔子亦尝闻此三人否？庄周、屈平皆与孟子同时，不知孟子亦尝闻此二人否？凡同时而不相知者多，亦势使然也。夫杨、墨、莱、庄、屈五子之于孔孟，犹属造诣悬殊。若顾亭林炎武之于王船山夫之，节义文章，双峰并峙，然而船山始终不知世有亭林，亭林亦仅依稀仿佛，略闻船山之踪迹也。亭林听楚僧谈湖南近三十年事，诗云："伤心南岳祠前路，如见唐臣望哭时。"至今诵之，曷胜慨然。

己未仲春初六日戊午，晚后独步阶前，仰视镰月新光，恰似去年今夜途中苍黄奔走避乱时风景也。令我苦思石校钦患难之侣，咫尺亦若天涯，黯然销魂。

是月初九日辛酉，手检七十年间笔记，经吾老友蔡葆初培劼流览指删

1. 三闾祠：即祭祀屈原（生前曾为三闾大夫）的祠堂，在今湖南汨罗县。

2. 吴国镛：字钜年，晚号晦之，湘阴人。光绪进士，官礼部主事，著有《晦之诗文集》等。

3. 郭立山（1870—1927）：字复初，湘阴人。光绪二十九年进士，授翰林院编修，任侍讲。后任湖南中路师范正监督。刘宗向称"清代古文家，自梅伯言后，首推郭复斋侍讲"。著有《郭复斋集》等。

节录，肇锡嘉名曰《太平草木萌芽录》者，力谋今岁付铅版印行。《书》云：“吉人为善，惟日不足。”今亡友葆初既视吾书为益人之具也，吾亦安可畏难自阻，而勿于老眼蒙眬之下手缮成帙哉！然已不胜日暮途远之嗟。平时俯仰自思，颇不解苍苍者天，何以不促翰鼎于群才荟萃之年，借助他山，早成卷帙，而必俟血气既衰之后，始迫令孤身匹马晚行以施鞭策乎？频年之日夜孜孜，不遑寝处，晏眠早起，劳心劳形，诚非老境之所宜也。子曰：“血气既衰，戒之在得。”所谓得者，非必指营求利禄而言也。凡于美举难成者，必求有成，似皆得之一念也。李广之恨不封侯，固得之心也。即昭烈之日月如流，老将至矣，而功业未建，是以悲也，亦得之心也。今翰鼎编印成书之役，夕死必冀朝闻，要皆一得之心也。明知有损血气，未必不求暂息仔肩，而无如责无旁贷何也。呜呼！微矣。此其中盖有天焉。

一夜闲坐，询及侍者，始知今日迟来之故。妻室寝疾，乳儿无依，濒行乃托同居长女煮粥饲儿，以代乳汁。予闻愀然不安，如坐针毡。明晨，亟遣令还家视疾，并馈药品以助之。尝论儒者之学无他，曲体人情，正以自全其心之所安也。《我徂东山》[1]一诗，至今诵之，如闻当年太息，明通公溥，恳挚缠绵。旨哉圣人之诗，愿书万本诵万遍。

昔有需次人员雇一奚童执事差馆，门下客爱其驯谨，教之读书，并逐字逐句解以示之。久之，渐能自作家函。一旦为主人所闻，乃私自怨詈门客曰：“养鹰，饥则就食，饱则扬去。此前人阅历有得之言也。今吾得一好奚童，雇值亦无奢望也，竟被好事者无端教坏，吾心得无懊恼耶？将来通晓文字，伎俩增长，不能为吾所用矣，岂不可惜哉？”予闻斯言，不胜诧异，人心之不同，竟若是其天壤耶？子曰：“道不同，不

1.《我徂东山》：语出《诗经·豳风·东山》：“我徂东山，慆慆不归。”

相为谋。”悲夫！

忆光绪戊子夏日，罗西先生闲居鄂垣，日无所事，岑寂难堪。见翰鼎至，喜动颜色，一日谓家人曰：“我躬太无嗜好，度日如年，惟闲谈可资消遣，而又难遇可与言人。今寿梓远来，吾与欢谈两月矣。自觉血气不郁，饮食无伤，将来年寿，亦或可免局促矣。以视同寅之博弈饮酒以度日者，雅俗固自有别，即劳逸不且殊形乎？”翰鼎今诵此言，曷胜知己遭逢之感。

光绪宣统间，有问于鹇儿者曰：“君与高堂，皆安民济世之资，允宜出而任事者也。不知位置须如何，斯为各得其所。”鹇儿答曰：“侍从书房，随时讲学，匡扶主德，惟期泽沛苍生，此吾父所乐为也。人才荟萃之堂，幸得派充管事微员，随时可旁听诸贤登台讲学，自求日进有功，此我躬所乐为也。如此位置，则各当其材，各偿其愿。大抵吾父所为，教之事也。我躬所为，学之事也。”听者唯唯称善。予闻，亦以为知言。

莠民恃符放胆，大害乡愚，诸绅莫敢谁何。予闻，不胜悲悯。苏老泉[1]曰：“有管仲在，则三子者，三匹夫耳。一日无仲，则三子弹冠而相庆矣。贤者不悲其身之死而忧其国之衰，故必复有贤者而后可以死。彼管仲者，何以死哉？”

一日之中，为侍者筹定赡家三事，皆甚顺适，中心融融，相对畅谈无已。孟子曰：“贤者而后乐此。不贤者，虽有此不乐也。文王以民力为台为沼，而民欢乐之。古之人与民偕乐，故能乐也。”岂非万古不磨之至论哉？此言虽大，可以赅小。

1. 苏老泉：即宋人苏洵，字明允，号老泉，与二子苏轼、苏辙被称为“三苏”。

昔闻有无知妄作之人，有惨薰狐洞而毙生命数十者，又有惨焚蛇洞而毙生命数千者。其受报也，一则误传游子在外，谋反叛逆，行文逮捕全家，以致全家二三十人黑夜潜逃，分途四散，远之他省，一家骨肉，终天永诀。一则遇永乐时瓜蔓之抄，全家合族姻亲，以及密友、门人、故旧，同日被戮市曹至八百生命之多，呜呼恸哉！抑何其以惨召惨之至于斯也。顷因有遇见一蛇数子之穴者，吾甚虑若辈无知忍心施以戕贼也，亟起而谆谆告诫，并述此两事以警惕之。罗西先生诗云："安得物性齐，举世皆凤鸾。"悲夫！

左文襄雇夫耕种田园而格外丰其雇值，一家居之琐事也。胡文忠之待同寅诸将，往往分私财以赡其室家，寄珍药以安其父母，亦犹是官场之琐事也。而皆足以纾其内顾之忧，俾得专心于所事，其关系岂浅鲜哉？名臣作用，师资不远，小子虽不能至，心向往之。

予平日最恶大水淹墓，恒言卜葬必以同治庚午水势不到之地为宜。然而数之所在，往往竟难从心，实深懊恼。霖儿曰："我家先茔近年被淹者亦颇不少。"予训之曰："道光咸丰以前，夏秋水势尚小，先人卜葬之地，皆当日绝无水患之区。后来之世变，自无从得而防之。今则前车既覆，后车当鉴。庚午水势所到，登峰造极。父老流传，水滨童稚亦皆闻知其所至。地势一目了然，较前人易为防避耳。"

己未中秋节近，乍接湘乡邮函。一见函面字迹，为克谐手笔，未开函而先大喜，倾心感沏天恩，盖已知其重病久病之幸获痊除也。非然者，则"近乡情更怯，不敢问来人"，诗人先我言之矣。呜呼！解忧释疑之要诀，手书岂不重哉？

己未季秋十一日己未，灯甫上红，鹤霞侄运翔特自踵门祝寿，以予明日年晋七十也。予与坐而闲谈，慨然曰：“七十非肉不饱，此圣人为人子养亲说法耳。”然曹刿有言：肉食者鄙，未能远谋。愚犹窃不自揣，惟愿以衰龄待尽之光阴，孜孜向学，求能远谋，庶可望及身霖雨苍生，以援手于水深火热之中也。果尔，则其愿偿，其天畅也。虽不肉食，不且忘餐而自饱乎？呜呼，甚盛事也，抑安得于吾身亲见之乎？不能亲见，则亦惟有从甲鹇儿近岁之条陈，修身俟死而已。悲夫！

十二日庚申，夜坐语侍者曰：“今夜居然七十老人矣，抑正百里奚[1]去虞之秦之日也，不负圭璋[2]之品，卒安水火之民。呜呼！古今人，诚远不相及耶！”

旧有墨晶眼镜，滋润双眸，深资得力。辛亥、壬子以后，一日双轮脱离，不堪使用，两眼为枯焦所苦者盖数年矣。迄己未孟冬，一日忽取出以示人，经石树风以布线缝合，竟能使用如常，此亦见数定之迟速有时，非人所能为也。石树风之追随左右，已八年于兹矣。何以不及早取以示之乎？且也戊午仲春之被劫也，狐裘棉衿重件，固多为所掠去。即眼镜数件，亦不分美恶精粗，无一不被拾去。独此物以双轮脱离，弃而勿取。不犹之塞翁失马，安知非福者耶？此亦数为之也。呜呼微哉！

一日屈媳立命诒孙取予严寒需用之附体单衣急加浣濯，以曝之阳光，曰：“此老姑于梦中催令遵行者，以备老翁不时之需也，是以不敢稍缓须臾也。”呜呼！鬼神之情状，如是如是，闻之曷胜怆然。

一日晚天，扶杖过庭前，偶遇黄媳训诲欣孙、芬孙，一片伤心之语，聆之十分悯恻，因停杖小立，而以温言慰劳之。旋召霖儿以谕之曰：“吾

1. 百里奚：虞国大臣，后到秦国任大夫，是秦穆公建立霸业的功臣。
2. 圭璋：指贵重的玉制礼器，古代帝王或诸侯举行重大仪式时经常使用。

尝称汝母为糟糠之妻，患难之侣。今汝于菽宜儿，不亦犹是乎？亟宜尽善以安之，是为家庭要务。”吾恒环顾诸儿、诸媳、诸孙，一满目可怜之状而已矣。文王视民如伤，岂非千古情至语哉？

己未岁暮，仲弟炳仑归至长沙城，告言在城见《京报》，广东梁节庵先生鼎芬[1]已薨于京师皇宫差次。公自壬子、癸丑以来，始终依依君侧。兹奉旨予谥文忠，殆与江苏陆师傅润庠[2]同一生顺没安矣。呜呼！斗山望重，而老成凋谢，岂不悲哉？陆公润庠在光绪丙子以翰林院修撰充湖南乡试副考官，翰鼎得于舆前仰见丰采。梁公鼎芬，则于武昌道左恒望见之。梁公陈臬武昌，尝见其署中楹联云：“不侮鳏寡，不畏强御。如临深渊，如履薄冰。”适与其行事相合，非空言夸大者比也。光绪戊申大丧，其时梁公已解组闲居，特自奔赴京师哭临。厥后，壬子、癸丑，又自往返南北数次，专诚临视德宗景皇帝陵工。迨深宫久后闻知，始任以守护山陵要务。其在武昌十余年也，始则为武昌太守，继则升任臬司，恒心忧道丧文敝，时恒称述忠孝廉节大义，以自勖而勉同人。闻其丙午冬陛见时，面陈要义多端，皆可箴时之病，补政之阙。而且先师孔子之允升大祀，亦发端于梁公面奏之言，是诚务本之学也。可敬哉！可敬哉！

1. 梁鼎芬（1859—1919）：清末广东番禺人，字星海，号节庵。光绪进士，授编修。中法战争时疏劾李鸿章，以妄劾罪降级调用。后入张之洞幕，先后受聘主持广雅书院、钟山书院。光绪三十二年（1906）由安襄郧荆道迁湖北按察使。辛亥革命后，溥仪命在毓庆宫行走，著有《节庵先生遗稿》等。

2. 陆润庠（1841—1915）：字凤石，号云洒，江苏元和（今苏州）人。同治十三年（1874）进士，授修撰。先后任山东学政、内阁学士、工部侍郎、吏部尚书等职务。辛亥革命后，充宣统帝师傅，授太子太保。

子卷

答客难

光绪丙子冬，养知先生郭筠仙侍郎嵩焘奉使初至伦敦，日本公使上野景范即见语曰："天地自然之利，西人能发出之。彼为其难，吾为其易，岂宜更自坐废。中国土地之广，人民之众，各国所见心羡也。闻至今一无振作，极为可惜。"养知聆此，心感无极，而内顾益深赧然。又英国士绅数十人先后相就劝勉，极望中国兴修利民之政，以立富强之基，恳勤之心，蔼然溢于辞色。且愿贷金助力，克期成功。养知沥陈于执政，无能应者。己卯东归后，述及此等箴言，谓彼属望之切，发于至诚。翰鼎闻而深信之。在坐诸君不能信，退而群起难予曰："窃不解何乐我国之富强，而为此切切不休也。"予曰："嘻！是皆彼中之秀也，思以学术利天下者也。今夫人情爱一物最深者，其用心无所不至。此物虽为人所有也，吾必宝之贵之，调停而辅翼之。非尽厚于有此物之人也，实厚于此物耳。亦非矜心作意以示厚于此物也，实自全其珍惜此物之心耳。至若物为我有，保之如明珠。一为人所有，则听其浮沈而不顾，甚或以为既非我之物矣，又何乐彼之增辉，以形我之减色，此非真能爱物之君子也。方今泰西各国及东方日本，经营地利，培养人才，皆竭虑殚精，不遗余力。虽北漠荒寒之土，不惮垦治，黑人愚昧之邦，罔辞教育，其为天下惜物之心，可谓至诚且勤矣。则其艳羡数千年文明富庶之中华，而深望其无负一民，无负尺土，岂非人情之至哉！而蒙尤谓日本之属望，必更有切于西人者。日本与中国比邻，海程达闽浙山东不远。其通中国，又已历千余年。地近，则略有辅车相依之势。往来久，则情益亲。其贤士大夫之关切我国而进忠告之言也亦宜，然此犹其显焉者也。当前明末造时，天命渐去，日本以东瀛强国称兵数抵边疆，大有囊括中土之志，自非荷兰远国所能比也。惟压于兴朝如天之福，是以当年敛抑退处，终无得地之缘。迄今代筹中国，宜急有所作为，庶几可告无负。其一种隐隐珍惜之心，坐视难安也久矣。一旦与我国学识过人之贤大夫接见，安得不亟赠一言以相激勉哉？”作客甦予言，而问予犹未接见远人，何从得窥其深也。应之曰：“人无远迩，心理皆同。蒙以一己爱物之诚度之，彼情即如相告语矣。”客唯唯而退，因书以自存其说，亦借以表东西各国之贤者用心之公平广大云。

养知先生批[1]云：“张子言‘为天地立心，为生民立命’，是即言仁之极诣。中间爱物一段，仁道也。经营地利，培养人才，皆仁之见端也。不意作者竟能见及之，可喜可贵。”

读《商书·微子》 庚辰

今夫人君抚有四海，安富尊荣，人多羡而称之，贤者则漠然忘之。盖美利虽为人所同好，而命固有别焉。睹他人之美利而生艳羡，则近觊觎之嫌。贤者必不如是也。若夫祖宗艰难缔造之土宇，劬劳生聚之人民，抚恤周详，惟恐一物失所。一旦畀之不肖之子孙，不惟荒土地而勿垦治，置人民而勿拊循。且坏宫室以为汙池，弃田以为园囿，致园囿汙池沛泽多而禽兽至。其于人民，且雠敛以困之于前，炮烙以危之于后，使先君恒视如伤之赤子，竟至以求死为安。观政者安得不痛心疾首而代呼负负也哉？虽然，此犹旁观之太息耳。至若身为先王元子，视是君既长且贤，老成谋国之父师，又尝劝先王立贤为要。向使果从其言，则以微子之恪慎肃恭，施于有政，何难安天下于衽席哉？乃徒夺于太史迂拘之议论，卒以祖宗艰难缔造之土宇，劬劳生聚之人民，付之独夫，以资其多方荼毒。然则微子之

1. 养知先生批：此处应是郭嵩焘阅读《太平草木萌芽录》所作批。

目击心伤，不宜较旁观之太息为迫切万万也哉？是岂觊觎美利哉？君子之视美利也，身外之物也，万不如其视义命之重也。假令殷王受能安君道之常，无负人民、土地，则其拥此美利，固所自云有命在天者也。微子既身为庶子，又父命不立，惟知自安其分，自乐其天而已矣。岂有介意于美利者哉？惟目睹残贼之情形，哀矜惋惜而挽救俱穷，乃迫为愤懑难平之感，是纯乎为天地祖宗惜物勤勤之至意也。孔子之称曰仁，其旨微矣。呜呼！是岂易与俗人言哉？

赈捐说

盈天地间之人，无贵贱，无老幼，无强弱，无贤愚，要皆乾父坤母所生之赤子也。盈天地间之财物，无巨细，无轻重，无多寡，无精粗，要皆天地菁华之产，借以养其赤子者也。而其间有富者，有贫者，有极富者，有极贫者，且有多遭逢祸患，流离转徙，颠连而无告者，或得其养，或失其养，何哉？岂乾父坤母之厚于此而薄于彼乎？是大不然也。其心曰：两大之间，如一室也。一室之人，皆吾子也。一室之财，皆吾财也。吾惟经营产业，生财以畀吾子耳。至若时其饥寒，察其疾痛，以均其衣食药饵之资，则吾之精力，有难周焉。惟赖诸子之互相拯济，互相扶持而已矣。于是择诸子中之贤能者，使司会计以理财，司筦库以慎财，司出纳以均财。其以掌财之权畀焉者，岂便其拥财以自私也？正欲其裒多益寡，称物平施耳。乃近世有财者，或且吝而勿施，非不乐善好施也，盖恐施于人则损于己也。抑未思夫乾父坤母畀吾兄弟之公财，非吾一人所得而私，即私之，亦断断不能长保也。即如父母有子十人，命一子主持家政，此子私其财以肥其身，置众子之饥寒而不顾，则父母之心必怒，将夺其权以别授一子，或将散其财以分授众子。而吾聚财之权，日以削矣。使其初能公其财，则父母之心必悦。将长恃吾以安众子之身，而积日累月，益以财务畀之，则吾之权势日以尊，而吾之奉养日以厚矣。天道之于人，亦无以异是。顺天者，究亦何损于己哉？今岁丁亥仲秋，郑州河决，被淹者数十州县。灾黎遍野，命如悬丝。有心之人劝捐助赈者，多称作善降祥之说以动人，而信理未深者，或且以其说为不足恃。如取予言以为注释，可知此实眼前至确之理，必然之势。且即盈虚消长之机也，尚何疑天道福善祸淫之说之难凭乎？观乎此，而胞与之心亦可以油然而生矣。

庚辰上罗西先生书

长沙友人尝见语曰："大臣办事，颇贵深沈，不宜太发露。太露，则人言不一，不无阻兴，且人得窥其意之所在，预为趋避。深沈，则事至垂成，人犹不觉。一旦泽被闾阎，而颂声始作焉。昔人所谓雁行布阵众未晓，虎穴得子人皆惊也。"友人此言，似有可采。窃尝论办事才，以识见高超，局量宽宏为上，浅人只熟闻近世褊隘之论。家事国事，遇有难处，明眼人教以变通办理，俾成完局，彼则曰："地方鲜此办法，官场无此旧例。"敛手裹足，至无以自容。凡如此类，朝野固多有之。岂知古圣人平易近人，壹是宽其程途，俾古今智愚高下之俦，随时酌宜，择地而安，皆无不韪。万不肯拘束人人，尽为高远之行也。是以古之时，万物得所，各适其天。初无展转难安之隐，乃叹圣人眼界高超，胸襟阔大，知拘守一格，不足以位置群伦，必也听斯民游宇宙之宽，乃可以弥阴阳之憾，以济造物之穷，卒能使老安少怀，生意流行，无处不到。圣人之道，诚大矣哉！迄后世儒者，识见稍隘，未能尽观其通，发为拘守一隅之论，括两间人类，尽牢囚于十成死法之中，直令千百年来，人皆忍恨耐苦，死守其言，以为至德要道，竟忘古圣人宽大之程。其有出此牢囚外者，且群焉引为遗恨，使之若犯不韪，无以解于人言，而郁郁难平之气，遂充塞两间矣。呜呼！甚哉，谓之何哉。谨质之函丈，愿得一言以推广其义焉。

甲申八月湘阴榷舍致仲弟长沙

高曾祖父善种流传，久而不衰，最是吾家得天至厚之恩膏也。若某家之子弟，或未有此，即有之，亦无父兄能识贤愚，而夸奖鼓励以使之振兴。吾家则幸得兄弟父子皆知相勉以为善，似可卜家学之延长也。近日榜人之斥退，情真理当。主人频年矜全训导，终不获免，于心似可无遗恨。而鹇儿则若有悯然难安者，一夜侍坐，默默独有所思，突发一言以为问，亦若琐屑平淡而无他。然予闻，则已洞见肺腑，急摩儿头顶数十转，连呼“善种”二字不衰。盖凡善人悯物情深，惟恐负人丝毫美意，而忘一己平日待人之美意多端，忠厚之至也。

丙戌春致家琴仙弟书

予以去冬十月在家承尊母面托，函招游子迅速回湘，今乃畅发其旨，胪列四事如左：

一、尊大母望眼欲穿，自嗟日薄西山，在世无多岁月，而仲孙五年不见，惟恐归期太晚，终无觌面之缘。是以一日十二时，无时无刻不凝眸盼望也。予每至产芝堂，老人辄执手而喜曰：“子在外归来矣！快哉快哉。不知我琴孙数日间亦至否？”予因问琴仙曾约归期咫尺耶？家人皆曰：“未也。”予怅然曰：“既未有约，而迢遥万里，音书且恐迟迟。老人乃悬揣其归于数日间，此更不可必得之事也。其若之何？”家人同声太息曰：“此诚一时无可如何之事，吾曹正念此怀忧也。因述及老人平时情状，如今日晨起披衣，喜而谓左右曰：‘想琴孙今日必可到家。’望至日暮夜深未归，则悄然曰：‘今日又无望矣，且待明日。’迄明日晨起，复如此言之。至明日夜深，亦复如此言之。推而尽于一月三旬，每日晨夕，皆莫不如此言之。祈神问卜，几无虚日。此情之迫切至矣，老人不深可念哉？”予闻状，咨嗟不已。而老人耳聋无闻，复执手言曰：“客中银钱，用之易竭，取之不尽，而祖孙相见有穷期。惟望琴孙到家侍我，我虽一日一粥，而心畅也。”予闻此语心益悲。忆毛西河[1]《打虎儿》诗云：“男儿七尺纵复横，争名攫利万里行。高堂存没总不问，那肯舍命恋所生。”此固世俗人心之薄。吾弟孝子慈孙，岂其然哉？意者，念囊无多金，恐难以博重闱欢笑，自愿在外多历年所，俾有赢余，以充孝养，是以迟迟未归耳。而旁人妄为拟议者，则谓吾弟庚辰还家时，因尊大母责以得财不积财，徒增离恨，无补家计。弟遂自誓云：“此去积储不富，终身不归。”今久望未归，必以此也。呜呼！是何言哉？是何言哉？此必齐东野人传语之讹也。吾弟孝子慈孙，岂有是事哉？岂有是心哉？愚谓弟寄身万里，特不知老人迫望情形若此其甚耳。如其知之，则虽高官厚禄，犹将弃之归来也。今特为飞函以告，切望速整归鞍，趁此晚景，一慰榆颜，毋使他年抱恨终天。此一要事也。

一、尊母自言：年来时欠安适，渐形衰惫，亦恐天事不测，见子无期。且平生受苦颇多，心常抑郁。游子五年不见，未能向吐幽怀。今望迅速归来，及早为吾调停尽善，俾得安享余年是所深幸。此又一要事也。

一、弟夫人魏氏独居十余年，秋来春往，寂寞空闺。人世难堪之苦，莫此为甚。自古圣贤能通天下之志者，莫不谓然。且常勤勤悯恤，哀伤惨怛，不啻在己，非予一人之私言也。吾弟自甲戌仲春完娶后，旋于是年初夏，束装西行，迄今十有三年，惟庚辰秋还家小住数旬而已。弟夫人事君之日无多，睹他人儿女成行，能无动念？问其年，已忽忽三十有余矣。韶光流水，半生虚度，安得不引而自伤？陆放翁《古别离》诗云：“粉绵磨镜不忍照，女子盛时无十年。”诚至言也！古云：“男女居室，人之大

1. 毛西河：即毛奇龄（1623—1716），清初文学家。原名甡，字大可，又字于一、齐于，号初晴、秋晴，以郡望西河称西河先生，萧山人。康熙十八年(1679)举博学鸿儒，授翰林院检讨。著有《西河合集》等。

伦。”又曰：“饮食男女，人之大欲存焉。”天地爱怜万物，一视同仁。斯人既混生其间，为人一世，天心岂忍令其虚生？彼求富贵利达者，则犹有不可必得之数。至但求夫妇同居之乐，此固日用常经，人人分内所应有者，何造物亦靳而勿与哉？幸弟夫人性情未甚急躁，故虽忧思君子十余年，尚无大心病，否则忧能伤人也。《诗》云：“愿言思伯，甘心首疾；愿言思伯，使我心痗。”又曰：“匪载匪来，忧心孔疚。”皆言妇人以夫久从征役，思之切，忧之深，而成疾病也。即如东邻某君，己卯新婚后，恝然西行，不复存问。其妇思夫数年，郁而成疾。迄某君癸未冬还家太迟，而妇病已深，不可救药，遂成永诀。人世伤心惨目，孰甚于此？古传妇人望夫山头，迄久不归，没而化石，人颇疑之，愚则谓其专一之情、坚确之性，固当凝结而成石也。此理所或有之事，岂荒唐之语哉？弟夫人思君十余年，隐忍自怜，未便时出于口，而乡邻亦几忘其可怜也。若古之时则不然，劳人思妇，忧伤抑郁，不特出之于口，且著之于诗歌，又不特一己著之诗歌，凡乡里之仁人君子，皆作诗以闵念之。而朝廷之遣戍役者，又常作诗以矜恤之。“三百篇”中，历历可睹。良以室家之思，别离之苦，为人情所最难堪者也。然古人之从军不归者，实有朝命在身，且由抽丁严遣，不得去留自便。今之游幕者，岂其然哉？圣人教人终身可行，惟一“恕”字。恕之云者，以己之心，度人之心。己所不欲，勿施于人也。夫男女之欲，人之至情也。试问男子在外，果能清心寡欲，历睹时物之变，亦无一念及男女之欢，泰然处之十余年，而其心终如止水乎？男子既自问不能无欲，即可推之女子之不远乎人情也，所谓恕也。且父母生男生女，畏其不寿，此又人之至情也。若生女而弃之路旁，听其存没，此虎狼父母所不为也。而杜少陵《新婚别》诗云：“嫁女与征夫，不如弃路旁。”此盖极言独居忧思之惨有甚于弃路旁者。千古伤心之语，孰有过于此者哉？尝闻有征妇思夫，久望不归，辄语女伴曰：‘吾已空望吾夫十年矣。今而后，可无痴望其归也，惟望己之死而无知耳。一年三百有余日，无日无人死，天胡不及于我躬？’呜呼！斯言也，使为父母者闻之，不且割心剜肉乎？凡人皆有儿女，必皆知所以痛心。为征夫者，苟非有万不得已之事在身，要无不可去留自便，既已娶人女为妻，则不宜然恝忘归，在外流连风月，使室人怨望太久而甘心求死，以重伤其父母之心，亦所谓恕也。况夫夫妇为人伦之始，大义昭然，即返之己心，亦岂敢漠视者哉？康熙、乾隆盛时，浙江诗人沈方舟[1]久客京师。其妻朱夫人，亦诗人也。一日，画故乡山水图寄览，居停主人题其画曰："应怜夫婿无归信，翻画家山远寄来。"沈方舟见此，克日束装南旋。及抵家，方舟自为诗谢舟子云："北风猎猎水茫茫，多谢吴门鼓枻娘。铁鹿长樯四千里，送人夫婿早还乡。"一时盛传为佳话，谓其夫婿及居停主人，皆通达人情之至者也。吾弟性情笃厚，岂无意于斯乎？切望及早归来，以慰幽思之苦，以重人伦之欢。此又一要事也。

一、尊庭侍婢曰保女者，已逾及笄之年，急宜遣嫁。此主人盛德之事，万万不可失时。古圣贤人于男女及时一事，郑重十分，此固通达人情之至也。吾弟昔年家书曾云，保女须留候己归遣嫁，殆欲躬亲其事，为之慎择夫家，多备奁赠耳。而旁观误会其意者，则疑吾弟欲留以为妾，致家人闻此，不敢遽议遣嫁，必待弟归问明。愚谓弟意必不然，若谓有此意，试问立此女为妾，其将挈之远游呼？抑仍留置家中乎？果能挈眷远游，则一妻本可随行。有刘资生之旧例在，何须置妾？如仍不能挈眷，则留一妻在家，已令受十余年之忧伤抑郁，远人且应念之难安，况复加一人焉？使之同守空闺耶？吾弟高明仁厚人，必不为此。惟望早归，及时遣嫁此女。俾各适其天，则不特心安理得，且将泽被儿孙矣。此又一要事也。

右四事，皆家庭大政，愚常念之耿耿于心，久欲自行函达。乃适逢尊母以此见托，更何敢辞笔墨之劳。曾面许以始终身任其事，一函再函未

1. 沈方舟：沈用济，字方舟，浙江钱塘人。康熙时为国子生，少承母教，及长，喜漫游，足迹遍天下。至岭南时，与屈大均、梁佩兰定交，所学益进。后游北国边塞，留居于右北平，诗格一变为燕赵之声。再游京师，红兰主人岳端十分推重，因此名声大噪。其妻朱柔则亦能诗画，尝作画卷题诗其上，寄用济。用济见诗画即整装归，一时传为美谈。著有《湖海集》等。

归，虽十函二十函不止，必得游子到家方止。尊母聆予言，感慰无已。然则倚闾之望，不亦甚迫乎？男儿在外，襄办国家公事，必得友朋信服，方资汲引扶持。而本根之地，伦常之际，正友朋借以窥性情之厚薄者，所谓求忠必于孝子之门也。《中庸》云："获乎上有道，不信乎朋友，不获乎上矣。信乎朋友有道，不顺乎亲，不信乎朋友矣。"今望吾弟及早归来，上顺亲心，以全孝义，益以裕信友之源，则他日勋名事业，愚更乌能测其所至哉？

丁丑冬由长沙寄罗西先生都门

牧令为亲民之官，最便为苍生造福。方今时事多艰，尤贤者所当尽力之时，纵使分发之省，其上官未必皆贤，办事不无掣肘之处。然以学识过人之君子，委曲调停其间，于民必有所济。昔贤所谓宽一分，民受一分之赐也。若循吏而畏难自阻，竟思避处闲曹，任俗吏驰骋纵横，更无顾忌，苍生复何望哉？切望吾师勿从友人改就京职之请，毅然以亲民为己任。以吾师之精明，州县衙门弊窦，无难察觉。如谓一人耳目难周，可招致门下朴诚廉介之士如刘子馥者以为己助。虽官亲望之，且生严惮，而何有于家丁书吏哉？则弊窦亦无难断塞也。愿吾师决然无疑。

庚午五月前后上罗西先生书

去冬湘城一别，嗣是久违训诲，抱歉之心，与日俱长。今岁自仲春以来，家园株守，独学寡闻，遂致沈郁无聊，未尝一日稍快。而或者曰：读书专赖一己肯用心，何必负笈从师，多费物力。应之曰：然，但恐有心多误用耳。譬如行远，殚一日之力，可行百里。虽万里之程，百日可达，固在我之能奋往也。然濒行时，不求已经之人指示方向，出门一望，茫茫何之？既登程矣，或遇有歧路，若不乞路旁人随时指点，吾恐差之毫厘，失之千里矣。读书何以异是？尝有草茅聪慧之子，师心自用，皓首无成，未必非由多费物力之言误之，否则或不肯虚心也。我平生所以常愿侍严师之侧，与良友同居者，惟望朝朝暮暮示我周行，勿致偶误歧趋，迁延岁月耳。忆丁卯岁，李心皆师馆南村，相距咫尺，不时走谒，有疑必问，获益良多。且同居有从叔虞笙，叔好直言，指摘壹是无稍吝。然犹恨不得依吾师函丈，罄闻穷理尽性之言。由今追忆其时，翻不啻有天上人间之别，而求之不可得也。陈损斋先生云："凡人之情，当境则忽，易境则思。"诚哉阅历有得之言也，吾师其何以教我乎？

前日上书，计邀矜鉴，此情此景，诚有忧郁难堪者。既而思之，孟子云："苦其心志，行拂乱其所为，所以动心忍性。"窃计常人之情，当境则忽，易境则思，使恒得所依归，必且视为固有，而不知其难得。有时怠心稍生，亦不以为辜负此境也。惟使之茕茕孑立，历尽艰辛，然后知师友遇合之缘胥关福命。他日得与师友同堂，必自谓为大幸，而惧后此不可复得，虽欲不惜光阴，有所不能也。然则今日之孤陋难堪，或亦偶然际遇之穷耳，抑何为而不豫哉？

己巳七月湘阴城馆寄示仲弟家山书

六月杪之来城也，馆中水深数尺，从先生移寓古武庙。李宗应老人相见悦甚，絮谈予先世事，询予家近状甚悉，而喜其先业尚有存者，且曰："咸丰十一年过汝家，汝年方幼稚，受学田先生，迄今越八年矣。汝学业已有成乎？今年科试可入学乎？"以此面叩者至再至三，予惟婉容谢之而已。李叟同居有萧叟者，间尝闻其与吟泉师论文。一日，予作文方脱稿，萧叟与予固非旧识也，忽逼索予稿而观之。既而李叟独立，凝眸视地上，其色融融，若有快心事者然。会予以事就问，叟不答予所问，欣然谓予曰："汝文可以获选，幸甚哉。萧叟知文，业请萧试汝矣。汝更努力前进，毋负重闱厚望也。"恳勤之心，溢乎词色，令我恻然而深感之。呜呼！此岂无故哉？我先人忠厚待人，周人之急，惟恐不至。如平日所闻于大母者，诚美不胜书也。至情至性，感人最深，人岂能忘哉？即令乡邻之中，罔不周知往事，而啧啧称颂，皆由诸父老当日亲见其事，至今犹有存者，恒以称述于人耳。如李老人永瑞、吴老人绍美、首仁昆仲，皆是也。不能释然于怀而谓忠厚者必获报，故迫望其子孙昌隆，而于心始慊也。昔欧阳文忠公四岁失怙，其母抚之。稍长，其母述其先君之德，曰："吾知汝父之必将有后，以有待于汝也。"公闻而泣焉，尝自言曰："为善无不报，而迟速有时。"此理之常也，君子以此言为至论。厥后，公入翰林，得显官，久而复失之。其母言笑自若，以为贫贱是吾家故物，惟吾儿不失大节，不辱其先，所深幸耳。厥后，其母卒，自曾祖考妣以下，皆累膺锡命，邻里荣之。然而文忠所以报其先人者，非在乎此也。在公之挺然卓立，自成一代名儒，而与有宋诸贤竞美千秋耳！吾愿为人子孙者，欲慰先人之灵，要当审所重哉。

癸酉冬十月答汨罗讲友书

书来，称述诸家杂著。有谓周文王寝疾时，训武王以"时至勿疑"之语，似隐示以伐商之举。此曹操自比文王之所由起也。呜呼！圣人之心，岂谓是哉！当其三分天下有其二以服事殷，固无日不以格君心之非，回已去之人心为己任。且不独文王终其身如是，即武王嗣位十有二年之中，其矢志亦无一毫异于是者。洎至商罪贯盈，天命诛之，武王且叹为非常之变故，而心益伤矣。而谓文王寝疾时，早逆计商罪贯盈之日，坚武王以必伐之志，至德之圣人，岂忍出此哉？韩昌黎《拘幽操》云："呜呼！臣罪当诛兮，天王圣明。”程伊川谓其道文王意中事，而袁简斋太史枚[1]则谓二子深求圣人而反失之。是非之心，人皆有之。文王安有以纣为圣明者？岂知文王当日虽痛心纣恶，而窥其聪明才辨之资，尚疑忠言之入。若尽乘其平旦几希，其心或终有可转。即如炮烙之除，实其明效，自尊君之心视之，则天王犹可不失为圣明也。吾虽平日竭诚启沃而君恶未悛，或吾格君之道尚有未必尽善者，亦即臣罪所以当诛也。总之，忠臣孝子，值无可奈何之日，势必爱君益切而自咎益深，不觉其言之婉而痛也。何谓深求圣人哉？

附录光绪辛卯[2]春应课四书题文一首，聊以发明太王、泰伯、仲雍、王季、文王、武王、周公累代同心之家学。

子曰：泰伯，其可谓至德也已矣。三以天下让，民无得而称焉。

得人以绵其让，其至仁可默契焉。夫泰伯公天下，让也。尤必得文王以安天下，而其让益长矣。至哉德乎，子能无深契哉？且圣人亟称让德，而《泰伯》一篇尤详。于虞夏，则曰巍巍不与。于陶唐，则曰荡荡难名。而于我周，则又以有二事殷，而赞为至德。凡此，莫非公天下以安天下耳？然犹彰彰在人耳目也，乃有以逋逃为揖让，合唐虞之德，而终浑于无形。以忠荩为心传，开文武之先。而使绵其家学者，盖尝于篇首，早志阐微之论焉。子曰：泰伯者，以公天下为心，而不愿为己有。又以安天下为志，而仍视为己任者也。视为己任，何以弃而之他？盖举世及之常位，迂回曲折，以授生有圣德之文王，使继此公天下以安天下之志而永之百年也。至哉德乎，吾亦安能泯其三让哉？易姓改代之年，万国每罹纷更之祸。惟奉天西顾，引吾身去旧邦而辞新命，乃克全奠安民物之怀也。其用意为至厚矣！尊主庇民之事，再传难邀干济之才。惟挟仲南行，俾吾君立季子以逮神孙，乃能胜旋转乾坤之任也。其用心为至周矣！民第称其让季者，非也。后世废立相仍，恒启家庭之衅，则天伦定分，何敢圆通？而让

1. 袁简斋太史枚：即袁枚（1716—1798），字子才，号简斋，又号随园主人。
2. 按：铅印本原文作“幸卯”，应是“辛卯”之误。

季本出让商之诚，谁得窥其隐念？民第称其让文者，亦非也。自古统承有定，潜消窥伺之萌，则钟爱私心，岂容将顺？而让文以绵让商之局，谁得鉴此渊衷？且夫行仁将王者，迥殊要结之私图也。伐暴救民者，亦准天人之至义也。而求贤自代，窜身远避，尤得完其淡定之天也。从来实始翦商之说，俗儒疑为豪杰之阴谋。岂知忠厚开基，诗人义重推原，初非据为实录也。当日者，立孙有愿，诚预计五十载文明柔顺，可为柱石于天朝。适与泰伯之深衷，不谋而合也。而伯乃赞成其志，销声僻壤，忘大利于八百年黍稷馨香。其天理之纯，为何如乎？斡旋而无迹也。能无揭日月，以示万古也哉。从来克商反政之勋，论者谓妨君臣之大义。抑知生民无主，孔迩深怀父母，万难再谢仔肩也。曩日者，爱主输诚，曾力竭十三年委曲调停，冀永忠贞于厥考，实与泰伯之高谊相得益彰也。惟伯幸独全其心，匿迹遐方，谢崇号于三十世神宗烈祖。其绸缪之密，为何如乎？毫发而无恨也。能勿溯渊源，以光一代也哉？吾思泰伯，吾益穆然远哉。

乙未七月武昌上余尧衢太守书

前日汉皋相见，陈及报捐一节，荷承奖饰勤勤，而谓小吏为不屑就，不如训导一席为宜，此诚优待儒生之美意也。惟是翰鼎志切勤民，积悲悯四十年，无能一摅其心力，今来日渐少，而血忱不灰，不能安处闲曹，以图自逸，而虚度榆年，但求如大程子所云：“一命之士，苟存心利物，于人必有所济。”似府经历县丞巡检小吏，犹得奉贤大夫之委，为斯民略效驰驱。然自去秋九月舍弟仲梓早献此议，而历冬经春久未决行者亦有说焉。翰鼎自幼读书，深惬一言，事君敬其事，而后其食是也。四十年来，守之不渝。今一旦括取家资报捐，家人必视此官为取偿资本之具，不无迫望优差而扰我专一任事之诚矣。是以踌躇再四，欲为苍生一出而犹迟迟吾行。旋因舍弟开陈捐款其微，告以取偿似尚易易，始决计翩然而来，而以为知己者用为幸。虽然，士固有志，尤必视其才力学识是否足以副之，不征诸已往之经营，何以卜将来之措置？翰鼎未尝从大夫之后，委无政绩可观。惟常效用湘中厘局数年，于“恤商安民”四字，颇费苦心调停，似可觇其志趣与其识力之优绌，敢略述往事，为执事一敬陈之。是否有当于用，伏祈察核训示。

窃常论因地制宜、因时制宜二语最为办公要义。即如厘物一端，专求裕课而不言恤商者，固非也。专言恤商而不求裕课者，亦非也。惟地与时有不同，则不得不权宜变通。执事办宝塔洲局务两年，商民至今思之不置。伴船夜泊，则偶语喃喃，交相感颂。聆之，令同心人快慰于中。儒者大用大效，小用小效。我尽一番实心，民即受一番实惠，诚不负负也。我公之勤政爱民，翰鼎于庚寅冬十二月赴汉川，过宝塔洲请谒，尝亲见严寒早起，躬巡江岸，以防留难商船。当时至深钦佩，不期舆论之果翕然同声也。而考问庚、辛两岁之课税，亦因躬亲巡视，杜绝中饱，遂致畅旺增多。此裕课恤商，两美具备者也。

若翰鼎在湘阴局则不然。论其地，通邑本无巨镇，可藏富商大贾。论其时，又当四十年水患频仍，民气凋敝之余，无裕课之可言。惟求恤商安民，斯为推广上惠耳。壬午春，初到局，查视城乡各市每月估厘，收数无多。除新市、归义、荷塘、樟市、林市、白市设有分局外，其余极小市镇皆谕派本地人承收。往往缴局之包厘无多，而承收人法令如牛毛，苛派搜括，不胜其扰。市人间有控之局员者，局员亦不过换派一人承收，终莫能除其积习。即以芦林潭一处言之：茅店数十间，寄托湖洲，荒凉晓月，水泛仍须远徙，生意之微末可知。此上下往来船人所共见者也。局中每年估定包厘钱四串，分为四时呈缴，以备一格。而承办人岁收至数十百串之多，盖按货派钱，著为定数，日夜严密巡查，不使一货漏网故也。合计通邑极小市镇，共十有三处，情形大率相同，抚心甚为恻然。因念乡先正胡文忠公有言，偷漏之弊，患在军国，犹利在商民。中饱之弊，则国计既亏，民生亦困。今即设局十有三处，秉公抽厘，其所入尚不能敷该局薪食，即仅敷，亦于国无益。若仍听其承收，则益国无几，病民实多，不如豁免推恩，犹是为国恤民之道。思维再四，别无良策，只得以此意对局员缕晰言之。吴小农明府，心地洁净光明，善言易入，满许面陈民隐，向局宪一先探之。乃适逢卞中丞饬令归并通省小局，查有贸易甚微者，则饬免收厘。是以局宪一闻吴公言，为之首肯，命即具文备案。吴公回局，催文案郭炳文具稿，炳文属翰鼎代为之。翰鼎即夜拟稿千余言，至鸡三鸣始就寝，薄寒中人而不知，致疾数日，而心至慰。卒蒙宪慈，十有三处概行允免。奉批到局，即日飞足传语十三处承收人及各商户，随后速发印示通知。翰鼎犹虑其间或有蒙蔽，乃亲坐鱼苗收厘船，俾师出有名，借以环行各处，遍观局示，概行张贴，而心始安。向例，鱼苗厘金，派稽查绅士乘船往收，周云斋颇惮其劳，翰鼎遂欣然请代。旁观有某君私问同事人曰："鱼苗收厘一役，果有利于己乎？抑无利乎？谓有利，何周云斋不愿往？若无利，何易寿梓之不惮烦？"谈次沈吟久之。志士一心之运用，本未遑轻以告人，亦无怪浅之乎视我矣。翰鼎于吴公之毅然为民请命，及抚宪、局宪之立沛鸿施，至今感之，直同身受。此盖因地因时之适当，而理得心安者也。

其在浏阳渡市分卡，情形则又不同。杂货入口有落地厘金，夏布、纸、油各大宗出口又有土税。一卡每月收数，旺则数倍于湘阴通邑。此裕课、恤商二者，可以并行者也。翰鼎仍司收支，例为一局领袖，恒邀同稽查绅士，散步河边，或纳凉树下。商船到埠，立请率丁查阅，完厘放行，耳目了无可避，则巡丁卖放及船人偷漏之弊悉除，而留难之风亦于以顿绝。前次上下商船，每为留难所苦，其速者，即巡丁卖放，皆缘通局司事困于赌博，耳目不暇及也。翰鼎在浏城两年，饱闻而深疾之。丁亥春初至渡局，即集同人招环局之贴邻十数家，约以禁绝赌博，且申之曰："禁赌本团保之责，厘局可无任劳，吾力亦不遑及远。惟汝等十数家，环局太近，局为公款重地，盗贼火烛，所应严防。汝等若仍招赌，日夜喧嚣，则盗贼之混杂，火烛之疏虞，在所不免。汝能具保结乎？自今面约后，如有犯吾禁者，定即开报姓名，请委员移送县署。”重言申明数次，于是各家亦不敢违约，而局中人尤懔然矣。尝窃喜此事，一举而三善备焉。一以断绝从前留难卖放之源也，一以尊崇局体也，一以保全同人事畜之薪资也。然则士人志在有为，亦可无嫌小试矣。

留难之风既绝，而遇有事变艰危者，尤当设法以臻便宜。渡市居人与闲谈，告以每年山潮陡涨，则局埠回流甚急，不便泊船。下游则必去此数里至团图河，上游亦必去此数里至百家山，方能稳泊。上下商船，每逢晚到，天色已暗，局人不能查阅，船人自未敢越卡而行。勉强依泊一夕，往往有大失事者。翰鼎闻此，心甚怦怦，因预对同人商定办法。迄山潮陡至，即谕各巡丁彻夜坐守河棚。更鼓之声，刻勿停止，以便远闻。悬灯笼十数于杨柳林边，高烧蜡烛，每夜给百余枝。诫以勤换，毋令光灭，以凭远见。翰鼎则邀同稽查绅士，各抱衾出宿河棚，两人轮流起督。其巡丁更夫数人，惟许日间轮睡，夜则必皆坐以达旦。每夜每人，另给酒果钱二百文，亦皆踊跃从事。所有上下商船，近晚未及泊他处者，亦有近晓早开行者，遥闻鼓声震耳，渐见灯火累累，遂鱼贯到开埠，或上或下，随阅随即放行，但令留一人，持完厘钱在局，俟核算后缴钱领票，其人乃由陆路赴船所。众皆欢欣，如是者经三昼夜，水始落。厥后数次水涨，办法皆如前。便人颇多，身愈劳而心愈畅矣。

委员吴葆亭明府在浏城总局闻之，迭函慰劳，且云：“渡局照章，开报月用无几，而君数次出款已多，必不敷用。此创举也，诚美举也，君其另报用费可也。”翰鼎以数次所费，本取给数月分杂用项下，通筹两抵，止多用钱七百余文即以开报。吴公谓文案龚叟倬轩曰：“吾嘱易君另报，原欲以资助津贴，而所报止此，则一文无余矣。君可致意易君，无妨多报数串。”龚叟辞曰：“易君乃核实人，不乐借公营利，我所深知。且闻昔年在淮阴，以营田鱼行今昔殊形，秉公酌减估厘，鱼行乃私深感激，自致谢敬钱十缗，曾被易君坚辞而退。今者转致此语，彼必正言以答，则我七十老人为失言矣。”吴公聆此憬然，遂一笑而罢。在总政吴公，可谓体恤周至矣。而在亡友龚叟相知之深，诚令人喜出意外，至今追思感泐，惟有终身率性而行，长鸣报称于九原而已。

壬午正月，初入湘阴局。前收支杨某亏空公款数百缗，促膝密商，请略以洋土新加厘金之未收齐者作抵。翰鼎峻拒之，决定立即削除新章。杨某大骇，面如土灰。新章者，杨某假借创立以蒙蔽土商者也。上年，左文襄公奏请洋土税厘加抽十倍，不过有此一折，尚未经部议核准，然已通行各省大吏议覆，省局亦暂行知各局矣。杨某遂借此影响射利，竟敢刊贴官示，称奉札加抽，而土商信为诚然也。数月间，城乡各局已得钱不少。杨某除肥私外，用以分润各同人。是以同人交相维持，牢不可破。翰鼎至，决定立即削除新章，而土商已有所闻，纷纷禀称今后求减，遂乘机为复旧规。杨某亏项，无可取填。翰鼎亦相持月余，未肯接代。凡杨某所商假借抵销之处，丝毫不允通融，且曰："君即恨予，予亦不恤。"杨答曰："我何敢恨君？君之固执，君之正办也。惟恨早未遇君同事，使我辈有所严惮，不至堕身坑堑耳。今若此，将累及至亲某观察，我无颜见彼矣。"厥后，卒劳观察某公代赔数百缗，杨某始得出局。养知、樗全两先生喜而相谓曰："寿梓坚持定力，不可撼摇。初次从公，即能树之风声，知其才力足以廓清积弊矣。可感哉！"二公知己之言，闻之益令人惕厉不安之至。

湘阴城南棉花估厘，查杨某上年曾有私约，其归公解省之款若干，其同人分之款若干，同人利之。杨去而同人忧之，秘遣所亲来言，力请留此一线以资津贴，翰鼎峻拒之。同人之所失欢，盖自此始也。厥后，棉商自称生意萧条，托人求减估厘。翰鼎遂乘机请于局员，酌减钱数十串，印条给贴，行路皆知。吾宁明减以推广上惠，必不令暗取以潜归中饱。此一定之要义，当行之终身者也。

局员宋公之奉撤也，其可怜之状，我公后至湘阴当亦有所闻。宋公尤有虑者，局中连年浮用钱若干串，不敢具报，又无从弥补。此亦杨某所划分，拨归总政承当，而于新收支毫不相干者也。宋公年老且衰，负此重累，夜不成眠，颜色惨沮。翰鼎望之恻然，因就与面商，请以数月杂用所余，拨归总政作抵。其余无可抵者，设法报省，而代恳养知先生为之先容惨淡经营，宋公遂得免为言者所持矣。在翰鼎，不过自全其安老之心，而宋公则语饶葆丞[1]孝廉曰："易君坚刚过甚，吾初以为必寡情人，乃今吾落井，举目无亲，易君独殷勤援手，情意有余，贤者诚不可测也。"厥后，常追思宋公言，倍增兢业，惟恐有负九原之厚望耳。

甲申山厘一案，我公之所深知。当茶庄初次请办，翰鼎即婉言坚辞。嗣是，再四来催，词色益厉。其言曰："此本邑自然之利也。有厘而不取，局宪派君等在此何为？且外客贩茶出境，不责令完纳山厘，独令吾等两家开庄境内者完纳，亦甚偏枯也。"答曰："贵庄完纳山厘，本取之园户者，非贵庄自出也。外县贩客，亦曾于茶价内扣取园户山厘。本局虽历未抽收，伊等运至高桥湘潭各处红茶成箱，除完税外，横直按斤照缴山厘，是各局代湘阴抽收解省也。在省城局宪前，固未尝漏网也。不过我局未及自收多款以壮观瞻。君如必令我局辉煌，则请先容告明局宪，我局再禀恳札饬高潭各局和衷改章。今后贩客持有湘阴厘票者，伊局即准作抵，不再抽取山厘。如果高潭各局禀复遵行，皆无异议，湘阴奉到明文，即可邀令外贩先行缴厘方许出境。倘高潭各局尚如平浏两局早岁之相持，则我犹未便骤从举办。况今省局未及札饬高潭，我局可速办乎？"言者曰："汝守汝局正办，何必管人抽不抽？"答曰："高潭之抽外来山厘，相承已久矣。不请省局札饬，以我局厘票作抵，彼局断断照旧抽收，我又邀截贩客先抽，是使出两厘也。两厘安乎哉？万一外县贩客因此裹足不来，而贵庄两家又销茶无几，是使闾阎自促生机也，又安乎哉？"言者忿然而起曰："汝诚迂儒，不足与计大事。吾等自诣委员，力请可也。"厥后事败，不自引咎，反怨藐躬之勿任先锋，至费尽无穷曲折，蒙蔽一心地洁净

---

1. 饶葆丞：湖南长沙人，有《饶葆丞文集》抄本，藏湖南省图书馆。

之吴公，使与藐躬忽焉不协，而秘求调遣浏阳，此以见志趣之悬殊而正言之难入也。翰鼎在当时，执意不往浏城，宁辞局馆，盖不愿堕其术中耳。乃亲友诸多劝行，我公亦尝两次加劝。而高厚殊恩之养知先生，又勤勤敦促，至再至三，始不得已遵命一行。不意乙酉正月到浏后，甫及半月，即目睹礼乐局文物声明之盛，而极我生三十五年之大观。又分局账房事简，不似湘阴总局之万事丛来。在浏三年，幸得偷闲读书数百卷，且获就近求读小朱子慎甫[1]先生遗书。浏城司会计两年，忽承吴葆亭明府加以“办事精细”考语，禀调渡市分卡收支，临别赠言曰：“渡卡西北重镇，事体糜烂极矣。计惟君去，足以安之。君诚心术正大，吾已深知。渡市距城颇远，书问太迟，君其便宜行事可也。”到彼一年，适省局饬裁渡局收支一席，吴公又以“易绅翰鼎，精细练达，品学兼优，为浏局仅见之绅，今将奉裁出局，极为可惜，是否另有差遣之处，出自鸿施”等语具禀上陈。翰鼎远隔，初未之知。至省局，始闻文案黄橘泉先生见告，为之心感。明年卒以此禀上邀宪眷，札调潭局收支。至今得食薪俸，以为合家生计。浏中种种善状，皆由诸公之劝行发其端，诚属可感可敬。即当日排挤迂儒者，亦适以玉成迂儒者也，吾何尤哉？

吴葆亭明府奉委初赴浏城局，以是月十四日夜深税驾，即属文案龚叟作书四槭，明日分送东门、西门、太和、渡市四分卡，令将所收所支均于本日截数具报。而命信使眼同验视现存饷钱，开记实数呈览，以凭核对有无亏空。东局较近，明晨即闻斯言，翰鼎乃立开清单，扫缴半月内应解之款。将出门，适信使至，示以毋须汝验。亟走谒新总政，一面缴钱，吴公惊谢曰：“不过问明存数，未便催钱，君何汲汲为？暂持归，俟月终汇缴可也。”对曰：“东局数少，算结甚易，既经截缴，必请收存，以昭清晰。”吴公犹沈吟久之，力恳核收乃允。越日谓同人曰：“吾闻渡局亏项

1. 小朱子慎甫：即朱文炑（1788—1839），湖南浏阳人。字慎甫，年十六，弃举子业，潜心学问。著有《易图正旨》《五子见心录》，曾国藩曾于咸丰元年作《朱慎甫遗书序》。

甚巨，窃疑各局皆有长支。易君截数缴钱，吾初以为动于激烈，或移挪填补以足数耳，故未便收存，恐苦以所难。今闻朱公澄秋瞿公念莪言，乃知易君在此两年，每日簿记，公私界限甚严，丝毫不肯通挪，虽日日截缴可也。吾萍水初逢，犹浅之乎测贤者矣。”

一日，吴公遍问同人：“局宪谕令查看情形，小局可裁者则裁之。今到此已久矣，四顾无从下手耳。”翰鼎亟起曰：“东局收数甚微，且皆肩挑土货，日求升合以营生者，目送而矜念之久矣。倘蒙裁免，推广宪惠，则为民拜赐，感同身受矣。”吴公诧异曰：“君请自裁本局，独不为栖枝计耶？”翰鼎对以到处有馆，当可另图，但求自慊初心，不愿以私病公也。吴公太息称善，卒如所议。翰鼎正托省友代觅教馆，一将垂成，孰知吴公已呈报渡局亏款，而请改调翰鼎接办矣。

渡市在浏城下游百余里，舟行晋省必经之路也。其饷钱向例不解浏城，存俟委员随时拨船，顺流取解省局。上年亏空甚巨，每遇取解，所给无多，局员病焉。翰鼎至，丝毫不许通挪。且一经禁绝赌博，漏卮已塞，支应严明，饷钱数日辄盈柜库，无可堆藏，墙屋单薄，且虞盗窃。是以催请局员拨解之函，络绎不绝于路。吴公笑谓同人曰：“去年受逼者，渡局接委员函也。今年受逼者，又委员接渡局函也。公事一得人而改观易听，人顾不重乎哉？”

渡市所在，浏阳界善化之交也。长沙之榔梨市，又在渡市下游百里而近也。榔市上游尚有小市四处在长善境内。榔局应截收四处商船落地厘金，而浏邑商船同途，颇与相杂，往往为榔局所混抽，合计渡卡所抽，则两厘矣。吴葆亭明府呈商善后策，局宪以榔局自称颇难区别，只得令两局联为一家，通融办理。浏邑入境之落地厘金向归渡卡抽收者，至是改归榔局代抽，渡卡惟验票放行，此亦酌势准情之妙用也。渡局既无收数，则因此议裁收支一绅，尤正办也。船人、局绅乍闻新章，皆惊疑莫知所措，翰鼎独视之坦然。又浏船有由省垣运入浏阳之货，榔局概未代抽厘金，而渡绅亦不敢取，恐违省示。船人亦思乘间免厘，纷纷聚讼，若网无纲。时翰鼎已得奉裁之信束装将行矣，亟起一言以定纷曰：“荆、沙、汉、潭运来之货，渡局应收厘而棚局亦可代收者，横直解呈一局宪，犹一家之共事家督也。长善城中运来之货，渡局属浏邑，固应照旧收厘，而棚局未便代收者，在城落地，早经完厘，今未出长善境，一经代抽，则疑于两厘耳，渡局补收为是。议乃定。”或者私相谓曰：“易公平时办局，最重体恤商情，今者胡为反是，况当旦夕出局，尤可脱然事外，何必复为此苛刻乎？”翰鼎闻而晓之曰：“非苛非刻，还其本来固有之天而已。千舟缴厘，一舟独免，终非可久之事，势且多劳口舌之争耳。大凡处物之道，本分之外无所加，本分之内亦无所减，斯为持平，斯为用中，斯为公溥。吾人在事一日，宜尽一日之心，岂可以将行自懈而贻他日无穷之轇轕耶？夫区区办厘，犹其小焉者也。”闻者憬然心服。

府经县城小吏，随班听鼓，固强半为贫而仕。然若奉一差使，日所经营，毫无益于民生，更无补于人心风俗，惟薪水尚优，有俾于家计，家人悦之，而志士不惬怀也。必期职事责我所当为，适协平生欲为之善，尽一日之心力，民人即受一日之便宜，则身虽戴月披星，而心舒体泰，家人亦借以食吾薪俸，而老安少怀，此则公私两便耳。携四十年霖雨苍生之便，而求收效于朝廷不甚爱惜之官，是诚匹夫将艾之年无可如何之办法也。

所谓匡正之事有补人心风俗者，亦不必其在大举动也。即如渡市禁赌一节，人知为整肃局规而已，而不知其中尤有深恨焉。是处乡绅陈君，庠序中之佳士也。其敬奉寡嫂，善抚孤侄，实为里党所共知。渡市之沈溺赌博，四时不断。一日，赌痞勾引陈侄偶出一试，至输钱百余缗，赌痞索偿甚力。此子畏母氏及叔父知，遂秘托人求贷。一痞为画策曰：“汝家小康，何事外求？但称秘闻人言，叔父潜欺孤寡，侵蚀家产已多，激母氏逼令分财，则汝利权在掌握矣。”此子从之。陈君突被奇冤，至仰天泣血。迄异财后，此子出资偿债，亲党始得侦知其由，白于陈嫂。嫂悔恨交集，仍请乃叔严加约束，而自再三谢罪焉。于是各团绅益痛恨赌痞伤风败俗至离间骨肉若此，罪不胜诛，亟欲严加禁绝，竟为厘局各绅所持，可耻极矣。翰鼎到局数月，始闻前有此事，愤愧交集。因遍访团绅，许以合力严禁通街赌博，函请局员吴公告明县主王实卿明府，团绅遂得呈恳严饬差拿。赌痞鸟飞兽散，为之战栗，始悟诱陷无知，栽诬正人之倍撄众怒也。而渡市赌风，亦即因此暂熄数月云。

翰鼎生来负性刚介峭直，疾恶太严。遇有不正之事，乐言整顿化除，而不恤任劳任怨。诚知非首任，非独任，莫能堪也。一至见猎而心痒，则不自问其分位何如而挺身视为己任。即以细故言之，同治乙丑，年十有五，就试郡城。寓馆之西，类多娼家盘踞，同学者日就嬉谈，一倡群和，然皆防闲甚密，惟惧翰鼎一人知，亦可已矣。乃必现身说法，以约束之，规劝斥责，不遗余力。偶有不逊者，肆意侮予，翰鼎竟批其颊，而挫其威，何其不量力也。厥后，姜桂之性，愈老愈辛，身历各局有年，其同人好淫好赌者，辄喜发其覆而斥其非。其胆怯者，亦往往肃然敛迹。虽于同人，于公事，皆不无补救，要非藐躬职分之所能为也。昔者，孔子在下位，而居危行言孙之邦，视周公之位之时，相去何啻霄壤，而孔子辞色之严厉，殆犹过之。如答王孙贾，则曰："获罪于天无所祷。"答季子然，则曰："弑父与君亦不从。"拒恶甚严，单刀直入，可见儒者变化气质，虽功深养到，终难尽失其本来。是故以大圣人之至德，平日悲时悯俗，愤怒胥忘，至是且不免锋芒偶露，况末士而无涵养者哉？

本年闰五月已定纳粟入官[1]之议，黄石珊师就而垂询，且曰："心存利物，不卑小官而勿为，意良厚矣。惟子刚方之性，入世似为相宜耳。宦海风波靡定，无论小吏，虽达官亦不无横逆之遭，子能忍之乎？"对曰："闲居不能忍，一理民事，则能忍耳。"黄师问何故，对曰："闲居不能忍者，一身之取祸不惜也。为民请命而能忍者，惟恐闾阎之好事不成耳。此广平王叩首回纥马前，所以不自羞其屈者也。"黄师拍案曰："得之矣！得之矣！"

1. 纳粟入官：即捐纳得官，文人笔下又称为"纳粟"。

甲午春夏间，乡人某侵害我族祖墓。翰鼎集族众向地邻鸣论，纷纭一月，势将成讼。卒赖诸公排解，责令拆屋徙榨，两家终归于和。其间族众同力御侮者固不乏人，而出力尤多，则以从叔舜钦[1]、铁樵、羽仪、如松[2]、汝元[3]、斐如[4]、鉴臣[5]，从兄弟篔笙、曙阁[6]为最。当此事初起时，族众以六房毫无公款，皆惮于发端。间有一二异趣者，又思圆通议和，敷衍了事。翰鼎沈痛隐忧，情殷将伯，连日冒雨走商各处，衣襟遍湿，半染涂泥。母妻深虑致病，而无可如何。既而果因积劳，痔痛大发。每入厕，则先下血升余，疲惫不堪甚矣，而仍不得不拖泥带水，日夜趋跄。或谓曰："先茔固重，病躯亦匪可轻。男子之血无多，愈劳愈伤，则可危矣。子盍少息乎？"答曰："外患内忧方棘，非可息肩时也。我以身任，则若网有纲，虽病亦岂能谢责？且主辱则臣死，君臣父子祖孙同也。"时舜钦叔在远未至，窃计铁樵叔可称勘乱之才，方资倚任，而适为索债者所持，势必远出益阳告贷。翰鼎毅然止之，而立解私囊，为尝重债。舜钦叔至，颇疑之，授意羽仪叔来询曰："祖妣公事，凡为孙子，皆当效劳，岂有奖劳之例？且公款委无积储，全资集腋。子于铁樵乃有所分润，果将何所出乎？"翰鼎亟挑灯作书答曰："傍晚，羽叔过谈，传致尊命，询及日前资助铁叔一款属公属私，侄闻诧然。此私财也，亦通融族党之常也。何与公款事哉？敢为老叔一详陈之。先茔之初遇难也，侄闻奔视，伤心惨目。迭商于总理祠事之篔笙兄，篔兄持重而未发。侄遂邀同就商斐羽、铁鉴诸叔，而后集议于宗堂。假令老叔仍居家山，则发难之初一经提唱，群材皆受其福，而无如云山远隔，来否未定何也。穷计六房人才，智深勇沈，神闲气定，端

---

1. 舜钦：即十六代族人易俊章，字秀翘，号舜钦，恩贡生，候选训道钦加同知衔。参见《湖南湘阴营田易氏族谱》（1936 年版）。
2. 如松：即营田易氏十六代族人易章茂，字如松。参见《湖南湘阴营田易氏族谱》（1936 年版）。
3. 汝元：即营田易氏十六代族人易章汇，字汝元。参见《湖南湘阴营田易氏族谱》（1936 年版）。
4. 斐如：即营田易氏十六代族人易锡章，字斐如。参见《湖南湘阴营田易氏族谱》（1936 年版）。
5. 鉴臣：即营田易氏十六代族人易炜章，字鉴臣。参见《湖南湘阴营田易氏族谱》（1936 年版）。
6. 曙阁：即营田易氏十七代族人易瑜鼎，字耀昆，号曙阁。参见《湖南湘阴营田易氏族谱》（1936 年版）。

推老叔。外此，则惟铁叔为当年凰山熟手，足资御敌，是以于其将行也，不得不请诸叔同声阻留之，而于铁叔债务之逼迫，则出私财以济之。此鉴叔、羽叔、斐叔所共闻也，又何与公款事哉？铁叔昔年闲寓省城，曾于侄处稍有通挪，得馆李家，即行还讫。近年客武昌，自陈佑铭方伯不时解囊周济外，铁叔举目无亲。适侄达两湖书院，亲见寓馆主人，追呼旅费甚急，知其欲告贷而艰于启口，因揣其意而先问之，助以缗钱。此固有无缓急相通之意，岂复索偿？而铁叔至今常宣之于口，自以迟偿为歉，是其耿介之性亦可概见，岂乐别有希冀者哉？此次益阳之行，专为求贷友人，以济燃眉之急。侄既留行，而不为之一助，是迫饥寒而责以从公，其用心亦势难专一也。昔胡文忠公身任军务，倾心结纳塔[1]、罗[2]、都[3]、李[4]、多[5]、鲍[6]、彭[7]、杨[8]诸将，共济时艰，往往分私财以惠其室家，寄珍药以慰其父母。所以使诸将内顾无忧，得以专心公事也。乡先生瓣香不远，小子窃有志焉。他年如宣力朝廷，亦愿推广此心，以毁家纾难，庶几厚贤者能者之养，以安贤者能者之身，而得贤者能者之助，合众人之长以为长，而赞成大功也。今日之事，特小露其端倪耳。乞老叔一加察焉。”舜钦叔览书大悦，于翰鼎颇加异视。厥后事定，统计乡城用费，尚不过多。舜钦叔自拟倡首劝捐，以尽还族众贫富不齐之丁费，适协翰鼎一心默运之深谋，喜出望外，用亟欢欣鼓舞，力赞其成，而卒自承捐半，以始终其事。或又曰：

---

1. 塔：即塔齐布（1817—1855），字智亭，陶佳氏，满洲镶黄旗人，湘军名将。
2. 罗：即罗泽南，生平详见前注。
3. 都：即都兴阿（1819—1875），清满洲正白旗人，郭贝尔氏，字直夫。
4. 李：即李续宾（1818—1858），字迪庵，又字克惠，湖南湘乡人。贡生出身，湘军将领。
5. 多：即多隆阿（1818—1864），呼尔拉特氏，字礼堂，满洲正白旗人。咸丰三年（1853）随胜保与太平军作战，升佐领。1856 年调至湖北黄州堵击太平军，后擢副都统。1861 年配合湘军攻占安庆，任都统及荆州将军。
6. 鲍：即鲍超（1828—1886），字春亭，后改春霆，四川奉节（今属重庆）人。行伍出身，湘军将领。咸丰四年（1854）以川勇投湘军，升至参将。后至长沙募勇，所部号“霆军”，在湖北、江西、皖南与太平军作战，以能战名。
7. 彭：即彭玉麟，生平详见前注。
8. 杨：即杨得胜，湖南湘乡人。早年投湘军，由兵士升至管带，加提督衔。同治五年（1866）随部奉调入陕，同年十二月在西安灞桥一役中战死。

“捐资之事，则子于雉蔗、顺灼、衡茂诸公为不伦矣。岂可破家以竞美乎哉？”答曰：“竞云乎哉？吾自全其心之所安而已矣。譬如父母在堂，有子十人，各营其私。而丰啬不齐，遇有供奉，必谋十人共济。直如散珠难聚，而事无责成，则老亲孤悬独立，黯淡谁依，转不如独子者之轻为安乐也。吾方目击心伤屡矣，而忍效世俗之彼推此诿乎？”闻者泣下。今夏晤黄石珊师，询及是言，黯然曰：“此不磨之论也，盍示吾家子弟闻乎？”坐客有邑耆老彭先生者昂头太息曰：“闻子将隶名仕版，他年必能移孝作忠矣。曾文正公有言：惟求得一二极廉极勤之牧令，树之风声，与民更始，庶几渐有转机。今子于廉勤之诣，又别开生面矣。吾尤恨子不见曾、胡二公。所谓廉者，一介不妄取而已矣。所谓勤者，劳瘁总不辞而已矣。今积劳下血，而竭蹶不休至甘以死殉，此又于极勤之外，加倍写法也。劳极不自惜，而又不吝私财，始终于八口日食中割而分之，以安同人，以济公事，此又于极廉之外，逾量而施也。子行矣，吾无间然。”得此乡先生策励远大之言，更令人不胜惕厉之至。

凡士人同居共事，固难一一同心。然果得数人十数人持正不阿，于事亦不无小补。辛卯六月，督宪南皮先生以武昌贡院方兴土木，改借学院，以课两湖诸生。即咨请学宪点名，已升座矣。南省肄业生忽有一二人以为不屑就，倡言于众，迫令同出。其懦者竟为所胁，橐笔而行。翰鼎亟大声语相识者曰：“学宪本钦命试官，何谓屈抑汝等，至云非我省宗师？今日之事，固我督宪所咨请也。吾塾师以事还家，亦尝别请先生代馆，吾不就学，是自抗违师命也。有是理哉？”闻者称是，乃转相规劝而止。及七月杪，督宪命楚材、楚宝两轮船送南省诸生赴试乡闱。楚宝仅载二十人，翰鼎与焉。一陈生偶与舵工角口，旁有二生闻之，竟欲倡众拳殴，聚讼多时。一郴州黄生，奔告翰鼎，邀同力阻。二生即改议群告委员，迫令笞责。翰鼎劝之曰：“舵工为全船得力人，行海且例称船主。此可类推，知委员必示优侍。吾辈岂可轻视之？况此次本由陈君误认舵工为仆隶，呼令煮茶而怒其不应，以致角口，于舵工何尤？必欲屈理以尤人，无论使湘人又得一浮动之名，有负督宪陶成人才之至意。即一经停轮大江中，耽延时日，亦恐有误试期也。二君其三思之。”诸生同声称善。二生虽犹汹汹然羽翼不成，不能肆其所为矣。究之，此两事者，虽未果行，皆已大伤元气。六月出场后数日，黄石珊师闻人言，学宪当日点名后，不胜恚怒，入即宣言，明日出拜督辕，告以湘士诚哉浮动。经浏阳欧阳节吾舍人[1]晨起踵门为乡人谢罪，乃免。又壬辰闰六月，长郡诸生请轮回湘应岁试，业经我公转恳督宪允派矣。既而传闻轮船委员面请于督宪，不敢载送湘省诸生，恐在舟中滋事，难以调处，惟牵船则可，盖有鉴于前车也。督宪卒如所议，饬诸生自雇双船尾行，时翰鼎已先南归矣。后闻，委员有此言，益为湘人增愧。甚矣一二人之浮动，声名偶玷，遂致连累通省同门。向使当日者不有同人合力维持，则两事之决裂披猖，尚不知伊于胡底也。

己丑春，甲麐儿往办湘潭局收支，曾承养知先生告明但宪，而今之周宪不知也。今岁正月，谋馆者以庖代为言，致周宪垂询于局员沈冠群别驾，沈公略为回复，而示令防闲。翰鼎再四踌躇，情难上达，只得函请谭君复生斡旋。良以此君品诣清超，胸襟洒落，儒雅既为可亲，而又好士出于至诚，屡向刘甥善涵殷勤致念。非同世故周旋，性情相契，乃敢坦白相求。卒赖此君转托调停，得于五月杪更换甲麐之名，以潭馆径付承蜩矣。六月，翰鼎到武昌躬诣道谢，极意面陈感荷之深。谭君谦虚退逊，欢谈久之。及出，同行人曰：“君之感人，可谓诚矣。然此小事耳，在谭君视之，何足道哉？”答曰：“不然。我之受赐，固有深焉者也。我之力保潭馆，亦犹曾、胡二公欲规金陵，必先力保上游之武昌也。今方自谋附名仕版，倘潭馆一失，则南中无所日求升斗，势必全神北注，而迫望优差，是

1. 欧阳中舍：即欧阳中鹄（1849—1911），字节吾，号瓣姜。湖南浏阳人，同治举人，曾任内阁中书，协修会典，兼方略馆校对。光绪二十二年（1896），湖南巡抚陈宝箴委赴浏阳办赈济。学生谭嗣同、唐才常提倡变法，师生共同在县城创办算学社，是为湖南新学之发端。1898 年入陈宝箴幕府，协助推行新政。著有《瓣姜文稿》。

置吾于背水阵中矣。既承保此以安家，则可使吾心敬事而后食，不至专为米盐所役而进退裕如。然则谭君之赐，不惟养吾家，直以养吾心也，而能无深感哉？”

今岁夏初，由湘潭致书舍弟仲梓云：“昔者乡先正曾文正公恒勤勤物色人才，谓一求才堪治民，一求遇难不避，一求不急急名利，一求能耐受辛苦。而又一言以括之曰：其源皆出于有血性。吾弟血性最多，肠热如火。吾亦深望吾弟他年坚忍一心成大功也。古云：‘求忠必于孝子之门。’光耀朝廷，端推此种，我行幸不孤矣。吾弟勉乎哉！”

已上各条，略述平生志事。及夫师友之奖励，令人感激奋兴，矜重日严而益不敢自弃者，倾吐于贤大夫励精求治者之前，故不敢循近世书启成规，徒自贬抑，以鸣谦谨。执事苟以为可教而辱教之，则幸矣。翰鼎菲葑陋质，自分随秋草同萎，渥承我公屡向人言，辄以正人相奖，天下正人不乏，末士何足道哉？惟是正人者，类多淡泊鸣高，孤芳自赏。倏然有忘世之情，求其热肠难冷，息息与民物相关，必委曲以谋共济，而心始安者，则末士未遑多让焉。所挟以上报知己，此其具也。朱子云：“于人心风俗颓坏时造就人材，亦是将来切身利害。”窃计先贤后贤，用心同揆。而末士之待陶成者，不忍不出而献璞矣。

丑卷

丙辰立秋日答彭仲裳都门

顷奉惠函，承以次子甲鹇两奉电召，盛称上峰怀人若渴之诚，尊意甚望藐躬，立促鹇儿展轮北上。殷殷挚意，满纸热血之光，令人心感无已。其引譬古人二事，皆为实获我心。陵母[1]“汉王长者”四字，可谓一字一珠。语云：“良禽择木而栖。”陵母其善择乔木之良禽，而因以燕翼子也。至若介推之母[2]，本非甘心与子偕隐，特无如其偏执一见何也。夫介推之偏见，诚哉不近人情，非可与古来逸民、幽人同年而语者也。介推为晋文公患难之侣，廿载追随，不无微劳可念。文公偶尔遗忘，究非有心摈弃，如遇旁人道及，文公必将畀以禄食，以申不遗故旧之情。在介推受之，未必即蹈贪天以为己力之嫌也。为介推者，正宜及亲之存，一捧毛生之檄，而奈何迂拘远引之至于此哉？以介推之迂拘固执，无关出处大节，徒自远乎人情，而老母犹难挽之以唇焦舌敝，则后人出处之异于介推者，君子知其更难启口矣。在昔明太祖尝云：“幽人之思，寤寐不忘。”汉光武亦云：“咄咄子陵，不可相助为理耶？”此皆古今兴王令主，好贤之笃，念旧之深，用心有如日月之明，容物直同天地之量。以视今大总统之勤勤眷怀故旧，不诚后先同揆乎？

鹇儿之居东三年也，今大总统在鄂函电交驰，征而未至，乃俯念其行囊萧瑟，旅食艰难，檄委以就近管理游学诸生一席。鹇儿坚辞，至再至

---

1. 陵母：汉王陵的母亲。王陵聚千众于南阳，不肯从刘邦。汉高祖还击项羽，率兵归汉，项羽取陵母，欲招降王陵，母伏剑而死。

2. 介推之母：此处引“介推寒食”的历史典故：据《左传》记载，晋文公返国，赏赐跟从他一起流亡的人，介子推没有官禄，故禄位没有他的份。介子推遂与母亲一起隐居直至死去。

三，必求另委，始得俯如所请。此在鹇儿之愚忱，惟自顾用功无暇，深恐势难兼顾，贻误管理要公。而在我公之盛心，非但欲为事择人，兼欲周以馆薪，俾免客中饥饿。此其体恤之周，矜全之至，而施之于海天万里，孤客无依之日，诚令游子之倚闾人，心感沦于肌骨矣。而况鹇儿之心感始终厚德，更何如哉？惟是鹇儿之食贫甘贱，若将终身，此非一朝一夕之坚贞，实早胎决志于去国东游之日。鹇儿平日之语言简默，持重不发，当为执事及大总统夙所深知。故虽父母兄弟，朝夕同居，亦难尽识其苦心孤诣。兹则回忆甲寅冬间，儿自日本初归之语言情状，而益令人恻怆哀矜也。其言曰："此次生还故里，得与父母、妻子、兄弟有缘重见，是岂游子当年所及料者哉？"

家人乍闻此言，第以为辛亥崎岖戎马，幸获生全耳，而不知其言之更有进焉。盖曰："当其孤身万里，径投海国，明知旅食无依，终有行囊告罄之一日，故不特日用饮食加意节省，即每逢酷暑之天，欲日购热水以澡身，而每盘价钱三十文，亦自度万难为继。只得俟七日一购用之，其余六日，则皆自诣井上，汲冷水以澡身而已。日本有得仁堂古庙者，夷齐庙也。暇时恒往一荐馨香，窃计旅居久暂难知，势必有囊空之一日，岂能恋居客馆，空劳主人之供养哉？届时，则惟有托词假馆得仁堂，移榻以就，任其饿毙，以从先贤于地下，似犹死得其所也。惟临绝时，必先手泐一函邮寄家山，以凭与父母、妻子、兄弟永诀耳。迄癸丑秋冬以后，幸闻长江早靖烽烟，归途已无梗塞。至是乃趁囊钱未罄，犹可取给川资，毅然接淅而行，幸免作海天饿莩，以重父母之悲恸云。"

呜呼！是儿也，何其秉性之坚凝而吐辞之沈痛也。执事观于此言，可以知其未堪附骥于鹰扬济世之伦矣。况自甲寅冬到家以来，深居养疴，足迹罕出大门之外。虽里中亲旧，亦罕得见其面，无从一与接谈。加以久而旧恙绵延，心情益形憔悴，而表面阒然无迹，乍见者亦不得而知之。尊函所云，一家聚处，乐事诚多者，此本常情常理之言。而在鹇儿平生所值，实为罕有此乐。鄂中同事诸友，或共闻知，而今亦何以异哉？故虽家人、父子、兄弟，有时聚谈欢笑，而鹇儿默然旁坐，坐亦且如醉如痴，此可见江淹才尽之身，心力交疲，诚难胜任巨细重轻之公事矣。伏愿大总统姑予置之空谷，视同野草山花，听其仰沾太平雨露，涵濡润泽，长养生成，或犹有欣欣向荣之日也。敬乞执事便中一婉达之，不胜感祷之至。

甲辰七月武昌答仲弟荆州

我命庚金日主，四柱缺财。自幼以来，所遇命学诸人，皆云一进财运，必可生官。而不知官者非本身之仕宦，盖子女之显扬供奉也。男命以子女为官，命学家之通例也。我以戊戌暮春，进劫财之辛运。而昨岁酉金，早经通气，是以丁酉一岁，已多风波。迄进运以后，四年之间，则更不堪言状矣。癸卯暮春，进生官之卯运。而昨岁寅木，亦早通气。是以壬寅春日，游子即从海外归来。秋间获承督辕委用，而女婿亦登贤书。迄进运以来，伯仲二子益荷上游器重。而叔真儿甲鹏，亦忽得馆湘潭，有所依托，使藐躬如闲云野鹤，幸获安居，岂偶然哉？如或不知卯运元神，正为生扶子女，满引以为大幸，而徒自望升迁，然后信为财运生官之验，则是李南园老人所谓忘却当前佳境者也。稍有见地者，岂敢如此昏昏昧昧哉？匪特不敢他求也，即处此目前佳境，且常自恐惧修省，以期顺承天庥。

家运沧桑之始，得县城李宅四十缗钱之馆，喜动乡邻。近十年来，吾弟及甲麐儿，处馆汉潭关局，皆岁获薪水多金，视早岁若人间天上。而鹇儿顷奉督辕两差，如果长久，可岁支薪水龙银三千三百六十圆，此岂寒士家梦想所及者耶？又何敢不深念天恩而修省顺承也？乡先正曾文正公家书有云："吾与汝九叔父，皆膺侯伯之封，家门极盛，令我更栗栗危惧。"此理学名臣金石之言也，可勿敬读而深思之乎？花怕全开月怕圆，诗人先我言之矣。吾弟早年恒游吕子之门，服膺阅历最深之语，今阅我此书，必能深有惬于方寸矣。望便中遍示合家诸儿，同深警惕为要。

鹇儿既奉此优差，则我高祖耕南公[1]支下，亦可与均左公[2]支下，同呈修墓经费，赞成凤山大工矣。书至此，不禁深怆于中者久之。大凡世途差馆，非可长恃之物，须趁薪资丰厚，多置恒产，以培基业，然后可以长为祖宗出力之子孙，否则作善无以为继，犹是昙花一现而已矣，究何补哉？本年学院岁试，族邻相距一二里间同入学者幸获四人，此营田甲辰旬人文蔚起之机也。

丙午冬十二月家山寄示甲麐甲鹏湘潭

买田临视之事，劳力劳心，诚哉艰难万状。翚儿连月奔走四出，至今筋伤骨痛，而风霜冒受，且致寒疾缠绵。淡永、鹤霞[3]、松泉、瑞涛，亦皆精疲力困，足茧荒山，我则不能受此奔劳也。翚儿操心太多且久，致令胸间时常作痛，良以身任仔肩甚重，而一时一刻不敢宽闲也。他年子孙坐享丰厚，岂能深悉创业人之万分辛苦哉？

甲寅立春日营田宗堂再致舜钦老人长沙

唐山祖妣，孤悬一冢，被守者乘乱划平；其碑石被守者掘弃，藏之深固；其墓土被守者盗卖，至迭更数姓之主。此诚凡为子孙者痛切肌肤之事也。然守者某姓人，已物化于二百年前，其子孙不知有无，且不知孰

1. 耕南公：即营田易氏十三代族人易元亮，字耕南，号草庐，邑增生。参见《湖南湘阴营田易氏族谱》（1936 年版）。

2. 均左公：即营田易氏十三代族人易元心，字均左，号存田，太学生。参见《湖南湘阴营田易氏族谱》（1936 年版）。

3. 鹤霞：即营田易氏十三代族人易甲汀，字鹤霞，号石琴，又号运翔。参见《湖南湘阴营田易氏族谱》（1936 年版）。

是，固无从据理以追之。脱令勉强混争，专觅谚所云田中耙齿，冒昧以兴大讼，此不特我族徒捐有用之财，弃之无益之地，且将逼令地主决不许我族承认祖墓，终陷遗骸于荒凉寂寞之乡矣。此侄等在当日，所以决不敢听从激烈之谈，而轻举妄动以从事也。差幸侄等平日为人安分守己，颇犹见信于乡邻，是以地方诸君及墓邻诸君，一皆乐得成人之美，而不至因疑成忌，因忌成嫌，因嫌成讼也。至于负土掩圹月余后，墓邻诸家乃有鬻地之请。此虽发端于中人戴君、张君，而亦我族万不可失之机缘也。是以侄等在当日，口虽辞以力歉，而究不敢不乘时以收必要之基也。幸子孙聚居营田者，虽当陈月荒歉之时，亦皆输将踊跃，得以凑成购地之功。此皆痛念祖骸暴露而不忍寝食自安者也。然而搜括为已穷矣，其所购祖墓前后左右之余地，即为唐宅门前晒场及唐人护屋之山坳，苟非伊家众愿出卖，则我族亦束手徒唤奈何而已。统计营田已捐之款，实近二百缗钱，除付完契价外，其始终一切用费，尚多不敷。侄等董事人在外借垫，早经力竭，是以冬日修筑墓山工程未能作无米之炊矣。谚云："冬土如铁。"而去冬晴天，又较常年为最多。侄等坐失事机，睍视先茔暴骨，依旧荒凉，此诚痛心疾首而无可奈何天也。去年春夏之交，侄等专使呈函就商老叔，曾已声明修墓工程虽在秋冬时节，而运送石灰碑石及一切需用之资料，必宜趁夏水方涨之时，船行距墓山较近，否则临工购运，则秋冬水涸，岸路十倍有加，自不屑多此运费，允宜及早绸缪，此亦扼要之言也。乃老叔自示复一函以后，竟尔过焉若忘，令人不解其何谓。想因家事纷繁，未遑及远，侄等本拟偕行登堂，面请训示，颇忧路费维艰，欲息借他项公款早资修筑，徐候老叔及在远诸公捐款清偿，则侄等似又嫌于专擅。是故不得不拱立待命，遂悠悠忽忽以至于今也。要之，工程之作法，必需公同勘定，而后估工之经费，多少始有定程。今侄等再四会商，特再专丁送信，立请老叔即派子弟之精明仁厚者一二人，便同信使一路驰赴营田，俾侄等得陪往唐山省墓，眼同勘定工程，以凭商估全工经费之多少，即请自行酌派捐款以济要工，且便来人目击祖茔剥落摧残之惨，归而详述情形，使尊庭合家诸人共晓然于此项工程之万难敷衍也。即揆之天经地义，天理人情，似亦不容不跋涉亲临一度也。侄等伫立以俟，祈万勿淡漠视之。前后两次信使走送专函，已多耗费，若侄等不得已联袂登门，以便口讲指画，详述先茔惨状，则肩舆道远，所费更为不赀矣。侄等在去年春夏，牵萝补屋，借垫已多，旁观有为太息者曰："此岂一二人之私事耶？何以于家事拮据万状时，多方设法，垫款急公，而绝无吝色也，且终无退志也？"侄等愀然以答曰："此势不容已也。盖上以尽力于先茔，亦下以垂法于后嗣也。大凡子弟之心思耳目，视父兄之一举一动为转移，如或父兄吝至天经地义之资财，则子弟习见，必以为资财最重，而邱墓犹在所从轻。即或他年父母坟茔偶遇山崩地坼，暴骨于风霜雪雨之中，而吾儿兄弟数人亦将惮修复之耗费多金，而不无相对踌躇，瞻顾迁延岁月矣。至彼时，吾身口不能言，足不能动，孤悬独卧，惨淡无依，得无含泣九原而追望子孙之大发天良，急起而施援手之力哉？推是心，以上度唐山祖妣之心，定知如唐臣所云：太上皇思念陛下，计亦如宸衷之念公主也。我等尽力而为之，至今晨无米断炊而后止。此固天良难泯，聊以自纾追远之情，而不知亦自保他年骸骨之一道也。"闻者唯唯而退，兹并述以上达清聪。想老叔及在远诸公，皆具有高明之见，老成之风，必不哂侄等为迂谈也。侄等拜送此次信使后，会当摩肩鹄立，敬候立派精明仁厚子弟即同信使驰来营田，切要切要，专肃吁恳，敬请春安，统希垂鉴，不尽欲言。焯鼎、甲汝、翰鼎、鸣鼎、万鹏、兆谦、巍乔、炳仑、鼎瑞、甲猊公启，甲寅立春后一日。

癸丑孟秋晦日答鹇儿日本

汝问所买《周易》读本，孰为文王之辞，孰为周公之辞，孰为孔子之辞，兹即以谦卦言之。"谦亨，君子有终"，此文王手系之彖辞也。"初六，谦谦君子，用涉大川，吉。六二，鸣谦，贞吉。九三，劳谦，君子有终，吉。六四，无不利，㧑谦。六五，不富以其邻，利用侵伐，无不利。上六，鸣谦，利用行师，征邑国。”此皆周公手系之爻辞也。其余则皆孔子所以释经之辞也。称“彖曰”者，犹言彖之意义，如是云云也。称“象曰”者，独言象之意义，如是云云也。《象》曰：“地中有山，谦；君子以裒多益寡，称物平施。”此释全卦之大象也。《象》曰：“谦谦君子，卑以自牧也。”此释一爻之小象也。所以名是书曰《周易》者，因伏羲尚无文字，惟有卦画，自文王周公，始有系辞，故称《周易》。而孔子亦周臣也，《易》为四大圣人之书，亘古亘今，天地大文，孰有甲于此书者哉？语云：“圣为天口，贤为圣译。”译者，释也。盖为贤传所以释圣经也。惟《易》之一书，则伏羲之卦画，与文王周公之系辞，三大圣萃而为经，而以孔子一至圣之言为之传。呜呼，亦盛矣哉！一部《周易》，文王周公之言亦不多。其余磅礴纵横，充塞天地者，则皆孔子之言也。《系辞·上传》《下传》及乾卦之《文言》，其中每有“子曰”二字，此皆后人之所增加，借以划清眉目者也。究之可以不必如此。浏阳小朱子云：“《论语》虽为圣人至粹之言，究皆门人手记，惟《易》者，内圣之学。《春秋》者，外王之学。二书则出圣人亲笔。”旨哉言乎！古今天地大文，以此二书为最。汝问吾昔年为人占病，并占仲镛在外险夷，此盖邵子《梅花数》之占也。汝如欲学此占法，可先念熟“乾一兑二离三震四巽五坎六艮七坤八”，《伏羲八卦次序图》可一目了然也。又须记熟乾兑皆为金，离为火，震巽皆为木，坎为水，艮坤皆为土。更须读熟孔子《说卦传》第八章“乾为马”至“兑为羊”；第九章“乾为首”至“兑为口”；第十一章“乾为天、为圜”至“为木果”；“坤为地、为母”至“其于地也，为黑”；“震为雷、为龙”至“其究为健、为蕃鲜”；“巽为木，为风、为长女”至“其究为躁卦”；“坎为水、为沟渎”至“其于木也为坚多心”；“离为火、为日、为电、为中女”至“其于木也为科上槁”；“艮为山、为径路、为小石”至“其于木也为坚多节”；“兑为泽、为少女、为巫”至“为妾、为羊”，全体皆熟，则几包孕万有矣。并须记熟乾坤六子、乾父、坤母、震长男、坎中男、艮少男、巽长女、离中女、兑少女，《文王八卦次序图》可一目了然也。而孔子《说卦传》第十章“乾，天也，故称乎父”云云，尤必须检阅也。又须记熟正东为震，正南为离，正西为兑，正北为坎，东北隅为艮，东南隅为巽，西南隅为坤，西北隅为乾，《文王八卦方位图》可一目了然也。而孔子《说卦传》第五章“万物出乎震，震，东方也”云云，亦须检阅也。诚得全体烂熟于心，脱口而出，则动静俯仰之间，耳目所触，皆成卦象。此邵子先得卦后得数之占也。其法再加入眼前时刻之数，合成若干总数，而用六数以除之，所余之数，或一或二，或三或四，或五或六，即知此卦六爻适动变何爻也。如值寸心专一迫切时，求示吉凶，其应如响。兹略举近日一事以示程途。即如汝父在家，癸丑孟春元旦，念切东瀛游子，终日未尝去怀。适酉刻小步门前，抬头忽见一牛。牛者，坤卦也。审其所立，则为艮方，遂得“地山谦”之卦，坤八数，艮七数，加酉时十数，合计二十五数。凡卦六爻，须尽六数以除之。兹则四六除二十四，止剩一数，即知动变初爻也。诵其爻辞，则曰：“初六，谦谦君子，用涉大川，吉。”不禁手舞足蹈而乐之。吾昔年所占，即此法也。乡居僻陋，绝少交游，惟偕淡永居士日坐林间纳凉，辄喜见季时儿辈，日夜勤勤督工，努力经营种植，颇似五柳先生所云“但道桑麻长，而无车马喧”也。士君子养晦待时，似此最为安身佳境。汝来函推论蹇卦意义，深中窾要，阐发无遗。考文王之系彖辞，在羑里拘幽之日；周公之陈爻象，在居东闲暇之时；而孔子久怀赞《易》之忱，未遑下笔，亦至在陈绝粮而后始得毅然为之，良以躬逢蹇难，忧患方殷，是故言之弥切也，岂偶然哉？

癸丑仲秋中旬答鹇儿日本

伴琴当抱恙鄂馆时，屡云亟思归去。吾诘以乡市药品远不如城药之佳，君何必舍此而汲汲思归，言之至再至三。伴琴始直言以答曰："盖恐事有不测，在此则重累鹤雏弟耳。"吾亟慰之曰："君岂他人之比哉？即令事有不测，为君料理周详，亦我父子祖孙理得心安之事也，累云乎哉？"伴琴聆此，始稍宽心。迄壬子仲冬在家物化，则值我家左支右绌之时，幸吾犹得设法，另筹少许之资，聊以助买相当之棺木，吾心稍安。倘辛亥九月初四日，毙于鄂馆劫财人之手，则吾与汝并屈媳诒孙皆不在鄂，其又何堪设想哉？伴琴自癸卯正月与汝同舟赴鄂，相依至辛亥中秋，盖九年矣。故予挽联云："江城九载，鸾鹤相依，最难堪抱恙忧贫，殁归赗助成虚约；盗薮孤身，虎狼莫噬，差可幸逾年丘首，生入乡关获令终。"又伴琴临没时，适逢两弟及黄氏孀女均不期而自远先归，诚大幸事。又值鹤霞正有馆金，能令此次周身周棺了事，了无遗恨，岂偶然哉？即就近安葬老老山庄之南，伴老母之棺右，鹤霞立即请长嫂同锅共食，均足告慰吾儿远怀。虽伴琴木主所题之嗣子有莘奉祀，今夏暂犹未生，然以鹤霞夫妇之如日初升，前程正自远大也。

己未仲秋致某侄

予早年日记有云："父母之于子女，一视同仁，本无偏重，然而亦有钟情特甚者，其苦衷难以自言，是在观者善为体察耳。或有体羸多病者焉，或有任劳过度者焉，抑有贫窘难堪者焉，且有孤寡无倚者焉。此类多端，笔难罄述。要皆父母之心所眷念难安而顾复尤勤者，世俗乃指为偏爱，不已误乎？"已上皆日记中之语也。今为吾侄指点言之。悯体羸之多病，则如石校钦之老母于第三子植修是也。悯任劳之过度，则如我夫妇二人与荷刍、季时两儿是也。悯贫窘之难堪，则如家樾珊公之老母于第六子光倬公是也。悯孤孀之无倚，则如汝父母二人于长女是也。汝父赴城之前日，对我言之泪下，深幸其夫家尚有田亩收租，不至以衣食大宗累及父母。不过暂依母家一时，俟孤儿稍长，即当移家归去耳。吾侄宜善体亲心，大家护恤，第一是出言之顷，最宜留心。有时言者或信口而出，而闻者则万分不安矣。唐明皇，一天子之尊也，年已七十矣，躬亲为伯姊煮药，口吹炉炭，竟至火焚其须，古今传为孝悌佳话。家樾珊公，一寒士也，早年在常德榷局，薪水无多，为分润六弟，始终不遗余力。予早年日记载樾珊公之事颇多，吾侄可遍检而阅之。予内弟黄湘芝，亦寒士也，而其伯姊适钟氏者，夫亡子幼，贫窘无以自活。湘芝迎归汨罗，无盐同淡，历四五十年。今其伯姊逾八十矣，始终全赖湘芝扶翼。夫樾珊公、湘芝弟所为，皆足以安其父母之心者也。今吾侄之伯姊，既自有其衣食之资，则吾侄之拥护照料，较之樾珊公、湘芝弟，尤甚易易也。吾侄勉乎哉！

丙申四月望日荆州上太守余公

黄委员銮与人论事，呐呐如不出诸口，而沈毅默断，坚忍耐劳，于公事终能有济。此翰鼎春间面陈，所云自愧不如者也。方今世道衰微，人心叵测，同舟共济，险阻难防，借助正人，诚是将来切身利害。翰鼎江汉微员，沅湘末士，窃不自揣，恒仰体乡先正曾、胡二公遗意，珍视人才如性命。二三十年以来，亦到处留心为世储材，冀备他年缓急。前闻黄銮泮生为循吏之子，今观所为，颇有父风。其亦有根之草，有源之水欤！翰鼎倾心佩之，即以仰见我宪用人之方，举措之悉当也。

丙申四月杪荆州差次上太守余公

昨接湘中至亲子弟四月朔日来函，述暮春时客武昌，闻某令谈及翰鼎近状，据云去冬奉委总查堤工差，近有改委他处帮同照料之说，公正耿直，为同人所不容，似有谗间之者，忠而见疑，直而被谤，命也运也。小子以为论士人力量，必综览大局，处处运以实力，乃不悖平昔读书之旨，而于时局或有所济。不然，则惟有媕婀取容，既不讯出位，又无簿书交错之苦，处浊世而求自立，舍是末由，时事如此，可堪痛哭。以上所陈，无论实否，不敢不据以上告。至处置应如何为不著迹，应如何乃能自存，我公当自有权衡也。翰鼎览书，不胜诧异。自维一介书生，别无所长，惟恃满腔血忱，遇事必认真核实，处处以不欺为本，如同患难，可倚为安上全下之身。荷承我宪知人之明，深以古愚为可靠，汲引来荆。初到时，且承厚爱，对刘司狱耀麟称奖多端。数日间，官场传遍，同寅接见者，一皆敬之为君子。既而奉派通工之役，翰鼎感激驰驱，随同陈、曹二委员沿堤估工，亟勤勤考求利病，以期安靖闾阎。虽值病中亦不敢自逸者，下恐有负素志，上恐有负知己也。今岁仲春，由湘到堤，奉饬驻郝穴，同督临江翻筑大工，并巡视金果、庵茅各局。不数日，复奉飞调来登南，以四段临江翻挖，关系更大，责成一律坚筑，谕令全神专注，缓其所轻。翰鼎深感我宪倚任之重，晨夕不敢自安，身任劳怨而罔避，惟求切实以成完工。立夏日，自杨二月工段冒骤雨奔还堤局，衣襟湿透，中途泥滑，坠马两次，而手书寄示舍弟，犹自指为勤民乐事，欢欣之气，溢于行间。其愿偿，其天畅也。自古结纳英豪之法，惟有逢人说项，殷勤奖励，最足得其竭诚报效之心。我宪平日称许数员，一一适如其分量，其鼓舞属吏之精神，宜矣。翰鼎近又奉留登防汛，至要至靠之谕，方且整队以需，益严守备，以为修堤如筑安堡，防汛如守围城，尤将风雨晦暝，不遑寝处也。翰鼎之迭感重用如此，而某令反疑为贬抑，至云改委帮同照料，如何乃能自存，不亦误乎？窃计某令，君子人也，必无造言之理，或因相隔太远，翰鼎自春徂夏，倦于勤劬，又未暇一书寄鄂。各堤局之调增员幕，督工防汛，某令不谙此地向章，偶有风闻，辄生疑窦，无足怪也。然既有此危悚之词，惊动乡人之听，则不特磨没我宪信任之诚，且恐传播乡邦，使翰鼎琼瑶减色，将自悔一行作吏之非宜，而办事渐无兴趣矣。朱暝庵克敬论时务有云：

“危疑震撼之时，群情协赞则智勇倍增，谤议横生则中心惨沮。应付必多舛错，毫厘千里，转致为敌所持，是爱国而转以误国也。”翰鼎昨阅来函，懊然不怿者竟夕。世俗以同人互相粉饰，合力欺蒙长官为能事，久矣心窃伤之，来函乃欲末吏媕婀取容，以求自立，岂惟不屑为哉？实亦有所不忍也。用敢披肝沥胆，陈诉于我宪之前，伏乞对同乡诸员宣示数言，俯慰末吏之心，俾得遥解某令诸人之惑，则末吏幸甚，苍生幸甚。

己亥九月十二日武昌上罗西先生书

寅友吴教荣桂生，数年闲居，黯淡无色，情颇难堪，而此次探告大工将作，又实发端于桂生。前途既未能兼收并蓄，翰鼎即请退后一步，另俟机缘，此席以让与桂生为心安理得。况前途颇有奖饰熟手之言，在桂生未免相形见绌，翰鼎尤不忍闻。前此若非仰蒙余公知己，两次堤工倚重，翰鼎又从何处窃熟手之名哉？饮水思源，心殊耿耿，益不敢以此自多。桂生不过遇合稍迟，暂未负名熟手。翰鼎若乘人一日之短，自炫分寸之长以求胜，则必不忍为也。又况令师门同函并荐者亦有两难之处乎？此席决计以让与桂生为是。今日适翰鼎年晋五十，忽得携儿子甲鹏，从长者之后，闲游名山，访乡先正罗忠节、王壮武[1]二公故垒，私心大幸。以为名贵奇缘，何其不先不后。此刻夜深，携鹏儿挑灯静坐，正自求知四十九年之非，议及让我同寅[2]，不禁心甚怦怦也。切恳师门克日加函，指请擢用桂生一人，斯为各适其天矣。

---

1. 王壮武：即王鑫（1825—1857），字璞山，又名开作，字家宾，谥号壮武，湖南省湘乡县人。与罗泽南、曾国藩等积极兴办团练，剿太平军。

2. 同寅：同僚，亦指同岁。

己亥九月十九日武昌致仲弟汉口

予平生志大才疏，诚无当于斯世之用，而自癸巳秋、乙未冬、丁酉秋三次大病之后，精神渐减于壮年，然犹壮心未已也。迄今年四月，大放天花，则不觉心慵意冷矣。盖深悟人生遭际，纯关时命。人世才能德艺，一皆退处于无权，而况我一无才无能无德无艺之人乎？佐杂小吏，充衢塞巷，其不能见知于大宪，亦固其所，无足异者。惟念中丞于次棠先生，本我少壮时远聆心佩之人，其任荆宜施道时，实有汲汲求材，肫肫为民之盛德。今幸隶名属吏之末，其仰期见知效用，是岂世俗攀援之比哉？乃四月初五日早起，上书呈进抄本、刻本，躬诣请谒，未蒙传见。惟将所呈各件，流览一遍而收存。越日饬号胥送还抄本，传谕此本除至契同心外，不必多与人观，此于公之精细处也。而予亦即于是夜大放天花，几濒于危。嗣是，而求进之心亦灰矣。子曰："邦有道，贫且贱焉，耻也。"孟襄阳诗云："欲济无舟楫，端居耻圣明。"下有自爱之士，而上遇汲汲求材之大贤，若终无附骥名彰之一日，耻孰甚焉。是亦张京江[1]时文所云："上有圣主而行不修也，中有良朋而名不立也，将见终身耻辱而已矣。"昨日秋灯夜雨，偶展阅四月初五日所呈抄本，不禁感慨低徊者久之。

壬寅八月初五日寄仲弟愉叟武昌

甲奎向来办事尽心耐劳，我躬如得有馆地，需人办事，仍当飞函招致之。暂不得不望吾弟呵护一时，救此忠勇儿春间几坠湘流之险，且亦吾母在天之灵所切望也。书至此，痛忆老母寝疾垂危之日，甲奎一夜侍疾达

---

1. 张京江：即张玉书（1642—1711），字素存，号润甫，江南丹徒（今江苏镇江）人，顺治十八年辛丑（1661）科中进士，累官左庶子、日讲起居注官、国子监司业、侍讲、詹事、内阁学士、经筵讲官、吏部侍郎兼翰林院掌院学士、刑部尚书、兵部尚书等。

旦，因其家别有要事，不能小寝以待晨餐，天明即悄行归去。母旋闻知，引以为歉，慨然谓翰鼎曰："此儿扶上扶下，至数十次之多，而竟始终毫无倦色。直是伤心伤臆扶持，乃既未一睡，又未一饭，吾心何安？"翰鼎对曰："一饭，小事耳，行将竭力为谋馆地矣。"老母遂怡然点头再四连称"好好"二字不衰。伤哉此言，至今犹闻太息之声也。窃计甲奎此次出门，远道孤行赴鄂，定蒙呵护于冥冥中也。悲夫！

壬子季夏寄示鹇儿日本

近日家山有三事堪以告慰远人：一则选翁衰老已甚，饥饿不能出门户，而其子甲奎，幸于五月杪奉派黔阳县托口木税关司事，每月实给薪水钱二十缗。一则潜英侄儿甲鲲，订期七月十七日迁墓牛山西北，碑石正需题一嗣子之名。而应房侄儿甲骅适于六月十四日新生男儿，汝叔父遂名之曰有达，命即承继甲鲲为嗣。一则汝于己酉六月资助鹤霞侄婚娶用费龙银百圆，盖一以慰高堂眷顾之殷，一欲借以拯伴琴无子之悲也。伴琴今岁馆予家，曾于四月中旬托人转达麐儿，自云病势甚剧，端阳后不能来馆教授生徒。厥后，勋孙以五月初十日适外家屈氏，勋孙遂偕绵孙日依淡永居士授读，伴琴则养病家居。而鹤霞侄甲汀在岳州营中，幸于端阳前聘定钟祥开军门夫人之义女伍氏，订期八月初四日完婚。伴琴闻之，喜而不寐，嗣是，胸怀开展，血气流通，迄六月中旬，则并每日子午之烧亦断根矣。昨日晤见，颜色甚佳，自云病愈十分之七矣。夫此种医药，固古今本草书中未有之方也，而乃医人神速若此。呜呼，此特一人一家之事耳。如推此心以治国平天下，亦何难哉？亦何难哉？

癸丑仲秋二十四日寄示鹇儿日本

吾闻同学陈君言：日本士林近来最重阳明之学，不知汝久居东国亦闻知否？阳明之学，世又称陆王之学，陆学盖王学之渊源也。其学专以静养此心，体认天理，返求诸躬，葆全良知为宗旨。此可以教贤哲而难以教众人，教众人则难保其无流弊也。程朱之学则专重博学于文，约之以礼。此则统智愚高下之俦，皆可为共由之路，循行既熟，则可期蒂固根深矣。今日传闻日本士人有对中国留学生话及阳明之学者，曰："敝国人心之勃然兴起，实得力王阳明先生。"学生答曰："贵国生一阳明先生，诚福命所得也。惜乎我中国未能生此名师，无所奉教，奈何？"士人诧然曰："阳明先生是汝中国之名儒，非我日本人也。中国不师之，而让我邻国独师之，借以正人心而厚风俗矣，而君犹数典忘祖耶？"一哂而去，不复与言。此事不知有无。要之，既闻有此言，亦足发人深省矣。

己酉六月由浏阳致仲弟长沙

近拟与刘氏缔婚，默运于心者，盖数旬矣。迭以论文之约，引淞芙过从馆中，借以观其所忽，察其所安耳。一日谈及家事，呼甲麐曰某儿子，淞芙愀然而作曰："先生面呼长男，固如是耶？可羡可羡。忆幼时，我父常面呼某儿子，迄十有三岁以后，父渐改呼善溶，心窃引以为荣。自谓今而后，渐跻成人，虽父母亦示贵重，削去儿子之称，欣欣然喜不自禁，由今追思，实一伤心之事也。再求我父面呼儿子一声，终身不可复得矣。"淞芙言至此，哽咽不成声，双眸发红，泪珠潸然而堕，久之始散，其天性之自在流露，其状若此，不宛然西山易氏之肖子耶？今乃知卒然相遇于山川阻深之际，遂尔性情相洽，气味相投。至不惮险远，而思遣弱女来嫔，岂偶然哉？其相契固有微焉者矣。淞芙一日婉容谓予曰："先生鉴别贤奸，可谓精矣。惟望存之于心，不必见乎词色，以免招怨，何如？我父在时，常教我以处世之道，宜内精明而外浑厚，我谨记之，不敢忘也。"予聆淞芙言，恍如晨钟一声，发人深省，急起改容受教，肺腑铭之。而乃父竹安先生诒谋之善，不可于此窥豹一斑耶？惜我迟来，不及亲炙门墙而遍聆高论也。今若得与淞芙联婚，则非徒得一快婿也，实得一益友也，能无令我喜而不寐哉？而予进德之程，亦将自此远矣。乃叹天恩高厚，今春必使予越险来浏，且必羁以半年之久，岂偶然哉？岂偶然哉？此其故悠然可思也。

丁丑七月由长沙致仲弟湘阴城馆

吾友蔡葆初之前有紧要一言奉劝，仲弟须为我从容转达。葆初以乙亥抱病一年，迄今似犹未净根株。其病中独卧书房，一夜灯灭，仅微月照窗间，忽见一人走立帐前，衣拂拂有声，葆初惊呼。母夫人携灯趋至，其人遂没于乌有。又一夜，葆初与客坐，见一人自前厅入，过中庭以趋后苑，葆初呼之不应，疑为盗，率人尾追而烛之，实无所有。之二事者，皆葆初乙亥冬面告于予，自云不知是何鬼魅也。今周辅突遭盗劫弃水，病饿他乡之祸，死生判于几希，尤可悚惧。凡此，必由家庭旺气稍衰，乃有灾星迭见。今欲消除戾气而使祥和之气充满家庭，愚谓必自调和琴瑟始。《诗》云："妻子好合，如鼓瑟琴。兄弟既翕，和乐且湛。宜尔室家，乐尔妻帑。"子曰："父母其顺矣乎？"夫人果能和妻子，宜兄弟，以承庭闱之欢，而使之一无隐忧，则一门之内，父子愉愉如也，夫妇雍雍如也，兄弟怡怡如也，童仆䜣䜣如也，一家之气象，融融如也。至是，而和气可以致祥，吉神群绕其室矣。天下安有揶揄丑类而敢窥伺孝友之门者哉？葆初与予交情至厚，休戚相关，苟有所见，何忍不出一言，以资补救？第省垣相见数次，方周辅遗失，函请各县搜寻，急务商榷不暇，且或有群客在坐，未便谈及。葆初此番归家，仲弟必时与接见，闲谈之下，可为我一言及之，实朋友辅仁之要道也。

案：葆初夫人龙氏，性情朴拙，语言直率。葆初完婚后，甚与好合。久而似有厌心，淡漠相遭，数年不与同室，病中亦不许面陈汤药，甘心以琐事任之仆夫。仆夫心甚不耐见乎词色，而君坦然也。母夫人常患之，密嘱亲友劝其入室，葆初每置之不答。适予乙亥馆其家闻之，欲进一言，而亦未敢轻发。至是，始以一书婉达，葆初得书，亟称为忠告善道，关切发于至诚，复函致谢，即致夫人同室而处，好合如初。如是者三年，而夫人始以病卒。秋风再热，团扇获效微劳，可以瞑目重泉矣。使当日竟无是书，不几令吾友从谏如流之美磨没而不著耶？然则翰鼎两年以来之欲吐仍茹者，犹是因循之过也。今录存是书而并跋之，以志吾过，且旌善人。光绪丙戌夏日补记。

丙申九月武昌上余尧衢太守书

自八月十九夜得电报，闻我公奉授汉阳实缺，翰鼎欣喜莫名，非徒钦羡特简之荣也，尤以为即真武汉一举而三善备焉。其一曰：有合省承恩之幸。顷者荆州实惠，深入民心，而洋溢讴歌，遍传邻郡。邻民艳羡荆民如居上界，而有奚为后我之嗟，是盖限于畛域也。武汉首府则不然，日与上游周旋，例得有闻辄告，将来鄂省七十州县利病，计蒙我公宣郁必多，此所谓合省承恩也。其二曰：有君子道长之幸。士大夫处末世，动多俯仰随波，原其初心，亦未必不自愆粉饰，及身当艰巨，则深惧独力难支，只得敷衍了事以求寡过。冀幸痈疽之发，不当吾身则已耳，遑恤我后哉。以是相习成风，而君子道消矣。我公之办事认真，出于性生，尤成于母教，故能处以镇静而不动声色，出于果毅而绝无迟回，持以坚忍，虽多方扰之而不变，终措斯民于衽席之安。在我公惟知自尽其心而已，而竟以此上邀卓荐，骤膺首选，蒸蒸日上，则凡有志认真者，必皆闻风兴起，为英豪吐气，而鼓舞从同矣，此所谓君子道长也。其三曰：有良骥空群之幸。我公之知人善任，诚堪鼓励人才。然使坐治偏隅，犹或囿于闻见，盖分府之员有限，而省员素未深知者，自不得概许从行，则人才止有此数矣。武汉首府则不然，凡在省候差候缺之员，及由差所缺所进省之员，皆得因其晋谒，详咨细察。而朝取一人焉拔其尤，暮取一人焉拔其尤，要务虽繁，得人多则诸凡就理，可无一差一缺之耽忧。上游果一一承其举荐而用之，求远近无治，不可得也。而凡牧令及佐杂诸员，果能平居自重，任事实心，当无一不见伸知己也，此所谓良骥空群也。凡此三者，皆翰鼎急公之心，欣喜莫名者也。至论藐躬之咫尺帡幪，旁承嘘植，较为便易，其自喜又当何如乎？

丙申九月杪再上余太守书

汉阳一府差使，一家两人并用，于例未为合宜。此固我公敬谨办法，而亦翰鼎决不强人以所难者也。惟省城及各府州县差事，似云亦难代谋，此则不能不仰祈鼎力焉。处此时势，狷士无名，凡攘利不先，赴义恐后，忠愤耿耿，爱民如子之员，类多抑郁难伸，久居岑寂，则其霖雨苍生之素志，固难骤偿矣。然此实群生托命之人，在上者宜为天留嘉种，以待春回，要不可听其仰食无门，饿其体肤，空乏其身，使如曾文正公所云，以挫以去也。曾公不又有云乎，君子欲有所树立，必自不妄求人始。翰鼎之求我公，求得其人，非妄求也。大臣为世储材，以备缓急之用，暂为代求衣食，勿令以挫以去而已，更非所谓妄求也。孟子云："朝不食，夕不食，饥饿不能出门户。君闻之，曰：'使饥饿于我土地，吾耻之。'"古之庸主，其不肯漠视时贤尚如此，而况今之贤大夫哉？翰鼎湘中末士，岂曰能贤？然秉性刚方，愚不可及，似亦近时佐杂小吏中不可多得之员也。近人有各省宜建翘材馆议云，当此多事之秋，非志虑忠纯，不能勉殚血性，非通知时局，不能共济艰难，有志趣坚定，服膺正道，介介不苟，笃实廉勤者，是为明体。今世竞言变法，使无此等人作中流之砥柱，则群趋于苟且欺罔，变本加厉，不可终穷，吏治安有起色之望？如翰鼎者，似亦近时佐杂小吏中之砥柱也。知己而在上位，岂可听其以挫以去哉？大凡司道府县之汲汲求贤与否，多视督抚之取舍为转移，而恒不能自主。方今鄂中督抚各宪，休休大度，兼容并包，故虽有二三良吏，限于资格，置散投闲，而论世之君子，亦未尝于司道府县加以知贤勿举之讥者，时势为之也。设一旦各宪升迁他去，而有如黄子寿[1]、于次棠两先生者来任督抚，计必求贤若渴，旌别綦严，爱才如命，超迁破格，日向司道府县恳切咨询而不已。至彼时，岂可无以应其求乎？又岂可仓卒以求，而使有失于委任之间乎？此储材之所以为急务，而二三良吏之不可听其以挫以去也。伏冀中流砥柱之贤大夫一垂察焉。

戊戌汉口差次上汉阳太守余公书

世人动称时事不可为，此山林隐逸者之言，断非公卿大夫所宜出。无论所患尚有转机，纵至万难措手之时，亦当尽一息尚存之责。伏念今天下，老成凋谢，朝廷眷怀勋旧，创巨痛深。而我督宪南皮先生，群推当代擎天之柱，虽此位一隅坐镇，而身系四海安危，宫庭时切咨询，则入告之谋猷，批却导窾，仔肩责无旁贷。而翰鼎江汉微员，沅湘末士，愚忱所

---

1. 黄子寿：即黄彭年（1823—1891），字子寿，醴陵人，流寓贵州贵筑县。清道光二十七年（1847）进士。应聘主讲关中书院三年，以父卒辞归。后应李鸿章聘任《畿辅通志》总纂，兼莲池书院主讲。光绪八年（1882），任湖北襄郧荆道。次年调任湖北按察使，旋调陕西。十三年（1887）升江苏布政使，复改湖北。在任惩贪墨，尚朴素，爱文好士。著有《陶楼诗文集》等。

注，愿献刍荛一语，妄期仰赞高深。近闻谈政要者，众口同声，总以留心人才为当务之急。此诚圣人复起，无以易者。然立言浑沦，听者或得其偏端而略其全体，则用才未为尽善也。窃以为今日留心人才，应仿先大夫胡文忠、曾文正遗规，总以考求心术血忱为第一义。如果心术正大，血忱肫挚，然后就其学识所长，因材授事，无求备于一人，众长集以成城。而仁慈忠爱之情悉笃，不合力以求济事，而心不安也。不核实以期成功，而心不忍也，此体用相辅而行之效也。难者或曰："正人每多笨拙，不及人才敏捷而娴习，奈何？"应之曰："吾得正人一节之长，施于一途，即可收片长之效。久而群贤合作，积铢累寸，终得赞成大功。若人才而心术不端，则惟自便身图，无一事切实求成，无一念公忠体国，彼虽身擅兼长，其如不为我用何？当道光、咸丰年间，大乱之初，承平日久，士不知兵，而我乡先正江忠烈[1]、胡文忠[2]、罗忠节[3]、王壮武[4]诸公，竟以一介书生与劲敌相持而屡挫其锋。此无他，良由诸先生心术正大，血忱肫挚，遇事心诚求之，虽不中，不远也。而彼号为宿将，转有纵敌蔓延，养寇自重者，虽多材多艺，而吝不我施，于公事奚裨哉？朱子云：'伏节死义之士，在平世，必能轻爵禄，不诡随，得而用之，则君心正于上，风俗美于下，足以逆折奸萌，潜消祸本，自然不至真有伏节死义之事也。'旨哉言乎！处今世而求人才，愿求直谅刚方，毋取善柔便佞，惟视埋头办事，毋取侈口多言。"难者又曰："庶事需材甚众，而彼志趣坚定，服膺正道，介介不苟，笃实廉勤之士，其已见知当道者寥寥。如欲尽用其人，一时恐难多得，奈何？"应之曰："信如君言，亦当从孟子所云，贤者在位，能者在职。能者，众才也，分猷效命，各展所长；贤者，端人也，必得端人坐镇正位，砥柱中流，重其进退黜陟之权。俾得破除情面，以总其成，则群材

---

1. 江忠烈：即江忠源，生平详见前注。
2. 胡文忠：即胡林翼，生平参见前注。
3. 罗忠节：即罗泽南，生平参见前注。
4. 王壮武：即王鑫，生平参见前注。

虽心术难齐，亦将严惮风采，而莫敢为非，此有益于公而又为陶成群材之妙用也。区区愚忱，非仅为一二省言之，窃为天下言之。尚乞转陈督辕，伏希采择。公事幸甚，苍生幸甚。”

余公手答云：“来书正襟而谈，语近王佐，君平日一种真朴坚卓之气，时流溢于楮墨间而不可遏抑，其将为世用乎？敬佩无既。”

寅卷

书朱子中和旧说后

朱子《中和说》四篇，盖与张南轩[1]及湖南诸儒往复论辨之书也。其阐发不无偏重，密于内而疏于外，窃虑使人渐入于禅，此固朱子之旧说，而非晚年之定论也。朱子不尝自注乎，曰：“此书非是，但存之以见议论本末耳。”乃后人之推尊是书者，则曰：第一篇，言道体也；第二篇，言性体也；第三篇，合性于心，言工夫也；第四篇，言工夫之究竟处也。今取四篇而合读之。所谓工夫，不过主敬以存仁而已。所谓工夫之究竟处者，亦不过专求涵养未发之中而已，而于所以发皆中节之故未及一言。此非密于内而疏于外，立其体而未求所以达其用乎？是示以涵养在敬，而不示以进学在致知也。是教之敬以直内，而不教之义以方外也。夫佛氏之所以仿佛吾儒者，以其主敬涵养之略同也。而吾儒之所以超迈佛氏者，以其主敬涵养之间，早裕接万事应万变之原，而将以大有为于天下也。厥功维何？穷在物之理，集处物之义而已矣。孟子之言仁也，必举义以并重。孔子之言仁也，亦必寓义于其中。故曰：“好仁不好学，其蔽也愚。”《中庸》所云未发之中，究与允执厥中之中有别。允执厥中云者，著乎事物而为言也。喜怒哀乐未发之谓中者，不过言情之未动，一毫未有倚著于物，故以中名之耳。其实，工夫效验，关键紧要处，全在发皆中节之和。偶发而中节，虽赤子之一啼一笑，亦具自然合拍之天真。求其毕生之喜怒哀乐，一一发皆中节，其一端又处处发皆中节，此非具时措咸宜之诣，其孰能与

1. 张南轩：即张栻（1133—1180），四川绵竹人，字敬夫，又名乐斋，号南轩，幼从师胡宏，得理学真传。后执掌长沙城南书院、岳麓书院多年，和朱熹、吕祖谦齐名，时称“东南三贤”。是南宋著名理学家、湖湘学派代表性学者、岳麓书院创办者，著有《南轩全集》。

于斯？而非本主敬之一心，以精义集义，早裕接万事应万变之原，亦断断难臻斯诣也。盖义者，事之宜也。必精义集义，而后能时措咸宜，此不待智者而后知也。《易》曰："敬义立而德不孤。"至哉言乎，而岂可偏废偏重哉？如遵此中和旧说，徒知主敬以存养未发之中，而且视为工夫之究竟处，不复进求其他，几何而不渐入于禅也。谢上蔡[1]谓敬者，常惺惺之法也。彼佛氏之书，不亦有常惺惺之语乎？是其唤醒此心，亦与吾儒略同也。然吾儒之唤醒此心者，欲其格物致知，而以照注万事万理而无遗也。佛氏则空唤醒在此，无所作为。以明道程子云："佛氏之学，于'敬以直内'则有之矣。'义以方外'，则未之有也。是故滞固者入于枯槁，疏通者归于恣肆。此佛氏之教所以为隘也。"朱子晚年，亦多辟佛之言，深中窾要，固已置身云霄，不染尘埃矣。特其少壮时，尝出入佛老。大约此说之偏重涵养，而疏于穷理应变，亦由少染佛氏习气，致立言仿佛类之，迄晚年进德，即已自斥其非矣。朝廷之推崇朱子，可谓至矣。然皆取其大醇，而略其小疵。录其晚年至粹之言，而遗其中年未定之论，是则善尊朱子矣。而儒林之浅识者，乃并其未定之论，亦极力推尊，转使诸儒未能心服，甚至众矢丛集于紫阳。岂非不善学者阶之厉耶？当亦为在天之灵所长太息也。

书《船山遗书》后

少时笃爱桑梓，尝好从先生长者访求历代乡先辈学行，而笔记其姓字。略闻濂溪周子[2]以还，有学行卓越，气凌衡岳九千仞者，曰衡阳王船山先生夫之，心向往者久之。稍长，求观诸乡先辈著述，以觇其学术之浅

---

1. 谢上蔡：即谢良佐（1050—1103），字显道，上蔡（今属河南）人，学者称上蔡先生。与游酢、杨时、吕大临并称程（颢、颐）门四大弟子。曾为京官，召对忤旨，不久坐口语忌讳，下狱废为民。著有《论语说》《上蔡语录》。
2. 濂溪周子：即周敦颐，生平参见前注。

深高下。家贫无所得书，恒展转从亲朋次第假观。因仰见船山气质刚毅，勇于造道，精思力践，历劫不磨，其学术由关而洛而闽，粹然一轨于正。其遭时而遁世也，声影不出林莽，韬晦四十余年以终其身，不惟勿弋一时之名，尤且不顾千秋之业，是以著述遗稿亦至沈埋数十百年之久，而天下莫及知。视同时孙、李、黄、顾[1]诸儒之刻苦艰贞，志节皎然，有过之，无不及也。观其文章，汪洋浩瀚，烟雨迷离，以绵邈旷远之词写沈郁幽深之志，声情激越，而仍婉转关生，不失蕴含之旨，其真有道之言欤。湘阴郭养知先生嵩焘，忠诚笃实，刚健沈雄，质性与船山相似，实湘中近今豪杰也。而其学兼汉宋，以汉儒为门户，以宋五子为堂奥，皆深造而自得之。又适与船山同趣，是以一生于船山最为倾心，非徒桑梓之恭而已矣。翰鼎尝从养知先生游，窃闻其余论，谓船山学宗横渠，躬行实践，其辨正陆王得失精于陆清献公[2]。所著《周易内传》，自汉以来言《易》者，且莫之或逮也。养知权礼部侍郎时，尝疏请船山从祀两庑，尚书徐桐[3]公以为不可。事寝未行，养知深以为歉，而望湘楚儒吏之终有以请行也。故其题船山祠楹联云："守先王之道，以待后之学者。请从祀于朝，犹有望于乡人。"又曰："训诂笺注，六经于易尤尊，探义文周孔之精，汉宋诸儒齐退听。节义文章，终身以道为准，继濂洛关闽而起，元明两代一先生。"先正之推论，至矣尽矣，末学更何所施其一辞之赞哉。

鸢飞鱼跃言上下察解

《诗·大雅·旱麓》篇云："鸢飞戾天，鱼跃于渊。"《中庸》引

---

1. 孙、李、黄、顾：分别指孙奇逢、李颙、黄宗羲、顾炎武四位明清之际思想家。
2. 陆清献公：即陆陇其（1630—1692），初名龙其，字稼书，浙江平湖人。康熙进士，曾任嘉定、灵寿知县。为官清廉，士民拥戴，屡受表彰。精于理学，专宗朱熹，卒谥清献。
3. 徐桐（1819—1900）：汉军正蓝旗人，字豫如，号荫轩。道光进士，历任礼部、吏部尚书。崇尚宋儒学说，顽固守旧，反对维新变法。

之，以为言上下察。郑注云："察犹著也。言圣人之德，至于天，则'鸢飞戾天'，至于地，则'鱼跃于渊'。是其著明于天地也。"孔疏云："鸢飞戾天，翱翔得所，鱼跃于渊，泳游得所. 言圣人之德，上下明察也。"按此，则察皆训著。著对隐言，确有精义，理无形体可见，所谓隐也。即有形之物，俯仰以窥无形之理。盛大流行，上下昭著，以见此理之用之广，所谓费也。而或者解曰，《广雅》：察，至也。子思引诗，明此理上至于天，下至于地也。是说也，蒙以为未安。夫所谓至者，由此达彼之形也。圣人之德，可以言上至于天，下至于地。天地自然之理，则不可以言上至于天，下至于地也。何也？鸢鱼者，天地固有之物也。飞跃者，天地自然之机也。而天渊者，一最上最下之所也。此理先天地而早居其所，古今完具，盈满充塞，无隙不周，原无彼虚此盈，需分此以益彼，由此以达彼之形势也。故曰："可以言著，不可以言至。"程子云："人之于性，犹器之受光于日，日本不动。"薛敬轩[1]云：理如日光，气如飞鸟，理乘气机而动，如日光载鸟背而飞，鸟飞而日光虽不离其背，实未尝与之俱往，而有间断之处。亦犹气动，而理虽未尝与之暂离，实未尝与之俱往，而有息灭之时。万物各得其一理，如凡小大之物，各得日光之一分。物在，则光在物；物尽，则光在光。乡先生朱慎甫文炑曰："必知得理定了，然后此语有所措。敬轩虽云理乘气机而动，其实，无乘亦无动。"善哉言乎！乘与动且无之，而何有上至下至云乎哉？程子云："动静无端，阴阳无始，既无所谓始，亦无所谓终。"若云此理上至于天，下至于地，则有始终之形也，且以著训察，其上下数节文理，一以贯通。察乎天地，孔疏亦训以明察。盖造端夫妇之微密者，即隐之云也。著乎天地之高深者，即费之云也。间尝论之，万物各适其天，各得其所，天之道也。飞何以必属之鸢，跃何以必属之鱼，天命之性然也。是鸢也何以必飞，是鱼也

1. 薛敬轩：即薛瑄（1389—1464），字德温，号敬轩，谥文清，山西河津县南薛里人。是明代前期理学家，诗人，河东学派的开创者。

何以必跃，率性之道然也。鸢之飞，何以必戾天，鱼之跃，何以必于渊，须臾不离之道之止于至善也。然则一观鸢鱼，即以知道之在上在下者。万象森列，洋溢浃洽于两大间矣，即如川流之不息也，山梁之知时也。圣心偶寄于一物，圣心岂滞于一物哉？大抵因一端以见全体也。非会心不远者，其孰能之？朱子云："盈天地之间，莫非太极阴阳之妙。"圣人于此，仰观俯察，远求近取，固有以超然默契于心矣。於戏，人生活泼泼地，何处无之，何日无之，在圣心纯亦不已，固触处会通，而学者养之以静，亦能常窥妙境而跃然如在心目之间。尝爱陶诗"采菊东篱下，悠然见南山"，气象直与太初为邻，良由心远地自偏所致。六朝第一流人物，虽吟哦末事也，而亦可供吾儒悟道之资欤。谢上蔡言："近道莫如静，静中境，自是宽舒也。"而要之用功必自敬始，敬则此心自虚静也。此盖千古圣学不易之道云。

火烈水懦解 丙申

圣人悯物至切，刑期无刑，日夜殚精教养，冀尽亿兆生灵而全活之。至不得已而用刑，亦惟适当其罪而止，无所谓烈，亦无所谓懦也。火烈水懦之说，盖起于刑罚失当之时，姑息者保奸容顽，积以成习。其民耳濡目染，皆无忌惮之心，卒致陷于刑者日益众，君子伤之，因有水懦民玩之讥。有仁人出，知恶人而后能爱人，于是铸刑书以明定律，申重典以惩首恶，杀一人以生千万人。而其民习见粉饰优容之政，久矣视为固然，一旦闻此执法森严，群焉诧异，而望之如火燎原，不可向迩。此火烈之说所由来也。然畏之深，而思避之切。父子、兄弟、朋友乃互相警诫，而终得免于官刑。究之，民所谓火烈者，虽似一过于猛，实则仁人之用刑，亦惟适当其罪而止，固无所谓懦，亦无所谓烈也。烈之云者，特时之人，见以为然耳。子产之用心，古仁人保全万类之心也，迥非世俗徒申一己之号令者比也。《书》云："与其杀不辜，宁失不经。"此非水懦者之流亚也，罪疑惟轻而已。穰苴之杀监军使者，孙武之杀吴宫妇人，此非火烈者之正道也。皆罗致陷害，故成其罪，以申一己之号令者也。且夫仁人之于刑，岂惟适重适轻，用得其当而已哉？而权衡缓急，抑更寓有时中之义焉。如当前明之世，时君赋敛烦苛，刑罚严急，则宜亟苏民困，加意拊循。国朝除杂派之名，而赋有常经，严失入之条，而刑无滥典，则又宜留心约束，警其玩忽，辨分良莠，禁其攘夺，为斯民永保身家，此相时为智者之要论也。虽然，蒙于此窃有感焉。今日之市井闾阎，其困于胥吏之诛求者已甚矣，而迫于水旱之致饥寒者又已亟矣。其犯法也，多非出其本心所愿为也，不得已耳。为大吏者，计惟有认真择吏，拔数十百贤者，分布通省数十百州县，责以教养安民，则小民不患无良矣。是故处今日而谈火烈之妙用，蒙以为不在法吏，而在宫廷，不宜施之情难上达之民，而宜施之一二殃民之蠹。蒿目时艰之下，虽痛心疾首，匹夫之贱，卒未敢斥其言他。第即军政一节言之，而益歉水懦之贻患，诚关系万姓之存亡也。夫古人所谓水懦民玩多死者，犹是民自犯法，而蹈于刑戮者多耳。近年则见东方构难，诸将领之大误戎机者，悉蒙宽容，交部议奏，文书展转，迁延时日，而不闻军法从事，立肃刑威。军中习以为常，无所警发，卒致驱百万赤子，糜烂于敌人炮火之中。是水懦之流极，至今多死者竟在无辜之民也。岂不悲哉？今者往事已矣，来者犹可追也。顷阅钞报，清泉彭御史有请严定扣饷缺额罪名一折，部议限于例文，不过以监候斩绞覆奏，终未能另立新章。蒙窃谓此种大误戎机之痼疾，决非寻常国手所能医。允宜断自宸衷，立予以军前正法，庶几人心可挽，风气可回矣。前任湖南龙山典史朱克敬，小吏中之将材也，其论时务有云："非破格之赏，不足以鼓舞豪杰之精神；非不测之威，不足以杜绝奸邪之幸进。是在圣神之妙用也。"旨哉言乎，处今日而陈火烈水懦之要义。窃愿引此以伸救时之论云。

变化气质说

吕东莱[1]少时性极褊，高自位置，而俯视一切，于人几无所容，初不自以为非也。一日病久力微，盛气少敛，而悱恻和平之意遂盎然于深居简出之余。因偶读《论语》，油然有感于心曰："躬自厚而薄责于人，是诚有道之言也欤。"于是奉为旨归，以自求变化气质，由坚忍以臻纯粹，竟至终身无暴怒之容，而即以此教授门徒，成为学派。宗吕氏者，率皆以变化气质为宗主矣。夫气质者，对义理而言也。孟子道性善，而横渠、伊川论性，则有义理之性、气质之性之分，其实，性即理也。在天曰理，既付于人，始谓之性。凡谓性者，皆此理已堕气质之中者也。气质各有清浊纯驳之不齐，则不必皆善焉。孟子所称性善者，谓性之本原至善也。性之本原，即理也。理岂有不善者哉？如不知性之本善，即不知性之可反，谁复刻苦自励，以神变化之功？不知变化气质，即无以复性之初，徒自囿于后天，而不能完其本然之善也。观夫白露之初降也，乾坤清气，不染一尘，犹之理之在天者也。付于物，则随万物之色以呈形，犹之理堕气质之中，而各成一性也。于是青黄碧绿，万紫千红，遂令目迷五色，犹之气质之性，清浊纯驳之不齐也。其付于粼粼之白石者，则本质全存，无所淆也。而付于黝黑之污泥者，则本质淆乱太甚，不复能有以澄清矣。此惟上知与下愚不移之证也。其余，则虽濡染夫万紫千红，青黄碧绿，然淆之未甚，则澄之非艰。此中人之气质可以变化，天性可以复初之证也。且夫变化气质之益，岂独东莱吕氏为然？李延平[2]先生实亦得力于此。延平初年性豪迈，少不如意，躁急之态形焉。厥后，磨砺功深，遂终身无疾言遽色。明道程子、横渠张子，皆宋儒中之泰山北斗也。其心至仁，万物一体，若无

1. 吕东莱：即吕祖谦，生平参见前注。
2. 李延平：即李侗（1093—1163），南剑州剑浦（今福建南平）人，字愿中，世号延平先生。年二十四师事罗从彦，既而退而隐居，谢绝世故四十余年，生活清贫而怡然自适，卒谥文靖。著有《延平问答》等。

内外彼此之分，而当少年时，则明道好田猎，横渠喜谈兵，气质之偏，几乎开残忍猛烈之渐，而致恻隐胥忘。夫猎也，兵也，在古人皆为正务，岂足为二先生病哉？惟病根在一“好”字，一“喜”字耳。以视后来之造就，满腔生意，高下何啻天渊。可知儒生吃紧工夫，全在变化气质。吕氏学术之主此，不诚万世之要道哉？

论读书 乙未

伊川程子有言：“格物者，物犹理也，格犹穷也。穷理亦多端，或读书，讲明义理，或论古今人物，别其是非，或应接事物，而处其当然，皆穷理也。”是说也，浅观之，则似读书者特格物中之一事耳。深而求之，而后知读书一事，实该格物之全体，贯彻初终，而无以逾焉者也。程子不云乎，学者先须读《论》《孟》，自有要约处，以此观他书，甚省力。《论》《孟》如丈尺权衡，执此以度量事物，自然见得长短轻重。朱子亦云：“先读彻《论》《孟》，然后观史，则如明镜在此，而妍丑不可逃，否则胸无权衡，多为所惑。”至哉言乎！以此见读书一事之贯彻初终也。如未读书讲明义理，虽欲尚论古人，别其是非，而吾心之是非，未臻精确也。虽求应接事物，处得其当，而吾心之措置，未诣精详也。一经读书明理，则不特二者可期于至善，凡天地间万事万物之当然，皆可流通于方寸焉。此蒙所以谓读书一事，实该格致之全体也。而在今日，则读书明理，尤为要务焉。

顷者，东方多难，上廑宵旰忧劳，天下臣民，莫不痛心疾首，纷纷聚讼。一则曰：练军之无胆力也。一则曰：饷源之有漏卮也。一则曰：器械未精，所购非良品也。一则曰：兵轮既失，无以壮声援也。是数者，诚扼要之言，要之一一仰探其源，皆由人心之私而不公，散而不聚也。有器而无兵，与无器同。有兵而无心，与无兵等。兵之无心，实由薄俗之种种无良，有以倡之也。故蒙以为今日之务，正人心，急于攘外患也。而欲正人心，要不外读书穷理，明善乃能复初矣。夫近世之所谓读书者，不过略求浅近，惟便习为举业耳。而令读书以习举业，在朝廷原有深意焉。方望溪先生云：制艺代圣贤立言，自非深于义理者不能工，不工则不能入彀。国家以四书五经命题取士，盖欲学者童而习之，日以义理浸灌其心，渐培养而渐扩充耳。无如法积久而渐敝，风气迭变而即于浇漓，亦其势使然也。向之清真雅正者，近或变而剪红配绿，秾丽为工矣。又或变而语怪搜奇，隐僻争胜矣。亦何怪乎为当世所轻，而议废八股之文哉？国初诸公之为文，命题虽极四书五经而止，其用功也，要必贯通群经，包罗全史，融会义理而出之。故童子于《十三经》，无不遍读也。迩来风气既变，中式者不必尽湛深经术之文，而穷经之功，于是乎废而不讲。乡塾之士，已有终身未睹《周礼》《仪礼》《尔雅》及《公》《穀》诸书者。犹幸命题之书不能不读，故于四书，必遍览集注焉；于五经，必熟诵本文焉；而于《孝经》及性理诸书，童试作论时，犹得阅及一隅焉。使并八股之文而废之，则四书五经必皆韫椟而藏矣。蒙养之士毫不得见圣贤一言，以资启沃世道人心，尚可问哉？蒙于世俗之文，厌弃不为也久矣。一闻议废，初亦引为快谈，然终虑其因此而废彼，不能无饩羊并去之忧焉。窃尝论经传维世之功，于衰世益彰明效。

孟子曰："孔子成春秋，而乱臣贼子惧。"春秋去古未远，转移之效非奇。所奇者，朱子《通鉴纲目》出，而历代之朝野上下，皆阴受其福焉。方望溪曰："人道之失，自战国始。篡弑之人，列为侯王，暴诈之徒，比肩将相，而民之耳目心志移焉。"厥后，千余年间，倏盛倏衰，人心靡定，篡弑相仍。降及五代，而人道几乎绝矣。有宋诸儒出，讲明经传义理，吾道为之大光，而朱子者复秉持笔，于千载以来史册共称禅受之曹魏，一旦黜为篡国焉，而于君臣一德，心存王室之蜀汉。一旦尊为正统焉，而人之耳目心志，又一移矣。故自南宋之衰，以迄有明之季，从无篡弑之祸出乎其间，仅一燕王称兵犯阙，犹必始终假靖难为名，而方正学诸臣之以死峻拒，百折不回，又几令燕王不安天位。此皆大义昭明之实效，诚经传纲目维世之奇功也，而顾可任人束之高阁哉？或曰：“泰西各国，委无经传，而亦能保太平，何也？”曰：“泰西君民共利，上下一心，无隔阂不通之情，无痛痒不关之事。是以其气常固，且会当全盛，如日中天，一国之人，莫不殚精学艺，以求日新月盛，而无暇即于慆淫，使再泽以经传之膏腴，则更蒸蒸日上矣。今日之中国，一切与西国殊形，人心日漓而日远，安可不借诗书酝酿，以延一线之生机？即有为上者苦心筹画，提倡宗风，使举国建格致堂，遍学泰西诸学，苟非先导以读书明理，返普天率土之人心，使之急公而缓私，先义而后利，犹恐纷歧不一，欺诬粉饰，终难以收富强之功。”或曰：“寓读书于西学中，可乎？”曰：“可。正宜相辅而行也。西学者，达用之具也，不可不亟讲求者也。读书者，明体之资也。愈讨论，则愈坚其达用之志者也。何也？时势所迫，积弱难堪，非精西学不足以安民，非精西学不足以保国。今既读书明理，各正其心，则仁慈忠爱之情必切，不合力以求济事而心不安也，不核实以期成功而心不忍也。此体用相辅而行之效也。况乎人心既固，则众志成城，继西学犹有未精，亦足令敌人闻而心服。孟子曰：‘壮者以暇日修其孝悌忠信，入以事其父兄，出以事其长上，可使制梃以挞秦楚之坚甲利兵矣。’善哉言乎！此古今兵书第一篇要义也。蒙尝于乡先正罗忠节公泽南行军之本末，熟览而深信之。”“然则为今日计，欲令人读书穷理，宜如何？”

曰：“废八股，则经传无人寓目，蒙不敢请废也；存八股，而义理究无人精求，蒙亦不敢请存也。如欲因陋就简，一加整饬，使姑为入德之门，则近日书院之研求经学、理学，似犹近之。今请于自强馆中西学，谕令书院诸生，各就其性之所近，旁及讲求，以期渐推渐广，俾穷乡僻壤侧闻余论，亦免少见多怪之惊。而于诸生经学、理学之用功，尤必责以切身体察，无徒自矜涉猎。要贵择善固执，克己以力行之，上之人随时考求，黜其浮伪。诚得人人践履笃实，亦不必高谈希古，但使近追会曾、胡、江、罗各先正之风，则能本忠诚以为天下倡也。其亦庶乎其可也。”

论濂学

世称洛学、闽学最盛，而罕有称濂学者。其实，洛闽之学即濂学之支流也，专称洛闽，则濂学之名不甚彰显；统称濂学，而洛闽之卓著数百年者，不敢一旦忽灭其名。然则宜何以处之？蒙则曰：以孔子拟濂溪，以颜、曾拟二程，而以孟子拟紫阳，庶几近之。夫天下万世之正学，固无论得其全体，得其偏端，要皆孔子之学也。韩文公[1]有言：“孔子之道，大而能博，群弟子不能遍观而尽识也，故学焉而皆得其性之所近。”旨哉言乎！今观孔门之徒，颜子得道最先，气象去圣人不远，其质性盖为近之。曾子得道较晚，而质性英毅，视颜子面目略为改观。观其言曰：“彼以其富，我以吾仁；彼以其爵，我以吾义。”其岩岩气象可知矣。故得其传者惟子思，再传而及孟氏。二子之天爵自尊，俯瞰权势，视曾子气象正同，殆亦质性相近，而以心印心者为尤捷也。

后儒称颜称曾及思孟之学，虽似各树一帜，究何尝掩蔽洙泗，而不知为总汇之源哉？即子夏设教西河，西河之人知有子夏，不知有孔子，然而子夏之渊源所出，终不可得而泯也。至孟子尝毅然曰：“伯夷、伊尹、孔子，吾皆未能有行，然所愿则学孔子也。”是尤衍孔学之传之健者欤。濂溪崛起于道丧文敝之余，开宋元明数百年学统，是亦宋元明之孔子也。虽同时有安定泰山，三峰鼎峙，而窥天人之蕴奥，周子视二先生为最精。程子之父独识周子于簿书鞅掌中，而命二子以受业，于是周子教泽之流传，遂远及于百世焉。程子之言曰：“昔受学于周茂叔，每令寻孔颜乐处，所乐何事。”又曰：“吟风弄月以归，有吾与点也之

1. 韩文公：即韩愈。

意，是皆二程得道最初处也，故言之亲切有味云。”厥后，流派渐分，数传而遂得朱子。今比而论之，明道一团和气，质性类颜子，视濂溪最近。伊川刚方严毅，质性类曾子，视明道面目略为改观。而振衰起懦之功，朱子远绍其心传，而适符伊川之气象，殆亦质性相同也。南渡之有朱子，亦何异战国之有孟子而于中流作砥柱哉？朱子谓明道、伊川，虽不常称周子，以自得之趣，不尽出于濂溪，然当吟风弄月之年，深求孔颜乐处，其最初口授之真传，不可得而诬也。若是，则朱子固力尊周子，即孟子愿学孔子之心，犹之王者禘祭，追远之中又追远也，是亦衍濂学之传之健者欤。蒙故曰：洛学、闽学，不必统括以濂学之名。要之，在在可视为濂学。世之盛称洛闽而忘其为濂学者，正如睹汪洋万里之黄河，不知此水即眼前之星宿海也。且譬之大树，菁英燦著，人惟美其叶花枝干，而无一言以及最初之果实萌茁而为根者，则以深伏土中，无所见而忘之耳。究之，全树菁英，何在非一果之精蕴哉？观乎此，则吾党之尊周子，诚不必另标濂学之名，致转与支流分衍诸家，嫌于并峙。惟有以圣门之故事例之，直推周子为宋元明之孔子可也。

论顾泾阳[1]宪成

千古为学之要，一言以蔽之曰“诚”。孔子曰：“古之学者为己。”诚之谓也。三代以上儒者，岂乏善与人同，而以教人以善为忠者哉？然其暗修尔室也，未尝求知于世，惟以自完性量为安。故内则绰然有余，外则阒然无迹。而其徒又皆诚心向道，求附门墙，切问近思，潜修自爱，绝不以声华标榜为荣。故虽以孔子一匹夫，萃三千弟子于洙泗之堂，而世不以

1. 顾泾阳：即顾宪成（1550—1612），字叔时，号泾阳先生，无锡（今属江苏）人。万历八年（1580）中进士，授户部主事，转吏部，后谪桂阳州判官，历任处州、泉州推官，吏部考功主事、员外郎，是晚明东林党争中至关重要的人物，后因议论“三王并封”及廷推阁臣，忤帝意，削籍归。

为骇。亦时与公卿大夫往来晋接，而世不指为攀援。平居婉讽徐商，亦恒有补时政之阙。如颛臾之伐，长府之为，皆赖其言以转移其事，而未闻取怒于当途。虽由其时风会近古使然，实则自重者之淑身淑世，始终出于至诚之所致也。顾泾阳当明季嚣陵之世，身已退处无权，正宜韬光沈馨，以抱道之躬，表率后生，而泯其迹，而乃显立门户，倡盟树帜，使愤时嫉俗者，闻风而响附。即沽名广誉者，亦引重以梯荣。卒致薰莸杂处东林，以资忌我者之弹射，至无以自解于人言。其曰："居水边林下，志不在世道，君子无取焉。"此亦古人忧世之心也。然第宜因事纳忠，当几婉示周行，孚以至诚，以期潜移默化。胡乃务为横议，指斥枢廷，吾身之取祸不言，于事亦终无所济，究何补于世道哉？迹其气矜之隆，涵养已知未足，甚或有心出位，兼图掠取声名，且聚此薰莸不一之徒，以与当道争是非之柄，诚未足以令人心服也。君子之学贵自反，我躬之积诚不足，于在廷之忌我者何尤。况夫李三才者，一赂遗结纳之人，朝野所共知也，以干略推重封疆则可，以道义附身儒林则不可。姑无论其大端，即觇其一行之微，亦不无作伪。如惩税监爪牙之肆恶，可谓气盛有为矣，而何必出以死囚诬陷之阴谋？宴嘉宾而盛馔以示优崇，亦素富贵行乎富贵之道，人未遽以为奢也，而何必出以蔬素寥寥之娇饰？良由居心不正，是以行事多欺。即其倾向东林，亦不过自附名流，以渔物望，非真心折泾阳也。而泾阳识不足以知人，心徒悦其附己，乃盛称其廉直，贻书大僚，以排朝臣之攻击，益激发平时积怒之心，而使张其毒焰，致善类亦皆无以自存，岂非泾阳昧于淑身淑世之方哉？

蒙窃潜为之说曰：儒者之要无他，立心必诚，而推之以恕。交友必慎，而永之以淡。箴时之病，固须竭忠补救，而必出之以温厚和平。夫然后淑身淑世，攸往咸宜，虽圣人复起，无以易也。

论李二曲 壬辰

李二曲[1]先生，移孝作忠，胜朝义士之艰贞者也。惜其韬晦犹有未足，几不能自终天年耳。盖其屡被荐辟也，由夫名遍海内也，而大名之远播也，实自表章东林，倡导讲学始。初，李二曲在关中昌明关学，多士争相就问。虽为当事所景慕，聘主关中书院，然小驻即去，声名未及达于朝端。即陕抚欲加以荐牍，学使议进其著述，亦皆以哀吁力辞而得免，若之何？旋以东林学者故，宏开讲社于他邦，而使嘉名倾动四海，致公卿交口，天子动容。自时厥后，虽欲自晦之，而已莫能晦也。是役也，李二曲初非为谒道南而行也，专以厥考信吾公殉难襄城，垂三十年，遗骸未返，徒跣而往觅之也。及其觅之不得，乃昼夜哭不绝声，泪尽继以血。襄城令张允中[2]遂为建祠造冢，以慰孝子心。而扬州太守骆钟麟[3]，因谓祠事需旷日持久始成，暂请南下，谒道南书院，以发顾泾阳[4]、高忠宪[5]诸公书，讲学以慰东林学者之望。二曲应之，从者云集。开讲于无锡，于江阴，于靖江、宜兴，昼夜不获休，于是声名乃大著焉。厥后，督臣、部臣交章之荐，被以昌明绝学、海内真儒之目，其由来不皆肇于此乎？迄中朝必欲致之，而大吏趣行益急，虽固辞以疾笃，而犹舁其床以至行省，大吏亲诣榻前验病，怂恿劝行。至李二曲绝粒六日，欲拔佩刀自刺，始不得已予假而姑置之。乌虖危哉！向使李二曲韬光沈馨，亦如王船山之绝口讲学，声影

---

1. 李二曲：即李颙（1627—1705），字中孚，号二曲。陕西盩厔（今周至）人。与孙奇逢、黄宗羲并称三大儒。清廷屡以博学鸿词征召，绝食以拒得免，以讲学为生，曾主讲于关中书院。著有《二曲集》四十六卷。
2. 张允中：明山西忻州人，字道宗，正德乙卯举人。
3. 骆钟麟：字挺生，浙江临安人，顺治副榜进士，授安吉学正，历陕西盩厔知县，京师北城兵马司指挥，西安府同知至江南常州知府。立学社，修社仓，善理讼，创常州延陵书院，劝捐赈灾，颇得民心。
4. 顾泾阳，即顾宪成，生平参见前注。
5. 高忠宪：即高攀龙（1562—1626），字存之，别号景逸，江苏无锡人。明代大儒，政治家、思想家，东林党领袖，万历十七年（1589）进士，历任光禄寺丞，太常少卿，大理少卿、太仆卿，刑部右侍郎，都察院左都御史等职。

不出林莽，何至受此逼促之甚，而几不得自终天年乎？是故君子之制事以义也，惟其时也。表彰先儒，讲授后进，实亦圣贤成物之功。然既值首阳高蹈之年，则惟有独善其身，若绝意于人世者，时未可以彰彰自见也。顾亭林卜居华阴，华下诸生请讲学，谢之曰："近日李二曲徒以讲学故得名，遂招逼迫，几凶死，名之为累甚矣。况东林覆辙，有进于此者乎？"亭林之幽贞，可谓善自处矣。而其论二曲之关键所在，知言哉，知言哉。虽然，蒙于此窃有感焉。夫以箕子之艰贞，未尝不竭意陈畴，授圣大法，而朝鲜长往，武王亦未尝屈而臣之。君义臣仁，两美无伤，足见三代圣人之至公无我。而圣祖仁皇帝之君临天下，自三代以后之贤君，罕有比伦者也。李二曲躬逢五百年贞元之会，论其学术，当亦在见知之列。既已声光不掩，上动朝廷征召，李二曲即钦三聘之诚，蒲轮一见，誓死乞不服官受职。惟请退修讲社，庶几表章先哲，教育群材，助成一代作人之化，以当外臣之报称。明如圣祖，必且与周武王心心相印，别有以善处二曲而玉成之，乃二曲终不出此，徒以死拒不见，而圣祖亦惟宠以"关中大儒"四字，不复强使来朝，以成其志节，并保其天年，俾无自戕厥命。然则当日好贤之诚，与夫体恤之周，矜全之至，曾何减于三代之仁至义尽也哉？此非本朝臣子之私言，当亦胜国遗臣易箦时所默焉钦感者也。是说也，蒙将起九原而质之。

论匡衡宋璟

古今之人品心术，恒有同床异梦之分。而人之服与不服，亦随之转移而不爽，盖判于一念之公私而已矣。孔子曰："君子喻于义，小人喻于利。"文中子[1]曰："同言而信，信在言前，同令而行，诚在令外。"是皆

1. 文中子：即王通（584—617），隋代思想家，字仲淹。绛州龙门（今山西河津）人，著有《中说》等。王通弟子私谥"文中子"。

定人品决从违于心术之微也。汉匡衡[1]靳甘延寿[2]、陈汤[3]之封，唐宋璟[4]薄郝灵荃[5]之赏，事体亦似相同，而当时诋衡者，则曰大臣倾邪，欲专主威，排妒有功。其论璟者，则以弭兵轻武，杜渐防微，而服其深识远虑。何其人心之服与不服，如此判若天壤哉？亦惟判于二人一念之公私而已矣。宋璟为相，守法扶正，务在择人，随材授任，使百官各称其职，刑赏无私，卒致赋役宽平，刑爵清省，百姓富庶，则人心之帖服也，非一日矣。而璟之以天下自任也，志在格君心之非，消兵萌之患，亦非一日，盖积诚早裕本源矣。一旦郝灵荃得默啜之首，欣欣然自以为不世之功，上既有好武之君，人人正思以武功邀爵禄。设为相者，又复迎合上意，于郝灵荃亟加重赏，将来踵灵荃之后而生心侥幸者，复何限哉？是以宋璟痛抑其赏，逾年始薄予之，则所以杜君心之萌，弭兵戎之祸者，洵识远而虑周，其大公无我之心，固昭然揭日月而行矣。人之深信而诚服也，不亦宜乎？故郝灵荃虽薰心爵禄，至是亦无可如何，惟有恸哭至死已耳。亦无能遍诉朋僚，而使交章争论，如刘向、谷永、耿育诸人之讼陈汤者，此实宋璟一念之公，有以靖盈廷之气也。若匡衡者则不然。甘延寿、陈汤之建立奇勋，出人意表，而安边靖乱，国实赖之。衡知此举未可厚非也，惟据其矫制擅伐，指为罪名。夫大臣而咎群僚之矫制擅伐，岂非持国体哉？持国体，岂非正哉？惟因匡衡一攻再攻而不已，而人遂有以窥其私念矣。甘、陈矫制擅伐而膺重赏，恐致后来使臣乘隙生心，此端诚未可开也。而圆妙不拘之君，

1. 匡衡：字稚圭，西汉东海郡承县人，建昭三年（前36）代韦玄成为丞相，封乐安侯。成帝时，因获罪免为庶人。

2. 甘延寿：字君况，东汉代北地郁郅人。善骑射，官至辽东太守、车骑将军。后与陈汤建功西域，进封义成侯。

3. 陈汤（生卒年不详），字子公，山阳瑕丘（今山东兖州东北）人，西汉大将。汉元帝时，任西域副校尉，曾与西域都护甘延寿一起出奇兵攻杀匈奴郅支单于。官至射声校尉、从事中郎，爵关内侯。

4. 宋璟（663—737）：邢州南和（今河北邢台）人。耿介有大节，好学，工文辞。调露元年中进士，授上党尉。后为唐睿宗、玄宗朝宰相，是与房玄龄、杜如晦、姚崇齐名的唐代四大名相之一。

5. 郝灵荃：为唐大武军子将，曾获得突厥默啜首级，自谓不世之功。宋璟以天子好武功，恐好事者竞生心徼倖，痛抑其赏，逾年始授郎将。

美臣下便宜行事，实有益于国计民生，录其功而遗其过，偶一行之，后不为例，亦无不可也。而匡衡乃以帝违其议，郁郁不乐，久而勿忘，及新君即位，复劾陈汤前事，而终陷之于罪。此则实挟一争胜之私心，是己非人，必求胜以伸己意也。然则耿育之诋为倾邪，排妒有功，岂非衡一念之私有以自召者哉？君子观于匡衡、宋璟之同床异梦，可悟一念之差。有乖心术，即人之察之者，亦莫不烛隐而探幽，益不敢不自深谨独之功也。夫读史一事，人知为增长识力之资耳，而抑知即诚意正心之一助也夫？

论唐制

欧阳永叔有言："九卿百司，任一职之责。宰相谏官，任天下之责。"天下得失，生民利病，社稷安危所系，独宰相可行之，谏官可言之耳。士不得为宰相，必为谏官。谏官虽卑，与宰相等。与天子商可否者，宰相也。与天子争是非者，谏官也。宰相尊，行其道。谏官卑，行其言。言行，道亦行也。由是观之，谏官之关系天下，讵不重如宰相乎？虽然，此犹就宋制言之耳。宰相自行宰相之道，谏官自行谏官之言，初非合而一之也。若夫唐制，谏官随宰相入阁议事，则诚同舟共济之良法焉。此制始于贞观元年。当是时，英明之主，纳谏更非于上，王魏大臣，竭忠补阙于下。为谏官者，既仰见宫庭无所忌讳，又渐染王魏直言敢谏之风，宜皆知无不言，言无不尽。虽不必令随入阁，待政出如有所失，而后挽之末流，亦可保其于时有济。若后世，则此制诚不可不仿而行之也。夫千古以来之君相，自圣贤英豪而外，中主、庸臣，未有不自护其短而忌小臣之与争名者。一政也，宰相议之于秘阁，天子韪之于深宫，雷厉风行，自以为决然施之而无弊，迨成命既下，谏官始觉其非，然后交章争论，至再至三而不已。在人主自护其短者，必曰："吾乾纲独揽之君也。宰相所议，吾固斟酌再三而后俞允之。今若从谏官言而改之，是自彰其短，而使天下之庆幸者归功于谏官，而适以成其大名也，吾亦何甘虚己而纳之也？”在宰相自护其短者，亦必曰：“吾秉钧执政之臣也。天子所欲行，吾固思维再四而后赞成之。今若因谏官言而寝之，是彰吾大臣之短，而使百僚之叹服者归美于谏官，而适以树其物望也，吾亦何甘屈己而从之也？”如是，则谏官宰相之不相下，岂非其势然哉？若仿行唐制，谏官随宰相入阁议事，则一政之或失，谏官虽与君相力争终日，而外人无所闻，所谓“英谋密语人不知，左右微闻至尊羡”也。及政出而止于至善，天下亦惟颂君相之功德，而不知受赐予谏官，是以天子不疑，大臣不忌，而谏行言听之美德日益以增。在谏官阴福社稷之功，惟天祖得而昭鉴，可谓潜消祸本于无形也，岂不休哉？贞观、开元两朝，皆以此治致太平，其明效也。蒙于此窃有感焉。王半山安石在下位时，尝奏请仿行此制而未行，及身为宰相，同僚举以为言，半山忽不允，曰：“是又益两参政也。”盖半山好同恶异，既秉大政，行将有所更张，正恐此制行，则转自招沮挠也。厥后，新法之行，举朝争之日力，而半山决行之志乃日益坚。故明道程子云：“此事不得专咎介甫，诸君亦有过焉。”可见当时弊政之行，实由大廷广众之中，万矢丛集，有以激而成之也。向使早仿行唐制，得谏官婉言譬解于秘阁中，则新法必且寝而弗行，而天下后世，竟不知有此一说，岂惟苍生之幸？抑亦半山之幸欤？或曰：“半山不晓事，又执拗，虽得谏官挽之于不闻不睹，亦未敢必其听从。”蒙曰：“不然。方半山初议新法时，苏子由尝避左右而力言其不便，半山为之感动，置之数月而不一言。然则半山之事，诚非不可挽救者矣。”观乎此，不益信唐制之善，可为万世法哉？

论东晋

孟子有言："出则无敌国外患者，国恒亡。"范文子[1]曰："惟圣人能对内无患，自非圣人，外宁必有内忧。"君子观于晋桓温之削平成李，刘裕之削平南燕、后秦，而有感于斯言也。曹孟德在汉献帝时，席相国之尊，伸朝廷之威，东征西讨，削平僭乱，当时颂其功德巍巍。岂知曹氏之心，实蓄谋篡逆，以为及是时，挟天子以令群雄，假天兵以平四海，名正言顺，则人心易得，乃能亟收成功。否则劲敌未除，一旦篡窃出于躬行，则群雄有以借口，转将声罪致讨于我，难与争也。桓温、刘裕之心，亦若是而已矣。桓温自谋伐蜀，拜表即行，不俟朝命，已擅天子征伐之权，故刘惔虑其克蜀之后，专制朝廷。厥后，一举成功，威名大振，而专兵跋扈，果自此始。其终，且积渐而至于废立。刘裕则削平超泓，未几竟成其篡夺之志焉。虽谓晋室之亡，端由敌国外患之除，可也。乌虖，兴亡之故，可以慨矣。夫僭国，义当致讨者也。而削平之后，国无外惧，犹且不免于亡，其他更何说哉？后桓温之与刘裕，蓄意篡窃相同，而事之成否各别，则时会有不同也。而为人之悍虐，裕亦较甚于温焉。观李势乞降军门，面缚舆榇，温解其缚，焚其榇，迁之建康，爵以归义侯，俾得令终于牖下，则温之为人，犹有不忍之心也。刘裕则不然。忿广固久而不下，至欲尽坑之以泄怒，赖韩范之言以免，而犹杀王公以下三千人。慕容超之卒以死拒，杀之可矣。至于姚泓，挈家降矣，又胡为乎杀之，且尽杀其宗室子弟之降者百余人。由是观之，则裕之悍虐，烈于温矣。夫逞悍虐之性，施不测之威，裕固欲使天下寒心，庶他日逆谋之成，无敢与抗者。

有臣如此，而值削平敌国外患之后，则东晋之亡，君子知其捷如影响矣。

---

1. 范文子（？一前574）：春秋时人，晋国大臣。士氏，名燮。谥文，称范文子。士会之子。士会请老，立他为卿。晋景公十一年（前589），以上军之佐随郤克伐齐，战于鞍有功。厉公二年（前579）第一次弭兵之会，与楚公子罢结盟于宋西门之外。

南皮先生饬议奏请陈子良从祀两庑

陈子良及濂溪周子，皆吾楚菁华之产也。孟子曰：“豪杰之士，虽无文王犹兴。”二子其庶乎？夫周子崛起南方，继千载绝学于举世不为之日，似宜罕有知音，然而得二程从游，流派渐分，致令后起之英，云蒸霞蔚，酿成一代文明，是以百世尊为道学之祖。而当宋世，即已与从祀之典，至今俎豆庑下，且偕二程、张、邵超汉唐诸儒之上，继孔孟弟子而称先贤。语云：“弗为之前，虽美不彰，弗为之后，虽盛不传。”不信然欤？观乎此，而益为陈子良太息也。苏东坡有言：“周公之富贵，不如孔子之贫贱。孔子虽厄于陈蔡之间，而其颜渊、季路之徒，心悦诚服以从，相与咏歌为乐。周公则亲如管蔡，尚无同心，贤如召公，且怀退志，更谁与共治理者？”陈子良当道未南来之世，生长僻陋之邦，毅然兴起，就学北方，以求周公、孔子之道，视濂溪之出类拔萃，亦何多让焉？无如陈相、陈辛之徒，事之数十年，忽倍其师，而流入于异学，遂使陈子学派弗传于后，暗然不彰，而从祀之典亦历二千余年而犹阙略，于人心得无遗恨乎？且夫春秋贤大夫，不在孔门弟子之列者，其从祀两庑，有二人焉。一子产，一蘧伯玉。伯玉与孔子同时，又为其老友，其从祀也固宜。子产则辈行先于孔子者也。何以从祀？惟因孔子尝论定其人，后人遂连类以及，必求菁英之气萃于一庭。咸丰时，且已位置子产东庑矣。况陈子良者，生孔子之后，悦其道，北学而衍其传，又经孟子论定，推为豪杰之士，北方学者未能或之先者也。兹者拟请从祀，尚何疑哉？尚何疑哉？若夫书院崇祀名贤，则非如两庑从祀之体例森严，似尤可博为推广，俾多士晨昏瞻仰，馨香致敬，以感发振兴。道光中，长沙陈尧农本钦、新化邓湘皋显鹤尝于长沙城南书院创建二贤祠，崇祀陈子良、屈子平。盖以陈子早经孟子论定，屈子亦经朱子论定，且尝赞洪氏兴祖，称屈原若遇孔子，当与三仁同称，为知言也。在陈氏、邓氏，不过一时展梓桑之敬，而湘人士之观感者遂大倡忠义之风。如罗忠节、胡文忠、江忠烈之萃处讲明正学，皆发迹于城南，此其著焉者也。然则书院之崇祀明贤，其关系亦岂浅鲜哉？

谭中丞饬议发款赈灾必如何始能实惠及民

谚云："有病当治，得人则理。"此发款赈灾，实惠及民之要证也。夫发款赈灾，必也印官得人，委员亦皆得人，而后能同心共济，日夜殷勤巡视，因时因地，以制其宜。一有不便，立即毅然变易，以成妥善之规，尽心于体贴之中，而后灾民乃实受其惠。传有之曰："心诚求之，虽不中，不远矣。"未有学养子而后嫁者也。慈母之保赤子，可谓实惠深恩矣。然而无成法之可传，其可传者，特迹之粗焉者耳，至其精意所在，则惟日夜体察之周，随时变通，以臻至善，非语言所能尽也。办赈之员，必求平日存心制行，无忝斯民父母至称者，乃能胜此委任焉。父母斯民者在平时恒视民事如家事，而用心无所不周。今则必视灾民之冻馁，更如疾痛之在吾身，而治之惟恐不速，虽披星戴月，川流巡察，而劳瘁有所勿辞也。欲求实惠及民，微斯人吾谁与归？光绪己丑、庚寅间，江汉大水成灾，刘倅本樾奉委办赈武昌城东，寝馈赈所数月，周巡察视，未尝偶离。夜半闻灾民有呻吟声，急起呼灯，躬亲审视，立谋医药以治之，坐以待旦，病者赖以全瘳。疗病之勤勤若此，则疗饥之体恤周至不问可知。闻停赈遣散之日，灾民数千人皆鱼贯而前，往过来续，络绎不绝，群向刘倅叩首谢恩有泣下者，此岂偶然哉？是时，黄令世崇方权汉川篆务，亦奉檄办赈县城，与督办之余守肇康相处数月。余守及下县视灾之委员薛令，交称黄令实惠及民，百年罕见。此无他，亦惟黄令之条理精密，琐屑必躬必亲，日夜周巡罔懈，随时审机观变，以施因应之宜，而所用多朴诚廉介之人，不至稍生刻减侵渔之弊。其间佐以二三胥吏，虽未可信，然因印官耳目了无可避，亦皆尽力迎合，而勿敢为非。迄赈务告竣，而黄令一须一发罔不为之皓然。此其尽心之实迹，所以见称于余守、薛令者也。有病当治，得人则理之说，岂不信哉？或曰：以工代赈，亦救灾良法，是诚可行矣。然谓专恃此举，而不必施米施粥，则嗷鸿满地，恐难遍受其惠焉。灾区甚广，而有工之地无多也。即论有工之地，亦惟壮者可以任劳，而老幼妇女无能用力也。议赈务者，能无兼行并举，以期各得其所也欤？

乙未仲冬荆州巡堤记略

马山地属当阳，山阳为万城堤首尽处。是处堤塍卑狭，接壤即皆民田，堤外有名“打不动湖”者，又逼近咫尺，乍见骇然。亟询土人，每年沮漳水发，注湖始涨，然未尝一至附堤之田，是以堤尽于此，则地势使然也。尝论天下至公至平之物，惟水为最。低一寸，还人一寸，高一分，还人一分，眼力几莫能测视，必水至，始了然矣。陈君丹山云：传闻道光中，水入荆城，江陵县署齐檐，府署则仅二三尺，旗城竟无之，地势之判低昂若此。万城堤内，至今犹有古城门，行旅出入其间，断垣巍然如故。闻此本名方城，因避赵方名，缺笔作“万”字，久乃讹作“万”字耳。堤首尽处，东北一二里外有马山市。又十数里外有八岭山，绵亘如画。堤内高阜处，仅此而已。马山则卑卑无甚高论，徒具其名耳。由马山循堤而东，堤外有保漳、挨家、古埂、由始、谢家各垸堤以为屏藩，阻遏沮漳之水。各垸堤蝉联不断，直至李埠堤局门前始尽，建有石闸，泄院中渍水，以注沮漳。过李局以下，则大堤外沙洲滨临沮漳，水泛则侵堤脚矣。自李局以上，历万城局，西北至堆金台，皆赖堤外各垸堤隔绝沮漳。询悉沮漳河外百里洲，复有枝江县属各院堤，遮蔽大江西来之水，故必渔埠、沙溪等处大堤修补完固，而堤外远近诸堤又幸得处处无恙，乃能唇齿相依。否则江水挟沮漳直抵大堤，而李万之交亦皆险工矣。考问道光壬寅及甲辰李局堤两次决口，即坐是故也。翰鼎经当年决口处俯瞰泱泱潭水，周巡陟降，默筹总计，为徘徊者久之。沮漳二水源流，途中无书可考。惟闻前任荆州太守倪公文蔚《旧堤志》，载漳水源出南漳县之荆山，流至当阳县合于沮水，沮水源出房县，流至当阳县合漳水至江陵入大江。其入江处谓之两河口，即沮口也。所闻如是，暇时当详考之。巡堤近江神庙，北望荆城，仲宣楼耸峙天际，相距仅数里，南望沮漳入江处，询知俗称筲箕洼，道署、府署所设之西关，皆在焉。过杨林矶以下，历沙局、登局、马局、郝局，堤皆滨江，堤外虽多有沙洲，或广或狭，在冬日观之，似与水隔绝。然窃计水涨，则必犯堤根，故自沙市黑窖矶直下至郝穴市，石工最为紧要。细询首要在郝穴，次要在登南，而马赛又略次之。过郝穴以下，江渐南趋，越石首南堤等处则去江远矣。金果、拖茅两局大堤已入湾避险，人多视易之。然观堤外大洲，湖荡颇多，水涨必绕堤皆水，夏天南风涌浪，正当其冲，则拖局之建砖工，良有以也。拖茅埠大堤尾，东接监利县院堤，恃此以为下游保障，地势不同，故不能如马山堤首之有尽处也。长堤二百二十里中大势如此。惜翰鼎此行，自过登南局以下，抱病颇重，至投细辛、桂枝诸药，不可以风，每日勉自支持，坐肩舆镜窗中流览，犹未能寸土寸石推求也。

《汉川赠答录》序

罗西先生摄篆汉川之明年，以槭召翰鼎，使司书记。翰鼎毅然治装，而迭以家事阻，自春而夏而秋，至冬十一月始成行。客有留行者曰："先生请代在即，馆居亦无几矣。子未可以已乎？"翰鼎曰："不然。予非为馆谷也，欲借观循良政迹耳。先生先后任兴山、黄陂、钟祥各一年，皆勤求民隐，抚循周至，兴革利弊，悉中机宜，民赖以安。吾邑郭筠仙[1]侍郎，有道君子也。家居愤俗，苦官民隔阂，时以伏莽为忧。闻先生将莅

1. 郭筠仙：即郭嵩焘，生平参见前注。

兴山，即欣然谓险阻岩疆，得良吏即真有年，与民更始，休养生息，必可保数十年之安。至拟往购田庐，挈家迁居，以为乐国。旋以先生移摄黄陂篆，乃寝其谋，其知己见信之深，与倾动之诚如此，而予乃始终以司榷湘浏，未获往观政绩，心滋歉焉。今先生摄汉川篆，又两年矣。历时较久，德政逮人尤多。闻川邑讼狱纷繁，下车甫及半年，不动刑威，而案牍渐少，此岂无本所能致者？又闻去岁适构奇灾，鸿嗷满地，先生筹办冬春赈务，条理精密，琐屑必躬必亲。数月间，戴月披星，心力交瘁，而吏胥丁役，卒无敢萌侵蚀刻减之心。有薛明府奉檄视灾汉川，见先生所为，惊喜谓百年以来，办赈救荒，未有如此次之实惠及民，无遗纤恨者。据实上陈，大府韪之。盖惟目睹者为能亲切言之也。夫人生慰心之事，莫如借手有为而无负所学，尤莫如夙所期许而聿观厥成。当先生田居时，予年虽少，早知敬服先生。盖见其留心当世之务，具有通儒识见，与朋侪论事，辄谓经猷不可泥古人书。其亲故或乡邻遇有纷争，小而事属钱谷，大而事关伦常，得先生调和，莫不涣然冰释。先生自处家庭难处之境，其虑患操心，视孽子孤臣为更甚，卒能竭诚联络，尽善调停，使先人孝友家风丝毫无损，而子弟习见亦相承不衰，其有体有用，已可概见。及先生讲学罗西草堂，予负笈从游，日窥其深，而益信规模宏远，即以宰天下无难也。光绪改元，诏天下荐举孝廉方正，湖南大吏饬所属如例举报，湘阴官绅即以先生应，先生固辞。予起力劝之，谓贤者不出，如苍生何？辞一己之荣名，小节也。执小节而忘大义，安乎哉？于是先生遂以此起家，今且泽沛四邑矣。在藐躬诚不虚所祝，及时往汉，观厥成功，亦足以自慰矣。”客大悦，举酒以饯。翰鼎乃冒雪行舟，以庚寅十二月达汉川县署，而先生即以辛卯三月卸县事，馆居百日，见闻益广，罔不默识而奉为师资。而侧船山下，创建堤防，躬亲履视，有利无害，始终坚持，严惩讦告，卒玉成诸父老数十年议办未行之事，保障膏腴四万亩，全活生灵数万人，尤其仁政之大者也。宜乎邑人士赠行之句，称斯民望切重来，清夜焚香以祝欤。其时先后攀辕投赠者凡数十章，陈述功德，情词恳挚，发于至诚，盖一时纪实之文也。读之宝贵，顷留鄂肄业两湖书院，长夏多闲，爰哀辑成帙，附以诸君子平时赠答诸章，梓而存之，以寄故乡亲朋资观感焉。乌虖！古之人有泐去思碑者，固感恩之民借以报良有司也。然则是录也，抑亦汉川诸君子之志也夫。

甲戌冬十月代撰黄贞女家奠文

呜呼！妹何往乎？妹竟死耶！何以竟死？其亦节烈无可屈，而从容以就义耶。吾妹之事毕矣，吾妹之志终矣，夫复何恨？然而父母昆弟有深怆焉。忆昔妹夫李霖生之殁也，吾妹年方十六。闻讣之日，叔父罗西先生有深窥夫吾妹刚烈之性，知其不可屈抑而转移者，因援礼经齐衰往吊之说，商于父母，而兄不忍出，乞寂其议，且隐其死，而不以告吾妹。盖谓守贞之事，生人所难，更非父母昆弟所得主持者。而孰知吾妹渐次知觉，遂忧郁以病以死。其天性之烈，竟至于此耶？使当日果知其然，亦何不可玉成吾妹奔丧之举哉？呜呼！人生不过数十寒暑，谁无一死？死于节义，死得其所，古来达人烈士固往往如是云云。然执此以责少年闺秀，转觉不近于人情，断非父母昆弟所忍闻也。乃何以吾妹卧病逾年？父母屡以服药劝，谓世无有不药而能病愈者，而妹即答之曰："世亦无有长生而不死者。"观斯言也，是吾妹以死为安，以得死所为幸，而绝无再生之意矣。其见义之明，天性之烈，竟至于此耶？眶直此也。当其未成病时，常与群从姊妹坐，有执华彩服饰以示人者，众皆悦目，交相艳羡，而妹目不一顾。人怪而问焉，则叹曰："吾无需此矣。"何以视为？是明示其意于同侪也。而父母或与人密语偶有避吾妹者，吾妹辄有疑焉，遂假他故涕泣，或怒詈侍者不衰，是隐示其意于父母也。然则父母今日之悲，不在吾妹之死，而在吾妹所遭之不幸也。盖所遭既不幸，虽欲求吾妹之生而不可得矣。呜呼痛哉！父母十余年劬劳顾复，珍重如掌上珠，惟惧其不寿，以养以教，至于成人，又相攸而得佳婿，所望者，叶凤皇和鸣之吉于百年耳。而岂意时方待嫁，一旦变出非常，所天顿失，致使吾妹徒以一死以殉为安，父母亦无可挽救。其可恸也，岂不甚于寻常万万哉？呜呼哀哉！

代撰家樾珊先生鉴章祖饯文

呜呼！甥不敏，不能述公之盛德。惟忆幼时缔婚后，家伯叔父尝举公之素行见示，以为小子师承有幸，而于公孝友大节尤言之切切，不忍释然。甥虽幼不更事，而天性感触，早深钦慕之忱。及毕婚，登公堂，时见依依太夫人之侧，不减孩提倚膝时也。伯仲相亲，怡怡翼翼。甥每于拥炉侍坐时，窥其意言所在，惟冀户庭和辑，不忍稍伤堂上之心。甥观之熟，感之深，不觉亦步亦趋，望尘恐后。而于家庭之内，日益蔼然相亲，亦有不容自薄者，公之至性动人如是哉。甥每乐道其善，卒有莫罄名言者。然尝于人所易忽之处得公一节，而愈知公之至诚矣。昔闻公家窘促时，虽园蔬野蔌，必与兄弟同尝，不忍独食。近年司榷常德，岁获薪水亦无多，而分润兄弟，始终绝无吝惜，叮嘱家人，至再至三。戊辰春，公车北上，途中寄函归，望诸兄弟切宜交相扶持，毋稍推诿，必令老母私衷一无隐忧。一篇之中，三致意焉。未几，公捷南宫。公之族子翰鼎，闻报自汨罗步归。甥与偕来，登庭叩贺。阅公家报，肫肫然以服官邻省，迎养太夫人为志。而书中最为刺心沁骨之语则曰："我出门已四个月，不知六弟近日尚能过得日子否？"读之再三流涕。诚以昆季中，惟此公食指繁多，故忧之弥切也。然是书作于礼闱揭晓之日，人虽系情骨肉之饥寒，当此狂喜之际，或有暂忘之者，而公眷眷于此，外至之荣，不足稍撄其忱悃。非所谓如饥渴之于饮食，欲须臾忘而不可得，如水之湿，如火之热，其天性有不得不然者哉。公之大本之固结如此，其他复何论哉？今者再见无期，吾将奚适，輀车将驾，聊奠酒浆。若不知涕泗之何从，盖不仅半子之私痛也。

呜呼哀哉！

代撰家晓楼弟鸣鼎家奠文

哀哉吾父，一病云亡，痛念平生，寸裂肝肠。盖德日盛而身日劳，力日竭而心日苦也。溯自大父星陨江天，大母含辛茹苦，携吾父及叔父扶丧以归，僻处乡村，家世颇形黯淡，大母窃虑孤儿之继志难期也。而吾父乃以髫龄弱质卓然自立，作止语默，矫矫不群。闻其每为族邻各丧家代祀徽国文公，升降拜跪，诚敬异常，恒致观者如堵，万口交称，艳羡童年老成，不忝将门子弟。既而受学言馨先生，益怀修己安人之志，而其为人厚重简默，旁观莫得尽窥其深。惟言馨相处既久，处处留心，而深喜其青出于蓝胜于蓝也。言馨每称吾父一生读书，其于一语之未达，一字之未谙，皆未肯姑为搁置，辄笔记而周询师友，必得其要义而后已。

然此，犹斯人之余事耳。其所有得于心之大者，则尤在涵养盛气，和平雅淡，与人无忤，与世无争之圣学也。男等尝侧见言馨先生侍吾大母畅谈，盛称吾父德气冲和，为吾党群材之冠，藐躬则远逊不如也。大母瞿然曰："有是哉吾子之谦也，谓我儿能步趋吾子之后尘，则可也，又岂能胜于吾子耶？"言馨对曰："翰鼎不敢徒自贬抑，对叔母作面谀之伪态，良以晓楼弟之处人接物，翰鼎恒睨视之，而且羡且惭矣。夫两人之心术品行，无分高下，皆能始终不屈己以徇俗，皆能始终自全其心之所安。惟翰鼎所以能达斯诣者，则单刀匹马，百战经营，而始能身出重围也。晓弟所以能达斯诣者，则徐商婉喻，默默转移，而渐使同归于善耳。"大母聆此，疑始释也。然则言馨此次挽吾父之哀联，气象似大贤訚訚，自惭敛锷藏锋，未若精金独纯粹，其亦虚公无我，称心而谈，而为吾父一生之定论也欤。至男等目见吾父追远敬宗，事亲后长之恂恂孝悌，及和邻睦族，怜贫念旧之蔼蔼慈祥，尤其显而易见者也。言馨哀联又云："辛苦痛劳人草草，迭走玉门山海，岂徒闽域久奔驰。”此则男等读之，而椎心泣血，抚境难安者也。吾父昔时在家侍坐大母，则故作怡颜，述古谈今，强为欢笑，以解亲忧，退而省其私，则注念菽水难充，愁眉莫展。戊寅迄甲申之间，先后走玉门关两次，皆以旅资不足，数千里崎岖山路徒步而行。一夜宿茅店，陡发重病，无药可医。鸡既鸣矣，而病势犹剧，不能起床。同路之湘人，咸私相议曰：“吾辈势不能坐待，皆将弃易君而先行。易君孤身无从者，殊为可悯，然吾辈爱莫能助也。”

吾父隐隐闻斯言，泪流湿枕，而自揣孤行远道之万种艰难也，乃不得已强支而起，伪称病势已杀，负戴随行，幸荷天庥，不数里而其病如失。呜呼悲哉！旅况之千辛万苦，即此一事，已可概见其余矣。且也甲申秋冬，由甘肃从军东行，远出山海雄关，直抵鸭绿江之凤凰城外。军士冒严寒疾走，朝朝暮暮，脚踏坚冰，惨至血枯肉落，胫骨呈露。吾父虽坐车中，而棉衣瘦薄，严寒入骨，无日不形同木偶，如醉如痴。后来痼疾之成，未始不根源于此役也。呜呼痛哉！言馨先生辛苦痛劳人之语，岂欺我哉？至若丁亥以后，旅食闽中，凡二十有五年，天风海涛，奔驰无已，此则为男等多所目见者，念之而无地自容，述之而更仆难数也。壬子春暮，翩然还湘，方幸吾父得以息足林泉，借资静养，俾除痼疾。而老莱嬉戏，尤堪博父母之欢心，而使八十老人足乐榆年也。而岂意变生不测，竟一病而暌违老母之膝下哉。

呜呼痛哉！悠悠苍天，其何极哉。兹者，抚有薄田一顷，皆吾父劳筋碎骨之所留贻也。男等坐食其毛，能下咽乎？徒备粢盛以为供养，果能一粒达九泉乎？子欲养而亲不在，此万古同声之恨事也，奈之何哉？奈之何哉？然而言馨先生昨又面训男等有词矣，曰：“养口体者，一时之事也，养志者，百年之事也。汝曹必善事大母，以纾其丧明之痛，承命于母氏及叔母，而巨细皆无违心，辑和兄弟，而使一堂雍熙，经理田园，而使岁入永无缺乏，以裕仰事俯畜之资，何莫非九原含笑之端也？二三子勉乎哉！”男等聆此，心境为之豁然，而未敢徒自哀毁以重亲忧也。惟有谨守嘉言，以慰在天之灵而已矣。呜呼哀哉！

友人孙毅海樵七十寿序

为学之道，其至近而必不可阙者，莫如有恒。故曰："得见有恒者，斯可矣。"何圣言之郑重若此哉？良以有恒为作圣之基，而深慨夫世之有初鲜终者，不乏其人也。孙君海樵，豁达长厚士也。其与予订交也，在同治辛未以还。君序长幼而兄事予，而予亦安之若素，盖其两相契合，各有微焉者也。初，君从予姑夫郭镐丞先生游，每一见予，辄爱敬交至，时予犹视同世故周旋，而于君淡漠遇之。迄镐丞先生捐馆后，门庭阒寂，谒客恒疏，而君独默尔神伤，忧思甚切，每过师门辄潸然泪堕，如触羹墙。而于亡师家之老幼孀孤，尤不时勤勤就问安否。有事则为决疑定策，竭诚服劳，久而不衰，予于是而信斯人之可与缔交也。盖历久而察其所安，而始确知其心术之端方，性情之肫挚耳。自时厥后，往来五十年，尤历历睹其胸襟之豁达，接物处人之长厚，至今无间初终。倘所谓存心励行有恒者，非耶？兹者，其门人故旧诸君以君七十寿辰伊迩，将群集其家，称觞祝寿，而谓予知君更早，请予一言。予维君存心励行之有恒，端由胸次之超然，天怀之淡然所致也。君自幼至老，居止不离城邑，市井纷嚣，而君始终不染习气，且恒乐与蔡君葆初、周辅昆仲，及吴子荫诸君，及予兄弟，笃性情道义之交，善则相奖，过则相规，数十年如一日。

其间，君亦尝经营贸易，始终出以公平正直，从未闻处人失当，而惟乘便营私，其有类于行不由径也如此。其历任知湘阴县事者，如林、吴、赵、李诸君，皆以求医于君，宾礼周至，恳笃异常，而君从未肯恃爱一言讼事，踵门求者，咸谢绝焉。即赵君柳溪，尝币聘入署，处馆数年，朝夕相亲，而君亦未尝一言涉及寻常讼事，观市人之毫无物议，从可知矣。而独于雪大冤，白重谤，心所不忍坐视，有时亦秘密陈之，然惟一引其端，而仍乞当事循墙访察，自得其情，而君勿敢现身以说法。是以先后为人全婚者凡五次，而外人及受赐者，卒无所知也，其有类于非公不至也如此。光绪戊申，予次儿甲鹇治军武昌，君借访旧附轮东下，一作江汉之游。鹇儿最敬父执，至是，输诚尽礼，留君息辙言馨寄庐凡五阅月。适予亦同时就养抵鄂，得与君多作长夜之谈。礼客者，引君游观闹市，或入坐戏园，君第偶一应之，余多婉辞，而独乐偕予迭出城外东西南北，临水登山，郊行忘路之远近。有时席地于荒凉寂寞之滨，谈笑半日，而君兴高采烈，始终毫无倦容。此可观其胸次之超然，天怀之淡然矣。然君又非冷落孤高，幽芳自赏，倏然忘世之人也。武昌每逢当道阅操南湖，三军毕集，君必拉予往观。予或有时立久负倦，小憩茶亭，而君则必就近鹄立，观兵终日，忘倦忘饥。人或问之，答曰："中国命脉之关系，政治多端，此其一大宗也。山有猛虎，乃可建威销萌，非此不足以靖外而安内也。吾亦何惮微劳，而不毕观常山蛇之首尾哉？"

其留心大局，而切望有以护国安民也又如此。今岁辛酉仲春，予以与议县会到城，迭与君聚谈甚欢。惟见君颇形衰颜，而终日奔劳于城乡求医之役，心窃引以为忧，欲为老友惜精力耳。迄出而对亲朋言及，则咸告言，孙君热忱，救焚拯溺，尝云日暮途远，敢卸仔肩。近岁尝于县城倡设医药局四年，延医送诊赠药，又身在慈善堂医院尽义务者凡三次，兵士及城乡男妇，被其手援而全活者，不可胜数焉。而平日授徒以医学，罔不尽心以教诱之。亦尝云："诲人不倦。庶几成材较多，成材多，斯可救人多矣。"至若每岁暮之分润寒衣年米，以拯极贫极苦之家，则皆取之一己岁无赢余之私橐，尤难能也。予闻心益怦怦，而喜公评之不解藏人善也。其存心之始终乐善，不知老之将至，而必孳孳有为，以求济人利物也又如此。抑予论及此，尤恍然而增悟境焉。君之乐善有为，固自幼根于天性，而数十年读书之获益，必且得力为更多。君平日贪观有用之书，予固久有所闻。迄在武昌同居五阅月，君果无日不伏案观书，至夜深而犹手不释卷，可谓老而勤学矣。其在赵君柳溪之记室也，一日有要客同饮，客与赵君皆科第中人，客向赵君举史事多端以质疑，赵君亦有数事不知所答。因顾君一问，君遂一一陈之。客大惊，肃然起敬，即此可知其读书获益之功为不少矣。予不敏，何能文？惟既重以诸君之命，不得不勉体好贤扬善之心，而略述所闻以为寿。辛酉立冬日，易翰鼎谨序。

卯卷

湘阴杨世俊[1]笠青遗诗

感遇

明月照花影，当窗未忍践。
清风吹兰香，当门未忍剪。
敢云护惜殷，常恐栽培浅。

卜筑

卜筑西崖绕石渠，兰香十里护幽居。
白云归树客沽酒，黄叶满庭人读书。
三窟何须营狡兔，一江应许钓鲈鱼。
邻翁漫道园林好，若比柴桑总不如。

春日郊行

呼童理游屐，款步破春晓。
山影卧湖心，溪光摇木杪。
雨霁开新花，树深闻众鸟。

前悲怀 悼徐氏也

一声黄叶坠西风，愁杀萧郎两鬓蓬。
半世生涯无定燕，十年夫妇可怜虫。
画眉未合嘲卿瘦，讳病多因谅我穷。

1. 杨世俊：清代举人，易翰鼎启蒙老师。同治八年（1869）任提军，曾助左宗棠平甘肃回民之乱。

玉杵元霜成底事，泪珠频洒夜灯红。

惜卿生小太零丁，阿母松楸阿姊萍。
骨肉萧条书断绝，形容憔悴影娉婷。
闲愁不向东风诉，春睡频惊噩梦醒。
怕过豆棚瓜架处，儿时同与戏蜻蜓。

日斜孤立海棠阴，便欲招魂泪满襟。
鸿桉不销三月憾，鹿门已负百年心。
壁间遗挂封蛛网，箧底残香冷凤簪。
漫道相思惟我切，相思转恐夜台深。

远山依旧点青螺，赚得微之眼欲波。
织素尚怜情绪苦，裁衣曾寄泪痕多。
归迟屡问金钱卜，别早翻添紫玉歌。
昨夜芳魂新入梦，相逢犹伴病维摩。

书剑年年远道驰，谁箴杨璞莫题诗。
每当乌桕初寒夜，转忆牛衣对泣时。
江上芦花孤雁影，陇头春雨杜鹃枝。
最怜寒食东风里，上冢须臾又别离。

冢畔秋风起白杨，不听铃语亦心伤。
可怜中道成离别，继有来生亦渺茫。
卷幔已无人似玉，推窗犹见月如霜。
鸿都道士知难遇，追悔遗真写未遑。

夏日过友人山庄

有怀寻野客，扶杖白云乡。竹径接三里，藕花开满塘。

鹤归门未掩，琴静梦方长。惊起一相笑，松风生夕凉。

留别徐鲁山

清洁具园蔬，留我住信宿。

感君意气深，临别泪盈掬。

一鞭黄叶秋，斜阳下西麓。

秋日山居

我家幽居洞庭旁，门临湘浦荷花香。

山云忽收细雨过，木叶欲脱秋风凉。

晚潮打桨明艑火，夜月开门纳湖光。

小眠半夜不见客，松柏满庭清影长。

别家

丈夫不得志，驱马向江干。柔橹摇残月，轻帆挂晓寒。

客愁歌哭易，新老别离难。去去复回首，白云生远滩。

过洞庭

浩淼乘风渡，扬舲向岳阳。波声趋鄂渚，帆影杂荆湘。

云梦水无际，蒹葭秋欲苍。君山何处是，一髻认微茫。

溪行

飒飒西风紧，前溪卷浪花。竹边残照暝，天际乱云斜。

山远上新月，树深栖暮鸦。匆匆未归客，犹自泛孤槎。

秋日舟中

猛雨战前汀，长风簸小舲。江湖此为客，天地一浮萍。
别思随流水，归心隔洞庭。自怜成底事，书剑苦飘零。

闻蝉

空庭人静澹烟浮，忽听槐西韵欲流。
千古不销齐女恨，一声遥报汉宫秋。
和残樵唱云归树，吟到斜阳客倚楼。
记得去年闻汝处，满天疏雨滞荆州。

芦中人

风飕飕，云漠漠。角声飞，白日落。野兕乱叫山鬼号，黄狐跳梁黑狐跃。
前阻长江后追兵，西风吹泪流纵横。父仇未报死不得，英雄至此难为情。
东江老人渔隐者，哀彼苍黄无仆马。招手渡入芦花中，芦花萧瑟生悲风。

秋草

江上怀人十五年，黄陵秋老更凄然。
荒城蟋蟀三更雨，古戍牛羊十里烟。
郑女空思贻芍药，吴娘犹忆堕花钿。
自怜居与骚坟近，纫得幽兰薄暮天。

西风连日起江浔，四望遥生吊古心。
蒋帝祠前秋色老，贞娘冢畔暮云深。
陈隋故阙无人见，唐宋诸陵何处寻。
石马铜驼尽萧瑟，乐游原上更沾襟。

欲倩红儿唱踏莎，一樽南浦怅秋波。

汉宫人去悲扶荔，越国云荒冷苎萝。
万里桥边麋尾瘦，五羊城外马蹄多。
蘼芜绿断芙蓉老，寂寞秋江奈晚何。

盈耳凄凄蟋蟀声，可怜篱落淡烟横。
年年不尽王孙恨，处处都牵旧雨情。
风急苍鹰盘旷野，夜深萤火认前生。
愿将冰雪重重护，好待灵萱晚更荣。

瘦丐行

噫嘻！彼何人斯卧檐楹，败絮裹身虮虱萦。鬓毛狼藉手龟坼，群儿怯走山犬惊。我观状貌臞且丑，宿尘积面寸余厚。西风吹断吴门箫，未必伍员今复有。其人挥泪前致辞，某本平阳一富儿。钱神怒我不为虏，特遣穷鬼揶揄之。十六春来好游冶，杨柳青青大堤下。王孙意气何扬扬，千金之裘五花马。归来明月照中堂，中堂银烛摇辉光。玉盏金瓯将进酒，歌童宛转瑶琴张。驼峰象白晶盘皎，万钱日食犹嫌少。八厨酒肉流奇香，阿谀我者俱醉饱。洛阳豪侠相识多，道逢醉尉不敢诃。貂裘夜夜何所往，平康巷陌胭脂坡。汉水东流不可西，繁华一梦曙乌啼。原田折归阳翟贾，伯通之庑无所栖。昨日东邻夜开宴，烹羊炰羔进美膳。当年我亦此中人，座客佯为不识面。北风起兮寒云垂，天荆地棘走依谁。旦夕会当沟壑死，狐食其肉狸寝皮。语罢垂头泪满襟，我时怅触怀古心。韩嫣弹雀雀犹在，郿坞一炬无黄金。铜山夜半不知处，金谷无人秋草深。揆厥由来良有以，败亡多自骄淫始。呜呼！败亡多自骄淫始，寄语朱门贵公子。

怀人

芙蓉江上暮烟横，欲寄相思句不成。
借得酒兵三十万，满天风雪下愁城。

弃妇词

妾家生长垂杨浦，记取幼时年十五。
懒拈金线绣鸳鸯，爱抛红豆调鹦鹉。
女伴相将拾翠归，木兰舟上坐斜晖。
巫山宋玉疑神女，洛浦陈王咏宓妃。
春情脉脉如潮长，时作楼头花月想。
嫁得韩嫣美少年，洞房夜夜秦筝响。
争奈红颜薄命多，看花人又委秋波。
援琴更不歌黄鹄，对镜依然扫翠娥。
关情东郭风流客，几度相思江水隔。
落花无语夜沈沈，愁对帘前秋月白。
一灯如豆照红窗，制得同心结一双。
殷勤手付黄衫客，珍重烦归白面郎。
此情此意夫谁有，妾独缠绵如细柳。
感妾浓情迎妾归，画眉窗下称佳偶。
凤钗鸦鬓石榴裙，细语喃喃话夜分。
萧史乍逢秦弄玉，相如新得卓文君。
白首相期情恋恋，那知日久郎心变。
按曲颦眉唱恼公，裁诗拭泪吟团扇。
诗成曲罢泪星星，夜雨凄凉不忍听。
朱雀半年栖燕子，杨花一夕变浮萍。
燕子飘流失依傍，杨花只合随波浪。
人影虽分碧玉堂，梦魂犹绕流苏帐。
思郎夜夜暗含愁，底事郎心不转头。
不记海棠烧烛照，忍教泉水出山流。
且复寄郎生别句，门前莫种相思树。
浔阳江头月正明，妾抱琵琶过船去。

自遣

风骨嶙峋不自知，超超元箸小书痴。
喜哦谢朓惊人句，厌读曹唐病马诗。
座有汉书方饮酒，窗无晋帖不临池。
茶烟袅罢琴声歇，独向花阴立少时。

过熊笏山先生墓

邻笛一声起，驱车独黯然。悲君辞白社，先我卧黄泉。
贫贱交难割，幽明恨共牵。方干传死后，向秀感生前。
胆大诗多险，身衰病屡缠。功名轻骏骨，相貌误鸢肩。
短梦醒尘榻，长楸护墓田。黄公垆尚在，季札剑谁悬。
华表闻仙鹤，斜阳哭杜鹃。年年坟下过，肠断白杨烟。

夜坐

夜气凄以清，鸣蛙喧石井。独携酒一樽，去揽月中景。
石涧冷泉鸣，似闻弹玉轸。老鹤巢长松，远寺钟声紧。
竹外淡烟横，连山望无影。密云从东来，压黑长楸岭。
大雷劈古枫，阴崖鬼缩颈。乃知天地心，变幻在俄顷。

流萤词

秋堂欲雨秋宵黑，星辰敛光月无色。
几点流萤杂鬼灯，冷光明灭秋坟侧。
前年见汝仲宣楼，次年见汝鹦鹉洲。
今年依旧身为客，暮雨西风滞鄂州。

秋蝉咽

秋蝉咽，乃在碧梧之阴，怀清履洁，饮玉露兮悠悠，带商声而切切，能令公怒，能令公悦，悦者何？东村西落贫家多，陈米价贵如金波。汝一鸣兮庭之柯，新谷遍熟南涧阿。农夫饱食行放歌，怒者则不然。先生抱琴方午眠，汝曳繁声高树巅，惊醒庄周之梦，不得化为蝴蝶影翩翩。况且嘉木葱茏，芳草芊绵，汝一鸣兮，木叶欲脱茅屋边，山花野草化为烟，秋风瑟瑟月娟娟。使人听此心烦煎，黑头江令将华颠。呜呼！黑头江令将华颠。

苦雨

云师骑龙雨师虎，巽二猖狂滕六舞。
谢仙掌火鬼推车，空中白日震雷鼓。
是时二月如隆冬，坚冰顷刻结江浦。
烟岩云磴怒泉奔，洗出松根色苍古。
夜来滴向绿苔阶，卧听寒声彻肺腑。
去年此时花正开，杨柳纤纤好眉妩。
闲携柑酒听莺啼，棠梨花下日亭午。
今年有酒尚无花，寂寂瀼西愁杜甫。
蜂惆蝶怅东风寒，黄鹂冻死桃花坞。
吁嗟女娲不再生，烂石谁将漏天补。

烈女行为周淑媛作

烈士死于忠，本非恃气血。烈女死于贞，本非为名节。呜呼！不为名与节，名节乃不灭。（一解）周氏淑媛，里党称贤，静处妆阁，承欢笑兮父母前，守身如白璧，不字者十有八年。（二解）黄旗来，黑狐跃，山鬼号，寇氛恶，一路哭矣，万家掠矣，长发鬅鬙，心胆落矣。（三解）父乃携女，匿之榛荆，霪雨如注，猿鸟四鸣，心忧阿母受棰楚，肠断欲哭还吞声。（四解）须臾铁骑，逼近其里，女曰嘻，寇至矣，寇至爷必禽，爷禽儿亦耻，爷老倘作楚之囚，儿存当愧奇女子，挥泪促爷逃，勿复念儿生与死。（五解）父乃遁，女暗悲，贼突至，女难支，无宝剑以自刎，欲雉经而已迟，奋力赴污池，不秽德，但秽肌。（六解）吁嗟父兮，何处潜逃，吁嗟母兮，何处悲号，知否女儿兮，不受贼辱受贼刀，受贼刀，风飕飕，黄泉无路苍天高。（七解）越翼日，女苏于野，越三日乃陨于门，生为贞女，死作贞魂，只今碧血斑斑化作冬青绕女坟，犹凛凛有生气存。（八解）呜呼！人生遇变矢坚贞，白石齿齿江水清。一介弱女尚如此，何况当世名公卿？我为淑媛泪纵横，慷慨高歌烈女行。（九解）

七夕悼亡

旅馆萧条夜未眠，露华如水月如烟。

自从曲谱哀蝉后，不拜双星已二年。

画兰四首

我昔游汨罗，潭水清且寒。上有鹈鴂鸣，下有蛟龙蟠。

晴旭晞朝露，涧水鸣潺潺。行行四五里，遥见九畹兰。

菉葹妒欲死，生意满江干。薄暮返柴荆，山鬼啸层峦。

振笔追所造，幽香积毫端。圣贤贵立德，穷达随所安。

俯仰心夷犹，长歌怀骚坛。

我家澧水阳，与兰有夙缘。朝倚兰陔吟，暮归兰室眠。

采兰赠神女，香溢罗襦前。神女有嘉惠，报我珍珠船。

采兰赠湘君，湘水明花钿。黄陵上新月，报我廿五弦。

采兰赠灵均，玉笥耸云烟。灵均无所报，授以离骚篇。

载拜读离骚，回风悲暮天。掩卷穷神相，醉尘何新鲜。

倘曰资灌溉，吾其为山泉。

种松三百树，种豆十五亩。松高可息阴，豆熟堪适口。

以此寄幽怀，不落高人后。客从江南来，遗我以瓻甀。

中有燕尾花，清香满户牖。予曰嘻尔兰，曷勿隐幽阜。
不见郑穆公，刬刈不尔有。不见汉昭烈，芟夷不尔守。
君子贵自全，昭质期无朽。空山多白云，风静留香久。
客曰子胡然，荣悴良非偶。古来地位高，益见栽培厚。
廊庙与山林，奚必分可否。予茂嘉乃言，珍惜不释手。
请为兰写真，愿结同心友。

萧艾非不荣，见兰乃无色。赋性既悬殊，安用相逼仄。
我其为兰迁，迁之以楮墨。孤芳虽自赏，此中有心得。
清风生南陔，孝子作其则。天子坐明堂，郎官薰其德。
如彼楚大夫，佩之表忠直。如彼王右丞，爱之深培植。
长年不化茅，为我砭反侧。竟体常清芬，为我惩差忒。
读画如读书，会心于渊默。

留别巢子城

巢父掉头去，空山落叶寒。壮怀悲短鬓，离思满征鞍。
云重天疑暮，交深别更难。愿君勤职事，大纛树文坛。

题黄半坞先生《柘桥诗草》

明河耿耿天无霜，中夜读书深柳堂。开卷左顾陈思王，移镫右盼顾长康。
排闼入者孟襄阳，褰帷一笑韩冬郎。杜陵不死谪仙狂，光焰烛天万丈长。
古人错杂相排当，开我诗窍涤我肠。我时奋志参翱翔，理取汉魏法取唐。
与古为徒乐未央，思今人兮不能忘。柘桥先生慨以慷，居近汨罗江水旁。
早岁席帽游上庠，发为诗歌多激昂。古诗骨格浑老苍，近体婀娜含清刚。
笔补造化排天阊，驱逐五岳撼太行。秦碑汉帙罗奚囊，语于忠厚无所伤。
苏门长啸起凤凰，如闻大吕与银簧。使陪鹭序趋庙廊，禹拜稽首皋夔扬。
束书辞不赴明光，毋乃泉石成膏肓。介弟翩翩相徜徉，谢家春草生池塘。

嗣君步武安且详，苏瑰陈寔诒谷芳。冕旒秀发旌飞扬，机杼一家织七襄。前年烽火照湖湘，寇兵蹂躏如虎狼。公乃夜半走苍黄，贼搜不获神掩藏。乱后为诗更悲凉，羽变为徵宫变商。屈平夜哭天茫茫，庾信哀时泪沾裳。儿视轩冕奴强梁，达官骑马嘲烂羊。醉来披发诉大荒，嘻笑怒骂皆文章。孺子相与歌沧浪，美人驾车秋草香。先生与我生同乡，庐山面目徒仰望。巾车昨过柘桥庄，大巫在前神悚惶。请度金针绣鸳鸯，使余同卧陈登床。人生稊米寄太仓，所贵名义树为坊。大摅忠孝维人纲，须眉千载留缣缃。国朝诗教日隆昌，同人著作皆有芒。牛耳骚坛谁主张，让公独擅风雅场。

题平江向陶吾先生《拟游五岳图》

连山赑屃骄巨灵，嵩衡泰华横苍冥。玉堂金阙幽且敞，鸾凤一声天地青。此翁山水敦夙好，拟游五岳气排奡。仙崖万古青蒙蒙，足所不到神已造。空山无风花乱飞，少文抚琴方动操。万壑流泉树里鸣，坐看白云成老耄。我迟郭璞赋游仙，举手欲拍洪崖肩。公傥著我绿藤侧，振衣长啸凌苍烟。吁嗟乎！谽呀豁閕山万重，风雷拥护起苍龙，丈夫落落有怀抱，愿将五岳图心胸。

寄焦琴南先生

四郊犹有盗，此地独无兵。云起乱山动，花飞春鸟鸣。
禅心空处悟，画意静中生。念子隔云汉，夜深孤月明。

有感

莫将消息问姮娥，那有遥情托素波。
簸得十年贞不字，镜奁闲煞旧青螺。

悲新市 咸丰丙辰五月作

锦衣团总骑铁骢，左持长戟右琱弓。丈夫慷慨怀义愤，壮气凌虚成白虹。

登坛涕泣誓团勇，不杀蛾贼非英雄。狐狸夜鸣山鬼啸，寇氛渐近新市东。寇兵乌合不成队，市人方拟偏师攻。果肯挥戈拒封豕，贼当一败成沙虫。惜哉团总不好武，退身夜作亡是公。寇来满市任屠宰，髑髅血染街衢红。白日无光天惨淡，冤魂相聚悲西风。寇去千家觅尸首，哭声直上干苍穹。吁嗟乎！团勇断头作死鬼，团总花翎白项冒军功。

张孝子歌 孝子名元度，字鼐臣，湘阴东乡士人也

国非多难不显忠，家非奇变不征孝。况当奇变值髫年，孝行非关师友教。张生幼弱年十五，天真纯粹见肺腑。日亲色笑庭闱间，南陔白华诗待补。乃翁系狱南昌城，乃兄同罪捐其生。生者受杖飞血肉，死者埋骨铲榛荆。他乡魂魄归不得，人哭声连鬼哭声。大府驰檄到罗湘，皂隶入门肆嚣张。惊闻凶耗举家泣，老妪偃蹇走且僵。孝子怅望吴江远，欲省严亲意诚恳。泣别慈帏出户庭，荒山古道斜阳晚。一千余里路漫漫，谁怜露宿与风餐。道旁野老哀稚子，短发覆额臞且寒。孤行二十有一日，遥见雄城摧心肝。抵狱跪抱阿爷泣，狱中人人为呜唈。更求老吏指兄坟，镌碑字字泪痕湿。急返乡关乞拯救，两足血流肿且脰。县公仁爱为申文，汤网宏开罪乃宥。父归不见阿兄归，哭望西江涕泗挥。椿萱虽自荣朝露，花萼无如冷夕晖。光阴迅速逾三载，阿母梦常绕渤海。善体亲心复束装，往收兄骨忘倦怠。是时玉律中黄钟，雪花大于白芙蓉。雪花扑面冰凝发，寒襟萧瑟泪交胸。发兄故冢负兄骨，幽魂相逐关山月。还家为葬松楸林，阿母哭声长不歇。百端宽慰阿母心，暗中仍自泪沾襟。忧劳日久成瘵疾，咯血数斗常呻吟。续命无汤可奈何，手挽母衣泪如波。孝思一缕不磨没，化作白云满山阿。计死之年甫十八，奔驰吴楚长途滑。甭番于役报亲恩，一片精诚谁鉴察。呜呼！一片精诚谁鉴察。

夜吟

求一字工不可得，作千秋想大是难。

大言荒谬如唐勒，小事糊涂倍吕端。
别业无多心自足，岁华久历鬓将残。
酒酣耳热银灯灺，慷慨长歌风雨寒。

春日送友之闽

青枫浦上树行旌，到处知君有送迎。
杨柳东风骢马路，杏花春雨杜鹃声。
怀才未肯藏邱壑，有胆何尝畏寇兵。
闻说七闽边事急，暮云千里赋东征。

喜彭六波先生过访

十载干戈劫，樽前唤奈何。与君谈战伐，沧海正风波。
慷慨英雄泪，悲凉烈士歌。买山吾有愿，崖上白云多。

哀流民 道光己酉作

雨声苦，风声酸。饥乌堕，瘦鹰盘。黄尘莽莽行路难，呼庚呼癸摧心肝。西乡乞人来，鹄形何瘦削。担儿携妻形剥落，荆棘钩衣箩断索。一儿跌沟右，嗷嗷呼爷救。一儿陷淤泥，唧唧尚爷啼。阿爷颠仆挽儿发，力竭气衰声不发。悠悠魂魄逝枫林，鬼哭禽啼泥滑滑。吁嗟乎！爷尸僵卧在沟渠，两儿犹复牵爷裾。

秋潦

西风一棹水云乡，太息洪波万顷扬。
人与蛟龙争泽国，天教沉澧变沧桑。
山多白骨横秋草，道有遗孤哭夕阳。
愁杀馁魂招不得，秋高谁撷芷兰香。

七夕

晚凉庭院笛声残，岁岁黄姑客里看。
料得故园今夜月，有人双袖倚阑干。

旅夜

风雪黯江天，宵深客可怜。孤衾寒似铁，残梦杳于烟。
柝尽鸡传漏，琴张鼠拨弦。何时鹿门隐，闲抱白云眠。

鬼兵行 咸丰壬子五月作

阴风四起天昏黄，云旗冉冉星无光。里人惊呼寇兵至，批发跣足走且僵。
东南山角杀气起，自东而西数百里。不辨刀声与哭声，苍黄各窜荆榛里。
云开四境声寂然，乃知鬼卒腾苍烟。伯有介胄纪盲左，八公草木惊苻坚。
是时寇兵犯岭南，羽书络绎飞戎骖。朝廷将帅岂不武，边陲有乱终难戡。
呜呼！冤魂相聚作野哭，鬼犹如此人何堪。

柬徐幼海

偶读离骚枕树东，又添悲愤在胸中。
几人事业非儿戏，如子豪华有父风。
拔剑定教群鬼哭，捉襟曾忍十年穷。
相思掩卷不成寐，凉月半窗闻草虫。

送别彭六波

风急闪银釭，虫声透纸窗。旅怀伤落叶，客梦冷秋江。
念子负书剑，辞家登画艭。卖文成底事，输与鹿门庞。

四望寇氛恶，凄风搅鬓华。羽书飞百粤，鼙鼓动长沙。

虎迹轻千里，狼烟警万家。知君有同慨，老泪落鸣笳。

妇徐氏亡十六年矣，昨宵入梦颜色如生，醒而伤之凄然有作

秋老湖南正苦兵，愁人攲枕夜三更。
杜陵病骨长需药，潘岳亡妻尚有情。
顾我头颅非似昔，怜卿眉目恰如生。
伤心十六年前事，别泪翻从此夕倾。

平时相爱便相呼，今夜翻教片语无。
入梦不知卿已死，含颦犹认我为夫。
营斋何日同元相，谋酒当年忆大苏。
最是秦嘉肠断处，窗前月落又啼乌。

柬徐幼海

无计奈愁何，樽前且放歌。家贫罹疾病，亲老值干戈。
失路逢迎拙，忧时感慨多。石栏风雨急，宝剑为谁磨。

孤馆客心碎，故园花事非。泪添乌夜曲，肠断雉朝飞。
漏箭催衰鬓，风刀刮敝衣。亲朋兵燹后，问讯尺书稀。

昔年江水上，风月柳耆卿。此日荒斋里，凄凉刘更生。
牢骚凭酒遣，孤愤以诗鸣。愿子早行乐，无为哭步兵。

甲寅纪事

霪雨潇潇已浃旬，干戈两度接残春。
头生白发悲烽火，魂断青枫怯鬼磷。
走险直同岩下鹿，无愁翻羡冢中人。

茫茫浩劫知谁脱，愿与山樵远结邻。

赠张靓生

拔剑出门去，秋风行路难。雄心满天地，落日下峰峦。
戎马忧吴楚，文章拜柳韩。壮游关学问，莫道为饥寒。

后悲怀 悼朱氏也

续余春梦十三年，复断冰丝廿五弦。
只冀此生同挽鹿，岂知中道又哀蝉。
金针刺凤纹犹叠，玉管涂鸦墨尚鲜。
细雨疏灯人不见，相思竟夕未成眠。

错觅黔娄托此身，枳篱茅舍自芳春。
苦操井臼浑忘倦，笑啖糟糠不厌贫。
命薄非关红粉误，病多常见翠眉颦。
怜余下第归来日，拭泪停梭慰苦辛。

从此天涯作客难，高堂谁与劝加餐。
我支尘榻长相忆，卿卧泉台定未安。
药鼎茶铛俱惨淡，蕙帷蓉帐自心酸。
忍将黄竹箱中服，改作儿衣御岁寒。

千古伤心是断弦，况当两赋悼亡篇。
新愁脉脉如潮长，旧恨绵绵似缕牵。
潘岳情怀余短鬓，谢公哀乐感中年。
徘徊双冢频搔首，衰草斜阳倍黯然。

寄周兰皋

有弟挥长剑，高歌走大营。白头游子泪，青眼故人情。
万里风云色，三江鼓角声。倚闾慈母老，早劝展归旌。

喜小山弟自江南归里

忽听敲门急，惊看阿弟回。须眉增老态，烽火炼雄才。
沪渎乘潮远，秦淮破浪来。漫伤离别久，相对笑颜开。

代易笙友次韵和郭蛰存观察岳阳留别四首

吾湘有杰士，豪气凌重霄。用志既不纷，如承丈人蜩。
归昌协鸣凤，群响皆寂寥。撑肠富文字，魂磊如冰消。
立名争竹帛，清品拟琼瑶。神龙负鳞甲，蝘蜓胡为嘲。
姚崇将大用，十事无烦要。拔剑歌慷慨，轰雷走怒飚。
干戈起百粤，征马鸣萧萧。幕府需贤才，弓旌孑孑招。
乘时布经济，崇论响钧韶。岳阳山色青，松柏长不凋。
巍然扼雄镇，人知亦嚣嚣。

白云出麓峰，万里层阴厚。巨舰济大川，云梦吞八九。
汾阳世所推，问心无忸怩。父老集东陵，上寿斟大斗。
方期典雷军，誓师峙刍糗。驱马赋归来，心犹怀元后。
明月照松关，梅花呼鹤守。须臾丹诏飞，八驺喧石牖。
帝曰咨汝夔，搏拊非瓦缶。早跻鹓鹭班，勿与麋鹿友。

吾年当二十，束发事诗书。壮心满天地，先达常誉予。
三十不成名，时命何乖殊。昌黎犯磨蝎，搔首空踟蹰。
四十雪盈鬓，勉效农瞻蒲。击筑歌秦声，呜呜徒自呼。
投笔出门去，谁与为欢愉。道逢功甫驺，握手城南隅。

簿书予所苦，会计予岂愚。强颜谋升斗，野鹤仍清臞。
丈夫有意气，负此七尺躯。行行楚山秋，罔敢饰虚车。
长裘敝黑貂，神仙衣五铢。快哉同学友，半为上大夫。

北上金马门，凫旌侍燕笑。禹拜而皋扬，明良已叶调。
东望钱塘江，戎行悉英妙。穷寇困孤城，渐闻息劫剽。
老骥虽伏枥，悲鸣思腾趠。搦管吟五噫，终日增悔懊。
幸哉郭细侯，自昔敦情好。汲引有高风，变占君子豹。
河汉净无云，炯炯德星耀。揽镜顾头颅，予犹非老耄。
剑气干丰城，延津双龙啸。祁奚今尚存，赤也与燕劳。

登亡友易晋青先生今悟楼并追悼戴近唐师

放眼湖山足大观，诗情画意满雕栏。
晴云澹锁湘妃竹，宿雨浓滋楚客兰。
猿啸岳营春树老，鸦飞娄墓夕阳残。
况当此地多才士，好作文章薮泽看。

苍苔白石绕迴廊，曾是吾师旧讲堂。
上苑梅花先入梦，晓窗蕉雨正迎凉。
琴书此地犹留韵，风雅当时最擅场。
一十九年骑鹤去，只今长自切心丧。

白玉堂前旧主人，风流儒雅迈群伦。
文追司马多奇气，诗学渔洋得远神。
短剑残樽豪侠剧，长沙秋雨笑谈亲。
我来怕听山阳笛，徙倚危楼怅暮春。

湘江秋感

秋来寒色上渔蓑，晚眺黄陵逸兴多。
十里芦花湘浦月，半江枫叶洞庭波。
舳舻小泊闻弦管，鸿雁高飞避网罗。
我欲临流歌楚调，芙蓉零落恨如何。

游黄陵庙赠莲池上人

雨霁黄陵庙，天清日未曛。潮吞青草岸，树抱赭山云。
宝瑟临波鼓，疏钟隔浦闻。苹花争采采，湖上吊湘君。

青山无恙在，庙貌半消沈。殿缺云常补，庭荒草自深。
韩碑扪藓读，汉瓦拨沙寻。十载伤兵燹，谁存黝垩心。

尘海多劳攘，清闲羡远公。吹篪音最雅，刻竹篆弥工。
诗境禅中悟，茶烟树里通。此心何所乐，山月与江风。

赠易虞笙茂才汝麟

风骚君悟否，天籁即为诗。笔墨极灵处，江山偶助之。
气雄理贵正，才隽语宜奇。法古仍无古，余心不自知。

次韵和黄石珊

头颅无媚骨，何敢入侯门。古趣琴三尺，吟怀酒一樽。
留须增老态，多病减清魂。卖赋非吾愿，青衫有泪痕。

桃林馆中赠周绎臣上舍

群峰奔赴大湖滨，树自青苍草自春。
若把桃林比桃洞，先生只合是秦人。

轩皇箫管左徒骚，衡岳嶙峋日月高。
慷慨悲歌寻旧跡，万山风雨助诗豪。

镜里星星鬓发皤，美人迟暮恨如何。
文章铸就如生铁，近日输君著作多。

强携书剑度风尘，幸与诗翁作比邻。
从此攒眉同入社，汨罗添得古吟身。

磊石山观岳武穆屯兵处

杨太纵横泽国中，岳王曾此驻兵戎。
全军独障三湘水，八日能成万古功。
磊石云连牙纛碧，桃林花映战袍红。
而今故垒仍祠庙，几队寒鸦掠晚风。

秋夜感怀

黑云如漆压疏林，山馆萧条客思深。
秋雨一灯游子泪，黄花九日故园心。
长门赋效相如卖，饭颗诗怜杜甫吟。
检点征囊归便得，高堂华发雪盈簪。

流民叹

岁在己酉夏六月，洞庭波深江岸没。
妖豚一拜毒风号，浊浪排空山突兀。
长堤倾溃愁老农，香粳渍没势汹汹。
灵鼍摇尾攫人食，波臣倒骑白蛟龙。
哀哉居民事耕凿，频年惨受阳侯虐。

关山万里逃余生，到处红尘难插脚。
杖藜老翁鬓发苍，伛偻求食充饥肠。
天荆地棘脚跟裂，露宿风餐皮色黄。
行填沟壑旦暮死，谁收汝骨山之阳。
乱头粗服者谁女，傍人门户携筐筥。
淤泥染黑素帷裳，泪珠乱落饥不语。
平时闺阁娴礼仪，今日流离乃如许。
儿饥绕娘哭饭颗，哭声渐息气渐堕。
阿娘悲愤掷路隅，酸风惨淡愁云锁。
况复繁霜生暮秋，渐至隆冬寒气遒。
坚冰如铁冻折足，白雪作花飞满头。
败衣鹑结半无絮，血迹斑斑虮虱稠。
天阴月黑相聚哭，逢天僤怒奚敢尤。

岁暮与友夜话

一剑西风冷，貂裘补不胜。疏棂满窗雪，寒砚半池冰。
马磨生涯拙，鸿舂岁月增。故人怜寂寞，樽酒话残灯。

喜闻官军收复武昌

露布飞驰复武昌，翻教喜极泪沾裳。
鸦军扼险推南服，马队冲锋出朔方。
鄂渚鬼号城外月，金陵胆落贼中王。
可怜黄鹤楼千仞，一炬寒灰剩夕阳。

东南民力瘁何如，万户疮痍渐觉除。
七载已哀中泽雁，三军得食武昌鱼。
营移细柳春晴候，血染桃花夜战余。

信是元戎多将略，不劳黄石授兵书。

感怀

穷鬼揶揄不自伤，一生痴绝顾长康。
镜中眉宇无多阔，病后书田大半荒。
墙矮难防猿攫果，家贫常被鼠偷粮。
驴鸣狗吠羞当世，岸帻人前竖脊梁。

年来

年来疲马厌征尘，瓮牖绳床托此身。
肯读书犹非弃物，不衔杯总是醒人。
烽烟未靖宜高隐，盗贼无忧仗赤贫。
半亩芳塘种杨柳，春深黄鸟自为邻。

大雨雹 时咸丰六年六月十九日也

火云屹嵂排奇峰，峰头忽走黑蛟龙。
石破天惊飞硬雨，雨所到处风雷从。
坚如石子云中陊，田伤禾稼园伤果。
劈空饱打老农头，伤痕暴起大如卵。
粤稽宋代绍兴年，临安屋瓦碎无全。
我皇盛德迈前代，此灾止及湘东廛。
东廛虽小不足惜，千家无禾赋终悬，
催租吏到乃若猛虎然。

五十初度南陵馆中作

男儿蹭蹬不雄飞，犹抱琴书坐翠微。
万事回头难铸错，百年今日始知非。

青山处处云相引，黄叶萧萧客未归。
料得故园儿女聚，满庭欢笑绕慈闱。

馆中忆母

夜窗风雨急，欹枕念慈亲。发短余残雪，颜衰有宿尘。
家贫肉味缺，衣敝泪痕新。游子知非日，犹怜善病身。

九日登豹山

山容明净转愁予，归思如云郁未舒。
慈母倚闾恒望子，少男卧病久无书。
峰峦渐瘦秋将老，鸿雁高飞我不如。
五十二年重九过，此身强半客中居。

己巳三月哭仲男爱春

行年过五十，底事苦含哀。只觉心如痗，频添泪满腮。
丈夫怜少子，奇劫到中才。华表今无鹤，何时去复来。

忆昔悬弧日，年荒谷价增。突常虚爨火，薇蕨采山陵。
有榻云为幕，无膏月作灯。提携劳汝母，水旱苦频仍。

三年怀已免，短发正蓬松。失恃悲中夜，思亲带戚容。
履穿还自曳，衣敝倩谁缝。大母垂怜切，提携伴老松。

粤海烽烟起，妖星夜吐光。儿生刚四岁，寇乱到三湘。
怕堕刀兵劫，争寻石窟藏。全家惊失散，风雨正苍黄。

有僮能仗义，负汝匿深林。讵料踪难掩，翻为贼所擒。

夺儿抛剑外，忍死窜墙阴。日暮槐枪去，归来血满襟。

走险何能择，蹒跚失旧形。解衣怜子赤，灼艾怯烟青。
有象同夷股，无医乞药灵。馨香供古寺，勉诵佛门经。

迍邅经数载，且喜病徐痊。步武循堂下，娇痴绕膝前。
羡儿增马齿，效我耸鸢肩。千卷残书在，寻求望汝贤。

释莱从予学，髫龄颖悟迟。诗书亲口授，夏楚忍心施。
手为涂鸦卷，情缘逐蠹嬉。数年偕寝食，舐犊有人嗤。

日坐书城里，常惭寡儿闻。惯临先辈帖，爱录古人文。
字拟蝇头细，功争骥尾勤。只今遗墨在，卷轴叠烟云。

头角崭然好，魁梧与父同。宗之年正少，谷也下偏丰。
闾巷夸乔梓，家庭绍冶弓。青衿原故物，期汝入黉宫。

而翁常作客，卖赋苦难论。泣别频牵袂，言归早候门。
既知亲色笑，渐解奉晨昏。倘得年华永，应酬顾复恩。

大母身罹疾，吾儿面带忧。替爷供菽水，较我更温柔。
上寿邀青盼，征歌慰白头。承欢关至性，长愿杖扶鸠。

种得庭前树，青青只雨株。乃兄原浑厚，予季岂庸愚。
雁序情怀笃，鸽飞伯仲俱。江南思旅客，恒见泪如珠。

天马无羁勒，飞扬意自如。期功常见嫉，邻里转相誉。

每授蒙童学，频翻阿父书。芄兰谁诮让，稚气已全除。

缡结桃夭日，儿佳妇亦佳。纺棉勤永夜，佐读傍闲斋。
只冀螽斯咏，长绵凤管谐。岂知三载后，孀媳动悲怀。

百端医旧恙，一旦转沈疴。努力加餐少，探喉咯血多。
鼠肝疑朽腐，鸡肋渐消磨。几度还家问，相逢泪欲波。

去年携弟子，文战走星沙。忽呕三升血，旋回八月槎。
累儿魂欲断，忧我病微加。默向冥君祷，甘心替阿爷。

今春余病起，依旧客巴山。忽接弥留信，偏当夕照殷。
苍黄奔古道，涕泣返柴关。汝舌喑无语，浑如醉梦间。

伤心临死候，双眼注余啼。顷刻昙花谢，凄凉月影低。
举家同一哭，残魄定孤栖。殓殡都从薄，贫儿命不齐。

一棺长闭矣，无复侍庭闱。幽恨沈泉壤，空山澹夕晖。
音容当户忆，血泪绕坟挥。最是黄昏候，痴心望子归。

膝前少一子，常觉碎心肝。年老生悲易，思深入梦难。
夜台成永诀，遗物怕重看。未忍伤余母，频将泪暗弹。

廿年为汝父，一死断前因。料得黄泉客，应怀白发人。
有缘期再世，无象写遗真。但愿依慈母，冥中笑语亲。

泪和墨下之文，二十二首如一首。天然秩序，一气呵成。此为至性真文，岂同无病呻吟之响？从前录者，颇有去取。吾友葆初独全录之，具征卓识。庚申花朝日，门下士易翰鼎谨注。

己巳五月哭长孙鸣鸾

哭儿经两月，今又哭孙儿。命舛天难问，门衰祸最奇。
计年才毁齿，卧病竟无医。苦我衰龄泪，重悲死别离。

好梦初生兆，灵根悟夙因。误投穷士宅，长别暮年人。
尚有孙堪抱，无如汝最亲。昨宵仍入梦，相见幻犹真。

秋夜客中感怀

独坐荒斋里，纱窗烛影红。旅怀伤短鬓，归思托鸣鸿。
山鬼啸寒月，野猿啼古枫。终宵浑不寐，谁与话幽衷。

庚午十二月夜渡湘江

洞庭湖水涸，有客夜行舟。月澹波光暝，天寒桨力柔。
雁声孤枕落，渔火半江浮。明日扬帆远，推篷望岳州。

过磊石山

冒雪渡湘水，天寒风刀骄。湖光穿石窦，涛势撼山腰。
武穆标牙纛，轩皇奏玉箫。古人不可见，灵气互云霄。

庚午除夕泊簰洲终夜思亲不寐

游子赴京华，慈亲别思赊。频年依膝下，今夕客天涯。
酒醒难成寐，更深苦忆家。何时归故里，反哺效寒鸦。

簰洲晓发

篷窗初卧起，大雪压重衾。冰结髯如戟，炉烘炭是金。
平沙孤艇瘦，断岸湿云深。客里逢元日，衔杯且漫吟。

汉口

大别山犹在，古人不复留。况当兵燹后，更触乱离忧。
风挟江声起，帆随雪影收。维舟汉阳树，重上酒家楼。

我乘气拉渡 气拉渡，英商轮船名号也

我乘气拉渡，薄暮抵仪征。画角一声雨，高楼数点灯。
城难窥铁瓮，山尚拱金陵。流水趋东海，涛声日夕增。

扬州怀古

江山混一纪隋皇，底事芜城树绿杨。
板渚青灯张绮席，玉钩秋色澹斜阳。
中原戎马纷纭起，大业烟花顷刻亡。
太息景华宫殿渺，夜深萤火尚流光。

杀声咽断广陵涛，阁部旌旗日月高。
国祚已移犹死战，人心不变肯生逃。
临觞争座军无纪，仗钺悲歌血染袍。
四镇虫沙何足惜，梅花领上吊英豪。

淮上

记从湘浦过维扬，烟水苍茫道路长。
夜半孤身宿淮上，梦魂依旧在家乡。

过清江浦

十载停漕运，而今道已通。
酒旗无恙在，依旧醉春风。

登兖州城楼

才过邳州又兖州，江山风景一囊收。
荒城春早无花柳，旷野云深聚马牛。
碑断难摩秦代碣，树疏遥见济河流。
乡关回首三千里，怅望慈亲一倚楼。

孟子庙

一千九百年祠庙，犹见岩岩孟子舆。
排斥异端三寸舌，干城吾道七篇书。
王驩未足言行事，管仲胡为曾比予。
数仞宫墙欣仰止，参天古柏影清虚。

黄金台

驻马黄金台，残碑卧遗址。白云栖荆榛，斜阳澹墟里。
我怀燕昭王，好贤世无比。筑台储黄金，闻者乃色喜。
卓哉昌国君，自魏且戾止。王曰客何能，国是相与理。
下齐七十城，霸业隆隆起。可以克临淄，可以障易水。
可以执湣王，可以诛淖齿。秦师不敢北，韩魏待驱使。
好贤收其报，祸乱庶有豸。惜哉昭王终，惠王昧臧否。
毅奔燕复衰，竟难保都鄙。毅固人杰哉，平亦贤君耳。
凭吊古之人，欷歔难自已。咄哉战国时，斯台亦高矣。

正月十八日渡黄河

水落黄河窄，舟横白板宽。浊流趋大海，高岸束狂澜。
曲远银沙涌，堤长碧柳寒。晓行贪利涉，残月照云端。

张桓侯故里

将军好武兼好文，卞冉之亚舍黝群。
虎须怒竖蛇矛捷，浩气凌霄戎赤云。
不逢昭烈谁为主，卅年血战同甘苦。
侯视老瞒如犬羊，老瞒视侯如貔虎。
不臣吴魏必臣汉，植纪扶纲归果断。
相期王业不偏安，矢志欲平天下乱。
愿虽难副心自雄，拔剑唱歌斫玉案。
涿州故里井泉深，参天古柏昼阴阴。
荒祠落日灵旗卷，鬼雄千载长相钦。

河朔道中

晓钟初动见残星，客子劳劳自展軨。
洛浦酒旗烟裹绿，大行山色马头青。
卢生卌载才醒梦，光武千秋尚有亭。
日记邮签仍自笑，漫言书剑苦飘零。

汤阴岳忠武祠

高宗容易扫边疆，鹿鹿偷安帝建康。
三字糊涂成铁案，两宫涕泣委沙场。
英雄短气背空涅，君父深仇胆莫当。
痛饮黄龙长抱恨，十年功业冷斜阳。

新郑道中

前路谁知己，中途失仆夫。关山车辙远，风雨客心孤。

红豆怀乡国，青衫剩故吾。自知无诲盗，安稳过萑苻。

土堡 有序

同治甲子、乙丑间，大河南北，苦捻匪之乱，祸诚惨矣。大府檄各州县，令居民四乡筑堡，团绅择其比屋鳞次处，率乡人负土叠石，坚筑垣墉，高二丈许，雉堞相环，俨然城郭。堡设四门，门皆坚木，上建戍楼，可以望远。堡外凿池，深丈余，宽相准，引水满注，周围不涸。堡中可容数百户，亦有容千余户者。民之老幼妻孥，货财服物，咸聚其中。或八九里为一堡，或三四里为一堡，绵延数千里，守望相助。寇至，则皆登陴固守。凡旗帜、枪炮、火药，皆请于官而给之。寇攻辄败，遂不敢犯。今寇已荡平，而土堡犹在，诚御寇保民之良法也。惜吾楚当咸丰初年，惨遭兵祸奸淫焚杀，民不聊生，未能为此谋也。车中悲感横生，爰作歌以纪之。

古者兵即农，力田南亩歌崇墉。古者农即兵，衔枚北乡称干城。周官司马法久遗，今于团练犹见之。大河南北降丧乱，捻匪、回匪相凌夷。杀官杀吏杀苍赤，狼奔豕突无穷期。督师下令筑城堡，壁垒一新极完好。旌旗电掣炮雷轰，都城翻借村民保。一村一堡小而固，数村一堡官军附。纵横联络若鱼丽，燕赵卫邢齐鲁互。贼至登陴与格斗，东堡受攻西堡救。深沟高垒逸待劳，强寇持久成穷寇。巢不破兮卵自完，室家妻子获全安。椎牛斩豕酬神惠，勇士表除千户官。大军乘胜歼群丑，江山重秀军民欢。嗟吾三楚遭流贼，裹头巾赤长发黑。横刀掳掠遍千村，天容惨澹日无色。倘筑土堡如中州，鳞次衡湘控上游。管教蛾贼虫沙没，何至东南半壁白骨成山邱。

襄阳曲

襄阳多女儿，争唱铜鞮曲。五月芙蕖开，衬得罗裙绿。

绮阁傍樊川，佳人整翠钿。可怜襄水月，夜夜照冰弦。

哭友人易樾珊明府鉴章

雁塔名题进士科，转忧慈母鬓皤皤。
分符本握姑苏篆，迎养偏浮吉水波。
薄俸未邀亲已没，微躯如寄病常多。
澧阳一夕闻凶耗，旧雨招魂哭汨罗。

辰卷

湘阴易冕章晋青遗诗

咸丰壬子乱后登团螺山

倾颓古庙无僧住，慷慨高歌有我狂。
日落寒鸦呼客急，风摧败叶送人忙。
两三重岭不知路，八九树梅空自香。
休向黄陵悲劫火，耸身峰顶看沧桑。

清明拜娄烈愍公墓

清明天气又昏黄，杯酒同人拜莽苍。
一代忠贞昭史册，百年歌泣感沧桑。
殚心不计孤城小，埋骨能令抔土香。
愧杀军门秉旄钺，降旗一例出咸阳。

踏青

韶华休负艳阳辰，携伴闲游湘浦滨。
晴色绿杨汀畔水，香风秀麦陇头春。
鸟啼牛背双栖稳，草长羊肠一抹新。
莫向荒原论时事，冢中防有断肠人。

书感

不作邯郸梦，鸢肩惜马周。英雄老盐米，事业薄王侯。
交广空媒怨，情多自惹愁。何方觅宝剑，斩尽负心头。

赋就孤高性，穷仍故态存。死争知己气，生怕受人恩。
樽酒逐愁鬼，杯羹浇野魂。柴门湘瑟外，无语立黄昏。

菊花

孤芳耐久带霜开，孑立阶前不染埃。
我与花间小蝴蝶，一齐都为冷香来。

古意

妾本良家子，郎强妾相好。
当时山海盟，愿与郎偕老。
神听在冥冥，弃置何足道。

与田南塘舟中感事联句

戎马倥偬年复年（易），飘零身世最堪怜。
泪添湘浦三篙水（田），魂断清明二月天。
患难之中见朋友（易），流离以后悟因缘。
桃花有意重招隐（田），好棹扁舟入洞烟（易）。

山居夜感

异地流离苦，中宵倍怆神。怪声鸮类鬼，黠技鼠欺人。
事警常缠梦，情多转累身。故乡今夜月，孤冷楚江滨。

重登团螺山

青峦高耸拟登天，一望山河在眼前。
无计勤王除丑虏，有缘驱我到林泉。
半空瀑布相争下，四处野花似斗妍。
此度重来好风景，愁人偏觉不如先。

纵笔

干戈扰攘屡迁移，深险风波处处奇。
人必困穷方得福，心无感慨不成诗。
工夫毕竟钱神大，烦恼难教酒鬼知。
我是散仙遭小谪，尘寰消受苦奔驰。

书感

大军东下炮如雷，无分从征愧弃材。
痛饮黄龙成快论，计烧赤壁仗奇才。
方欣战舰滔滔去，又见妖气滚滚来。
空作班生投笔想，白云深处且衔杯。

山居杂咏

依山茅屋两三家，苦竹篱边开乱花。
野叟相逢无个事，夕阳村里话桑麻。

青山隐隐板桥通，两岸桃花映水红。
一路牧童归去晚，横眠牛背柳阴中。

家食朝朝饱野蔬，一泓春水绕蓬庐。
老翁带醉笑归去，钓得溪头二寸鱼。

清溪环绕路三叉，石径通幽绿树遮。
一片歌声在深处，村姑几个采新茶。

乡塾重蒙走就师，抱书归去夕阳时。
相逢一揖急趋去，口诵唐人五字诗。

柳丝倒挂绿条条，浅水池塘搁石桥。
短发儿童牵袂告，侬家买得小鱼苗。

残碑荒冢满苍苔，古径樵夫荷绿槐。
山上采薪山下卖，醉醺醺带月归来。

古寺清幽别有天，青松围绕白云巅。
老僧笑指残碑石，建自开元十一年。

山居即事

天性生成一味狂，穷途艰苦备亲尝。
卜居幸得林泉乐，诗酒陶情兴自长。

深山无事日如年，饱领烟霞客欲仙。
一卷新书作高枕，北窗酣醉抱花眠。

吟怀醉后更徜徉，对客挥毫赋短章。
笑杀村童惊吐舌，学诗争欲拜门墙。

踏青独自意闲闲，携酒拈花紫陌间。
幸有黄鹂似相识，绿杨深处尽间关。

信步闲游入野祠，云烟蔼蔼暮春时。
娉婷十五烧香女，笑乞先生解卜辞。

扶筇村叟立斜阳，作客归来路恰当。
久往几番曾识面，青葱松下话沧桑。

移来家酿碧葡萄，开瓮教人游兴豪。
笑向邻翁乞新笋，明朝约客去登高。

桃源原为避秦来，宵小中宵又劫财。
有客寄书偏作贺，此间当不受兵灾。

从戎几辈日奔忙，博得头衔姓字扬。
贱子近来偏学懒，日高三丈尚依床。

兵燹历后死生轻，妄想消除梦亦清。
觅得菟裘无别愿，琴樽花月了余生。

山居杂感

屋仄楼居笑学仙，云收风静月明天。
任他鼠子跳梁甚，买得猫儿放胆眠。

二月莺梭到处投，织成绿密与红稠。
而今花样无多巧，漫鼓如簧舌不休。

菊花称婢牡丹王，一样妖娆一样香。
但是教他输富贵，应嗤人世太炎凉。

苍鹰奋翮欲冲霄，空际翩翩意态骄。
惯向林间欺小鸟，绿阴深处攫鹪鹩。

闲来野圃路萦纡，点点黄花满地铺。
蜂蝶恋香蝇逐臭，一般虫蛰性情殊。

参差翠竹绕庐生，开径能教俗气清。
割爱忍锄新迸笋，怕他当路碍人行。

村童笼雀语绵蛮，偶解腰囊买放还。
重向檐前频嘱咐，不须辛苦觅金环。

病风黄犬一朝癫，乱吠狂奔大可怜。
击死令人双泪堕，侬家守夜已多年。

自笑潇湘一酒狂，爱花成癖乞人忙。
年来喜得垂丝种，不为无香薄海棠。

犹坐三更酌绿醽，月光如雪满中庭。
平时厌杀号声恶，清夜无愁亦耐听。

山村观剧

乡村人媚鬼，赛社为祈年。
士女如云集，笙歌尽日传。
此间真乐地，我辈竟忧天。
画角哀吴楚，何时奏凯旋。

咏物

猎遍山限复水限，花间争闹午衙开。
莫辞采艳工夫苦，须识甘从苦后来。（蜂）

采艳寻香枝上停，停时须触护花铃。
莫教再入庄生梦，止恐蘧然不复醒。（蝶）

底事居高发远声，饰冠徒替别人荣。
只缘一唱群相和，长向风前得意鸣。（蝉）

花下随风奈体轻，草间吸露觉心清。
许多暮夜纷飞物，暗里输他一点明。（萤）

呼朋逐臭易成丛，鼓翅摇唇西复东。
此类自来驱不尽，只怜无分入香中。（蝇）

三起三眠苦备尝，吐丝织就锦衣裳。
惜他蛛网檐端满，无补苍生空自忙。（蚕）

读史

曾是当年楚大夫，鞭尸罪戾不容诛。
夫差早有无君惧，岂为谗言赐属镂。

青齐巨擘群推重，赵后偏询杀未曾。
纵使当时无亚圣，谁将廉士许於陵。

笑他痴想学长生，方士公然列六卿。
做得神仙还恋阙，君王何苦羡蓬瀛。

武侯不用魏延计，孙叔当年叱伍参。
一样老成持重处，休将成败肆讥谈。

炀帝昏淫四海闻，天心人意属唐军。
何如不立代王侑，省却一番传禅文。

即感

妖氛吹不尽，僻壤且栖迟。旧雨人难觏，新居鬼亦欺。
途穷谁鲍叔，世乱我希夷。消遣无他法，临风一酒卮。

与黄石珊夜话

僻处深山近半年，最难知己话灯前。
事因奇謦翻疑梦，境到粗安便类仙。
花本无愁风惹恨，天犹有阙人奚全。
闲谈偶及儿时事，漏尽三更不肯眠。

苦吟

苦吟常耐夜，独坐似逃禅。
视久字难识，思多心欲然。
狂因忤俗减，名耻借人传。
旷世谁知己，焚香拜谪仙。

送别石珊兼怀镜庵

平生聚散最伤神，况是天涯客里身。
风雨一樽话连夜，须怜侬是断肠人。

执手临歧重寄词，归家为道阿兄知。
沙哥消受流离后，犹自风流似旧时。

乱后归家寄诸亲友

故园无恙重徘徊，为寄吟笺手自裁。
休向桃源重问讯，武陵渔父已归来。

乞花

昔年花屡为人乞，今日栽花转乞人。
物到难求方眷念，友因阔别倍伤神。
寻芳踏遍三更月，割爱分来一院春。
自笑崚峋好风骨，为君低首向亲邻。

戊午元日

承欢宴笑北堂前，元日刚逢雨雪天。
著屐客来喧夏屋，垂髫儿兢诵春联。
屠苏昨夜拚千盏，潘鬓今朝老一年。
风景顿生新旧感，令人回首转凄然。

上元对月有感

天上团圞夕，人间不夜城。
一轮曾百劫，千古此三更。
佳节关心事，泉台结发情。
嫦娥有灵药，识否可回生。

花朝谢客

曾约霓裳队里仙，今朝同咏大罗天。
文园无奈偏多病，孤负花朝又一年。
休将辞疾暗疑猜，子美家贫有旧醅。
准拟清明好时节，二妃坟上醉归来。

偶成

多时未肯偿吟债，一到拈毫百感生。
清净何如瞌睡汉，炎凉争奈孔方兄。

不轻诺处终无怨，稍解诗人便有情。
抛却胸中多少憾，独携柑酒听黄莺。

清明日再谢客

平原谯集愿难谐，佳节偏教兴不佳。
小病才辞康子药，芳辰又值太常齐。
空劳食指连番动，自笑穷途百事乖。
还是信天翁果好，断无织恨到心怀。

清明日雨怀黄石珊

芳草烟中一色匀，杏花雨里万家春。
良辰底事成愁境，贱子年来是恨人。
易惹别情啼杜宇，遥期诗力搏麒麟。
那堪鄙吝填胸臆，叔度睽违已七旬。

读《蜀志》

背城一战愿难酬，遗恨千年尚未休。
行险天偏生邓艾，劝降人不死谯周。
数言足吐先皇气，一剑应贻乃父羞。
料得忠魂化杜宇，声声愁绝蜀江秋。

送别谢雪堂姑丈

潘岳多愁日，残春送客天。
公方惊鹤发，我亦老鸢肩。
垂柳长堤外，斜阳古渡前。
无言重执手，别泪各潸然。

吟泉兄馆汨罗彭宅诗以寄怀

雁行五载日追随，今日思兄两泪垂。
春草池边萦旧梦，汨罗江上谱新词。
忘嫌入室庞公客，累世通家北海师。
料得临风更惆怅，空山遗庙夕阳时。

怀黄石珊

绿匝阶前草，红残槛外花。闲愁摧短鬓，别思到长沙。
衡麓春云霭，湘江落日斜。客中应有梦，夜夜不离家。

新借江山助，黄生力学时。定知三月别，添得几囊诗。
戛玉铿金句，鲜花美女姿。论文在何日，临颖倍神驰。

断肠花

尔名断肠花，我是情种子。肠断果为谁，年年竟如此。

再寄黄石珊

名士名山住，由来有夙因。花红三月暮，水绿一湖春。
别恨牵儿女，狂歌见性真。此中文物薮，新得几诗人。

同是多愁种，离人意倍清。鹃声惊夜半，鱼目到天明。
放达师庄叟，文章勖马卿。营斋钱十万，盼切夜台情。

悼亡

同病惊闻先我亡，拊床一恸绝潘郎。
死生咫尺难携手，人鬼须臾几裂肠。
续命竟无延寿药，痴心莫觅返魂香。

最怜两月才扶杖，抔土斜阳奠一觞。
十六年来好合情，几番追忆泪莹莹。
营生不恼渊明拙，举桉咸传德曜名。
偕老较人输两字，因缘难我问三生。
迩来一事成新例，睡起挑灯坐到明。

连朝病骨共支持，扁鹊归偏一日迟。
灵药只教尝独活，仙方竟不待重施。
当君玉树长埋候，正我沈疴顿释时。
收铁六州难铸错，百年遗恨失秦医。

狂寇纷纷扰楚吴，移家人似走盘珠。
连年艰苦怜君受，到处流离与我俱。
渐觉妖氛归烬灭，却教伉俪痛形孤。
墓门日洒相思泪，能到泉台一滴无。

白头慈母泣空帏，厨下羹汤事已非。
况累衰龄千缕线，尚逢游子九秋衣。
晨昏视膳谁同侍，午夜啼儿尔不归。
此后姑恩知更重，梦魂相见定依依。

痛汝双亲早岁无，文姬有弟又清癯。
六年一见情难尽，百日重来事已殊。
聚散原知关定数，悲欢不料变斯须。
可怜无复申申詈，惨听三闾哭女媭。

清才有妹嫁黄香，归省才归一病亡。

方哭小姑同饮泣，忽教奉倩更神伤。
中宵最怕重回首，一月何堪两断肠。
如此生涯如此恨，争禁短鬓不成霜。

穷途夫婿宁馨儿，泉路关心两事宜。
晚岁范蠡堪致富，髫年杨亿早知诗。
前途未必无佳日，此恨何曾有尽期。
最是怜君看不到，纵然乐境总生悲。

药石怜君讽劝情，只今回首记分明。
丁宁善谑能招怨，子细怀安实败名。
渺渺九原应虑我，区区百岁竟悭卿。
抚心一事差堪慰，到死从无诟谇声。

生死悠悠别两年，伤心孙楚写吟笺。
蓬山望断三千远，桂魄空经十五圆。
鲛泪有时枯赤眼，鱼书无处达黄泉。
纵教更炼娲皇石，难补人间离恨天。

次韵和郭镐丞妹丈

年来情况倍凄然，孤馆萧条对月眠。
春草池边人一个，吟泉兄馆汨罗，樾珊兄馆密岩山。
蓬莱山上路三千。石珊读书岳麓，柏孙隐居神鼎，镐丞避兵玉池。
终军壮志难谐愿，阮籍穷途止自怜。
相约清和好时节，霞觞同醉白云天。

与镇仙弟夜话

谈及甲寅岁，潸潸泪两行。自怜全洒脱，每念汝凄凉。

转瞬三年事，伤心一样腔。人生容易老，况复感沧桑。

戊午中秋对月

平生最爱月，况乃是中秋。如何一样月，今夜使人愁。

巳卷

游子吟

春来雁北飞，秋至雁南归。天涯多悲风，游子嗟无依。
肠断陟北岭，眼穿望柴扉。愿随雁南渡，嬉笑欢庭闱。

春夜感事

朔风吹户透寒毡，独拥重衾思悄然。
膝下余欢难我尽，眼中衰状更谁怜。
前番泪洒清明雨，此夕悲深陇亩烟。
一点残灯无限恨，何堪搔首问苍天。

暑夜宿杨笠青师山庄

结就茅庐水一湾，月明林树鸟初还。
诗人早有湖山分，我愿卜邻居此间。

赴试长沙

膝下谁忍离，况是垂髫子。小别犹怆神，矧乃适百里。
贫贱黯无色，色养剧可喜。落日照蒲帆，归心逐流水。

乔口对月

缆系白云滩，夕阳云气寒。故园渺何处，离绪定无端。
堂上嗟亲老，天涯作客难。何如明月夜，倚膝话团栾。

长沙梦后口占

萍踪今夜欲还乡，梦断中途人断肠。
枕上犹思续残梦，好教乘梦谒高堂。

早发长沙

乡心流水共茫茫，四面云山乱眼光。
多记长沙好风景，归家夜话慰高堂。

舟中望月

月色仍孤艇，天涯尚此身。
故园风露冷，愁绝倚闾人。

秋夜怀李氏姑母及子仁子义子廉诸表弟

秋蓬共本根，散在天一方。骨肉一为别，音书两茫茫。
朔风九月寒，虫声凄夜凉。感此念同气，愁思迫中肠。
疾痛最关心，饥寒何时忘。呼僮往问讯，道路阻且长。
越日叩柴扉，远行归山庄。出门迎尺素，尺素报平康。
日出剪绿槐，晚春热黄粱。读罢心乍喜，繁星接灯光。
夜深万籁寂，我心仍彷徨。

秋日登西山书感

百里萧条落木天，西山缭绕古营田。
居民稼穑干戈后，战骨飘零草泽边。
劫火荒祠留宋土（岳武穆祠），夕阳残冢锁秋烟（娄烈愍墓）。
忠魂千载知何在，斜倚高槐思惘然。

答黄锐之钦颖

绝妙辞凌日月高，眼中长吉是诗豪。
君家幸伴三闾住，莫遣渊源失楚骚。

汉高祖

中原逐鹿定雌雄，漫说龙颜属沛公。
体貌果能占福泽，乌江应不毙重瞳。

曹孟德疑冢

深谋虑尽千秋事，真冢何曾在此间。
埋骨知难容寸土，可怜空据汉河山。

春夜怀杨笠青师

一别春将老，春园夜更幽。窥窗仍旧月，倚案动新愁。
问字经秋冷，删诗秉烛游。有怀吟不断，花影上高楼。

幸有传经分，伊川尚可亲。总将今夜泪，洒向远游人。
聚久情弥洽，离多意更真。骚坛定回首，两地各伤神。

遗怀

生涯草草梦中过，人事难知系虑多。
同气凋零摧泪堕，高堂黯淡奈愁何。
苍颜日暮伤蒲柳，白发恩深痛蓼莪。
莫遣成名忘报答，少年岁月易销磨。

闻蝉

去岁闻蝉候，长沙作客身。清音动高树，游子正伤神。

转瞬仍流响，白头相对亲。晚凉槐下坐，含笑乐天伦。

舟中怀古

已分驱驰许汉皇，归耕犹自忆南阳。
古来第一英豪士，未肯人前薄故乡。

营田秋望

西崖山下晚风凉，黄叶一村古战场。
断碣残碑尽秋草，寒鸦依旧立斜阳。

怀黄达观表兄

聚散不可知，骨肉竟久离。仲秋别钟子，寄言长相思。
钟子别已久，会君尚无期。枫林昨夜梦，仿佛乍见之。

述大母训

忆昔汝幼时，为汝求塾师。塾师聘未就，老眼双泪垂。
泪垂心如煎，念汝先人贤。先人重诗书，世泽无可传。
汝祖既早世，汝父亦黄土。藐予一妇人，作汝祖若父。
慎汝寒温就汝传，植我亭亭双玉树仲弟晶鼎同学。
儿兮儿兮毋自荒，嗟予已是清朝露。

述继母训

慈母唤儿前，祖训当恪遵。学古乃有用，不学焉为人。
自予归汝家，汝父逾月死。予为汝曹父，予为孀姑子。
与姑所望惟吾儿，吾儿安可负良时。
儿不见孟母断机屡移居，但愿孤儿勤读书。
又不见市井游荡多年少，嗟哉无业倾门闾。

梦后有怀杨笠青师

世人薄恩义，所重在黄金。此老多情者，同门被泽深。
经年长恨别，有梦倍沾襟。自古感知己，高歌无限心。

营田春望

赤脚踏牛背，半犁春雨疏。儿童歌吹地，农圃笠蓑余。
乐土无残戟，长江走捷书。吾庐古邠国，愿共雅人居。

寄怀黄达观表兄 有序

达观三岁失母，依予大母抚养。成立后，始归汨罗。大母晚年迭丧子女，思外孙尤切，爰寄诗以招之。

昔年嫂氏初逢我，问讯高堂诵蓼莪。
不是夫君常念切，谁教妇子亦情多。
承颜尚冀欢如旧，老眼堪怜泪欲波。
日暮骚坛人未至，愁看双鬓已皤皤。

去妇词为某氏妇作

杵声月落摇荒村，澣衣明朝出君门。
嫁时衣服不忍著，盈盈两袖皆啼痕。
忆昔于归才九龄，堂上父母俱无存。
鸳鸯缄线了不习，事姑惟解洁饔飧。
长大蒸梨罪当去，阿姑勉留侍晨昏。
一朝姑死失所护，阴风在谷蝇在樊。
新人德容夸并美，薄命见逐复何言。
敢惜微躯弃如土，所恨姑坟新在原。
慈乌失母守故林，三年欲去啼断魂。

贱妾调羹谙食性，黄泉何处报姑恩。

仲弟寒衣未成恻然有作

嗟嗟予弟，衣薄号寒。予体独暖，予心何安。
亟语缝人，纫功早完。衣我同根，共度岁阑。

雨后赴罗西草堂

初晴天气正残春，芒跷遥临汨水滨。
堂上应怜行路苦，怕形倦态对归人。

代襄楼酒隐题三间祠壁

三间祠畔草如茵，驻马山头怅暮春。
我是醉乡沈溺客，此来偏恋独醒人。

客中送春

去年灯下送残春，愁绝家园小病身。
今夜春风将别我，游人先已别家人。

客中喜遇家玉峰兄

落日苦离恨，中宵喜欲狂。平居笃亲谊，相遇况他乡。
客舍联花萼，归鞭绕稻香。风波来路稳，请为达高堂。

立夏日汨罗友人招饮席中感赋

家居菽水强承欢，盛馔躬逢下咽难。
堂上今朝一盂肉，尚怜游子未同餐。

客中梦后见月

更鼓凄清响欲残，梦魂初觉思无端。
床头一片他乡月，只有离人夜夜看。

湘城忆家

忽忽已三日，别离生隐愁。家贫余涕泪，亲老缺珍羞。
城市苦当暑，琴囊竟此游。多情江上水，不为送归舟。

六月初四夜湘城见月

好风今夜为人来，卍字纱窗四扇开。
怅望城西正斜月，故园应已隐高槐。

寄钟葆训

古人交以淡，良友多别离。今人喜群居，终日手相持。
群居岂不好，谑浪无乃随。形狎敬易弛，凶终使人悲。
故人君与黄，契合非人为。遥遥汨罗北，望望劳我思。
君今贻我书，勉我惜良时。再拜谢严友，藏书奉如师。
精神信能通，恍惚梦见之。临歧执君手，拜手重致辞。
此别各努力，白头以为期。醒来念良会，有泪交双颐。
不愿长相聚，但愿长相规。

答黄达观锐之子和兄弟

相思隔湖天，枕上梦不清。驰书忽招我，使我逸兴生。
前宵望明月，便欲踏月行。风雨夜半来，怅然无限情。

冬日寄怀杨恕斋

高馆人渐去，夜深风自清。凄凉怜病客，濡滞在江城。

有母惊寒杵，缝衣对短檠。岁阑尤望汝，早慰倚闾情。

迂拙我成性，孤行今未休。敢因逃谤毁，便尔逐波流。
入世情怀淡，怜君气味投。相期持晚节，松柏莫惊秋。

湘城送里人还家

寄书烦达孟家邻，此别何堪近暮春。
第一年来狂喜事，他乡偶遇故乡人。

汨北馆中忆廛儿

一从生汝多离别，弱小堪怜系我思。
最是春城眠不寐，邻家儿女夜啼时。

冬日经密岩山有怀山人钟葆训

归山已一载，渐与市人疏。之子本明哲，尘心应涤除。
离愁牵夏雨，努力爱冬居。惆怅青峰外，白云何处庐。

长沙山中修高祖耕南公墓，遇雪感怀

廿载风霜墓草残，昨来初见别离难。
今宵得伴孤山宿，枕簟差分地下寒。

上元日雨检阅庚午日记有怀，廛儿时儿随母适外家

去岁逢今日，朔风成曀阴。家餐过卓午，口诵发清音。
转瞬仍佳节，离愁摧我心。他乡寒雨急，虑更苦呻吟。

梦游团螺山庄 咸丰甲寅避兵处也，口占诗，醒后录存之

十七年前此地过，关情重问旧烟萝。

环庐记有千株树，无复山头落叶多。

癸酉八月十四夜闱中追怀大母

逐队频年出故林，缝衣羌识老怀深。

今宵皓月光仍满，照彻泉台未了心。

汨罗馆中夜坐

镇日阴云障不开，寒江遥忆故园梅。

角声不管人惆怅，偏逐东风入耳来。

汨罗馆中思家

风雨潇潇二月天，灯残人静倍凄然。

丝毫物力须珍惜，贫贱家人最可怜。

忆故居

大厦难邀一木支，安居长忆昔年时。

熊罴屡兆符佳咏，鸾凤高翔恋故枝。

蔽日浮云空作幻，润花甘露未嫌迟，

独怜老母登楼望，无限苍凉去后思。

黄锐之生日以诗索和次韵答之

群仙高会宴江楼，敢托词坛第一流。

梓里讵能双眼阔，桑弧期尽万方游。

箧中新稿留斑豹，身外浮名付白鸥。

莫道封侯当及壮，海天闻已靖边愁。

喜黄聘儒舅氏来省予母

八年一别重湖隔，双桨重来八月天。
喜见弄孙添乐事，惊看垂发减当年。
贫怜母族思前哲，书有笼纱忆日缘。
却较渭阳多好景，莱衣浑似锦云鲜。

湘江舟中与黄锐之联句

饱挂征帆卅六湾（易），柳条浓密水回环。
浪花高卷两三尺（黄），茅屋远沈千万间。
雁序联翩怀往岁（易），鱼书珍重达乡关。
计程各系慈闱念（黄），风雨登临梦麓山（易）。

金鸡山阻雨

平生耐多思，未雨先绸缪。新秋检行箧，怯寒备冬裘。
旁观嘲我迂，问我胡过忧。岂知风雨来，天事人难筹。
况兹出门日，阴云满空浮。仆行弃雨盖，虑事殊未周。
一雨洒大谷，昼夜无时休。欲假主人盖，行行免科头。
顾问无所得，幽斋苦栖囚。归心日以切，仰天徒歌讴。
侥幸古所戒，君子贵豫谋。

清明馆中作

览尽行人展墓来，天涯有梦到泉台。
三年令节他乡过，今日思家又一回。

湘城馆中答黄锐之

嘉君珍重侍高堂，一诵来函转自伤。
寤寐有怀悲白发，显荣无梦到黄粱。

诗情黯淡谁同领，世味酸辛我共尝。

欲慰相思在春暮，萧斋风雨好联床。

忆内

家运沧桑志渐灰，深闺夜话苦低徊。

怜君不作封侯望，自分安贫佐老莱。

东山日

炎炎东山日，厥功何巍巍。寸光入寒谷，槁木生芳菲。

植我情有余，感戴时依依。所恨托体微，无以报余晖。

麓山馆中忆母

苦节到今日，吾亲剧可哀。家庭逢厄运，儿辈亦庸才。

眼见桑田改，心伤旧院苔。何时捧毛檄，一博笑颜开。

读养知先生《使西纪程》感赋

少时一井蛙，安知天地宽。出门才咫尺，咄嗟行路难。自从海舶来，江汉失漫漫。巨轮撼沧溟，鲛蜃为回澜。浃辰盈万里，直疑抟风翰。遂令轻别离，无复客心酸。伟哉我星使，玺书通可汗。乘槎越重洋，天地极大观。载笔纪闻见，遥寄乡人看。鲰生颇好奇，把卷忘朝餐。异哉冰海人，冰窟居且安。如鱼沈深渊，隆冬不知寒。乃知天行健，生物力不殚。何地无血气，何人异悲欢。推心尽吾与，异域形不单。羁縻古有训，吾道谁能刊。愿与好学人，一一披心肝。少见固多怪，浩歌起长叹。

七夕长沙馆中寄内

天上人间讵不侔，银河湘水共悠悠。

自家夫妇多离恨，何暇伤心惜女牛。

偕隐山中别有天，耦耕佐读意陶然。
何时永遂团栾愿，曾负佳期十一年。

丁巳七夕悼亡

岂独今宵水不波，乌桥万古渡银河。
频年枉自怜牛女，毕竟双星胜我多。

丁巳秋检藏敝扇，凄然有感

团扇今将敝，炎天又已过。
弃捐心不怿，怆念旧劳多。

丁巳冬晴散步

频年髀肉苦羁栖，席地膝间日未西。
俯首凝神何所事，山村闲听午鸡啼。

戊午七夕悼亡

青苍短树护泉台，倚仗柴门倦眼开。
咫尺更无银汉阻，梦魂偏吝夜归来。

己未七夕悼亡

两年七夕悼亡诗，循诵难忘易箦时。
毕竟相逢应不远，幽明何用苦相思。

己未岁暮，题老友李麓渔寒江独钓图

蓑笠孤舟雪，人间剩此翁。
庐山真面在，高隐问谁同。

庚申元旦题壁

我生二万五千朝，岁除七十度清宵。
苍生霖雨徒虚愿，窃食人家惭老猫。
课耕有梦随田畯，堤防蓄积勤疏浚。
水旱无虞乐丰稔，孤寒孀苦沾余润。
忽然连袂坐肢庠，群英讲习闻经香。
家家孝悌风声播，兵气潜销靖万方。
俄而附骥轺车使，历聘环球联众志。
推心置腹万人欢，一家天下同平治。
鸡鸣乍听漏声残，幻境虚无心已殚。
十二万年天亦老，热忱终古何时寒。
蹉跎又饮新春酒，倾樽醉我同心友。
临歧相赠更何辞，但愿立言长不朽。

庚申上元夜有怀淡永居士彭克谐

孤馆萧条胆气寒，携童聊借一枝安。
偏逢佳节愁城过，无奈名山梦境看。
话别中秋悲往迹，怀人远道盼归鞍。
他年亥子膺天眷，同向云霄振羽翰。

午卷

辛卯挽养知先生郭公嵩焘

十二年亲炙龙门，仰见嘉谟入告，不问江湖。当几每示周行，草疏付寅僚，沥尽满腔热血。哀琉球，则请申公法。策伊犁，则乞缓寻盟。恸马江，则恳定全模，以纾兵祸。即内地郑州河决，支流宜浚泄，仍吁同舟共济，联络东南。梦寐总朝天，一缕孤忠谁宝鉴。

五百日暌违马帐，岂图永诀竟成，遽悲山木。挚爱无遗纤善，樗材资造就，感深宏奖风流。恤生徒，则辱许名师。拯故旧，则枉推义友。论海国，则过称管见，可备刍言。迄两湖文会躬逢，公病已弥留，犹劳荐士陈书，滋培桃李。迢遥哭知己，千秋厚望我何堪。

挽杨笠青师

患难渡迷津，岂徒旧馆追随，挚爱早承圯上老。

风骚传嫡派，敢忘遗篇付托，诗魂犹护茂陵书。

挽黄子和钦逊

唾骂寄诙谐，君应可入滑稽传。

死生重离别，我更难忘故旧悲。

挽长沙朱雨田先生

隆冬闭塞之天，留元气以待春回，端赖此满腔生意。

早岁观摩有幸，侍养知而陪夜饮，最难忘宏奖风流。

挽汨罗黄半坞先生

诗学自成一家言，闲远清超，王孟之间较优劣。

骚乡同洒千秋泪，萧条怅望，汨罗此去最凄清。

乙巳挽家省哉老人

樵薪供晚爨晨炊，八十耐勤劳，家书一纸伤心语。

族运值辰旬寅岁，二三起豪俊，他日九原含笑时。

挽长沙余太夫人

懿德难名，正气长留在天地。

承欢何处，高山仰止亲光辉。

挽郭依永夫人

假馆忝经师，执礼优崇，心佩母仪逾四载。

吞环成痼疾，殉夫迟死，天留慈范翼双雏。

挽表弟黄杜生夫人

相夫子志切鹏飞，早世未成名，继起有人，喜见芙蓉映初日。

适老翁荣膺鹗荐，陈书念归计，弥留冢妇，偏从桑梓卫苑裘。

辛丑挽从伯母陈恭人

九重沛泽良多，勉予兄弟，志彼风云，休论故宅沧桑恨。

五十衰龄渐届，学业无成，慈恩空负，愁忆长沙橐笔年。

庚辰挽郭蛰存姻丈仑焘

忧民空悱恻缠绵，满腹经猷，作雨未同云出岫。

受惠遍乡邻里党，万家香火，衔环岂独雀知恩。

庚寅挽朱敬舆姻丈

千万间广厦沧桑，满座无欢，愁听慷慨悲歌，夜饮凄凉如昨梦。

二三子江东豪俊，重来有望，藉慰亲朋至愿，晨星寥落感他年。

挽田霞城老人

先君是总角交游，四十年孺榻尘封，定知泉路重逢，悲欢并集。

小子亦有心存赡，七百里宦囊金尽，到此生刍一奠，黯淡何堪。

挽家笛楼兄

同居已十载于兹，垣墉仅隔，晤对恒疏，淡泊交情君子重。

致富在千仓以上，车马未完，勤劳不倦，艰难遗业后人悲。

辛丑挽表弟黄丽生夫妇

天遣云霓一邑，密迩高堂，独奈何继志循声，棠荫不随椿寿永。

我悲风雨重阳，新捐冢妇，最可托同根兄子，曙星偏续女牛沈。

挽吴炳臣老人

数先君梓里交游，硕果仅存，摇落悲风天太忍。

适小子江城濡滞，童颜永诀，归来闻笛我何堪。

挽刘湘蕖淞芙母夫人

太平草六蕴全球，化雨初萌，阃范早垂千古法。

文字磋磨倚双凤，清浏假馆，慈灵许借一枝安。

挽家艾生母夫人

辰旬咫尺，族运回春，郎君具有雄才，三迁可绍陶朱业。

久病沈吟，婺星陨地，列鼎终输负米，万古同深季路悲。

挽家镜湖兄铣鼎

属望负深情，矮屋秋风，未偿骥足凌云志。

凄凉悲往事，长沙夜雨，忍读鸰原急难篇。

挽蒯培万姻丈

负米走长途，宴会恒疏，空令雨雪悲萝施。

成名劳厚望，弥留待尽，愁听秋风落榜花。

挽家培圃老人文桐

含涕见先灵，及身未获平家难。

同心御外侮，毕事难忘吁众贤。

挽家鼐臣兄

旧巢付林外鸠居，风雨迁移，假馆难忘东道主。

游子愧囊中金尽，家园萧飒，分甘承慰北堂人。

挽周挹藻

聊吟风月满长沙，大笔淋漓，泄万古牢愁，苍凉岂独悲身世。

迎葬波涛凄浙水，深闺黯淡，怅三年离恨，环佩空劳赋德音。

挽谢氏王姑

吊古恒议论纵横，巾帼具须眉，放眼千秋如一日。

示我以高曾矩矱，家庭足文献，伤心一线陨千钧。

挽铁山樵子母夫人

天姥怅峰颓，伤心浪逐风狂，老辈多情曾卫我。

羹汤违色养，转瞬姑随妇逝，江城游子更销魂。

挽余子泉亲家夫人

梁伯鸾好物色人才，昔闻司榷三迁，守正获封名，赞赏欢声动遥夜。

孟德曜是贤明内助，定识遗愁万种，承家期冢妇，勤劳旧业付他年。

丙申挽郭武壮夫人

郎君迎养慰讴思，方期襄水重临，中道偏教歌薤露。

武壮相逢问时局，乞道强邻逼处，忠魂犹望护榆关。

挽石声政声敏母夫人

衰年得冢妇承欢，至性动人，岂徒机杼和声，夜阑恒博慈颜喜。

负米悯中途季子，终天永诀，何待鼎茵厚禄，晚贵才深薄养悲。

挽家懋南老人夫妇

农积谷，商积财，家尤积善，开基本忠厚，

吾宗共仰椿萱，宜尔子孙，光大门庭酬积累。

生同寿，葬同穴，没亦同时，并驾赴蓬莱，

此事应关缘分，念我曾祖，后先辉映正同符。

挽传青余先生寿彤

渡头日暮魂销，最难忘枉顾殷勤，残月晓风劳杖履。

东涧波澄人渺，更何处亲承诱掖，渔歌樵唱达风骚。

挽长沙黄庚梅

君去太凄凉，痛乌哺寒林，未偿孝子娱亲志。

我来仍角逐，听鸡声试院，愁忆频年假馆时。

挽黄笙阁姻丈

豖君承孝友家风，情深乌哺，谊笃鸰原，
忧贫能力挽千钧，花萼联翩，绕膝同欢如一日。
难弟擅循良美誉，汉水膏流，秭城春满，
永诀纵缘悭一面，门闾光大，抚心差慰在千秋。

辛亥正月挽家籽霖先生濂鼎

高隐妻梅九十年，在道光时已名噪胶庠，允矣五朝耆旧。
闲居作赋千余首，近屈原乡而词薰香草，蔚然一代风流。

壬辰挽家萼楼先生倬章

性甘泉石乐桑麻，奚劳备贲干旌，左相瑶函规大隐。
名重贤书光族谱，到此摧残硕果，江公彩笔授何人。

壬辰挽家梯衢老人章阶

蜗舍傍垣墉，记曾短榻琴樽，夜月春杨同雅集。
莺迁违色笑，那忍故宫禾黍，秋山风木又增悲。

挽良医柳君和凡

良医擅福幼专长，独出冠时，惯向临危苏稚子。
遗老竟悲天不憖，群蒙无恙，更从何处报先生。

挽家懋卿老人伟章

新秋觌面竟无缘，驺从言旋，旅榻高悬虚请谒。
初夏同心刚御侮，牛眠如故，先灵相见定欢呼。

挽杨小山师

李家渔身世苍茫，追思旧馆从游，松菊齐登卖山券。

大程子泉台问讯，乞道门生未老，枣梨终护茂陵书。

挽四川张覆南

论交特许丹心，兄弟客荆州，竟向群伦遇知己。

荐士曾蒙青眼，情文根挚爱，更从何处报先生。

挽江夏故人萧广庭

郁牢愁数月而亡，缣素岂争权，殚心总为酬知己。

早郑重诸孤之托，风尘偏识我，仔肩从此敢忘君。

庚子挽故人胡其祥

以勤劳致富，偏慷慨轻财，豪侠本天真，肝胆照人如一日。

当仙驭长辞，适神京转徙，臣民同义愤，泉台有恨定千寻。

癸卯挽老友黄锐之钦颖

每依北斗望京华，可怜垂死中兴，二三豪俊为时出。

一卧沧江惊岁晚，竟与先生永诀，九重泉路尽交期。

乙酉挽某君

欢承父母非艰，埙篪唱和，琴瑟和谐，圣若贤惟持此道。

民鲜中庸已久，仁似春温，义同秋肃，我与君各得其偏。

挽内兄黄谦瀚

亦支撑门弟之人，造物太无情，又夺中流砥柱。

徒望哭关河以外，秋风曾晤面，空悲夜雨琴樽。

挽家岳农兄母夫人

子姓皆节俭相先，知寿母崇实黜华，早成家法。

富厚以骄盈为忌，似德门尊贤容众，永荷天庥。

挽同邑黄公

于嗣君为旧馆人，自怜家运迁移，画阁吟楼，转瞬沧桑经百变。

愿先生赴群仙会，莫更尘寰眷恋，洞天福地，寄身安乐足千秋。

挽柳惕凡先生

永夜不成眠，当年兔死狐悲，吉人自尔伤同类。

学书饶至趣，一卷龙翔凤舞，遗墨差堪示景行。

挽家笠农兄

囊橐有余资，偏能崇俭黜华，过人远矣。

讴吟多逸趣，为问林梅陶菊，若是班乎。

挽家学初老人

游子感深情，负米未归，饼罄代筹慈母食。

克家期令嗣，亲师获报，名成终慰夜台心。

挽黄楚卿姊丈

既得才名，应得科名，抱负罕知音，几度乡闱悭拔擢。

不于其身，偏于其子，文章终获报，千秋家学重渊源。

挽李芋生刺史母夫人

孝子著循声，合万家苍赤欢心，共祝萱堂日永。

先灵泯遗恨，喜半载河渠伟烈，终留棠阴春浓。

挽同里老人

有子皆名秀才，显扬早遂庭闱愿。

如公负老成望，勤俭堪为里党师。

挽郭文思老人

浏水暂栖迟，百里还辕，城头风雪摧梁木。

湘湾亲色笑，三年如梦，岁暮萧条恸老成。

挽表妹婿张颂儒

我姑赖半子承欢，硕果仅存，惨坠悲风殊太忍。

冢嗣忆三年同社，吟声宛在，愁听秋雨更何堪。

偕仲弟晶鼎挽杨小山师夫人

患难忆当年，赴诉师门，五夜苍黄劳眷恋。

弟兄同逆旅，遥惊噩耗，三春风雨助凄清。

挽黄羲民邕芬

大父赖承欢，讵图晚影桑榆，翻惊旅榇沈芳草。

泥金刚盼断，那忍归帆咫尺，更听江城惨落梅。

庚寅挽郭节母

令子为名秀才，翰苑储英，是节母临终快事。

圣世重旌门典，幽光待阐，慰当年茹苦初心。

戊寅挽孙海樵母夫人

婺星照远水遥山，连宵风雨盈天，百里潜光浑若此。

令子具雄才大略，他日干城卫国，九原含笑定何如。

戊寅挽家逸仙母夫人

王母本天上神灵，仍归缥缈仙乡，白云黄竹堪倾耳。

令子是人中骐骥，饱领乾坤清气，吸露餐霞不染尘。

丁巳冬挽故人钟君书田夫人

贤昆班孟，佳婿梁鸾，藐躬均聚首鳣堂，懿范熟闻为善乐。

甫葬山妻，旋悲天姥，夫子亦伤心鸿桉，论文交诵悼亡篇。

挽朱氏姻母

牵衣黯淡送行人，阿连忝列东床，屡沐慈恩嗟远道。

负米归来方永诀，孝子亲承遗训，不留织恨到终天。

挽家岳云母夫人

太平草木萌芽，画荻和熊，愿借遗规光卷帙。

佳妇羹汤孝敬，吹箫引凤，早分余荫到门庭。

挽表兄黄达观夫人

孀帏茹苦训孤儿，最难大厦将倾，卅载擎天同柱石。

夫子关情询弱弟，乞道衰龄渐届，几曾修业慰泉台。

挽家阜薰母夫人

办事才已造就郎君，平远有山同蕴藉。

创业时曾赞襄夫子，丰亨无日忘艰难。

挽家寿农兄夫人

相随地下愿初偿，夫子重逢，定对孀帏怜苦节。

不俟人间春介寿，云軿一去，直从王母啖蟠桃。

挽家少柔妹 予老友黄锐之夫人也

文章达乌哺哀情，夫子与联吟，聚首深闺如昨梦。

存赡本鸰原挚谊，无盐竟同淡，伤心虚愿总难偿。

癸巳冬挽家华仞母夫人

移家蜗舍幸同居，十年妯娌相亲，慈顺共瞻贤母范。

有子龙门方射策，一旦文章入彀，显扬终慰夜台心。

丁巳冬挽柳寿松母夫人

郎君旧绾兵符，桑梓平安，久矣成名娱白首。

贤母今悲戎马，弥留日夕，凄然流涕哭苍生。

庚子冬北堂哀联

先君必问孤儿，五十渐衰龄，乞道庸愚今更甚。

毅魄难忘故宅，万重悲宿雾，应怜恢复古来稀。

辛丑九月湘潭寓馆哀联

风悲五夜，潭水凄清，更何堪陟屺童孙，怅望迢遥三百里。

露冷三秋，蔬厨岑寂，最可痛调羹冢妇，操作勤劳十五年。

庚戌四月潜英侄甲鲲哀联

吾儿有豪杰之风，于我躬固号能臣，在我族亦称良佐，况复一乡耆旧，犹劳属望多端。百余日惨变非常，竟夺中年天太忍。

地运值辰寅交汇，建义仓方资擘画，兴义塾正待经营，即今诸弟裁成，罔不绸缪是赖。三十载同心务本，空留后事老何为。

甲寅孟春应房侄甲骅哀联

辰寅族运当兴，独奈何迭丧贤能，一而再，再而三，黄土无情天太忍。

任恤家风未坠，只赢得满门忠厚，亲及疏，疏及远，口碑载道众同悲。

挽故人某秀才

同堂绝少龃龉，被难尤惭倾轧，数十年不即不离，君子神交淡如水。

倦飞颇厌纷纭，娱老惟求安适，二三子课耕课读，大人善变艮为山。

挽家时若老人

屈指甲戌患难中人，落落晨星，天胡不憖遗一老。

伤心异日亲朋大宴，盈盈樽酒，滴亦何曾达九泉。

挽青草山人蒋君文轩

桃源烟火隔尘寰，群称乐裕田园，而蒙独景仰幽人，清名祝与青山水。

斗酒从容具鸡黍，在昔欢迎亲友，初不竟遭逢知己，卓荐光增皓月圆。

挽家舜钦老人俊章

含涕见先灵，唐山暴骨荒凉，及身竟未同修葺。

催租撄重病，沘水多情呜咽，招魂犹望护堤防。

乙巳春挽家耀昆

深林被伐，濯濯牛山，桑邦衅启争端，及身莫睹平家难。

执绋未遑，劳劳竹马，棠舍郊迎邑宰，解纷应速报泉台。

挽钟祥开军门

大星倏陨湖天，闻耗在江城，梅花玉笛增凄惋。

旧雨常怀阿弟鸣鼎、晓楼，多情称义友，闽海珠光重品题。

武昌寄挽田笛仙

处世抱和衷，人争访戴，扶风资直道，

我更钦韩，讵图两载神交，小别芳颜惊永诀。

才高石韫玉，待价难沽，望断田有秋，

祈年无术，太息一乡蹇运，岂徒医国恸先生。

挽单垂鼎

桑邦疾苦赖扶持，那堪风浪同舟，九死一生悲险幻。

蒲节从容期宴饮，岂料蓬山促驾，三闾五日共凄清。

挽晓楼弟鸣鼎

气象似大贤訚訚，自惭敛锷藏锋，未若精金独纯粹。

辛苦痛劳人草草，迭走玉门山海，岂徒闽域久奔驰。

挽田少鲁湛霖

榆年潇洒出群，愿希陶令风流，司空韵味。

梓里揄扬太息，岂特关中政迹，领外勋劳。

挽郭子秩调元

高堂倚椿树浓阴，湘浦连年，每共承欢陪夜饮。

旅馆听梅花短笛，江城一别，讵图永诀竟终天。

挽刘砺吾箴吾昆仲

埙篪唱和赴蓬山，蜃气成楼，花萼光辉联雁序。

桑梓维持资县会，牛刀掷地，佛门因果属龙头。

挽家力卿老人

壮时豪迈超群，匹马投书，尤征兄弟相维志。

晚景峥嵘可慰，长沙握手，犹话咸同共苦年。

挽吴智川

论交值弱冠年华，有道获观摩，兰言喜订同心约。

乡饮就高堂存问，思君方缱绻，噩耗偏从转瞬来。

挽朱君崧梧

同里数年共事，助我良多，最难劝道移风，守剑竟偿王烈志。

解纷一片热肠，如公有几，太息闾阎蹇运，崩榱岂独紫阳悲。

挽单仲尹广文孝钧

是麓山同砚之交，文战共三秋，彩笔凌云惊众侣。

自澧水还乡而后，茗谈惟半日，清宵对月哭先生。

挽殷君德畴

翱翔喜凤子追随，同年联步胶庠，争传佳话惊人久。

讲习乐鳣堂咫尺，一旦空闻山笛，愁忆论文益我多。

挽钟君荫棠

中流盼砥柱方殷，联袂甫同行，何忍掉头捐竹友。

地运值辰寅交汇，有灵应默佑，相期垂荫遍桑邦。

挽家举才老人

屈指文字辈行人，硕果仅存，惨坠悲风殊太忍。

关心犹子经营业，良朋无恙，匡扶大厦岂辞劳。

挽家伴琴

江城九载，莺鹤相依，最难堪抱恙忧贫，殁归赗助成虚约。

盗薮孤身，虎狼莫噬，差可幸逾年邱首，生入乡关获令终。

挽吴嵩阶先生

桑邦风化仗维持，频年杖履追陪，老成德望钦山斗。

椿寿期颐群祝祷，有子莱衣绚烂，旅馆悲声倏惨凄。

挽黄蓉初表侄

绳武荷仔肩，可怜初日芙蓉，惨坠悲风天太忍。

解纷倾热血，为植故乡桑梓，羁延连夜我来迟。

挽家卓超兄巍乔

执事敬，与人忠，惟先生无愧圣言，弱弟终身资学步。

水流湿，火就燥，联群贤以培祖墓，同心不日告成功。

挽朱建之

栋宇傍湖山，松茂竹苞，经商早裕菟裘乐。

死生重离别，天荒地老，令我难忘故旧悲。

戊午季夏追悼老友蔡葆初培勍

最难堪避患苍黄，苇雁汀洲，鹤唳声中惊噩耗。

更何处亲承诱掖，沙鸥天地，笛冷山阳恸故人。

挽家少安老人鸾章

凤凰遍体文章，硕果仅存，从今顿减骚坛色。

桑梓满山云雾，洪流未断，临绝犹劳太息声。

挽家华仞万鹏

频年助我良多，茔煤樵竹，朱剧黄安，从善精神周万事。

满座嘉宾太息，患难忧伤，死生骨肉，照人肝胆透重泉。

挽家阜薰兆谦

去年杯酒正酬劳，痛一载方周，同日顿成千古别。

长至宗堂初集宴，适三军骤入，接淅而行万顷愁。

庚申秋挽黎亲家母钟安人

请谒忆甲寅初冬，垂询病妇衰颜，犹自重盼来，共话当年弄孙事。

寝疾适萑苻远窜，亲见安巢完卵，相逢应一笑，差堪告慰早亡人。

庚申孟冬挽家甘澍老人章宇

乡村事故纷纭，大化小，小化无，惟我公暨崧梧老人，略肖鲁连夏忠靖。

教养经营妥善，亲及疏，疏及远，留后望于适园居士，可堪朝露亦晴霜。

庚申孟冬挽殷氏王姑

孺慕终身八十年，椿萱至死难忘，遗命奉灵朝祖庙。

拙稿成编十八卷，草木初萌未盛，待沾化雨慰泉台。

庚申仲冬挽家春山兄鼎笏

频年苦戎马苍黄，开门辄见荆庭，竟使离多嗟会少。

高隐傍乡贤祠墓，他日重临春社，可堪琴在痛人亡。

庚申季冬挽家晓楼弟母夫人

最难堪哭子丧明，绕膝纵分甘，六年不见群孙面。

更何处登堂请训，关心询远道，二女长承大母恩。

同日哭女孙有严凤威

孝养重闱，勤抚双雏，当年有训恪遵，舅氏欣传家学永。

萱草方残，天花乱坠，此景何堪追忆，老怀凄断陇梅香。

辛酉仲春挽枫江钓叟

皓首厌旌旗，一死未忘天下事。

苍生待霖雨，九原犹望太平年。

辛酉季春挽家逸仙弟蔚鼎

视疾阻阍人，会逢兵马充闾，一面缘悭成永诀。

问花悲往迹，忍睹园林无色，卅年离恨竟终天。

附录仲弟愉叟挽逸仙弟联

论交两代诵鸰原，父悯遗孤，子联世好，最可感晨炊屡断，恒劳指粟分金，至性续前光，往绪难教更仆数。

恨别卅年怀雁序，星沙月落，鄂渚神伤，抑何堪侨寓频迁，更使离多会少，旧庐成永诀，芳魂应重故园悲。

辛酉仲秋挽故人杨志纯

何堪避乱苍黄，咫尺若天涯，馈药难通，鹤唳风号惊永诀。

太息省亲匍匐，萑苻困游子，临濆走险，枪林弹雨滞归舟。

末卷

丁亥春寿养知先生

是何等襟怀，江汉为池，天地为囿。

问先生位置，众人之母，王者之师。

庚辰正月梦中成联

风雨雷霆，咸止于所。

飞潜动植，各适其天。

丙午春联

处处丰饶，四时安乐。

人人孝悌，万国和同。

题杨孝子本显祠

孺慕贯终身，至性弥纶塞天地。

师资欣不远，高山景仰亲光辉。

乙酉馆中对讲友联

禹汤文武三王，靖四方克大定。

周程张朱五子，为万世开太平。

继母房门春联

萱阁欣逢春日永，莱衣浑似锦云鲜。

小人有母，君子抱孙。

戊申书馆楹联

藐躬荷知己荣褒，狷介不为，狂简进取。

何日副平生奢愿，人欲净尽，天理流行。

丁未馆中春联

量狭心慈，才疏志广。

水流花放，鱼跃鸢飞。

庚戌题武昌寓庐

春夏在北，秋冬在南，频年转徙江湖，略同苇雁。

排解利人，韬藏利己，毕世浮沈天地，自耻沙鸥。

己酉秋湘乡谒先正诸公祠题壁

四百里雅近贤关，执鞭未获从公，琴梦羹墙余感喟。

六十年初临胜地，看竹如须问主，曾罗王李或欢迎。

甲寅春代备赠联

一腔悱恻，满口诙谐，他年眼触羹墙，须眉宛在。

社谷盈仓，村童成塾，自昔心存桑梓，肝胆常新。

题麓山会仙亭

猿鹤喜重来，问著述无多，编成一部擎天柱。

神仙悭一会，达蓬莱何日，盼断重溟缩地方。

丁亥春由渡市榷舍题浏阳城东旧馆

连朝冒风雨波涛，湘浦南来，中道偏教羁独客。

何日萃弟兄甥舅，峿山东望，天恩未许住三年。

癸未正月晦日代仲弟愉叟
召集湘城馆徒开讲题壁自勉并勖诸生

代领春风，谈经暂辟初基，俟阿弟穷源竟委。

何嫌晦日，励学当臻止境，望诸生法圣希天。

题湘城孙氏书楼

去市未远，得天已多。

庚寅十一月营田题岳武穆王祠壁

是谁淮北山林，呼天一问。

率我江东子弟，卷土重来。

倾囊移赠贫交义士仅得银圆九枚因书联语附赠之

惟六惟三，英雄一饭。

不十不八，国士无双。

丙辰春夜梦后成联

金刚面目，菩萨心肠，痞徒口舌，是湘阴自知之明。

讵料此种真传，吝勿与他邑人，全付我乡邻末士。

既不惜命，何用贪财，遑问求官，在衡阳称心而出。

究非孤行绝诣，昔已垂大名去，愿同门景仰先型。

丙戌仲春甥馆楹联

馆甥青草湖边，趁春日暄和，山川物色供诗料。

回首双枫浦上，正桃花绰约，风景依稀似去年。

壬子仲秋鹤霞侄运翔新婚志喜

嘉耦本天成，十三年择配多方，自笑老怀犹太急。

奇缘来意外，四千里联姻一线，长绵家庆未嫌迟。

甲寅冬题三世祖忠节公新祠

前明苦节，旷代英灵。

闻风拜赐英灵，生死系纲常，名重乡邦绵教泽。

自古优崇苦节，乾坤赖支拄，潜消祸本靖人心。

附录甲鹇题联一首

至今圣教常新，治乱每循环，功在乾坤惟节义。

自古精忠不没，英雄论成败，光争日月此心肝。

己亥六月寿于次棠中丞荫霖

病不剧，求医不切。

寿愈长，被泽愈多。

庚子秋夜忆甲鹇儿日本撰联寄怀

吾儿坐外馆春风，似闻酝酿怀中，三年学业同欣赏。

而翁对家山秋月，因念团栾海上，万里天涯共此时。

题养知书屋

贤者识其大者，君子不可小知。

送友人解组还家赠联语以慰之

左右双清，一琴一鹤。

乾坤六子，三女三男。

家叔辉新婚联

九二纳妇，百两盈门。

母族缔奇缘，喜凤卜重谐，敢忘童龄旧侣。

灯窗勤佐读，听鸡声四起，催成博议新书。

题浏水金塘茶亭

小艇难撑，偏从急水滩头过。

破鞋无恙，曾自沿江岭上来。

丁亥题陶南村参军浏城新寓

莺谷甫乔迁，刚逢万里书来，令子新承毛义檄。

乌私绵禄养，又博重闱色喜，锦荣同灿老莱衣。

癸丑仲夏题武穆乡公所

仁里守望自成风，军披黄甲，民垦青山，大义著千秋，武穆营田留宋土。

界家苏仑均胜地，北拥菱塘，南遗花坞，芦林联万井，丰亨锡福满唐山。

案：武穆乡团名曰营田，曰大义，曰千秋，曰界家，曰坞塘北，曰坞塘南，曰守望，曰黄甲，曰仁里，曰唐山，曰苏仑，曰军民，曰青山，曰锡福，曰芦林。各团均有往耕锡福圩者，惟唐山一团，多至百四十有余家。葛民先生止园遗迹在坞塘南，至今花坞犹存。

寿家卓超兄巍乔七十初度

慈孙笃木本水源，一身联络群贤，凤山大功成五月。

仁者享高年厚禄，百岁欢娱偕老，扬州遗爱早千秋。

甲寅立春武穆乡奉撤自治公所，甲麐儿方董事其间，因题联以示警

乡董乡佐，议长议员，元恺十六人，到此风流云散。

保身保家，夫农为圃，闾阎千万户，共期人寿年丰。

丁巳冬寿凤凰熊公希龄

皓首厌旌旗，排难解纷期鲁仲。

苍生待霖雨，马归牛放更何时。

侄女婿彭焕尧甥馆门联

大易咸恒皆吉象，老彭信好正英年。

题家萃亭公焕橒仙济亭

昔人已去，流水无情。

癸卯对友人联

湘人士博览群书，前三通，续三通，皇朝三通。

周天王分封列国，公百里，侯百里，子男百里。

代甲麐儿挽养知先生

赐食久推恩，垂怜澧浪潭波，糊口江湖同苇雁。

登堂方待命，恰值山颓木坏，伤心天地寄沙鸥。

代家涤青挽象方老人

居然白发慈亲，更何堪临绝迟回，夜半待招犹子至。

乞语黄泉恩母，最难解终身孺慕，梦里常闻哺乳香。

沈痛肖题，令我偕普天下受恩深重人，同声一哭。

代彭克谐挽浏阳白鹤庄刘母

糊口幸依刘，相期广厦垂成，寒士欢腾慰泉壤。

登堂曾拜母，到此承颜何处，吾山仰止钦光辉。

代仲弟炳仑挽余太夫人

依欧阳公已十有六年，太夫人悯我孤贫，梦寐至今闻叹息。

遇洞庭险犹万无一失，积善家余庆远荫，江湖何地是波涛。

代赵玉林挽余太夫人

伤心天地寄孤鸥，挈家闽海归来，活我十余年，全资樾荫。

转瞬荆沙还旅雁，促驾蓬山急遽，承欢三五日，顿哭萱残。

代浏阳僧挽善士赖正林

我佛重慈悲，普渡群生，如公可订同心约。

吾门证因果，摧残善类，此谛难凭法眼窥。

代家华仞挽长沙黄氏姻母

关心惟骥足云程，垂怜荏苒韶华，夜深憔悴摩编简。

转瞬又鸡声试院，追悼弥留日夕，枕上殷勤问榜花。

代朱心泉挽柳氏姻母

闺中懿范仰芳邻，况兼女嫁高门，垂荫茑萝资老柏。

地下先灵问孤子，乞道身依父执，倾诚保卫胜甘棠。

代仲弟愉叟挽刘砺吾箴吾昆仲

可怜难弟难兄，大被相亲，竟偿蒿里同眠志。

怕听秋风秋雨，文星倏陨，愁忆长沙握手年。

代仲弟挽晓楼弟

久违亲舍，望哭遥天，倦飞得遂承欢，犹幸三年依老母。

我正力田，君偏弃养，成事差堪报慰，代芸百亩赡遗孤。

代朱建之追挽长沙友人

论交感鲍叔深情，闻讣值新秋，其时苦家难频仍，执绋不遑趋远道。

致富媲陶朱伟业，贤郎堪继志，而我独丧明哀痛，知公未忍责西河。

代黄君挽孀女之姑何节母

旌苦节于霜清露冷之余，褒奖荷丝纶，顿教光彩生门户。

得孀妇膺立嗣承祧之重，馨香绵俎豆，窃幸荣施逮茑萝。

己亥代刘荫吾明府挽张子初军门

成功驻淮泗之交，西法裕军储，全皖至今称利赖。

移镇扼洞庭之要，北门膺管寄，吾湘同此哭长城。

代仲弟炳仑挽郭武壮夫人

天教苦节早增辉，汉水喜重来，课子及身看捧檄。

碑泐元勋应堕泪，岘山悭再到，望夫终古不回头。

丙申冬代刘荫吾别驾本樾挽刘渭滨军门

玉门西望哭襄勤，大星又陨江天，吾宗黯淡关时局。

铁骑南征期马援，入觐而还鄂渚，忠魂依恋在神京。

代仲弟挽广西潘公

经师为一邑同钦，八十年椿树阴浓，教子有方成俊杰。

莱服自重洋初返，四万里桑弧志遂，知公含笑倚门闾。

丙申代刘荫吾挽汪太夫人

跻八旬上寿，膺一品荣封，欲令苦节增辉，天遣贤臣为嗣子。

赞四国皇华，览万方风土，早幸轺车息辙，夜谈奇景慰慈颜。

代仲弟愉叟挽郭观察庆藩

假馆忆长沙，抑何堪诗酒名园，转瞬十年歌薤露。

班荆怀武穴，最难忘凄凉旅况，多情几度赠绨袍。

乙未夏代挽吴中丞大澂夫人

臣忧畿辅，妇念边疆，虚惊致一病云亡，

义重纲常，双绝湖湘光日月。

生见还乡，没从回任，永诀亦九原无恨，

我来凭吊，千行涕泪谱讴歌。

甲午代家逸仙挽懋卿老人

运筹鹾务历三朝，从今榷舍询谋，风冷四山悲故老。

咫尺芳颜经四载，依旧星垣侨寓，月明三径失追陪。

代黄君挽受业师

执绋黯春光，转眼蓬蒿，鹃声惨淡悲千古。

受经沾化雨，伤心樗栎，骥尾追随止一年。

代黄湘芝挽刘子馨

才思宜木天中人，桑梓早同称，胡为竟坠凌云志。

快婿是先生犹子，茑萝新缔好，岂独难忘旧雨情。

代家少循兄由福建寄挽梯衢老人

辞家睹矍铄精神，料他年倦鸟还巢，百岁承欢春日永。

闻耗怅迢遥桑梓，适旅夜哀虫叫湿，一樽凄奠海风寒。

代仲弟晶鼎挽养知先生

恩勤孤月旦之褒，路阻东游，荐士昌黎虚简牍。

品诣迈时贤而上，仁如春暖，感人曾相共精诚。

代家鼐臣兄挽蔡公玉田

面诀痛缘悭，日暮魂销，更残梦断。叹此后峰倾泰岳，长失瞻依。三酹叙深情，往绪难教更仆数。

神伤怜命薄，椿庭云黯，萱阁风凄。幸年来玉倚东床，如亲毛里。一朝同永逝，藐躬何太负愁多。

代谢韵泉挽家沃棠

曾有声货殖之林，数载客资江，年少老成，东道知人恒倚重。

乃竟抱沈疴而逝，扁舟吊湘水，悲深永诀，西山何物不凄清。

代挽李母

四万里海国长征，喜予季归来，壮游饱遂桑弧志。

八十载风徽共仰，忽仙云缥缈，讴思空怅领梅天。

代家寿松挽其姊夫杨灼青

和平涉世，勤俭持家，造物夺中年，垂裕后昆身早逝。

棣萼多残，婴砧又冷，藐躬当末运，伤心同气恨何穷。

代孙海樵挽亲家夫人

勤俭持家十数年，淑女秉闺箴，他时来家寒门，愿卜贤能象慈范。

疾病依床三两月，潘郎失嘉耦，往岁曾聆谶语，可怜忧戚动先机。

代孙海樵挽江西陈叟

挈先君来屈子潭边，值冲龄善病，

汤药频劳，萝施被鸿慈，相逢泉坏应增感。

别哲嗣返滕王阁下，任绕膝攀呼，

蹄轮竟去，榆年正狐首，得到家山是令终。

代易钦羲挽郭蘅堂先生

乞墅感深情，泪洒西州，早岁成人资教养。

赠瑰才小别，魂招澧水，秋风转瞬咽波涛。

代陈君挽郭蘅堂先生

湘竹黯春光，旅榇归来，满目莺花悲夜月。

澧兰滋化雨，高山仰止，同声马帐哭经师。

丁亥代夏君挽谢军门

大星遽陨长天，萝茑失瞻依，竞与深闺齐洒涕。

早岁咸推名将，碑铭传事业，可怜小子愧无文。

庚寅代浏阳宋君挽同里欧阳君

总一邑干城，享八旬寿考，况复英豪蔚起，

门第多才，杖履任优游，身膺宰相山中福。

沐卅年恩谊，缔两代姻亲，迄今花鸟依然，

园林无主，茑萝空泣涕，魂断寒梅领上天。

庚戌代挽某公夫人

相夫子为吴楚名臣，迄今万感齐来，内政外交如昨梦。

谒慈范于琳琅官舍，回首百端交集，天时人事总伤怀。

代家石峋挽单垂鼎

小别适长江，倦惫归来，惊闻昨夜文星陨。

生财劳厚望，弥留待尽，愁听空囊季子贫。

代仲弟炳仑挽吴嵩阶先生

少先君三岁，享高寿九旬，小子幼孤，每见童颜增感喟。

勷路政五年，距乡关百里，家居日浅，未亲师训启愚蒙。

代家晓楼弟鸣鼎挽吴嵩阶先生

问先君同砚深交，硕果仅存，旅馆遥饮仁者寿。

适小子归帆甫卸，承欢未遂，湖天惊陨老人星。

甲寅代朱建之挽杨雨田

一门罔弃樗材，大苏至契，小阮多情，市井迭劳君子顾。

连月偏逢棘地，雀角未除，鼠牙方利，弥留犹重故人忧。

甲寅代仲弟挽朱崧梧

由郴衡避乱而归，方期造谒童颜，德星忽向湖天陨。

感癸丑解纷之义，岂特素钦乡望，公道潜孚梓里多。

代朱裕臣挽朱崧梧

栋折榱崩，吾宗黯淡悲时命。

天荒地敝，往事凄凉痛老成。

代晓楼弟挽舜钦老人

海隅万里初归，抑何堪访旧晨星，到此又悲南极陨。

宇上一椽可托，卒未获同居广厦，从今空仰北辰高。

代石声政挽黄氏姻丈

垂怜廿载欲深情，岂徒棣萼联辉，萝施乔松承美荫。

喜见百年成眷属，从此萱闱养志，春酬寸草慰公灵。

代石树风校钦兄弟挽钟书田先生夫人

自怜萱阁失春晖，又悲天姥峰倾，姊妹相逢应握手。

若向云軿问寒舍，乞道田家乐永，弟兄交勉慰慈灵。

代季子翚挽周亲家夫人

送女莅蓬门，十余年迭盼重来，半子未偿迎养志。

居庐失萱荫，七八月临丧再遘，六亲同运棘人悲。

霖儿翚儿庚戌同挽潜英侄甲鲲哀联

向使无热血贤昆，谁将唤起双飞，就学欣随鸾凤侣。

何忍入新成诸舍，未获从游一日，荒原凄断鹡鸰声。

右联代草，由武昌缄寄长沙，而翚儿已先自撰哀联，尤为叙述周详，缠绵恳挚，附录如左。

廿余年手足恩情，虽知我深，怜我切，而以兄驰驱远道，对榻恒稀，迄今聚首星垣，初联棣萼，窃幸依依左右，示永周行，奈何病入膏肓，长城顿失，最可恸弥留日夕，气息奄奄，垂询旅馆艰辛，加餐频劝。

千万言胸襟浩瀚，只悲时局，揆时宜，乃如斯事业关怀，半途早逝，矧昔劳心家政，久累椿庭，全资赞赞绸缪，忧纾老境，讵料变生眉睫，子职难终。更何堪黯淡松楸，滋培汲汲，才令先茔巩固，与世长辞。

仲弟晶鼎庚子冬哀联

归省约中秋佳节，事不从心，抑何堪雪柳行踪，竟使终天成永诀。

停丧宜故宅高堂，言犹在耳，最可痛沧桑家运，空劳卷土盼重来。

门下士彭克谐丁巳仲秋留题言阁哀联

数孙男女元恺二八又三人，恒群聚以绕膝承欢，何堪身换麻衣，抚棺恸忆分甘日。

依潘安仁春秋二十有三载，今不得已归农长别，恰值峰倾天姥，倚装愁听悼亡诗。

庚寅季冬代甲鹇儿撰有严女孙哀联

失母忆儿时，泪沾双袖麻衣，忍见外孙同一辙。

归宁虚旧约，梦断三年瓜苦，可怜离恨竟终天。

又代霖儿撰联

频年苦戎马苍黄，转徙流离，两地互相忧蹇难。

一病竟膏肓沈欲，泥涂奔走，重来惨对旧衣裳。

又代孙男有勋撰联

先慈入梦，伯姊思归，西山魂魄登临，遗恨三年忆瓜苦。

永诀赠言，洁身谨疾，汨水波涛呜咽，愁伴三闾哭女嬃。

附录翚儿自撰哭严孙联

十三失恃，大母抚育成人，老幼相依，李宓痛陈情之黯淡，况复苦遭自痘，面改庐山，计磨折之几经，应免将来蹇运，既而及笄待字，幸许嫁名门，并蒂花开，效齐眉于鸿桉，宜男草种，咏诜羽于螽斯，正好教子相夫，长绵世泽，奈何中年禄尽，一病去亡，把酒问高天，造物岂真欺善类。

廿八得书，道韫惊传抱恙，泥涂趋视，谢安忘跣足之劬劳，时方借重卢医，躬亲药鼎，稔岐黄之有术，讵图厥疾难瘳，当夫信宿言旋，约归宁来岁，殷勤赠语，勖养志于椿庭，慷慨致词，毋怀忧于薤露，倏尔电光石火，曾不崇朝，顿教噩耗飞驰，五丝莫续，抽刀断流水，早知永诀忍睽违。

辛酉孟冬初四日挽柳懋棠老人夫妇

何堪十日未周，萱共椿萎，孝子慈孙重辟踊。

同享八旬高寿，凰随凤逝，人间天上总团栾。

辛酉孟冬初七日挽家麓安侄

厥考功成祖墓，九合同俦，孝子绩著宗堂，重伸父志，奈何一朝溘逝，顿教鬼哭神惊，岂真运际末流，造物但知欺善类。

卧病虽苦呻吟，可图徐愈，兴家正多事业，尤赖长支，即聆万口公评，从未损人利己，那忍心灰强仕，求仙遽尔弃尘寰。

辛酉孟冬初十日挽钟姨钟姨年逾八十，汨罗黄湘芝钦枬伯姊也

就养同胞五十年，弱弟任仔肩，饱暖终身，视深宫煮药燃须，贫贱尤难共甘苦。

望哭吾姨三十里，思家悯亡妇，幽冥远隔，乞伯姊停车握手，从容传语报平安。

《太平草木萌芽录》未卷终。浏阳刘善浤偕侄篁诒、女侄豫璇同校。

附录一：易翰鼎年谱

易翰鼎，字伯肫，一字寿梓，生于清道光三十年（1850）九月十二日午时，卒于民国十八年（1929）十一月初一日辰时。清末副贡生，曾任湖北补永州判，花翎四品衔，诰封中宪大夫。著有《太平草木萌芽录》《言馨草堂萌芽集》《言馨草堂诗选》等，凡二十五卷。

元末易景旻（1321—1388）从江西吉水避战乱迁居湖南湘阴，是为营田易氏迁湘始祖。

三世祖易先（1365—1427），字太初，永乐元年（1403）由太学任宛平令，永乐六年（1408）授交阯谅山府知府，有善政。宣德二年（1427），交阯人黎利叛乱，陷谅山，易先固守至粮尽力竭，遂朝服北面再拜，佩印自经，阖家十八口同日死。明廷追赠广西右参政，谥忠节，祀乡贤忠孝祠。

高祖易元亮（1742—1785），字耕南，号草庐，邑增生。

曾祖易焕藻（1770—1826），字彩臣，号梧岗。

祖父易文穆（1807—1830），原名文瑄，字礼贤，号辑熙，诰封朝议大夫。

父易冕章（1818—1858），字锦清，一字佐廷，诰封朝议大夫，著有《今悟楼诗集》一卷，《杂文》二卷，《志异》一卷。

母周氏（1823—1856），长邑焕猷之女，诰封恭人。周氏有子二：长翰鼎，次晶鼎。

妻黄坤凝，黄世平之女，诰封恭人，生于清道光二十八年（1848）三月初六日辰时，卒于民国六年（1917）五月十五日寅时。子四：甲麘、甲鹇、甲鹏、甲猊。女三：长郃虋，适浏阳光绪壬寅科举人、湖北补用直隶州知州刘善涵；次荇荣，殇；三濂蕖，殇。

道光三十年庚戌（1850）一岁

九月十二日午时，易翰鼎出生于湖南湘阴。

咸丰三年癸丑（1853）四岁

十月初十日，胞弟易晶鼎生。晶鼎字仲愉，一字重梓，官名炳仑。生于清咸丰三年十月初十日巳时，卒于民国十六年八月初五日戌时。蓝翎五品衔，江苏补用州判，诰封奉直大夫，历任湖北新关、广关、藕池关、调关等处专办委员，湖南粤汉铁路总局度支委员，靖港木厘专局主任。妻朱氏，华彩女，诰封宜人。子五：甲熊、甲鲲、甲鳌、甲骏，殇甲骅。女二：长葆纯适余植槐、次葆瑞适法政学生彭延圻。

咸丰六年丙辰（1856）七岁

十二月十八日，生母周氏去世，葬营田西山祖屋后原仑上。易翰鼎送至墓山，举锄破土时，误伤鼻准。

咸丰八年戊午（1858）九岁

十一月初二日，父亲易冕章去世，葬本乡古湖边柴港口许家山。

咸丰九年己未（1859）十岁

寿山先生教易翰鼎《诗经》。

咸丰十一年辛酉（1861）十二岁

莲塘北有易家旧田，与胞弟易晶鼎一起耕种。

同治元年壬戌（1862）十三岁

正月，祖母为易翰鼎兄弟求聘塾师心切，最后聘定胡绥堂先生。

同治二年癸亥（1863）十四岁

受学于李心皆先生，从家中移宿湘阴馆中。

读《古孝子》一诗，油然心动，三复流连，始悟诗学之本源。

同治三年甲子（1864）十五岁

读书闲暇，往今悟楼拜见杨笠青先生。

同治四年乙丑（1865）十六岁

受学杨笠青先生。随杨先生赴长沙考试，往返三旬。《赴试长沙》诗曰："膝下谁忍离，况是垂髫子。小别犹怆神，矧乃适百里。贫贱黯无色，色养剧可喜。落日照蒲帆，归心逐流水。"

同治五年丙寅（1866）十七岁

二姑母李氏去世，前往奔丧。

祖母谈及家计日益窘促，易翰鼎深感自咎，绸缪失策。

同治六年丁卯（1867）十八岁

长子易甲鏖生。甲鏖字厚甫，一字竹屿，花翎四品衔，江西补用知县，诰授朝议大夫。著有《槐南草堂诗集》二卷，《词集》一卷等。子二：有勋、有乔。女三：有严，字凤威；有喈，字桐辉；有文，字涛均。

代妻子黄坤凝写了三首《春日思亲》诗，其一曰："膝下当年姊妹花，红娇紫艳门繁华。而今各滞移栽处，南北东西别梦赊。"

在李心皆馆中读书，和姑父黄世崇所居距离很近，经常走访。

同治七年戊辰（1868）十九岁

闰四月，与表兄黄达观游览汨罗胭脂塘及义马冢。

五月，赴县城仰高书院就读。

立夏日，汨罗友人招饮，席中《感赋》诗云：“家居菽水强承欢，盛馔躬逢下咽难。堂上今朝一盂肉，尚怜游子未同餐。”

十月，初至郭嵩焘府中作客。

同治八年己巳（1869）二十岁

八月，补县学弟子员。

湖湘大水，家族田地、祖坟皆有损失。

同治九年庚午（1870）二十一岁

从汨北书馆出发参加省试，考取遗才。

五月，致信黄世崇，感叹读书需靠良师益友。

九月，祖母郑氏摔伤，弟晶鼎悉心陪护，记录以教育后人。

十二月初四日，易翰鼎偕从者三人，至长沙清泰都修高祖耕南公墓。

同治十年辛未（1871）二十二岁

一月，祖母郑氏去世。

十月，姑丈郭镐丞去世，回家小住。

同治十一年壬申（1872）二十三岁

冬天，家居五十余日，拟去石门税馆任职，但因事耽搁。

同治十二年癸酉（1873）二十四岁

五月初四日，与胞弟易晶鼎从湘阴出发遍寻远方祖墓，十三日还家。

七月十四日，次子易甲鹇生。甲鹇字鹤雏，一字荷刍，日本士官学校毕业，花翎同知衔，先后任江苏补用知县，湖北武昌普通中学堂、兰学师范学堂、将宾学堂教员，湖北全省营务处参议官，全省督练处帮办、陆军步兵第四十一标标统、陆军正参领。诰授奉政大夫，晋封武义都尉。子二：有诒、有祥。女四：长有旋，字并飞；次有驯，字辔柔；三有完，字淑栏；四有开，字岭梅。

九月三十日，易晶鼎至汨罗书馆相见，感慨家道没落。

年终，因遭人污蔑，背上官司，被迫卖掉汨罗庐舍田园。

同治十三年甲戌（1874）二十五岁

九月，与黄锐之游览长沙城中储备仓花园，花园为前明吉王府第。

赴郭嵩焘家书馆教书。

光绪元年乙亥（1875） 二十六岁

正月初八日，因家中变故，举家南迁，转徙流难，不堪言状。

六月，郭嵩焘叔弟东山先生帮助澄清冤案，转祸为福。易翰鼎赋诗志怀："炎炎东山日，厥功何魏巍。寸光入寒谷，槁木生芳菲。植我情有余，感戴时依依。所恨托体微，无以报余晖。"

光绪二年丙子（1876） 二十七岁

九月初九日，应邀登绘豳楼。

十月，郭嵩焘聘请易翰鼎至家中训课儿孙。

光绪三年丁丑（1877） 二十八岁

春天，接阅出使英国的郭嵩焘由伦敦寄归的日记抄稿，触故旧良朋之感，感叹人生大伦"惟朋友一途为最宽"。

冬天，致信黄世崇，力劝其勿从友人改就京官之请，继续在州县任职，造福当地百姓。

光绪四年戊寅（1878） 二十九岁

五月初五日，端午节还家。

七月二十六日，往荷池精舍拜见梅根先生（湖南湘潭人罗汝怀），受益良多。

光绪五年己卯（1879）三十岁

正月至汨罗黄家客居，因思乡心切，连夜回家。

三月初三日，从长沙出城春游。

光绪七年辛巳（1881）三十二岁

六月初，拟赴长沙税馆任职，后延迟到七月，只好暂时归家。

八月，次女生，取名荇荣。

光绪八年壬午（1882）三十三岁

正月，初至湘阴厘金总局任职。前任收支杨某亏空，欲用鸦片加收的厘金填补，易翰鼎坚拒，并查到杨某中饱私囊的分账记录。

光绪九年癸未（1883）三十四岁

四月下旬，次女荇荣忽患虚寒之病，早殇，“肝肠欲裂”。

赴湘阴税馆任职，距家仅五十里，胞弟易晶鼎及甲麐、甲鹇、甲熊三子，皆团聚城中。

光绪十年甲申（1884）三十五岁

九月初九日，三子易甲鹏生。甲鹏字翔伦，名霖，中书科中书，湖南法政学校毕业，历任通道、衡阳等县司法官。有子四：有欣、有芬、有庥、有条。女一：有甘，字味莼。

因征收山厘之事，两家茶庄要求征收过境贩茶者厘金，易翰鼎认为不必重复征收，婉言坚辞。后两家茶庄不服上告，被驳回。

光绪十一年乙酉（1885）三十六岁

调遣至浏阳厘金分局任账房会计。正月十二日起离家前往浏阳，十五日坐船到长沙，住郭嵩焘家，十八日到浏阳税馆。分局账房事简，偷闲读书数百卷，且获“办事精细”考语。

二月初六日，观看祭孔仪式。

六月十六日，以女儿邠蘩许嫁刘善涵，与刘家在白鹤庄定亲。

六月二十六日，乘舟赴试省闱。

光绪十二年丙戌（1886）三十七岁

致信家弟琴仙，劝告其回乡看望祖母。

与客人谈论用药与选用人才相似，需善于用人。

光绪十三年丁亥（1887）三十八岁

四子易甲猊生。甲猊字思嶙，名犖，中书科中书，湖南法政学校毕业，历任道县、岳阳县科长，代理道县县长、湖南民政厅科员、汉沽庐钛盐政公署科长、塘沽丰财场盐政公署科长。子八：有基、有询、有培、有桢、有奎、有澄、有滋、有徯。女三：长有芋，字茵绵；次有煦，字晴瞟；三有良，字殿英。

调至浏阳渡口厘金分卡任收支，与当地乡绅巡视收税，约定禁赌。

湖南旱灾，看到劝捐告示高诵数十遍。

光绪十四年戊子（1888）三十九岁

省局裁撤渡口收支一职。官员吴公以易翰鼎“精细练达，品学兼优”，改调湘潭厘金局。

三十九年来第一次出湖南至武昌。

黄世崇闲居武昌，易翰鼎住其家两月。

初冬，郭嵩焘致信黄世崇，称赞易甲鏖“安详稳适，文笔斐然，词调尤工，良以佳品”。

光绪十五年己丑（1889）四十岁

六月，三女濂蕖出生。

光绪十六年庚寅（1890）四十一岁

闰二月十一日，三女濂蕖早殇。

光绪十七年辛卯（1891）四十二岁

春天在汉川县署坐馆。黄世崇即将卸任，欲推荐易翰鼎协助收税，“例得巨金”，不肯任职。不久，黄世崇主持两湖书院文会，推荐易翰鼎和其女婿刘善涵入学两湖书院，各种奖学金达“近二百金”。两湖书院为张之洞于武昌营坊口都司湖畔创建。经费主要出自湘、鄂两省茶商捐资，故名“两湖书院”，专取两湖士子入学肄业，每省员额两百名。

六月，因武昌贡院修缮，两湖书院迁址，肄业生闹事退学，易翰鼎加以劝阻，谓退学乃违抗师命，诸生乃止。

光绪十八年壬辰（1892）四十三岁

就学两湖书院，同一斋舍里有兄弟、父子、主仆，甚为热闹。

光绪十九年癸巳（1893）四十四岁

大病一场

光绪二十年甲午（1894）四十五岁

仲春，胞弟晶鼎归自成都，讲述随从余肇康查办案件、平反冤案之事。

孟夏，易翰鼎集族众保卫鸭山祖先坟墓，备极劳瘁。

光绪二十一年乙未（1895）四十六岁

春天，客居湘潭。一夜梦中拍案大呼曰："湘阴易翰鼎，有古侠士风，久欲为当世效驰驱之力。乃至今沈埋草野，岂不悲哉？"

七月，在武昌写信给知府余肇康，提及做过县丞巡检小吏，亦在湘中厘金局任职。弟晶鼎曾见告可捐一奉贤大夫，一直未下决心，现已决定捐纳。

八月初六日，始报到鄂省官场，任湖北补永州判。得古画一幅，题其额曰："在山泉水清，出山泉水浊。侍婢卖珠回，牵萝补茅屋。摘花不插鬓，采柏动盈掬。天寒翠袖薄，日暮倚修竹。"

光绪二十二年丙申（1896）四十七岁

九月，写信给知府余肇康，恭贺其得到汉阳实缺。

易甲鹇赴武昌应试武备学堂。

光绪二十三年丁酉（1897）四十八岁

大病一场。

光绪二十四年戊戌（1898）四十九岁

八月十五日，与彭克谐留寓汉滨旅馆。次日夜半全城大火，烧及寓所，险些丧命。

上书张之洞："今日留心人才，应以考求心术血忱为第一义。"

光绪二十五年己亥（1899）五十岁

四月，患天花。

九月十九日，在武昌致信汉口的胞弟易晶鼎，提及自己历经1893年秋、1895年冬、1897年秋三次大病后，精神不如从前，仍壮心不已，但此次又得天花，心慵意冷。

易甲鹇赴东京留学。

光绪二十六年庚子（1900）五十一岁

自刊衔名片，题曰："湖北前抚宪胡、前臬宪江、今抚宪于各衙门听差小吏易某"。

光绪二十七年辛丑（1901）五十二岁

长子易甲廖在湘潭任官，长媳去世。

光绪二十九年癸卯（1903）五十四岁

九月初七日，易甲鹇长子有诒生。易有诒，字栗娱。

言馨草堂自此年秋获始，甫有田租。

光绪三十年甲辰（1904） 五十五岁

从武昌写信给在荆州的易晶鼎，提及甲廖任职湘潭关局薪水较高，甲鹇则做督辕，年俸可达三千三百六十元。

冬天，从武昌返回家中。

光绪三十一年乙巳（1905）五十六岁

四月十四日，易甲廖长子有勋生。易有勋，字辰葱。

十月二十五日，从湘潭乘坐轮船至湖北，同舟多日本游历学生，与西田安治郎探讨诗学。

光绪三十二年丙午（1906）五十七岁

八月二十八日，与门人彭克谐由汉口乘火车至信阳。有人疑问如果圣人生当斯世，是否主张修铁路，易翰鼎认为修铁路"无悖于圣人"。

光绪三十三年丁未（1907）五十八岁

十二月，易甲鹏长子有欣生。易有欣字欢联，毕业于天津南开大学。

乘坐株萍铁路火车首次进入江西境内，感叹游历地方太少。

光绪三十四年戊申（1908）五十九岁

正月二十七日，易甲麐次子有乔生。易有乔，字畅吨，湖南衡湘高中毕业。

四月，前法部左参议余肇康奉旨赏还原职，转办湖南铁路。获知后颇感欣慰，认为时局需才。

十一月初九日，赴武昌行宫，观宣统登极庆贺典礼。

十一月二十九日，易甲猊长子有基生。易有基（1908—1990），字仁荄，1935年毕业于国立清华大学历史系，与夏鼐、吴晗、翦伯赞为同学。1947年，参与创建清华中学，后该校并入长沙一中。

长子易甲麐于该年开始接管家事。

宣统元年己酉（1909）六十岁

一月十一日，途经武昌，于镜像馆见新皇帝御容，观瞻久之。

九月二十三日，易甲鹏次子有芬生。易有芬，字馨远。

冬天，购得新宅。

宣统三年辛亥（1911）六十二岁

三月十二日，易甲猊次子有询生。易有询，字荛绥，湖南大学电机工程系毕业。

八月十九日夜，武昌城突起战事。儿子易甲鹇恰于事变之前一二日坐火车北去办事，易翰鼎谓天恩祖泽，希望易甲鹇去日本。

九月重阳节前，武昌寓所被劫掠一空。

民国元年壬子（1912）六十三岁

春天，因颈疮剧烈，决计从西宅迁至东堂，以避潮湿。

十一月中旬，易甲鹇接武昌黎元洪电报，传示大总统明令，授予其陆军少将，易甲鹇始终未复一言，坚辞之。

民国二年癸丑（1913）六十四岁

二月十三日，易甲猊三子有培生。易有培，字根磐。

易翰鼎亲总家政，春夏之交家境极为窘迫。秋间获稻后，窘状稍微得到缓解。

找到七世祖黎夫人坟墓，但已荒废，遂召集族人修墓。

十一月十五日，易甲鹏三子有庥生。易有庥，字经香，天津汇文高中学校毕业。

民国三年甲寅（1914）六十五岁

修复三世祖易先的忠节公祠堂。

与朱姓打官司，元气大伤。

十月十三日，易甲猊四子有桢生。易有桢，字栋占，楚怡工业学校毕业。

民国四年乙卯（1915）六十六岁

五月，卸任武穆乡整俗安民局务。

八月，坐火车往返株洲。

中秋日，四子率孙儿侍易翰鼎夫妇午饮。易翰鼎谓：“今日实大团栾之宴饮。”

民国五年丙辰（1916）六十七岁

《营田易氏族谱》自嘉庆二十一年后，失继修者已及百年。易翰鼎与胞弟易晶鼎商量趁年内身闲，决计倡修族谱。

重阳前后，鄂境铁路退还股份，有余资整理出版《太平草木萌芽录》。

五月初十日，易甲鹏四子有条生。易有条，字陲安，天津南开中学毕业。

民国六年丁巳（1917）六十八岁

四月初十日，易甲猊五子有奎出生。易有奎，字苹盟，一字星五，楚怡工业学校毕业。

五月十五日，妻子黄坤凝去世，葬营田大义团圳勘上莲坡。

民国七年戊午（1918）六十九岁

二月初一晚上至次日，家园再度被劫掠。

老友蔡培劼帮助整理《言馨草堂笔记》，改名为《太平草木萌芽录》，商拟印行。

民国八年己未（1919）七十岁

九月，七十寿辰。侄子运翔前来祝寿。

九月初十日，易甲猊六子有澄生。有澄（1919—2011），字庭源，中南财经政法大学教授。

民国十年辛酉（1921）七十二岁

九月，重阳率女儿邠蘩、外孙女刘豫璇，登白鱼矶石塔绝顶。

《太平草木萌芽录》正式铅印出版，熊希龄题写书名。

民国十一年壬戌（1922）七十三岁

五月二十五日，易甲猊七子有滋生。易有滋，字润华，明德中学校毕业。

民国十四年乙丑（1925）七十六岁

易甲麐赴湘潭局任收支。

民国十五年丙寅（1926）七十七岁

易甲猊八子有奚生。易有奚，字雨徕，一字予赉。

民国十六年丁卯（1927）七十八岁

八月初五日，胞弟易晶鼎去世，葬本宅后原三塘湾屋对门麻园上首坡内。

民国十八年己巳（1929）八十岁

十一月初一日辰时，易翰鼎去世，葬本宅后原牛形山对面黄家园。

附录二：易翰鼎家谱（18代）

易景旻（1321—1388）—郑氏（生卒无考）

易斗北（1342—1405）—吴氏（生卒无考）

易先（1369—1427）—黄氏（？—1427）

易升（1392—1463）—张氏（生卒无考）

易原容（1440—1507）—葛氏（1442—1513）

易学祖（1488—1559）—吴氏（1489—1542）

易邦谟（1533—1603）—黎氏（1536—1610）

易徵（1567—1632）—黎氏（1567—1637）

易我城（1598—1634）—柳氏（1594—1653）

易之兰（1621—1696）—邹氏（1623—1702）

易琼（1666—1732）—谢氏（1682—1757）

易乾禹（1703—1774）—徐氏（1718—1793）

易元亮（1742—1785）—蒯氏（1741—1774）

易焕藻（1770—1826）—何氏（1768—1827）

易文穆（1807—1830）—郑氏（1806—1871）

易冕章（1823—1858）—周氏（1823—1856）

易翰鼎（1850—1929）—黄坤凝（1848—1917）

├—长子易甲鏖（1867—1940）—龙容婎（1886—1925）

├—长女易邠虋（1869—？）—刘善涵（1866—1920）

├—次子易甲鹇（1873—1956）—屈君梅（1876—？）

├—三子易甲鹏（1884—1957）—黄淑宜（1882—1966）

└—四子易甲猊（1887—1984）—周金怡（1885—1940）

易翰鼎

字伯戫，一字寿梓，湖南湘阴县营田人，生于清道光三十年(1850)，卒于民国十八年(1929)，著有《太平草木萌芽录》十六卷、《言馨草堂萌芽集》六卷、《言馨草堂诗选》三卷。

项旋

福建连城人，博士毕业于中国人民大学清史研究所，现任教于北京师范大学，主要从事明清史的教学与研究。著有《古今图书集成馆研究》，在《文史》《近代史研究》《历史档案》《中国典籍与文化》等刊物上发表20余篇学术论文。

太平草木萌芽录

产品经理｜李　潇　　后期制作｜白咏明
装帧设计｜沈璜斌　　出 品 人｜吴　畏

图书在版编目（CIP）数据

太平草木萌芽录 / 易翰鼎著. -- 长沙：岳麓书社,2018.4

ISBN 978-7-5538-0693-8

Ⅰ. ①太… Ⅱ. ①易… Ⅲ. ①易翰鼎（1850-1929）-自传 Ⅳ. ①K825.41

中国版本图书馆CIP数据核字(2018)第045533号

TAIPING CAOMU MENGYA LU

太平草木萌芽录

作　　者：易翰鼎
责任编辑：杨云辉
特约编辑：李　潇
责任校对：刘　朋
封面设计：沈璜斌

岳麓书社出版发行
地址：湖南省长沙市爱民路47号
直销电话：0731—88804152　88885616
邮编：410006
岳麓书社网址：www.yueluhistory.com
岳麓书社天猫网：http://lzfts.tmall.com

2018年10月 第1版　2018年10月 第1次印刷
开本：890mm×1280mm　1/32
印张：13.25
字数：312 千字
ISBN　978-7-5538-0693-8
定价：68.00元
承印：北京华联印刷有限公司